U0566728

社会支持
与女性人才成长

RESEARCH ON
SOCIAL SUPPORT
AND
GROWTH OF
FEMALE TALENT

张李玺　主　编
石　彤　副主编

社会科学文献出版社
SOCIAL SCIENCES ACADEMIC PRESS (CHINA)

目 录

科学界的女性

——生命历程视角中的“学术产出之谜”

周旅军*

摘　要：在对“学术产出之谜”的探究上，相对于“科学输送管道”（science pipeline）思路，生命历程（life course）的视角能够更好地揭示女性在科学界发展受阻的状况，也能就此提出可行的政策倡导，以改善这一长期存在的两性间的后天差异。《科学界的女性：从业历程与成就》一书通过统计方法上的创新，研究发现，正是深嵌于社会结构和历史之中、个人依循年龄序列经历的诸多事件和不同阶段所承担的社会角色，建立起了两性间在发展早期的差异，并导致今后职业成就上的大不同，进而加强了后期生活中的不平等。

关键词：科学界的女性　生命历程　学术产出

科学界向来有着至高无上的声望，执着追求按能力选拔人才，可在如此开放而富有吸引力的行业，女性为何总是步履维艰呢？美国在校男女生的比例已是平分秋色，但走出校门后，真正投身科学事业的女性远不到半数，佼佼者更是寥若晨星。学术产出能力（research productivity）——薪酬、晋升和申请项目基金的决定因素——上的性别差异长期得不到明显改善，1984 年，科尔和朱克曼把这种现状称为“学术产出之谜”（the productivity puzzle）（Cole & Zuckerman，1984）。这引起了学者们的持续关注，但至今

* 周旅军，中华女子学院社会学系讲师，博士，主要研究方向为女性社会学、女性高层人才等。

还很难看到令人信服的谜底。

2003 年，谢宇和金伯利·舒曼（Kimberlee Shauman）出版了《科学界的女性：从业历程与成就》（*Women in Science: Career Processes and Outcomes*）一书，该书以生命历程视角考察谜题，不仅分析了在职女性科技人员的发展，而且研究了在校女生如何可能从后备力量脱颖而出成为现实的科技人力资源。该书受到科学界的一致好评，能够为相关研究提供有益的启示。此后，谢宇教授因统计方法、社会分层和社会人口学上的成就当选为美国国家科学院院士，并获美国艺术科学院院士等称号。

一　方法论及研究方法的转变

《科学界的女性：从业历程与成就》全书的研究任务是通过系统性地检视和评述女性科学家的从业历程和成就，将其与男性同行相比较，探索女性在科学领域中一直得不到充分代表（underrepresentation）的原因（Xie & Shauman，2003）。全书共 11 章，除导论和结论外，大致分为两大部分。前一部分关注科学/工程教育轨迹上的性别差异（第二章至第四章）和职业的进入（第五章、第六章），后一部分则集中研究女性在职成就（第七章至第十章）。选用这种篇章结构，原因在于著者扬弃了传统的“科学输送管道”（science pipeline）思路，改以生命历程（life course）视角来切入研究。

在固有的想象中，成为科学家是学生通过单向单维的“管道”顺利抵达科学领域的结果。中学阶段是唯一起点，学生从此按部就班、亦步亦趋地接受数学和其他科学课程的系统训练，经过大学、研究生教育直至入职。因此，女性在科学界的最终缺位被一厢情愿地归结为个人能力不足导致的相对男性更高的流失率（此处的隐喻即是 the leaking pipeline）。依托此思考模型的经验研究多止于对流失图景的描绘，而无法指出隐藏在个人行为背后的机制（例如，通常会忽略家庭的影响），所做解释似是而非，浮于表面。可能更重要的是，“管道”概念自身少有实际证据的支持。相应的，现有政策只是局限于应对女性流失更多的阶段，而不去鼓励女性经由其他途径成为科学家。

与管道思维模型相反，生命历程视角强调多维的动态过程，指向深嵌于社会结构和历史之中的个人依循年龄序列经历的诸多事件和不同阶段所承担的社会角色，关注的是过渡时刻（transition）与发展轨迹（trajectory）对社会性后果的重要性，认为性别不平等产生于社会结构配置与自我选择过程的交互中；人生的各种转折相互关联，受制但不取决于早期的经验和社会力量，其与个体的教育、家庭和工作体验交相缠结；在承认“科学输送管道”模式的同时也强调从业路径上的个体异质性，分析不同路径间的系统性差异有其必要性；生活事件具有累积效应，特定时点的小不同能改变人生轨迹，从而导致今后职业成就上的大不同（Xie & Shauman，2003）。生命历程框架中的经验研究要求研究者拥有囊括个体教育与就业史的历时观察数据，而且最好能具备全国代表性。然而，现实基本上无法满足这一条件。对此，谢宇等学者在缺乏贯穿各个人生阶段的追踪调查的情况下，借用美国17个具有全国代表性的调查数据，艺术性地构造出“合成队列”（synthetic cohort）以帮助理解生命历程不同时期的性别差异，检视早期差异如何建立和加强后期生活中的不平等。

这些数据的调查对象并不相同，每个调查只包括受访者某一人生阶段的转折，但从总体上看，它们能覆盖个体自中学以来的发展轨迹。这种处理方式，著者特别说明，其假设前提是从业经历主要与年龄相关，而与队列或时期无关，也就是假定不同队列和时期中的年龄模式稳定。这实际上难以成立，因为女性从事科学行业的情况在最近几十年间发生着快速的变化。即便如此，虚拟队列的人口学方法仍能视为有力的探索手段，毕竟不同数据集提供的经验证据并非虚构，只是在将这些片段联结起来理解时需要谨慎对待结论（Xie & Shauman，2003）。

二　生命历程框架下的主题呈现与经验分析

在正式进行多元统计分析前，著者讨论了学界对科学家/工程师的3种定义方式，即实质定义（substantive definition）、证书定义（credential definition）和行为定义（behavioral definition）。在该书的前半部分，主要是研究受教育情况，所以使用证书定义，即个体是否持有正式教育授予的证书；后半部分关注的是职业成就，因而转用行为定义，即由个体认定自身是否在从事科学领域的职业。

分析中用于测量性别差异的指标包括均值比（means ratio），即收入、学术出版能力等连续型结果变量在女性群体中的均值与男性群体中的均值之比，不受群体中性别构成的影响；优势比（odds ratio），即是否就业等二分结果变量在女性群体中的发生比（即发生该事件的概率与不发生该事件的概率之间的比率）与男性群体中的发生比之比，不受结果变量编码变化的影响。

该书在完成统计分析前的准备工作和必要说明后，接下来的各章按生命历程的不同发展阶段展开叙事，逐步呈现研究的核心命题，即充分理解个人追求、专业领域和受雇环境上的性别区隔以及家庭所扮演的重要角色，对于厘清科学界女性匮乏和学术产出不足的起因至关重要。

女生在大学阶段相对男生一般更少主修科学专业，这是因为她们在高中时的数学能力欠佳么？不是。经验证据说明，平均数学成绩上的性别差异并不大，而且在日益弥合中，差距也只是体现在高分段。那么，是因为高中修习的数学和科学科目太少，以致对大学科学专业准备不足么？也不是。女生和男生一样参加相关课程，成绩还更好（物理课是个例外）（第二章）。

在高中高年级学生中，愿意在大学主修科学和工程专业的男生数量是女生的两倍，这种差异无法由学业成绩（作为能力的指示器）、课程任务表现等来解释。在高中升大学的转折点上，女生远比男生更多地离开科学/工程教育轨迹（第三章）。在进入大学后，科学/工程专业的男女生都能坚持念完直到获得学士学位。另外，有相当多拿到学位的女生是在高中毕业后才转到科学轨迹上来的。将近一半的学位获得上的性别差距可以由这种非传统路径解释。可见，如果制度能为女生在大一时流动到科学专业提供便利，性别差异将会大为减少（第四章）。

获学士学位后，是继续深造还是参加工作？研究表明，女性比男性更可能两者都不选择。那些做出二选一决策的毕业生中，尽管女生和男生有同等可能或者去读研究生或者就业，但在这两种发展路径上，女生显著地更少追求科学/工程事业。决策上的性别差异大部分应归结于专业领域间的性别区隔（女生更多主修生物科学，但她们较之工程或物理专业更少选择科学职业）（第五章）。

家庭生活真的会对女性科学家的职业发展产生负面影响么？研究发现，婚姻并不单独起作用，已婚女性只有当她们有养育小孩的责任时才处于劣势境况。也就是说，身为母亲不太可能在完成科学/工程教育后从事科学职业，甚至不大可能进入劳动力市场或受到雇用（第五章、第六章），职业生涯中的晋升机会很少（第七章），通过迁移改善工作环境的可能性也不大（第八章）。

进一步的研究指出，学术型女性科学家的研究产出率与男性间的差异正在缩减，大部分差异应归结于背景特质和所在机构（比如，女性更可能就职于教学类学院而非研究型大学）的特点（第九章）。现在能揭晓“学术产出之谜”的谜底了么？能，个体特征、结构性位置、研究资源上的性别差异和婚姻状况都是原因；不能，因为我们仍然不知道，在这些重要的维度上，为什么女性与男性科学家有如此不同的处境（Xie & Shauman，2003）。

移民科学家的大量涌入是否有助于提高女性在科学界的比例？移民女性科学家在劳动力后果上与相应的男性有何不同？分析发现，移民女性在某些专业领域确实改善了科学界的性别失衡；但在就业和提升机会方面，移民的女科学家远不如本土女科学家，而移民的男科学家相对本土男科学家并无劣势。这些差异可能是因为女性是为丈夫而非自己的事业移民，以致其在寻找合适的工作时遇到更多的困难（第十章）。

在该书的结论中，著者认为，对于科学界性别比例失调的现状，由于女性从业历程和成就的复杂、多面性以及与生命历程中其他事件间的紧密联系，因而，很难有快速而简便的措施可以解决当前的问题。以往由其他学者提出并付诸实践的干预政策并非基于经验研究的发现，至今也没有对其实际效果进行过严谨的项目评估（Xie & Shauman，2003）。

不过，著者还是尝试建议一些可能会有效平衡科学界性别状况、改善女性工作体验的政策：学校推行对非科学专业女生有吸引力的项目以征募更多的科学后备人才；对减轻事业与家庭责任之间冲突的相关措施持拿来主义态度，使女性科学家既能保证研究的开展，又能照顾好孩子。例如，工作场所内提供的高质量育儿服务，能缓解女性情感和时间上的负担，使女性能专心于工作（Xie & Shauman，2003）。有必要特别加以说明的是，以上提倡的做法并不是只有利于女性，它们也适用于男性；在拒斥科学领域性别差异的生物决定论的前提下，也要理解已婚带有小孩的妇女之所以不再从事科学职业，不仅仅是源于社会性的歧视，在一定程度上也有可能是出于自愿。

三　结语

统计叙事的成功与不足毋庸赘述，该书中独具匠心的分析以及 68 幅统计图表能启发读者结合自身的研究旨趣去做更多的了解。著者的成功既源于以往经验研究未曾有的视角，也因其行质性研究所不能行。它涉及的数据来源广泛，测量的职业成就有更多种类，衡量性别差异的指标更为合理，具备全国代表性的样本使结论有更好的外推性质，注重发掘事实性信息，使用合成队列缓解观察数据中“左删截”（left censoring）造成的选择性问题（只有成功到达职业生涯特定阶段的个体才会列入抽样框，由于他们系统性地不同于那些因各种原因提前退出的人，这种选择性可能导致统计结果的严重偏差）（Xie & Shauman，2003），多元回归分析不局限于截面数据；与质性研究相比，它不局限于孤立的个案，结论具有普遍性，能够澄清所用概念的具体含义，使用操作化后的变量能够对理论假设中的数量关系进行检验，不同影响因素的独特解释力能够相互比较，统计建模的步骤规范，不过度依赖研究者个人的专业素养，使研究结果更具可靠性和有效性，易于评价其价值中立与客观性。

当然，我们也无法忽略另外一面。研究的不足同样来自统计分析的本质：所用数据在时点上止于20世纪90年代早期，结论的时效性有待进一步检验；变量测量在各数据库间的可比性上存在的问题以及学校和工作场所特征变量的缺乏也会影响结论的有效性；应用统计模型的前提假设往往难以满足，数据中未观察到的异质性预示着存在忽略变量偏误的可能性（即未考虑的自变量与其他自变量和因变量都相关，使回归结果产生偏差），因果机制难以得到确证。对概念的操作化显然还有改进的空间，例如，学术产出的测量不应只是指出版物的数量，还可以包括其影响力等。这些使用二手数据难以避免的问题，提醒我们对分析结果要更为谨慎。值得提倡的是，在该书的每章每节中，著者对其研究不足之处都保持清醒的认识，都做有相应的讨论，这种严谨的治学态度确实令人肃然起敬。

如书中所言，从业中的个人选择是性别差异的有力解释因素，但它本身反映着更为广泛的社会结构并强化着职业的性别分割（Xie & Shauman，2003）。多元回归模型中的直接效应尽管已经有相当的解释力，但其经验结果在本质上属于描述性质，可以有多种不同的解释，那些重要的间接影响也需要我们进行深入的分析，以破解迷思，还原社会现象的真实面貌，不是为适应做解释，而是为变革试探索。要实现这一目标，除选用更为恰当的解释变量和统计模型外，质性研究如深度访谈等实是必不可少的有力手段。

瑕不掩瑜，该书研究倡导的理论视角和涉及的主题，包括对研究方法的讨论都值得我们在研究时加以借鉴。然而，照搬他山之石未必一定可以攻玉。一方面，目前国内缺乏针对科学界性别不平等的调查数据，已有数据在目标总体定义和问卷题目上存在较大差异，难以综合利用，其也未向社会开放使用，量化方法与质性研究的结合尚需假以时日。此外，在原始数据的搜集上，由于国情特殊，学者难以在社会学调查这一场域中掌握知识权力［如皮埃尔·布迪厄（Pierre Bourdieu）所言，这取决于运营经济资本、社会资本和文化资本的能力］，这导致调查主体和经费来源无法多元化。调查预算、组织的专业化程度和公众配合意愿也远不及美国，研究者在数据收集阶段需要面对严峻的质量控制问题。另一方面，研究主题不能仅限于科学界，还应对党政、管理领域高层人才中存在的性别不平等同时展开研究，探索女性高层次人才成长规律及发展对策。这些政策要充分考虑所面对问题在社会、文化和经济方面的根源以及群体内部的异质性。这方面的理论探讨才刚刚开始，与之配套的问卷设计还需要在具体研究假设的指导下多加推敲，反复探索，使数据能够说明要研究的问题。实施同样综合而细致的研究，亟待研究者们在实践中齐心协力，共建共享相关的数据，走出“没有数据的理论”和“没有理论的数据”（theory without measurement and measurement without theory）（Hyeok & Townsend，2007）这两种困境，在中国情境下再解谜题。

参考文献

Cole，Zuckerman. 1984. “The Productivity Puzzle：Persistence and Change in Patterns of Publication of Men and Women Scientists.” *Advances in Motivation and Achievement*：217 – 258.

Jeong Hyeok，Robert M. Townsend. 2007. “Growth and Inequality：Model Evaluation Based on a Estimation-Calibration Strategy.” Working Paper.

Yu Xie，Kimberlee A. Shauman. 2003. *Women in Science*：*Career Processes and Outcomes*. Cambridge：MA：Harvard University Press.

Yu Xie. 2010. Presentationat，GT. http://www-personal. umich. edu/ – yuxie/Research/wo-men/present_GT. htm.

科技领域女性高层人才成长状况与发展对策

——基于五省市定性调查研究报告[*]

全国妇联女性高层人才成长状况研究与政策推动项目课题组[**]

摘　要： 女性在中国科技人力资源中占有重要地位。但科技女性在发展中也存在一些不可忽视的问题，最为突出的是各类高层人才女性只占“5%”的高层缺乏问题。本文采用定性研究方法，通过中高层女性科技人员、管理者和男性伙伴的讲述与分析，反映科技领域女性人才的成长状况、发展规律、主要障碍以及政策需求与建议。

关键词： 科技领域　女性高层人才　发展规律

女性在中国科技人力资源中占有重要地位，担负着基础理论研究、应用技术开发、科学技术普及和管理等各项工作，为推动中国科技创新和高新技术发展发挥着重要的作用。但是，中国女性科技人才的发展也存在一些不可忽视的问题，较为明显的是，科技领域女性高层人才数量较少、所

* 本报告为“科技领域高层人才成长状况与政策促进”项目的阶段性研究成果，该项目获得科技部 2010 年软科学项目支持，项目编号为 2010GXS1B022，项目负责人为宋秀岩、谭琳。

** 本报告执笔人：蒋永萍（1953 ~），女，全国妇联妇女研究所研究员，中华女子学院客座教授；马冬玲（1977 ~），女，博士，全国妇联妇女研究所助理研究员；贾云竹（1973 ~），女，博士，全国妇联妇女研究所副研究员；杨慧（1973 ~），女，博士，全国妇联妇女研究所助理研究员。

占比例较低，存在着比较明显的“5%”现象。中国科学院和工程院两院院士中女性仅占5.6%①，比1978年第一届全国科学大会时6.2%的女院士比例还要低。国家“863”计划专家组中，没有女性成员；“973”计划选聘的首席科学家中，女性仅占4.6%；“长江学者”中，女性占3.9%；中国科学院“百人计划”入选者中，女性占5.0%（吴江，2009）。

科技领域女性人才，特别是高层人才的数量和比例是衡量中国妇女地位的重要指标之一。为了解科技领域女性高层人才的发展现状，研究探讨促进女性科技人才成长的政策措施，为女性科技人才的成长与发展创造良好环境，全国妇联“女性高层人才成长状况研究与政策推动”项目课题组于2009年末、2010年初对北京等五省市科技领域女性人才进行了专题调研。

课题组分别在北京市、吉林省、河南省、陕西省、安徽省召开了15个“科技领域女性高层人才成长状况与发展对策”座谈会，来自中国科学院、清华大学、北京航空航天大学、中国科技大学、西安交通大学、郑州大学、中国电子工程设计院、北京矿冶研究总院、吉林省城乡规划设计研究院、陕西省石油化工研究设计院、中国一汽集团等科技领域的女性中高层人才、科研管理者、部分省政府及有关部门领导、专家学者200余人参加了座谈会。与此同时，课题组对部分典型人员进行了深入的个案访谈。调研主要围绕科技领域女性人才的成长状况、发展规律、主要困难与障碍、政策需求与建议等内容进行。

一　高层科技女性的成长规律

（一）科技女性成长拥有重要的国家政策支持

1. 男女平等原则的贯彻

一直以来，各级党和政府致力于倡导男女平等，保障妇女权利，促进妇女发展，为女性进入科技领域成长与发展创造了良好的政策环境。调研中，不少科技女性认为自己的成长离不开男女平等的大环境。北京某研究单位研究员、博士生导师［BRGFT］认为，女性“要成长，环境最重要，

① 根据中国科学院网站和中国工程院网站数据计算得出。

政策最重要，没有政策环境是无法成长的”。长江学者李某［BUGFL1］总结说：“国家大的局势是我们成长的关键因素。妇女政策很关键。”国家对女性求学、就业、参政等权利的法律政策保障，使她们得以追求知识，从事科研，服务于国家和社会。某副校长、主任医师［AUGFC1］对此深有感触，她说：“（自己）后面能够上大学、读博是因为国家有好的政策。”某教授、博士生导师［BUGFH］也指出：“妇女地位翻天覆地的变化，才使我们有了更多服务国家、服务社会的机会。”

2. 科教兴国战略的实施

在科教兴国的战略背景下，经济发展对科学技术的要求和依存程度提高，教学和科研机构蓬勃发展，也为个人成长提供了难得的机遇。电子信息领域某知名教授［BUGFS］在谈到自己发展中的关键事件时说：“正是那次承担国家的任务，（使我）得到很多的机会和荣耀。”某总工程师［JRG-FS1］的成长也跟一个重要的发展机遇有关，她说：“正好省军区搞边防建设，是个机会，我毛遂自荐，单位领导也推荐（让我）承担……后来（我）成为全国的典型，（相关领导）给予很高评价。”

在科教兴国的战略背景下，国家科研投入大大增加，河南某年轻教师［HUZFL］和她的同事成为其中的受益者。她说：“以往的科研力度小，女老师得到资助的机会更小。这几年，科研资助力度大了，面也更加广了，女老师的机会就更加多了。”事业有成的北京王教授［BUGFW2］也肯定了国家科研支持对自己的帮助，她说：“对于科技工作者来说，主要的支持还是来自国家。公平公正对科研的支持是最重要的……我觉得在我的发展中自然科学基金啊，863 啊，这些项目对我的支持是特别大的。”吉林的一位教授［JUGFL1］同样深有感触，她说：“最大支持是国家自然基金委员会。2002 年底的第一个自然基金项目，是我工作的起步阶段，也是非常重要的关键期，是我科研工作中有里程碑（意义）的事件。那时我已经 33 岁，跟很多出色的人比已经很落后了。如果没有这个，我的工作很难步入正轨，也很难再得到支持。”

国家旨在培养和吸引高层次科技人才的计划和措施也使得一批女学者得到新的发展空间。李教授［BUGFL1］就是其中之一，2006 年，她作为长江学者被引进到全国重点大学，有了更多的发展机会和更好的工作条件。她认为：“国家提供的机会、空间还是很关键的。”北京某研究员［BRGFY］的成长也离不开当时国家吸引人才的政策，她说：“科学院 1997 年的百人计划，我是第一个，当时宣传‘女百人’回国了，还创建了重点实验室。

这个呢就是大环境，和国家的政策息息相关。”

（二）学习和工作单位创造了有利于女性成长的小环境

学习和工作单位是科技女性成长、发展、贡献于社会的重要场所。不少女科技人员都强调，她们之所以能够成长起来并做出较大贡献，与师长、领导和学习工作单位能够较好地落实国家男女平等政策、积极为她们创造发展机会和支持性环境不可分割。

1. 师长激励女性选择并献身科学研究

学校是科技女性培养科研兴趣、树立职业目标并培养人生观的重要场所。不少女科技人员在求学期间，由于受到老师和学长的感染与激励，激发出科研兴趣并立志从事科研工作。来自吉林的一位教授、博士生导师［JUGFL1］其专业起点就来自高中时期的老师，她说：“高中阶段，我遇见了我的化学老师，他是吉林大学化学院毕业的，我特别能问问题，他甚至讲一些大学的东西给我。我高考时（填报的）所有专业都是化学。”

一些科技女性从老师那里获得治学和做人的启示。安徽某主任医师［AUGFC1］从研究生导师那里得到了成才的鼓励，她说：“他是第一届的政协委员，一生只带了3个博士，德高望重……他叫我励志做最好医生、做良医，为人民服务。”李教授［BUGFL2］在谈到自己成长的关键期时认为：“个人成长关键期，主要还是读博士时，（当时做）国家的三峡水电项目，比较大……大家都那么有奉献精神。当时全系也没多少个博士生，那时候也不管男的女的，也没有性别的歧视和区别，只要你努力做大家就认可。”

2. 工作单位较好地落实国家男女平等政策

不少女科技人员反映，她们得以成才很重要的原因是，所在单位严格执行国家的男女平等政策，在人才引进、出国培训、福利待遇，特别是在退休方面坚持性别平等，使她们得到平等的对待。某高校的副院长［JUGML］对本单位在这方面的评价较高，她说：“在待遇上，男女绝对平等，严格按国家政策。在人才的引进上不看性别，完全看能力、水平和成果。出国培训，也是完全根据考试结果，所以出去是女同志多。”年轻教师刘某［HUZFL］认为，单位领导在自己的成长过程中起了直接的推动作用，她说：“主要是我们领导（注：男性），有一次把我们几个女老师抓住说，‘你们不能这样子，科研上如果不重视起来，整天带孩子、照顾老人，（专业）一丢的话，再拾起来就很困难’。”

3. 工作单位提供科研锻炼和积累机会

很多用人单位信任女科技人员，给她们实践机会，让她们在关键岗位上担任重要职位，促进了她们的成长。吉林某管理人员［JXXFK］介绍本单位对女科技人员的帮助时提到，他们对女科技人员“大胆使用。企业重要技术岗位，产品开发部、技术部、检验中心的部长都是女性。一个工作才 3 年的女性，（被）大胆提拔到技术部任部长。这些女性到关键岗位工作几年，都很有成就”。有的科技单位敢于给年轻女性压担子，使她们得到了快速发展。一位研究员［JRGFD］至今仍感激单位的委以重任，她说：“1999 年我 33 岁，还是中级职称，院里对我这样的年轻女同志给予重任。重大的‘十一五’计划，让我承担主要执笔任务。”

将优秀的女科技人员提拔到领导岗位，不仅是对其工作能力与成就的充分认可，也能增加其发展机会，加速其发展。某设计院院长［JRXFZ］认为本单位重视提拔女性，她说：“几年来提拔了两个女院长，总建筑师非常重要，也是女同志。说心里话，男的也可以当，但是我们领导重视女性，把她们推到领导岗位。”

4. 工作单位注重为女科技人员提供支持和服务

一些用人单位注重为女科技人员创造良好环境，包括从女科技人员职业生涯的角度出发，帮助她们进行职业设计，创造学习培训机会，提供社会服务等，促进了女科技人员的成长。某研究员［BRGFW］感激单位领导的支持，她说：“我个人成长中，领导的信任和支持是非常重要的，（院里）对我们人才的培养有非常清楚的思路的。”吉林一位公司管理者［JXXFK］也介绍了本单位的类似安排，她说：“单位为女科技人员设计规划职业，让她们正确认识自己、评价自己，搞好个人定位，快速成长。”有的单位保证女科技人员的培训机会，一位高工［SRGFD］谈道：“我们单位为女性提供了很多培训、培养的机会，像省上搞的‘西部之光’等培训，我们每年都有人去，女性占到了 1/3。”有的单位则能够针对女科技人员的特殊需求，主动提供后勤服务，解决她们的后顾之忧，如陕西某研究员［SRGFZ］提到：“我们人力资源部有人专门调查女同志小孩入托、老人照料等方面有什么困难，负责这方面的一体化的服务。”

（三）家庭支持女性成长

1. 家长鼓励女性挑战传统性别角色，追求卓越

很多成功的女科技人员认为，她们在成长中没有被灌输传统的性别角

色观念，而是在家长的熏陶和影响下，逐渐形成女性也要承担社会责任、追求卓越和个人成就、实现个人价值的意识，并且在专业和职业选择中也受到家长的正确引导。安徽一位研究员［ARGFY］的母亲一直培养她的男女平等意识，她说："从小妈妈就灌输女孩不比男生差，人们都说男生喜欢动手搞无线电，可妈妈不认为女孩动手差，说，'你也去，男孩能做的你也行'。我就没有把自己当女生，包括下放也没有说因为自己是女的就要求照顾。这和妈妈的灌输有关。"

2. 家人理解和支持科技女性的发展需求

工作和家庭责任的平衡是每个职业女性成长中都必须面对的问题，科技女性也不例外。调查发现，很多女性科技人员能够成长成才，一个重要因素是，有老人和丈夫分担子女照顾责任和家务负担，支持她们的事业发展。特别是在公共服务相对较弱的情况下，家人的全力支持，弥补了公共服务在数量和质量方面的不如人意。李教授［BUGFL2］的公婆当年非常支持她读博士，她说："很多时候想放弃，但是家庭一直很支持。我婆婆带孩子，……为了我读博士，提前退休。"安徽某研究员［ARGFY］的母亲帮她分担家务，鼓励她投入工作，她说："我妈妈说，在单位不要给人一天到晚带孩子的印象，你的孩子我帮你带，你多关心你事业的事儿。"在会计师事务所担任副所长的崔某［JXXFC］则得到了爱人的支持，她说："他说，'生下孩子你负责 9 个月，后面我负责'。我生孩子后，爱人换尿布、喂奶粉，工作再忙，也要帮助哺育孩子。"

（四）科技女性充分发挥个人能动性

1. 在专业定位上找准创新点

不少科技女性认为自己能够成长起来，重要的原因之一是在专业上及早定位，在交叉学科、前沿学科或新领域里寻找突破点。苏教授［BUGFS］是从事电磁兼容研究的，她认为自己能够成就事业，关键在于紧紧扣住行业和国家发展的需求，见缝插针，找到了属于自己的专业特点。她说："细心琢磨，哪个点能成为你的特色，避免跟别人竞争。"某总工程师［JRGFS1］将自己的成功归结为在交叉学科找到了优势，她说："刚参加工作，让我做的跟学的不是一回事儿，但是恰恰这个专业正好利用我的学科优势，学科交叉，在省里获了奖。"长春的一位金融学教授［JUGFL2］则是因为投身于一个新专业而得到了发展机会，她说："学校上保险专业，由于是个新专业，老老师和新老师都没有人愿意干。当时中国的保险业（19）79

年才恢复，百废待兴，没有课本，都得自己写教案，我主动说我干。”河南教师刘某［HUZFL］在比较了高校里的男女老师后发现：“30 多岁或者 40 多岁的女老师得到的资助、帮助都很少，向本来的方向发展的话会比较慢，而新的方向出现，会快速地发展起来。”

2. 注重知识积累和更新

调研中一些科技女性反映，很多中年女同事容易后劲乏力，而她们之所以能够在职业上顺利地发展，做出成绩，主要是因为在专业方面持续不断地追求，并且在知识积累中，有一个比较高的起点，才能占据领先位置，为科研事业更上一层楼打下基础。某研究所副所长、高级工程师［BRGFM］强调，有一个持续的事业追求非常重要，她说：“要保证自己不断进步。”北京的一位大学教授、博士生导师［BUGFW2］则指出在科研起点即追求卓越的重要性，她说：“如果你博士期间所做的东西不是特别经典的，你要想拿到国家的重点基金啊，或者说 863、973 是非常非常难的……最关键是要在博士期间选国内一流的专业，找一流的老师，那么你在科技领域就占了先机。”

参与调研的成功科技女性也指出，当遇到职业瓶颈时，要注意把握机会，及时进行知识更新，使自己始终站在学科发展的前沿。陕西某研究院总工程师［SRGFT］回顾自己的发展历程时提到：“工作几年后感觉自己的知识明显跟不上时代了，自己毅然决定一定要去深造。院领导说，我们自己就有这个专业，你读一个本单位的多方便呀。但我坚持要读我们这个专业最好导师的博士，回过头来看，这是我成功的关键一步。”知识更新带给女科技人员的不仅是单纯的知识积累，也是一种阅历的积累和视野的开阔，对她们日后的职业发展非常重要。在国外深造的一段经历使苏教授［BUGFS］收益很大，她说：“学校派我到美国一个非常著名的实验室学习，收获很大……这段经历对我来讲是非常可贵的。”另一位研究人员［BRGFL1］也认为脱产学习的 3 年对她影响很深，她说：“工作 10 年后又困惑了，跟领导申请去上学 3 年。这是最重要的 3 年……人生当中这 3 年提升最大、影响最深。”

3. 善于平衡工作和家庭责任

女科技人员与男科技人员职业发展中的最大差异在于，女科技人员除了承担社会责任，还要承担人口再生产并更多地承担照顾家庭的责任。来自家人的帮助固然重要，但也需要女性能够较好地处理这些责任，平衡好工作和家庭关系，才能更好地投身于事业。

长江学者李教授［BUGFL1］的策略是多付出、多牺牲，她说："协调家庭和工作，我觉得对于女性来说就是要做出牺牲，牺牲休息时间、牺牲娱乐时间，甚至交友时间等等。这个是没有办法的办法，只有牺牲才能协调。以牺牲为代价换来家庭和工作的平衡。"有的女科技人员采取抓大放小的策略，如北京某研究员［BRGFY］说："可能我们也很难有时间做得很细，但在一些比较大的事情上你做到位了，这个基础就奠定好了。"动员丈夫共同分担家务劳动则是另一些科技女性的成功经验。30出头的北京某大学教授［BUGFW1］介绍说，为了更好地工作，她曾请了一个全职保姆，结果发现保姆成了家里的核心，家人之间的沟通反而少了。后来，她辞了保姆，更多鼓励丈夫参与家务。她说，"现在虽然比过去忙了些，但各方面感觉都还不错"。

二　高层科技女性发展中的主要困难和障碍

（一）传统社会性别的刻板印象

传统的性别偏见认为，女性的智力和思维不适合科技工作，或者仅适合从事某些领域的科技工作。这些偏见在社会上、工作场所普遍存在，并在媒体的推波助澜下广为传播，不仅在很大程度上阻碍了有潜力的女生填报理工科专业和继续攻读硕博学位，也在就业时成为理工科优秀女生进入一流科研机构的障碍。

1. 专业中的性别隔离

理工科女大学生特别是博士生是未来女科学家的预备队。近年来，学习理工科的大学女生有所增加，但比例仍相对较低，特别是博士生女性比例明显偏低。2009年，中国普通本专科女生所占比例已经达到50.48%，研究生中的女性也已达到47.01%（国家统计局社会科技和文化统计司，2011）。据清华大学招生就业处提供的数据，2009年，清华大学理工科本科生和硕士生中女性占30%左右，博士生中女性仅占23%左右。造成这种专业性别隔离的原因很复杂，但基于性别的偏见是重要原因之一。调研中，很多被访者反映，不少博士生导师包括女导师都不愿意招收女学生，个别高校甚至在招生简章中规定少招或不招女生。某国家重点大学的教授［JUGFL1］说："专业有限制。我们课题组十几个师兄弟，就我一个女的。"此外，理工科女博士生更多集中于生物、化学等传统认为"适合"女性的专业，在机械、物理等专业中的女生往往寥若晨星。某知名高校教授［BUGFW3］说：“我做博士后时参加北京市的一个机械工程学会，其他参会人员听说我是博士后，都很吃惊，啊，机械工程能弄到女博士后？当时就这种口气。现在从我们招生来看，每个班级30人，也就一两个女生。”

2. 就业中的性别歧视

不少用人单位不看好女性的科研能力与潜力，不愿意承担女性生育的社会责任，这导致女大学生在劳动力市场上遭遇歧视。调研中，不少被访者谈到了自己就业时遭遇的性别歧视。某高校教师［BUZFL］找工作时的经历相当典型，她说：“招聘老师看了简历说我条件很好，刚好需要这个专业的老师，那时简历上没照片，我名字也中性。（对方）一打电话才知道我是女的，连说不要不要，说就要男老师。”某管理者［BRXFZ］也证实了招聘中性别歧视的存在，她说：“我在人事处工作了12年，进门前（指招聘录用时），肯定是歧视的，绝对歧视女性。”陕西某科技公司副总工程师［SRGFG］也指出了就业中普遍存在的不公平，她说：“这次出去招人时人事部说只要男的，不要女的。男的就是个‘哈哈儿’（各方面相对较弱的人）都能（分）出去，女的就是拿了励志奖学金都分不出去。”就业困难往往使一些很优秀的女性不得不屈就于自己并不满意的工作或者从事与专业不对口的工作。正如某著名高校教授、博士生导师［BUGFZ2］指出的：“一旦她进不到专业对口的单位，就会对她的发展带来很大障碍，造成人才浪费。”

3. 媒体的忽视和对性别偏见的复制

大众传媒在当今社会中具有广泛而深刻的影响力，在主导公共舆论、改变公众意识等方面发挥着重要作用。然而，目前媒体对科技女性形象的呈现存在明显的边缘化现象，以致成功的女性科技人才难以发挥榜样的力量。而认为女子“无才便是德”、质疑女性的专业精神、认为她们无法承受科研工作的艰苦等性别刻板印象的存在和传播，也在一定程度上加深了专业性别隔离和就业中的性别歧视，恶化了女性科技人员的发展环境。

某国家重点大学的副教授［BUGFZ1］认为：“导向很重要，现在的社会环境，对成功女性，特别是科技界女性的宣传报道很少，不利于孩子的成长。”地方某高校副院长［JUGML］也有同感，他说：“社会上对女科学家宣传很少，女科技人员缺乏学习和借鉴的榜样，对女性参与科技活动的积极影响也很不够。”

此外，传媒对女科技人员的报道往往在复制社会刻板印象，与她们真

实的、丰富的工作和生活现实并不相符，不但未能全面反映这个群体的生存状态以及对社会发展的贡献，甚至还存在对她们的污名化现象。某博士生导师［BUGFZ2］说："现在一说到女博士，就是（另类）。世界上有三种人，女博士就是第三种人。"某高级工程师［BRGFM］说："我是我们院第一个女博士，我刚来的时候，大家有意无意都来我这接点水，后来我问他们老到我这儿干什么，他们说看看女博士是不是三头六臂。"可以说，媒体特别是网络等新媒体在将女博士塑造成"第三种人""灭绝师太"等方面起到了推波助澜的作用，应负有一定的责任。

（二）"男主外，女主内"的家庭性别分工

受传统社会性别分工的影响，绝大多数科技女性在现实生活中都承担了更多照料家人以及家务劳动的责任。如何平衡家庭和事业、保障足够的时间和精力投身科研工作，成为许多年轻女科研工作者成长和发展中的最大难题。

北京一位科研人员［BRGFW1］认为，"主内"的责任大大影响了自己的职业发展，她说："这女人一结婚、一有了孩子后，就输在起跑线上了。本来你也是很不错的，最后由于你干家务了，带孩子了，你就输给他（自己的丈夫）了。我生孩子后如果有个人帮我带孩子、做家务，我绝对不是现在这样。"某学院副院长［JUGFW2］也深有感触，她说："怎么协调家庭和事业的关系？家庭你要做贤妻良母，出得厅堂，入得厨房，子女教育也是你的。事业上不能落后，唯一的就是你多付出，多牺牲。"某一流科研机构的男性研究员、博士生导师［BRGMZ2］也认识到女性更多承担家庭责任给其事业造成的牺牲，他说："历史形成的家务分工，是造成女同志不容易出类拔萃的重要原因。高知女性找高知男性，两个高知举案齐眉、共同前进的很少。这两个人可能要牺牲一个人，谁会牺牲？大部分要女同志牺牲，特别在生活条件差一点的时候。"

除了照顾家人和家务劳动，子女教育也更多地落到母亲身上。应试教育和教育产业化、国家对托幼服务支持的不足，给家长带来了很多额外的负担。一些科技女性为了平衡矛盾，不得不在家庭和事业之间摇摆。有的推迟或者不敢要孩子，而已生孩子的女性为了事业发展，只能牺牲个人休息娱乐、社会交往时间，甚至是学习深造机会。某高校副教授［BUGFL3］的孩子刚刚 5 岁，虽然她认为孩子没必要上特色班，但小学负责人告知，如果这样，孩子上小学后，会被分到慢班，孩子的自信心会受到打击。这位

成长中的女性为了孩子的教育，不得不放弃出国深造的机会。因孩子教育而耽误继续发展的女性不在少数。“晚上吃完饭，男的就能去实验室、办公室工作几个小时，我们只能在家陪孩子学习。这样持续几年，差距自然就出来了。”[BUGFZ]

一位男博士[BRZMQ]也认同孩子教育对女性的影响，他说：“孩子的辅导肯定是妈妈做的，（这就）迫使妈妈把更多的精力投入到孩子身上。”调查发现，一些科技界男性虽然认识到了女性面临的困难问题，但愿意主动更多承担家庭责任的还为数不多。

（三）缺乏必要的社会支持

要想在激烈竞争的科研工作中脱颖而出，就必须比常人投入更多的时间和精力，特别是科研的关键期，往往需要科研人员全身心地投入工作。

20 世纪五六十年代国家大力兴办的公共服务事业，曾在很大程度上缓解了更多压在职业女性身上的家务劳动和子女养育责任。但市场化、产业化改革和政府公共服务投入的减弱，使入托难、幼儿照料与工作的矛盾再次成为阻碍女性在科技领域顺利发展的重要因素。调查表明，目前北京 3 岁以下幼儿的入园率仅为 21.4%，有 24.8% 的家庭有找不到托儿所的经历（和建花、谭琳、蒋永萍，2008）。托幼服务的短缺给女科技人员带来困扰，在不同程度上影响了她们的工作时间和精力。

某科研机构人力资源部负责人[BRXFC]说：“以前（单位）有哺乳室、幼儿园、医务室，现在都没了，请保姆有问题，弄不好把孩子丢了。一切都市场化了，这样的环境对女性越来越不利。”一位博士生导师[BUGFZ2]指出：“在缺乏安全、可靠并且有保障的托幼机构的情况下，许多优秀的女科技工作者不得不拿出自己宝贵的时间来照料幼小的子女，这使得她们在孩子出生后四五年内都难以全身心投入科研工作，客观上阻碍了年轻一代女科技工作者的成长。”

（四）科技领域男性化的社会交往方式

在科技领域，男性占据决策管理的主导地位，具有男性化特征的烟文化、酒文化等非正式交往方式盛行，这使科技女性很难融入掌握科研资源的男性社交圈，难以将自己的科研成果与能力展现给决策者和项目评委，从而减少了女性获得更多科研信息和科研资源的机会。

某科研机构博士[BRZFM]说：“男性跟男性，他们是更容易搭上话的。20个人坐一个桌子开会，过去递根烟，就可以在那儿很随便地聊天，但是女性你就不好搭话，导致你很难进入这种圈子，去让别人认识你、了解你的成果、认识你的才干。”长江学者李教授［BUGFL1］也表示专家组全是男人，自己格格不入，她说：“到休息时间人家抽烟聊天，你在那里一个人很孤独。”

近年来，酒文化不但在商界、官场盛行，在以往人们心目中不受世俗困扰的科研领域也大行其道。项目申请、进展汇报、成果审核等各个环节，都越来越依靠酒酣耳热时的交际来完成。国内一流科研机构的某博士生导师［BRGFY］表示：“现在你搞863也好，搞公关也好，都有一个人脉，都有一个联络。男性可以一个饭局、一块儿喝酒，就亲得不得了，而我们和他们就有隔阂。”某教授［JUGFL3］也说：“我们学校女老师都在认真做事，男性也在做事，但（男性）更多的时间是在喝酒拉项目，我们这些女性不喝酒就被排斥了。”

非正式的私下交流和应酬活动，不但扩大了男性在科技领域的人脉，也增加了他们获得科研项目的机会。某高校科研处副处长、教授［JUGFW1］说：“……女性最大的困难是争取项目，最大差距在于交往。我老公也是搞科研的，他除了白天做科研，晚上很多时间在应酬，一年有350天在外面，非常繁忙。很多事情他们沟通非常方便，我们就没有这个优势……在评课题时，你说你好，谁认识你？”

（五）决策中的女性缺位

在科技领域，各个级别的决策权一般都掌握在男性手中，相似的能力特征和做事风格使男性评委在项目评审时更容易倾向于认同和认可男性的能力。决策中的女性缺位现象，常常使女性的科研能力与成就难以得到认可，在获得相关资源和支持时处于劣势。

某杂志社主编、研究员［JRGFW1］说：“申请科研立项时，有几个女评委？话语权在哪里？（评委）全是男的，他们的做事方式和交往方式，跟女性不一样，这很可怕。表面平等的背后，是事实上的不平等。”某研究所所长［JRGFD］认为在选拔方面，也存在性别歧视。她所在的省选省委决策咨询专家时，她和一位男同事一起竞争，最终她落选了。院长跟她谈话时强调那位男同志比她年纪大、资历老。但她认为，自己在各方面的表现和成就明显强于对方，仅仅因为是女同志而被排在男性后面。

（六）不平等的退休政策

退休政策是决定科技人员能否继续获得科研资助、实现科研创新的重要条件。虽然国务院先后出台了国发〔1983〕141 号、142 号文件和人事部的《关于高级专家退（离）休有关问题的通知》（人退发〔1990〕5 号），规定女性高级专家可以与男性一样 60 岁退休。但在退休政策的实际执行过程中，上述文件并未得到有效落实，自己和身边同事发展受阻、利益受损的后果，让参与访谈的科技女性对此反应非常强烈。

1. 打击了女性的科研积极性

提前 5 年退休，严重影响了女性的积极性、创造性，并给女性造成很大心理伤害，该问题在实行企业转制的科研单位尤为突出。北京一位高级科研人员［BRGFH］吐露心声："在你 55 岁那天你必须退下来，（我们）在思想上接受不了。就这么一个退休手续，你就只能由项目第一负责人变成一般负责人了，你可以帮助别人申请项目，但不能做第一负责人，别人也觉得老太太都退休了还干什么？这一点很伤人。我的很多朋友退休两年都调整不过来。"一位现年 48 岁的被访者［HUGFW］已经开始考虑退休问题了，她说："自己不在乎钱，女专家和女科技人员真的不是为了钱，就是为了在专业领域有所突破、有更多创新，为了造福社会和人民，工作就是科技人员最高级的休闲。"

2. 造成了女性科技人才的浪费

不平等的退休政策，在影响女性积极性的同时，也造成了女性人才资源的大量浪费。一位农业技术推广研究员［JRGFX2］说："我 50 多了，马上面临退休，单位马上就要让我回家，我退休了能干什么呀？现在正是我们发挥作用的时候，现在就把我们撵回家。"几个"马上"和一个"撵"字，充分体现出她对 55 岁退休后缺乏用武之地的无奈。

三　政策需求与建议

（一）科研资源适当对女性倾斜

可借鉴其他国家的经验，在国家自然科学基金等科研基金中设立女性专项基金，鼓励和促进女性科技人员成长，在一定程度上解决当前中国科研项目申请中存在的男性主导方式对女性的不公正问题；在国家自然基

金、国家发改委、国防科工委以及各省的中小企业创新项目中，在申请质量相同前提下，优先女性申请者。相关负责部门在项目申请、评奖中应该关注女性作为第一负责人的情况；提高科研管理和决策层的女性比例，采取类似党政领导中的女干部配额制等措施，以提高女性在科研决策层面的话语权。

（二）实行男女平等的退休政策

在科研和医疗部门，55 岁是经验、知识积累的黄金时期，提前退休是人力资源的浪费和损失。实行高层人才男女同龄退休，不仅可以保障女性平等参与劳动的权利，也可以消除提前退休对女性科技人员发展带来的不利影响，更好地发挥女科技人员的潜力，为她们充分发挥、施展才华提供公平的政策平台。

（三）提供培训、交流机会

国家应出台一些针对性的培训计划或政策措施，帮助女科技人员提升科研及管理领导能力，以更好地参与竞争、发挥潜力。同时有关部门要搭建平台，促进女性科技工作者之间的沟通交流，分享知识、经验和成长的体会，增强女性科技工作者群体的凝聚力。

（四）完善社会服务，解决后顾之忧

应该遵循家庭和工作友好的原则，创新政府提供公共服务的方式，建立政府购买公共服务制度等政策措施，帮助女性科技工作者减少后顾之忧，获得与男性科技工作者相近的工作和学习积累的时间，使其更好地投入科研工作之中。

（五）营造良好的社会环境

加大对女科技人员的正面宣传，进一步落实男女平等的基本国策，营造良好的社会大环境，增进社会对女科技人员的了解和认同，消除社会上存在的对女性科技人员的偏见或片面认识；营造关心、重视女科技人员的社会氛围，鼓励和倡导女性投身科技领域。妇联组织要在这方面积极作为，进行系统的、长期的宣传倡导，营造有利于女科技人才成长的社会环境。

参考文献

国家统计局社会科技和文化统计司编，2011，《2010 中国妇女儿童状况统计资料》，中国统计出版社。

和建花、谭琳、蒋永萍，2008，《托幼作为一种公共服务的现状、问题及对策——社会性别视角的分析和思考》，载谭琳主编《2006～2007 年：中国性别平等与妇女发展报告》，社会科学文献出版社。

吴江，2009，《创新体制机制　促进女性人才发展》，《中国妇女报》12 月 28 日，第 3 版。

论中国人才性别结构均衡发展*

佟　新**

摘　要： 中国人才发展战略强调要形成中国人才竞争比较优势，逐步实现由人力资源大国向人才强国的转变。一个不容忽视的问题是中国人才性别结构失调，一是女性人才存在金字塔式的发展特征，随着职业地位等级的提高，女性所占比例减小；二是我国人才结构存在较严重的性别比例失调状况，多数情况下女性人才不足30%，高层女性人才多数不足20%，女性人才成长形势严峻。大力推进中国女性人才成长的关键是解决性别结构失调问题。而全球民主化运动、相关性别知识的变化和女性领导的组织实践，将成为推动女性人才成长的重要力量。同时，亦迫切需要广泛且深入的女性人才状况和成长规律的研究。

关键词： 人才发展战略　人才性别结构　女性人才

2010年6月，党中央、国务院颁布了《国家中长期人才发展规划纲要(2010—2020年)》(以下简称《纲要》),《纲要》指出，“人才是指具有一定的专业知识或专门技能，进行创造性劳动并对社会做出贡献的人，是人力资源中能力和素质较高的劳动者。人才是我国经济社会发展的第一资源。”（中共中央组织部，2010）其中的高端人才即高层次人才包括：善于治国理政的领导人才，经营管理水平高、市场开拓能力强的优秀企业家，

---

* 本文是2010年教育部哲学社会科学研究重大课题攻关项目“女性高层次人才成长规律及发展对策研究”（项目编号：10JZD0045－1）的阶段成果。

** 佟新（1961～），女（满族），北京大学社会学系教授，博士生导师，主要研究方向为劳动社会学和性别/妇女研究。

世界水平的科学家、科技领军人才、工程师，高水平的哲学社会科学专家、文学家、艺术家、教育家，技艺精湛的高技能人才，社会主义新农村建设的带头人，职业化、专业化的高级社会工作人才。

现阶段推进中国人才发展的意义在于“形成中国人才竞争比较优势，逐步实现由人力资源大国向人才强国的转变”。然而，一个不容忽视的问题是中国存在性别结构不合理的状况，人才的性别结构失调迫切需要大力推进女性人才的成长。本文重点：第一，分析中国人才的性别结构及其发展潜在的问题；第二，充分认识大力推进中国女性人才成长的现实意义和学术意义，重视女性人才成长是一项利国利民和提升我国国际地位的大事；第三，充分认识推动中国人才性别结构平衡发展需要研究的问题。

一　中国人才性别结构的现状

透过对中国人才发展过程的回顾，《纲要》指出，“当前我国人才发展的总体水平同世界先进国家相比仍存在较大差距，与我国经济社会发展需要相比还有许多不适应的地方，主要是：高层次创新型人才匮乏，人才创新创业能力不强，人才结构和布局不尽合理，人才发展体制机制障碍尚未消除，人才资源开发投入不足，等等”。我们研究认为，人才结构的不合理包括了性别结构的不合理。《纲要》指出，人才发展战略是到2020年实现“人才的分布和层次、类型、性别等结构趋于合理”。虽然《纲要》没有明确提出合理的人才发展的性别结构，但现阶段中国女性人才发展离国际水平的要求还有相当长的距离。对现阶段人才的性别结构要有清醒和充分的认识，只有如此才能创建有效的女性人才发展战略。

按照《纲要》的提法，各类人才队伍包括“党政人才、企业经营管理人才、专业技术人才、高技能人才、农村实用人才和社会工作人才”。本文对女性人才的前三类状况进行了梳理，分析了其人才性别结构的状况。

第一，党政人才。从党政人才的性别结构看，女性比例较低，越往高层比例越低。2008年十一届全国人大一次会议通过的国务院27个部委部长人选中，女部长3人（网易新闻，2008），占11.1%。同年，省级人大、政府、政协领导班子成员中，女干部106人，占干部总数的13.0%，其中，在任省级正职女干部6人，占同级干部总数的6.5%（全国妇联妇女研究所，2008）。2007年，中国地（厅）级女干部的比例为13.7%；县（处）级女干部的比例为17.7%（国务院新闻办公室，2005）。

第二，企业经营管理人才。目前还没有全面的统计资料。全国工商联的调查表明，2008 年，女性私营企业家比例近 16%（佟新，2010）；联合国计划开发署的数据表明，中国女性企业家比例为 17%。

第三，专业技术人才。在专业技术人才中，女性的基数较大，但高层人才奇缺。2008 年“第二次全国科技工作者状况调查”显示，从事基础研究的人员中女性占 36%，其中 35 岁及以下的青年女性科技工作者占 41.4%，36~49 岁的中年女性占 33.0%，50 岁及以上的占 28.2%。但高层拔尖人才中女性比例很低，长期徘徊在 5% 左右，2009 年，中国科学院和工程院两院院士中女性仅占 5.6%①。

总之，中国女性人才的发展存在两大特征：一是女性人才自身存在金字塔式的发展特征，即随着职业地位等级的提高，女性所占比例减小；二是我国人才性别结构失调，女性人才不足 30%，高层女性人才不足 20%。无疑，我国人才性别结构失调，女性人才成长形势严峻。

从国际角度看，联合国计划开发署在 1995 年的《人类发展报告》中使用了性别发展指数（GDI）和性别权能指数（GEM），这两个指数既显示了国际社会致力于推进性别平等的总趋势，也体现了各国妇女发展中所面临的种种问题。性别发展指数是通过测定两性预期寿命、受教育程度和实际收入的性别差异来说明一个国家的性别发展状况。性别权能指数则是以两性在就业、专业岗位、管理岗位和议会席位中所占的份额来测量两性在权力上的平等状况。性别权能指数更能够说明女性高层次人才的发展状况。

据测算，1995 年，中国的性别发展指数排名为世界第 71 位，性别权能指数排名为世界第 23 位，这显示中国妇女在公共事务参与方面处于世界中上水平。1997 年，中国的性别发展指数提高到第 58 位，但性别权能指数排名下降到第 28 位。其后的几年，因各类管理、决策高层中女性比例下降，致使中国的性别权能指数在世界排名中又有所下降。2002 年联合国的报告显示，中国的性别发展指数排名下降了 6 名，为第 64 位。2009 年联合国的报告显示，中国的性别权能指数下降到第 72 位，女性高级法官和高级管理者只占 17%，专业和技术人员中女性比例为 52%，部长级女性只占 9%。

上述数据表明，第一，我国两性在经济增长的过程中并没有同等地分享到成果。女性，特别是女大学生、女研究生在就业上遇到困难；男女实际收入差距持续拉大；女性进入各类管理和决策层的比例下降。第二，一

① 根据中国科学院网站和中国工程院网站数据计算得出。

些国家以更快的速度加快对女性的赋权，以更快的速度实现了两性平等的发展。第三，如果有些国家能够快速提升女性人才的比例，就意味着只要出台相应的公共政策，女性人才是可以脱颖而出的。因为优秀的女性人才已经存在于工作岗位上，只是机会不足。因此，我国缺少的不是女性人才，而是使女性人才脱颖而出的机制和公共政策。《纲要》在“人才发展战略”中指出，2020 年“人才素质大幅度提高，结构进一步优化。主要劳动年龄人口受过高等教育的比例达到 20%”。2005 年，我国入校女大学生比例就占到了 33%。相关调查表明，女博士比例达 37%（博士学位获得者职业取向调查课题组，2009）。这些女性是未来我国重要的女性人才，只要这些女性人才能够顺利发展就能有效实现我国《纲要》提出的目标。只有将女性人才视为我国人才发展战略中重要的组成部分，才能提供更加有效的促进女性人才成长的公共政策。

二　中国女性人才成长的政治和理论意义

大力推进我国女性人才成长具有重要的政治和社会意义，也具有重要的理论意义。从政治的角度看，人才的性别构成代表了一个国家的民主化程度；从学术的角度看，女性人才成长意味着对传统意义上的成才理论的挑战。因为已经存在的成才理论仅仅是对以男性精英为主体的研究，缺少了女性的经验，对人类重要的另一半——女性的经验和智慧的研究将是填补理论空白的大事。女性人才研究具有跨学科、跨专业和跨领域的多重价值。它不仅涉及社会学的权力理论、职业发展理论、公私领域的理论，而且也涉及各种流派的女权主义理论，它必须将女性学、社会学、政治学、教育学、经济学、管理学等学科相结合，重新来解释女性职业发展中的问题。我国依然是一个男性占据权力和权威主要位置的社会，只有创新知识才能迎来一个女性人才快速成长的春天。

从政治角度看，首先，女性人才已经是我国重要的人力资源，其高层次人才是妇女界的杰出代表。一个国家女性高层次人才的规模、结构和发展境况，反映了该国妇女的地位，体现了妇女参与国家政治、经济、社会、科技等各个领域的广度和深度。其次，女性人才发展状况和其潜在规律是衡量一个国家现代化和民主化的尺度。因为女性人才的产生方式体现了女性受教育程度、工作机会、发展机会等性别平等状况的结果，是一把衡量社会性别平等状况的重要标尺。最后，女性人才，特别是高层次的女性人

才具有重要的社会影响力，她们是广大妇女的旗帜和榜样，是提高妇女社会地位的重要推动力量，是维护妇女合法权益的有力呼吁者。发现女性高层次人才的成长规律，并对女性成才采取相应的鼓励性政策，能够使更多的女性得以发展，并能够强化政府政策的性别意识。对女性人才的研究体现了我国对男女平等基本国策的重视，是建设社会主义和谐社会的必要条件，亦是我国人才发展战略的重要组成部分。

从学术角度看，对女性人才的研究具有重要的学术意义，可以提高各类人才研究的理论水平。目前，我国人才研究大致有四种理论视角：一是人才学，二是人力资源理论，三是精英理论，四是领导力理论。

人才学曾经在我国活跃一时，主要研究人才开发、培训、管理、使用和人才成长的规律及其在人才发展实践中的应用。其研究目的是，通过发现人才成长规律来更好地发现、培养、推荐、使用人才。新华社报道，1979～1989 年底，“全国已成立了 25 个人才研究所和 17 个专门性的人才研究实体机构，已有 100 多所大学开设了人才学必修课”。这对当时的年轻人的自我设计具有重要影响。相应的女性人才研究成果有《女性人才学概论》（叶忠海，1987）和《妇女人才学论稿》（刘翠兰，1990），其强调发挥女性潜能和女性成才意识。虽然现在人才学很少提了，但是女性人才的概念还是源自人才学。

20 世纪 90 年代，人才学基本上被人力资源理论所替代，人才研究会也隶属中国人力资源开发研究会，其理论取向更加理论化。人力资源理论有多个层面，有国家层面、组织层面和个人层面。在国家层面，人力资源与国家能力相关，全民素质和教育水平的提升都会提升国家的人力资源，并为国家的整体发展打下基础。从组织层面看，强调组织通过有效的制度设计使个人的潜能得到最大限度的发挥，并由此提升组织效率。从个人层面看，个人的教育水平和工作经验是累积的过程，它能够为其发展积累资本。对女性人力资源的研究常常关注的是女性人力资源的提升对于下一代人的意义，过多地强调了女性作为母亲的作用。有研究指出，人力资源政策可能无意中妨碍了女性的发展。例如，识别高潜力雇员的内部流程往往把目光集中在 28～35 岁的经理身上，这样就忽略了那些休产假的符合条件的女性。从女性人才发展的角度，女权主义学者对人力资源理论有不少批判，其强调人力资源理论只看到理性的个体，没有看到人所具有的关怀精神以及关怀工作带来的效益，而这些关怀工作能够在生活领域的各个方面，包括家庭、社区、企业和政府，带来重要的经济价值。人力资源理论应更多地看到女性带来的关怀经济，并建立伙伴关系的经济理论（理安·艾斯勒〈Riane Eisler〉，2009）。透过对女性人才成长的研究可以拓展人力资源理论，并建构本土的关怀经济学。

精英理论曾经是社会学研究中的重要内容，近年来多被社会分层理论替代。从国际社会看，一些社会学家关注我国转型社会中的精英生产，这些理论强调党员身份、大学文凭等在市场转型中对社会流动的意义，但这些研究毫无性别视角（边燕杰、吴晓刚、李路路，2008），似乎精英就是男性，即使有女性精英也是可以忽略不计的。因此，增加对精英女性的研究可以更加深入地理解中国社会流动的机制，也由此能够更有效地理解中国社会性别分层的机制。

女性领导力研究是近年来发展出来的新学科。领导力（leadership）的研究认为，领导是一种能力，这些能力包括：问题解决的能力、判断是非的能力和知识的储备量（Northouse，2004）。越来越多的学者看到，女性拥有更好的与人沟通和合作的能力。在领导力方面，女性有自身的优势。对女性领导力的认识多与全球女权主义运动联系在一起，在“联合国妇女十年”期间，女性成为国际大会的主要组织者，她们主持大型公共论坛，对社会发展发表见解，对冲突进行协调；同时还有许多女性创办组织，这体现出女性有能力承担传统意义上男性承担的领导角色。有研究认为，有些女性有意识地以创新的方式担当领导角色，促进了分享的或集体的领导，力行多元化和关怀，而不是等级制（Basu，1995）。

近年来，我国学术界越来越明确地认识到人才性别结构失调的严重性。虽然没有形成明确的有关女性人才学、女性人力资源理论、女性精英理论和女性领导力的研究成果，但跨学科研究已有所启动，特别是在女性高层次科技人才、政治人才和管理人才的研究方面取得了丰富成果。但这些成果需要进一步系统化和理论化，并把握我国本土化的女性人才成长规律，将我国经验向世界推广。作为具有社会主义传统、经历了市场经济转型国家的女性人才的经验研究，会因其独特性成为国际女性人才发展研究的重要内容。

从长远看，总结女性成才的经验，可以为新一代女性的成长开辟道路，激励女性后备人才更好地成长。原国务委员、全国妇联主席陈至立指出，近年来，各个领域涌现出大批优秀女性人才，成为各行各业的骨干和中坚，为国家政治、经济、文化和社会的发展与科学技术的创新做出了卓越贡献，是人力资源中不可缺少的组成部分（陈至立，2009）。

三 中国人才性别结构的均衡发展

进入21世纪，各国政府和企业组织越来越清醒地认识到实现人才性别结构的均衡发展是有利于国家、社会和组织发展的。以企业为例，性别多样性除了有助于企业解决人才短缺问题以外，还可以让企业吸引并留住人才以实现其他商业目标。越来越多的企业认识到多样性的重要意义，并意识到种种偏见对决策产生的影响。以摩根大通为例，他们通过培训，在高层团队中致力于留住并晋升女性，建立起了有力的人才通道。2008年，女性经理在公司经理中的比例达到48%，在最资深的经理中占到了27%，而1996年这一比例仅为19%（欧高敦，2008）。

从全球看，目前至少有三种力量在推动女性人才的发展，人才性别结构正向均衡状态变化。

第一种力量是全球民主化运动带来的治理民主化，这使更多女性进入了政治领域的高层，并显示出不凡的领袖魅力。从世界范围看，出现了诸多的女性领袖，如德国总理默克尔、美国国务卿希拉里、西班牙国防大臣卡梅·查孔等。查孔怀着孕统领西班牙军队，乌克兰的女总理季莫申科被喻为“带刺的玫瑰”。挪威、芬兰和瑞典等北欧国家成为女性参政率最高的国家。在挪威政府的19个内阁部长中，有10名女性；而瑞典议会中，女性议员的比例达47%，居欧洲之首。西班牙政府17名内阁成员中有9名女性，法国政府15名内阁成员中有7名女性。她们的政治活动深深影响着国家政策。

物理学博士出身的德国总理默克尔，当记者问她：为什么办公桌上摆的不是丈夫的照片呢？默克尔回应说：“是的，在这种情况下不摆丈夫的照片，而是别人送给我的叶卡捷琳娜女皇肖像，这样可以展示出，在历史上还是有杰出女性存在的。如今政权形式和政治特色已经发生了转变，感谢上帝的是，妇女们越来越在历史上起到重要作用，而不仅仅只是个摆设。”默克尔在2009年年中接受女权主义杂志《艾玛》的访问时强调，男女收入差距“确实是个问题”，虽然目前政府还不会介入干预，但“我建议每位做相同的工作却赚得比男同事少的女员工，自信地去找老板要求改变”。她保证，“政治人物也会施加压力”。由于默克尔手下一位女性部长的提案，现在德国的工薪父母可以享受一年的休假去带孩子，还可以拿到原工资2/3的薪水。2011年1月1日，联合国妇女署正式开始运行，其行动宗旨是与联合国各会员国共同制定衡量性别平等的国际化标准和行动目标，以促进两性平等和增加妇女权能。

第二种力量是对人才、人力资源或精英的学术认知或知识领域的变化。"人才"一词具有了多重含义，打破了传统的"精英""领袖""领导"的局限。传统上，精英、领导是指组织中的高层职位和权力。知识领域的革命在于，平等和民权理念的推广，使成为"人才"和具有"领导力"意味着人的一种能力和秉性。人才是指那些具有一定的专业知识或专门技能，具有较高人力资本和素质较高的劳动者。这样的人才观不仅强调创新，更重要的是强调对社会经济发展的推动。女性因其成长环境、丰富的人生经验和情感体验，而在秉性上更具有魅力，其领导风格亦成为创新组织环境等方面的重要内容，这推动了对女性人才和领导力的认识。社会学家康奈尔指出，西方社会正在经历一场"性别危机"。其挑战的力量来自三个方面：一是"制度化危机"（crisis of institutionalization），即传统上支持男性权力的制度受到挑战。例如，家庭和国家正在逐步瓦解，离婚、家庭暴力、强奸方面的立法以及税收和养老金等问题，使男性支配女性的合法性正在减弱。二是"性关系危机"（crisis of sexuality），异性恋的主导地位在减弱，女性和同性恋的力量在不断增长。三是"利益形成的危机"（crisis of interest formation），社会利益出现了新的基础，不同于现存的性别秩序，已婚妇女的权利、同性恋运动和男性中反性别歧视的态度等威胁了现有的性别秩序（Connell，1987）。这意味着女性作为重要的社会力量，其提供的关怀的价值正变得越来越重要。

第三种力量是一批由女性领导的社会组织的实践。在全球女权主义的学术思潮下，一批女性以反传统的精神出现，有意识地以开创性的方式担当领导角色，并积极实践分享型和集体型的领导，用多元的、赞赏的方式而不是等级制的方式进行领导。这种具有实践意义的活动，促使学术界和公共政策关注女性问题，使社会治理向着更为民主的方向发展。

上述三种在全球范围内推进女性人才发展的力量亦影响和推动着中国女性人才的产生和国家政策的变化。

回顾历史，毛泽东时代的女性人才发展战略在很大程度上确保了我们人才结构的性别平衡，其相关的思想和制度是平衡我们人才性别结构的重要思想库。同时，从代际视角看，毛泽东时代的性别平等建设也深入地影响着当代女性，赋予了女性人才发展更多的自主性和能动性。

可以展望，随着中国民主化程度的提高，不断增长的性别平等意识的公共舆论和各类平衡人才性别结构的社会行动战略的出台，如性别配额制度，将使我国人才性别结构失调的状况得以改善。

四 中国人才性别结构均衡发展面临的理论问题

解决我国人才发展中的性别结构失调问题的关键就是大力推进女性人才发展，这与国家政策、不同类型人才发展规律、女性人才发展的特殊性、女性教育、工作机遇与晋升、个体职业规划、工作和家庭的友好发展等理论问题相关，只有对此进行深入的理论研究才能更好地制定政策和激励女性人才发展。本文以开放的态度提出相关理论应面对的关键性问题。

第一是历史研究。这包括两个方面，一是女性人才发展史。由此理解我国女性人才成规模发展的历史过程，这一历史过程是与我国现代化进程和社会主义革命的进程联系在一起的。从早期女性留学和进入高等学府到新中国建立后的女干部培养，为女性人才发展积累了重要的资源和基础。二是有关女性人才发展的思想史和政策史。任何社会政策背后都有其思想支撑，女性人才发展的思想涉及思想史中的性别价值观，它与国家的现代化、马克思主义的妇女观和女性人才自身的能动性联系在一起。

第二是国际比较研究。发达资本主义国家、社会主义国家和新兴发展中国家都在女性人才发展方面积累了大量的经验，特别是在公共政策制定方面的社会实践是我国推动女性人才发展需要学习和借鉴的。要特别关注相关女性友好型的福利政策；关注亚洲国家女性人才发展政策，因为同属儒家文化圈，其性别文化和公共政策的关系与我国具有共性。

第三是要对不同类型的女性人才成长状况和规律进行研究。人才具有不同类型，至少要对企业家和企业管理人才、科研人才、干部和各种公益组织人才等进行研究，发现女性成才的共性和特殊性。关注女性个体能动性、组织的性别环境、个人与家庭以及国家等之间的相互关系。

第四是对人才成长规律进行性别比较研究。分析两性遇到的机遇和资源状况以及能动性的状况，包括分析两性人才在政治资源、经济资源、社会关系网络和文化资源等方面的差异，从地位获得机制、个人职业生涯设计、组织的性别环境、自我认同以及政策影响和政策需求方面进行研究。

第五是对工作和家庭之关系的研究。这一方面的研究较为复杂，人们常常将其纳入工作的性别比较研究。本文认为，这是两性都将面临的问题，应当更多地从共性出发，寻找相关的政策支持，建立工作和家庭平衡的关系。

第六是以教育为基础，分析两性人才成长的教育规律。特别关注两性大学生的成长，将男女大学生在学习表现、成就动机、参与社会活动等各方面的校园生活进行性别比较，分析大众媒体、校园文化、学校资源分配、教师性别观念与培养方式等诸因素对人才培养的意义。关注两性大学生的人生发展规划，为未来大学生的发展提供可行的帮助。

第七是有关女性人才成长的方法论研究与讨论。这涉及一系列的知识更新，从女权主义理论出发，创新观念和挖掘我国本土的性别经验，特别是总结现有女性人才成长的经验，从中归纳出我国女性人才成长的知识，并使其具有理论性是非常重要的。

第八是对女性人才成长的公共政策研究。要全面评估我国有关女性人才成长的各种政策、国家人才发展战略、各种激励机制和相关政策的效应。以科技人才和行政人才的选拔政策为例，分析已有经验，总结正反两方面的影响，建立起积极的女性人才成长的国家政策。

形成我国均衡的人才性别结构是女性人才成长状况和成才规律研究的最终目标，实现均衡的人才性别结构具有国家战略意义。完善雇用、留住和提升女性人才的方法对于我国人才性别结构的均衡以及我国政治、经济和社会可持续发展意义重大。

参考文献

边燕杰、吴晓刚、李路路，2008，《社会分层与流动——国外学者对中国研究的新进展》，中国人民大学出版社。

博士学位获得者职业取向调查课题组编，2009，《博士学位获得者职业取向》，中国科学技术出版社。

陈至立，2009，《在新中国 60 年优秀女性人才社会影响力论坛开幕式上的致辞》，《中国妇女报》12 月 14 日。

国家统计局人口和社会科技统计司，2004，《中国社会中的女人和男人——事实和数据（2004）》，载国家统计局和社会科技统计司编《2004 中国妇女儿童状况统计资料》，中国统计出版社。

国务院新闻办公室发布，2005，《中国性别平等和妇女发展状况》，《中国妇运》第 10 期。

理安·艾斯勒，2009，《国家的真正财富——创建关怀经济学》，高铦、汐汐译，社会科学文献出版社。

欧高敦编，2008，《女性与领导力》，经济科学出版社。

全国妇联妇女研究所，2008，《妇女研究内参》第 1 期。

R. W. 康纳尔，2003，《男性气质》，柳莉译，社会科学文献出版社。

佟新，2010，《要做得比男人更好——改革时代的女性企业家》，《中国社会科学报》3 月 9 日，第 12 版。

网易新闻发布，2008，《国务院 27 个部委新任领导人名单》，http://news.163.com/special/00012INQ/buwei080317.html。

中共中央组织部编著，2010，《国家中长期人才发展规划纲要（2010—2020 年）》，人民出版社。

Basu, Amrita. 1995. *The Challenge of Local Feminisms: Women's Movements Inglobal Perspective.* Boulder, Col.: Westview.

Connell, R. W. 1987. *Gender and Power: Society, The Person and Sexual Politics.* Cam-bridge: Polity.

Northouse, P. G. 2004. *Leadership: Theory and Practice.* Thousand Oaks, CA: Sage.

高等教育过程中性别差异的国际研究

——兼论对中国女性高层后备人才培养的启示*

石　彤　李　洁**

摘　要： 女大学生是中国女性高层次人才的重要后备力量。伴随着越来越多的女性进入高等学校的大门，我们需要进一步关注高等教育过程中的性别差异问题。本文通过介绍西方女性主义学者对传统人的发展理论的批判，以及对高等教育过程中存在的性别差异及其影响因素的分析，以期对中国女性高层后备人才培养机制的发展有所启发。

关键词： 高等教育　性别差异　高层次女性后备人才　女性人才培养

一　研究缘起

本研究将接受高等教育过程中的女大学生、女研究生群体作为高层次女性后备人才加以研究，通过对高等教育过程中性别差异的国际研究，以期对中国女性高层后备人才培养机制的发展有所启发。

---

* 本文系2010年国家社会科学基金重大项目“第三期中国妇女社会地位调查”（项目编号：10@ZH020）的研究成果，亦为2010年教育部哲学社会科学重大课题攻关项目“女性高层次人才成长规律及发展对策研究”（项目编号：10JZD0045－1）的阶段性成果。

** 石彤，女，中华女子学院社会工作学院社会学系教授、系主任，主要研究方向为女性社会学；李洁，女，中华女子学院社会工作学院社会学系讲师，主要研究方向为社会学研究方法。

（一）女大学生是女性高层次人才的重要后备力量

所谓"高层次人才"并没有一个十分精确的界定，通常认为是"在一定时间、区域、行业内的人才队伍中，那些具有较强专业能力，且有较大贡献的人才"（娄伟、张海夫，2006）。以蔡学军等为代表的国内学者认为，高层次人才具有高层次性、类别性、相对性、稀缺性和动态性等特点（蔡学军，2003）。

中国女性人口总数占全部人口的一半，因此女性人才资源的储量占全国人力资源的一半。但是长期以来，由于各种文化、历史、社会、学校和家庭，乃至女性自身的原因，女性在高层次人才中所占的比例相对较小（张艳，1998），这势必造成中国人力资源的浪费。改革开放之后，伴随着社会经济和高等教育事业的不断发展，已经有越来越多的女性走出传统家庭角色的桎梏，成为人才队伍中的重要组成部分。其中，高等学校作为人才荟萃，智力密集，最能产生新知识，开发新技术，倡导新文化的产、学、研的联合体，在培养高层次女性人才的过程中承担着重要功能。女大学生是中国女性高层次人才后备力量的重要组成部分。

另外，从女性人才培养周期上看，18～28岁（大学生和研究生）的年龄阶段是其生命周期的重要转折点。它是女性的婚恋和生育高峰期，也是女性作为青年人积累其人力资本，形成价值观的重要时期，更是女性面临一系列人生重要选择，决定其未来发展的关键时期。因而，对处于这一年龄阶段的女大学生和女研究生的研究对推进中国今后一段时期高层次女性人才的培养具有毋庸置疑的重要价值。

（二）推进高等教育过程中性别差异的相关研究

随着中国经济、政治、科教改革全方位的启动和深化，女性高等教育也进入了大发展时期，女大学生人数迅速增长。特别是近几年来，在校女大学生占全体在校生的比例已经稳定在50%左右。与普通高校本、专科女大学生逐年增长相类似，中国在校女硕士生比例自20世纪90年代以来也呈较快增长的态势。近几年来，女性占在校硕士生的比例也接近一半。与此同时，在校女博士生的数量也实现了快速增长，从1986年的不足500人发展到2009年的8万余人，占在校博士生的1/3左右。

当在校女大学生数量快速增长，并接近男性时，一方面，我们为高等教育过程中男女入校机会平等感到欣喜，但是另一方面，我们也要注意在校人数的接近是否意味着男女两性在接受高等教育过程中也实现了资源共享和平等？这是一个需要中国教育学和女性学研究者继续关注和回答的问题，更是中国高等教育事业发展的重要问题。在这一点上，发展较为成熟的西方高等教育体制或许可以在某种意义上给我们提供一些经验和借鉴。

美国教育学家埃斯丁（Astin, A. W.）对 1966～1996 年美国高等教育发展趋势的研究表明：自 1982 年以来，美国在校女大学生的数量首次超过了男性，并一直保持着这种趋势（Astin，1998）。近 30 年来，西方女性主义者和教育学者一直在对高等教育过程中的性别差异和女性发展问题展开深入研究，本文通过对相关文献的综述，旨在对中国高等教育过程中的性别差异研究有所推进。

二　西方学界对高等教育中性别差异的研究

20 世纪下半叶以来，越来越多的女性主义学者注意到：在社会性别因素的影响下，女性的发展过程与男性是不尽相同的。在女性主义理论的影响下，一批西方学界的研究者对高等教育过程中的两性差异进行了更进一步的探讨，试图发现现代高等教育机制是否为男女两性搭建了更为公平的发展空间，哪些因素会导致男女在校大学生的不同经验和感受，以及如何更有针对性地让女性在高等教育过程中获得成长。

（一）女性主义对经典人的发展理论的批判

现代教育理论将人的发展理解为个人从生命开始到生命结束的全部人生中，不断发生的身心两方面的变化过程。但是包括弗洛伊德、皮亚杰、科尔伯格等在内的传统的男性中心主义学者在其理论中只是假设了一个人的线性发展的简单路径：人在发展过程中需要逐渐摆脱家庭，进入社会，自主性（autonomy）、独立性（separation）和个体化（individualization）是人发展的必经阶段，高一层次的发展阶段势必意味着更复杂的知识能力和更强的自主性。传统理论并没有承认基于社会性别因素所导致的人的发展道路的多样性，甚或只是肯定了男性发展的可能，而贬低了女性在人类文明发展过程中的意义。“妇女很快就站在文明的对立面，展示出她们阻碍和约束文明发展的影响……妇女所代表的是家庭利益和性生活的利益。创造文明的工作日益成为男人的事，使他们面临更为艰巨的任务，不得不实行本能的升华，而这在妇女是几乎不可能的……因此妇女发现，正是由于文

明的要求，她们才被置于次要的地位，所以她们就产生了对文明的敌对情绪。”（弗洛伊德，1996）

如果说在弗洛伊德看来，文明是从家庭脱离出来，独立迈向更大的人类社会的过程，那么在以吉列根（Carol Gilligan）为代表的女性主义学者看来，女性的发展则是始终和她们与家庭及他人的联系感、责任感和关怀相联系的。“妇女不仅在人际关系背景下定义自己，而且也根据关怀能力判断自己。妇女在男人生命周期的位置一直是养育者、关怀者和帮助者，是这些她轮流依靠的关系网的编织者。但是，当妇女由此而承担起对男人关怀的使命时，男人们却在自己心理发展的理论中（就像他们在经济上的安排一样）倾向于怠慢和贬低这种关怀。”（卡罗尔·吉列根，1999）

在女性主义研究者看来，与男性不同，女性个体同一性的发展恰恰不是她们在多大程度上通过竞争获得了“独立性”，而是取决于她们对“社会联系”和“生命意义”的看重（Beutel & Marini，1995）。换言之，她们面临着“让自己在保持独特性的同时维持各种联系”的挑战（Josselson，1987）。

女性对“联系感”的看重在研究者对大学女生的研究过程中得到了进一步的印证。研究发现，在大学阶段，尽管男女两性都经历了认识论上的重大改变，即认识到真理是相对的，是被建构的结果，而非绝对真理，但对女性的知识发展而言，人际互动、合作和共识的形成则显得更为重要。女性的认同发展和职业期望更多地受到家庭、同龄群体和浪漫关系的影响（Baxter Magolda，1992）。她们是在和他人的交往关系中逐渐形成了自我认同，而非在和他人的边界划分和竞争性关系的基础上形成自我认同（Komarovsky，1985）。

米勒等人在一篇论文中讨论了这样一个问题：那些在科学领域中取得优异成绩的女性，其成就动机来自哪里？和男性往往在竞争性环境中获得优异表现的动机来源不同，米勒发现，这些优秀女本科生的学术动力恰恰来自帮助他人。这也解释了为什么在所有的科学专业中，医学，特别是社区医疗、儿科医生和精神病学等以病人为取向的医学专业中集中的女性最多（Miller et al.，2000）。

由此，贝克斯特谨慎地提出，即便不存在某种非黑即白、二元对立的“男性认知模式”或“女性认知模式”，但我们也有必要注意到社会性别因素在人的认知发展过程中的影响。例如，相比于那些需要“思考”（thinking）的学习方式，需要“感受/体会”（feeling）的学习方式更能激发女性的亲切感和投入度。因此我们有必要提出某种“性别相关的”认知模式（“gender-related” patterns of knowing）（Salter & Persaud，2004）。这种认知模式的提出可以帮助我们注意到女性发展过程不同于传统男性主流模式的特点，从而更好地推进女性人才的培养。

（二）高等教育过程中存在的性别差异及因素分析

在上述理论研究的影响下，大量实证研究开始关注高等教育对性别角色和性别观念的影响，以及高等教育过程中存在的性别差异。研究者们发现，高等教育机构的发展在一定程度上推进了性别平等，但是各种潜在和微妙的性别差异仍然存在于高等教育的过程之中，甚至在有些领域，性别差异的影响不容忽视，而造成这些性别差异的原因则是多方面的。

1. 高等教育过程中的性别差异

对于高等教育机构在推进男女平等和女性发展中所扮演的角色，不同的研究者给出了不同的回答。有一些研究者认为高等教育机构在一定程度上推进了社会性别意识和两性平等发展，另一些研究者则提醒我们注意那些高等教育过程中微妙的性别差异，还有一些研究者则进一步发现了在男性主导的专业领域中女性所处的不利地位。

高等教育在一定程度上推进了性别平等。埃斯丁基于对全美教育数据的研究表明：受到20世纪60年代末女性主义运动的影响，今天的男女大学生在教育期望、职业规划、态度和价值上更加平等（Astin，1998）。另一部分研究者则承认：尽管男女两性大学生在职业偏好上依然存在差异，但是大学在一定程度上改变了男女大学生，特别是女大学生，对传统性别角色的接受，降低了职业选择过程中的性别差异（Bressler & Wendell，1980）。

高等教育中的性别差异依然存在。不同于第一种观点，许多研究者提出了更为谨慎的观点。如雅各布斯认为，应当将入学、大学经历和教育结果作为3个部分单独加以考察。如果说在美国，女性在入学方面已经基本与男性实现了平等，那么在教育经历和结果上的性别差异却依然存在（Jocabs，1996）。

萨克斯（Sax）及其合作者通过对来自200个大学和研究机构中的1.7万名被访者进行的调查，发现对特定的大学经历，男女两性的体验是不同的。他们通过将学生在进入大学前的基本特征作为“输入项”（imput），将经过大学4年培训之后的表现作为“输出项”（output），考察大学4年经历作为环境（envi-ronment）影响因素在这两者之间所扮演的角色。研究发现：

高等教育过程中仍然存在一些“潜在的性别差异”（potential gender differences），包括男女大学生在自我观念、生活目标、职业发展、身心健康、政治和社会态度等方面的微妙差异。例如，男大学生在学术能力、领导角色、艺术才华和心理健康方面更加自信；女大学生则有更强的服务他人、改善社区的愿望，更愿意和不同种族、文化背景的人建立联系（Sax，2008）。

丹泽尔（Danziger）等人对男女生职业抱负的研究也有类似发现。在刚进入大学时，男生和女生的职业抱负并没有显著差异，两个群体都具有较高的职业追求目标。但是到了大学后期，女生降低了她们的职业抱负，而更偏好选择一种能在事业和生活中其他目标之间实现平衡的职业模式（Danziger & Eden，2007）。这一变化的发生也提醒我们注意高等教育过程在男女大学生的成长过程中究竟扮演了何种角色，这种变化究竟是由高等教育过程所导致的，还是有更加深刻的社会文化机制。

在传统男性主导的学科领域中，性别差异尤为严重。一些研究者关注那些在传统男性主导的学科领域中的性别差异，特别是其中的科学、数学、工程、技术专业（简称 SMET 专业，Science，Math，Engi-neering，Technology 4 个专业的首字母缩写）。

赵等人对 SMET 专业大学生的专项研究发现：与同一专业领域中的男性相比，SMET 专业的女性学习更加努力，投入的学习时间更多，且具有更高的阅读能力。但她们在分析定量问题、计算以及获得工作相关的技能和知识上弱于男性，并且与男性相比，她们认为考试更难。不过，SMET 专业的女性在社会交往能力上高于本专业中的男性，她们更愿意和教师讨论作业、成绩和职业规划，并从中获益（Zhao et al.，2005）。

菲尔德（Felder）等人对学习化学工程专业的男女大学生进行纵时性调查时，则发现了工程类专业的女性自我评价偏低，更多地放弃了工程类专业的学习等问题。调查发现，女大学生在家庭背景、入学成绩、学习方法乃至专业基础课程上都与男大学生平齐，甚至高于男大学生。但是在逐步进入工程类课程之后，与男大学生相比，女大学生的焦虑增加，信心下降。男大学生在解决问题、创造性和计算机相关问题上的自我评价都高于女大学生，并且与女大学生相比，男大学生更愿意留在本专业内继续深造。在对专业学习成功和失败的归因上，男女大学生也存在显著差别。男大学生会将成功归因为自己的能力，将失败归因为不够努力，或是受到了不公平的对待。而女大学生更多地将成功归因于外人的帮助，将失败归因于自己能力不够。对于导致男女大学生差异的原因，菲尔德主要从 4 个方面给出了解释：（1）入学前习得的态度和观念，如男女大学生都对女性的技术能力持负面态度；（2）人生目标上的差异，如男女大学生在处理个人感情关系和学业的先后重要性上存在差别；（3）在工程类专业中女大学生缺少同性的榜样和指导教师；（4）教师、助教的教学方法和态度，如过于强调工程类课程的竞争性。此外，有些工程类的教师和学生仍然对女性抱有偏见（Felder et al.，1995）。

上述研究揭示，尽管大学机构具有某种一致的理念，但是在实际运作过程之中，大学对男女两性大学生造成的实际影响却依然存在差别。即便在同一学术领域中，男性和女性的体验也不尽相同。对那些进入传统男性主导领域中的女大学生而言，她们的学术深造和发展还面临着更多的困难和挑战。

2. 性别差异的校园影响因素

萨克斯认为造成高等教育过程中男女分化和差异的因素是多方面的，既包括大学类型、教师群体文化和同龄群体等外部环境因素，也包括学生专业、学术投入程度和师生互动方式等个体行为，此外，居住地和家庭背景也起到了一定的影响作用。在下文中，我们将以萨克斯的文献积累为基础，并特别关注教师文化、同龄群体和学生个体的校园参与对高等教育过程中性别差异造成的影响。

教师文化和师生互动对性别差异的影响。米勒姆（Milem）指出，教师文化构成了“一个组织所蕴含的关于行为、认知、假设、信仰、态度、意识形态和价值观念的持久模式”（Milem et al.，2000）。研究发现，当教师强调全面综合教育时，男女生都能从中获益：女性能体会到更高水平的社会自信，男性则更多地投入社会政治和人文主义的目标中（Astin & Kent，1983）。

有证据表明：相比于男性而言，女性更倾向于和他人交流，并从这种交流中获得情感支持。良好的师生互动关系对促进男女生的发展都有益（Rosenthal & Ellis，1986），对于特别倾向于和教师互动，并容易受到教师影响的女生而言尤其如此。埃斯丁 1983 年的一项研究表明，在那些愿意和学生展开互动的研究型教师的指导下，女生的学术自信会有所提高（Astin & Kent，1983）。雷曼和布雷特的一项研究发现，从老师或指导教师那里获得职业建议对女性毕业后继续留在科学领域中工作有很好的正面作用（Rayman & Brett，1995）。可见，良好的师生关系有助于提高女性的自信和学术抱负，教师群体的社会性和可接近性对女大学生的学术成长起到至关

重要的作用（Rosenthal & Ellis，1986）。

不过仅仅学生和教师互动次数本身并不总是意味着会给学生带来正面的影响。一项研究发现，女生与教授课下进行交流的时间越长，其数学自信心就越低；而男生却不存在这样的现象（Sax，1994）。布莱恩特的一项研究甚至发现，学生课堂外与教师互动的时间与学生对传统性别观念的赞成呈正相关关系（Bryant，2003）。尽管这极有可能只是一种虚假相关，但我们可以肯定的是当教师本人持传统性别观念的时候，和学生的交流只会继续印证和巩固学生头脑中原有的社会性别分工意识，从而最终导致传统社会性别观念的再生产。只有当教师向学生，特别是女生，提出了知识挑战和刺激的时候，才会激发后者产生更先进的性别角色观念。可见，“和教师互动的数量本身并不必然意味着学生能从中获得收益，更重要的是师生互动的质量”。

“冷漠的氛围”（A Chilly Climate）是霍尔和桑德勒（Hall & Sandler）在1982年提出的一个概念，意指课堂上那种微妙的，甚至是公然的性别偏见。霍尔等人的研究指出：尽管现代高等教育机构制定了种种维护妇女权益的规定，然而课堂、实验室以及校园里其他种种具体的人际互动的过程显然是影响大学生性别观念和女性发展的一种更加微妙的外部环境。尽管形塑校园氛围的因素有很多，但是教师的态度和行为通常起到了重要的影响作用。在大学课堂上，针对女性的“冷漠的氛围”依然广泛存在，教师往往并不是基于学生个体，而是基于学生性别，在交流过程中对其行为、能力、职业生涯和个人目标做出期待，但是这种期待在很大程度上仍是传统性别观念的产物。教师的行为或许是无意识的，但学生能敏锐地感受到这种氛围，并受到这种氛围的影响（Hall & Sandler，1982）。

霍尔等人的研究激发了教育学领域中的许多其他研究，科内弗雷、贝拉、塞托斯等人的研究都注意到这种广泛出现在科学课堂和实验室中的“冷漠的氛围”，它导致了女性在学习和研究过程中的负面情绪，甚至最终退出了科学研究领域（Conefrey，1997；Belle，2008；Settles et al.，2007）。

大学中女教师的比例对女大学生在发展抱负和学术选择上也产生了一定的影响。尽管凯恩和罗森对普林斯顿大学、密歇根大学和惠特学院3所大学的调查发现，院系中女教师的比例并不必然和主修这一领域的女生数成正比（Canes & Rosen，1995），但是其他研究者注意到，在一些男性主导的专业中（如科学、工程类专业），在班级里女生数量较少的情况下，专业教师（特别是数学和科学专业教师）的性别会对女学生的专业学习造成影响

（Robst et al.，1998；Sonnert et al.，2007），学生会从那些和自己有更多共同点（种族、性别）的教师身上获得良好的榜样效应（Rask & Bailey，2002）。

教师的性别也会对学生的课堂参与产生影响。法欣格（Fassinger）等人注意到，男教师的课堂可能会比女教师的课堂更容易出现针对女性的“冷漠的氛围”，如，记不住女生的姓名，不愿意在课堂上和女生展开深入讨论等。而女教师则能较好地创造出一个让所有学生都能参与其中的讨论氛围，因此，女学生在女教师的课堂上会更自信，对课程主题更关注，并表现出更高的参与水平，从而让所有学生都能从中获益（Fassinger，1995）。或许由于类似的原因，还有一些研究发现，男教师指导的女学生比所有其他类型的学生更少感觉到自己获得老师的肯定和青睐（Crombie et al.，2003）。这在某种程度上揭示出，不同性别教师的授课方式及表达情感的方式存在差异，从而给女生造成不同的影响。当然，也有一些研究揭示出，男女教师对女性的成长都是有益的，但是表现出不同的方式，男教师更多地给女学生提供了知识上的刺激，而女教师则更多地给女学生以个人激励（Komarovsky，1985）。

同龄群体对性别差异的影响。同龄群体环境包含了一所大学中学生群体的主流价值体系、信念、态度和期望。大学中同龄群体文化长久以来都被视为大学的重要组成部分，埃斯丁甚至认为，“学生同龄群体是大学本科时期对学生成长和发展最重要的影响来源”，它从多方面对大学生群体产生影响：包括认知层面、情感层面、心理层面和行为层面等（Astin，1993）。同龄群体关系的类型和质量对大学生的发展方式有很大影响。事实上，对于男女生而言，强大的社会关系网络都会增强其情绪健康，这一点对重视人际联系感的女性而言尤其明显（Sax et al.，2004）。

研究发现：传统上强调高竞争性的学术环境未必有利于所有学生的学术发展。相比于男性在竞争性的学术氛围中更有可能被激发学术追求和抱负的情况（Pascarela，1984），女性往往更愿意在较少有敌意的环境中参与研究，享受中等压力下的平衡状态。当面对过于残酷和竞争性的研究氛围时，女性反而会产生对自我能力的怀疑和对学术追求的厌倦，甚至最终选择退出这一专业学习。

霍兰和埃森哈特（Holland & Eisenhart）在她们的民族志作品中注意到：相比于学校这个正式机构，同龄群体是一个更吸引青少年，同时也是对青少年影响更大的群体。但是不同于阶级和种族群体，大学女生和同龄群体

的交往非但没有提供反抗社会不平等的资源，反而在很大程度上再生产了传统的社会性别角色。在西方社会的校园文化中，年轻女性的声望更多地取决于她们对男性的吸引力，这一点是女性所独有的，因为男性的声望同时还受到诸如体育运动、政治参与等其他方面的影响。在大学校园中，女性同伴之间的交往并不是围绕着专业学习或职业规划（她们甚至并不知道同伴的专业），女性之间的交往仍是多半围绕着她们对各自恋情的讨论，这导致女性在发展浪漫关系上投入了过多的时间和精力，而降低了她们的职业期望和学术投入（Holland & Eisenhart，1990）。时隔 15 年之后，吉尔马丁的研究仍然继续支持霍兰等人的发现。

但是马丁内兹（Martinez Aleman）对大学中女性群体交往有不同的观察，她为我们鲜活地描述了在学校走道、宿舍之间自由交换学术和政治意见的一群女大学生，并认为这是一种新型的性别群体的建立。马丁内兹认为，与女性朋友的对话可以帮助女生更好地缓解学习压力，得到相互确证的源泉，相互检验彼此的观点，并获得各种不同的视角和建议。而这种认知和成长上的发展在少数族裔女性的友谊之中表现得尤为明显：具有相似背景的少数族裔女性在相互交往过程中形成了她们的族群意识（Martinez Aleman，1997）。

个体对校园生活的参与度对性别差异的影响。除了教师文化和同龄群体等外部因素之外，学生个体对校园生活的参与程度——包括学术和非学术领域的参与程度——也会影响其个人发展和性别差异。汤姆林森认为，对大学生活的投入程度可能是大学女生社会适应最重要的预测指标（Tomlinson & Clarke，1994）。

较高的学习投入度对男女两性学生都有一系列正面影响。主要包括：更高的学历和就业情况，更高的情绪健康水平，毕业后更好的发展前景，甚至是更为平等的性别角色观念（Terenzini & Reason，2005）。但是研究还发现，男女生在学习投入的方式上还存在差别。萨克斯等人的研究表明：从中学开始，女性用于学习的时间就更长，学习投入度更高，参加体育运动、社会交往、电子游戏等娱乐活动的时间更短。这在一方面导致女性取得了较好的学习成绩，但是另一方面也导致她们没有更多的缓解压力和平衡生活的方式，从而在情绪健康水平的得分上更低，在学习过程中的压力更大。另外，男性在学习过程中，伴随着学习的深入，更多地将课本知识的学习和更大的政治文化背景联系起来，并对现实周遭世界发生兴趣，但这种情形似乎较少地发生在女性身上。换言之，至少对一部分女性而言，她们似乎只是为了学习（或是为了老师和家长的期望）而学习，在学习背后似乎还欠缺更为宏大的现实关怀和目标，她们还面临着从课堂学习到现实世界之间的转换和调适。

参与其他类型的学校活动也会对学生造成不同影响。例如，女性参与社团活动并担任领导者，接触多样化的文化群体等行为，会影响其人文主义价值观和社会政治观点。基泽和莫里亚蒂在对 352 个机构中的 9731 名学生进行调查后指出，对不同性别的学生应该采用多样化的培养其领导力的策略，而参加领导力课程能较好地提高女生的领导力、演说能力、影响他人的能力和社会自信（Kezar & Moriarty，2000）。

工作相关的经历也会对学生的成长和发展产生影响。伴随着越来越多的来自中低收入家庭的女性进入大学，教育机构开始更多地考虑到这一在校群体的特殊性，并为其提供更多的校内兼职机会。研究表明：尽管工作时间过长可能会影响学生的总体在校情况，但是有一份与专业相关的校内兼职对学生在科学专业上的追求有正面影响。此外，有一份兼职工作会增强女性的社会参与感和学术追求（Astin & Sax，1996），对提高男性的领导力和女性对他人的影响力也有正面影响，而参与实习和志愿者工作还会增强男女两性的领导力和社会自信。考虑到来自中低收入家庭的女性更有可能因为经济的原因而放弃学业（Kezar & Moriarty，2000），学校应当给她们提供更多的与学术或就业相关的兼职机会，让她们在获得经济收益的同时，为将来的进一步发展打好基础。

近年来，参与女性研究课程对大学生的影响开始受到研究者的关注。瑞本和施特劳斯在其研究中发现：尽管主修一门女性研究的课程并不必然会提高女性的职业野心，但的确能增强学生对性别角色、传统性别分工模式和歧视的认识（Reuben & Strauss，1980）。埃斯丁和崔在其研究中也发现：参加女性研究课程可以提高女性的学历抱负。不过崔还进一步指出：尽管教育机构和同龄群体中的文化多样性起到了一定的作用，但更为重要的变化发生在课堂以外，发生在学生的个人经验上，这些经验包括，学生个体对女性主义的认识，与文化背景多样化的群体交往并展开讨论，以及学生个体参加女性或性别研究课程（Astin，1993；Tsui，1995）。研究者们注意到，参与女性研究课程，在男女两性大学生中都起到了鼓励性别平等的作用（Bryant，2003）。但是参与女性研究也在男女生之间造成了一些区别，如参与女性课程降低了男性对性别差异的信念，但是并没有降低女性的这一信念；另外，尽管参与女性课程之后，在女性中出现了更多的女性

主义观点，但降低了男性对女性主义观点的采纳（Thomsen et al.，1995）。造成这些差异的背后原因，还有待于进一步探讨。

3. 性别与其他社会因素的叠加影响

以上我们只是从高等教育的内部因素入手，分析了高等教育过程中教师、同龄群体和个人经验对性别差异的影响。但是社会学的分析告诉我们，教育机构并不是孤立的存在，我们也不能只从性别角度入手来进行讨论和分析，而是应当把性别和其他社会不平等因素放在一起加以考察，分析诸如性别、种族、阶级等社会文化背景下所产生的“叠加的影响”（conditional effect）（Grant & Sleeter，1986）。

瑞伊（Reay）等人在对英国高等教育发展趋势研究中特别强调了这种叠加的影响。近年来，西方发达国家的教育开始从精英教育向大众教育发展过渡。在高等教育普及化的过程中，工人阶级、少数族裔和已婚女性等许多非传统意义上的学生和那些白人中产阶级大学生一起进入大学，开始接受中产阶级的教育。尽管从表面上看，高等教育向大众敞开了大门，但是这并不意味着高等教育机制内部不再存在差异。事实上，英国的高等教育体系在数量上是大众化的，但是在价值观上仍然是精英式的。工人阶级和少数族裔（特别是其中的女性）群体在很大程度上仍然面临着和中产阶级群体截然不同的处境和实践。研究者借用了布迪厄区隔、场域、惯习和文化资本等概念，分析了来自不同社会阶层家庭的子女因为在文化、经济、社会和学术资本上的差异影响了学校类型和位置上的选择与区隔，并进而指出，学校（制度惯习）、家庭（阶级惯习）因素一起，影响了大学生的个人选择，从而使得表面上看来更平等的高等教育机制继续加深了原有的社会分化，并再生产出新的等级制和不平等（Reay et al.，2005）。

阶级和性别因素的结合最终限制了高等教育给中低收入家庭的女性提供的社会流动的机会。研究认为：中低收入家庭的女性参与高等教育的风险和成本是非常明显的。一方面，她们主要需要依靠自己来寻求经济来源和其他社会、文化资本；另一方面，来自中低收入家庭的女性往往需要对家庭承担更多的责任和时间投入。这就导致她们需要应付来自劳动市场、家庭需要和学术追求三方面的压力。时间紧张、疲于应对和高强度的压力是这一群体经常遭遇的情形，而她们对各方面关系的平衡往往是以牺牲其个人时间和社交时间为代价的。或许高校的扩张使得她们跨入了高等教育机构的门槛，但事实上，文化和社会资本的缺乏却使得她们很难进入真正中产阶级的生活空间和实践领域（Baxter Magolda，1992）。

三　启示和借鉴

从上文中可以看出：尽管英美发达国家在20世纪80年代已经迎来了高等教育入学率上的性别平等，但是近30年来的研究积累揭示出高等教育过程中仍然存在一系列微妙的性别差异和不平等。这种差异既体现在校园中、课堂上，也表现为和其他校园以外的社会因素的叠加；既发生在教师和学生的互动之中，也发生在同龄群体内部的交往过程中；既在某些专业领域中表现明显，也存在于某些跨专业领域中。

上述研究为进一步反思中国当下高等教育过程中的性别差异和探讨女性后备人才培养模式提供了很多重要的启示和借鉴。它提醒我们关注：伴随着越来越多的女性步入高等教育的大门，我们需要更进一步反思传统的人才培养模式是否考虑到女性人才发展的特殊性和复杂性。西方高等教育过程中性别差异研究给我们的启示主要表现在以下几个方面。

（一）承认人的发展道路的多样性和独特性

在20世纪80年代女性主义研究的影响下，西方教育学家就提出了某种“性别相关的认知模式”（Baxter Magolda，1992），并承认人的发展道路的多样性。相比较而言，国内目前对女性发展道路的研究大多依然是以男性中心主义视角来进行衡量的，如，认为女性应当克服心胸狭小、视野不宽等“缺点”，积极参与人才市场竞争等。

本文认为：类似这样的分析并没有将女性自身的社会特点纳入人才培养的框架之中，反而只是简单地否认女性的社会特点，并不能提出有建设性的女性人才发展意见。相反，承认女性在关怀他人和建立联系感上的需求，反而有助于我们建立起另一种多样化的人才培养模式，从而将更多的非传统意义上的潜在人才纳入未来的人力资源宝库之中。

（二）建立多元化的人才培养机制

承认人的发展道路的多样性，意味着我们应当注意到不同社会性别文化的差异，建立起更为多样化的人才培养机制，避免使用单一、僵化的人才衡量尺度。例如，关注宏大的政治历史变迁固然是传统上人才发展的必要禀赋，但强烈的服务他人和强化社会联系的特点，一样可以成为人才发展的重要推动力量。由此，高等教育机构应反思甚至重建高等教育的学习

模式和氛围。相比于传统上强调独立、竞争和高强度的学习方式——这种学习氛围在很多理工科实验室中非常常见（Conefrey，1997），我们或许可以建立起一种替代性的学习模式，这种学习模式的学习氛围更加宽松愉快，个体之间有更多亲密交流，并鼓励小组成员之间的分享和合作。此外，针对学生情感健康的需求，高等教育机构有必要鼓励教师，特别是传统上男性主导领域中的女教师，不仅要关注女学生的学术表现，更应当帮助其建立学术信心，给她们以人生和职业发展上的建议和指导。

（三）关注女大学生中的特殊群体

女大学生中的特殊群体包括来自中低收入家庭的女大学生、少数民族的女大学生，以及男性主导专业中的女大学生。中国当下面临着和西方类似的高等教育的普及阶段，越来越多中低收入家庭的女性开始步入高等教育机构。但是这一群体的女性在高校的学习生活中面对着更多的经济和社会压力。我们需要找到更具针对性的教育政策和实践，以防止这部分学生在接受高等教育过程中的流失或潜在流失，亦即虽然接受了高等教育，但实际上并不能从高等教育过程中获得有利的向上流动的机会。此外，西方研究资料表明，在那些传统上由男性主导的专业中（SMET），女性的进入和发展面临更多的文化、社会和心理困境，她们对大学专业学习的适应和对学术团体的融入也需要研究者给予更多的关注（Evans，2009）。

总之，与传统的男性人才培养模式相比，女大学生的人才成长道路由于受到社会性别因素的影响，具有其自身的特点。与其回避和无视这些社会性别因素，不如将女性成长的特殊性更多地纳入人才培养模式的过程之中，将传统的以男性为主体的单一人才培养模式多元化和丰富化，以适应不同特点学生的培养和发展，让更多的女大学生能够成为中国高层次后备人才的中坚力量，为建立起一个更加新鲜活力和公平正义的人才培养机制奠定基础。

参考文献

蔡学军，2003，《中国高层次人才队伍建设现状、问题与对策》，《中国人才》第10期。

弗洛伊德，1996，《文明与缺憾》，傅雅芳译，安徽文艺出版社。

卡罗尔·吉列根，1999，《不同的声音——心理学理论与妇女发展》，肖巍译，中央编译出版社。

娄伟、张海夫，2006，《人才蓝皮书：中国人才发展报告》，社会科学文献出版社。

张艳，1998，《试论女性高层次人才资源贫乏现象及成因》，《教育探索》第 4 期。

Astin, Alexander W. & Kent, L. 1983. "Gender Roles in Transition: Research and Policy Implication for Higher Education." *Journal of Higher Education* 54.

Astin, Alexander W. & Sax, L. J. 1996. "Developing Scientific Talent in Undergraduate Women." in Davis, C. et al. eds. *The Equity Equation: Women in Science, Mathematics, and Engineering*. San Francisco: Jossey Bass.

Astin, Alexander W. 1993. *What Matters in College? Four Critical Years Revisited.* San Francisco: Jossey Bass.

Astin, Alexander W. 1998. "The Changing American College Student: Thirty-Year Trends, 1966 – 1996." *The Review of Higher Education* 21.

Baxter Magolda, M. B. 1992. *Knowing and Reasoning in College: Gender-related Patterns in Student's Intellectual Development.* San Francisco: Jossey Bass.

Belle, D. 2008. "Swimming Against the Tide: African American Girls and Science Education." *Contemporary Sociology: A Journal of Reviews* 39 (1).

Beutel, Ann M. & Marini, M. 1995. "Mooney, Gender and Value." *Ameirican Sociology Review* 60 (3).

Bressler, Marvin & Wendell, Peter. 1980. "The Sex Composition of Selective Colleges and Gender Differences in Career Aspiration." *Journal of Higher Education* 51 (6).

Bryant, A. N. 2003. "Changes in Attitudes toward Women's Roles: Predicting Gender-role Traditionalism among College Students." *Sex Roles* 48.

Canes, B. J. & Rosen, H. 1995. "Following in Her Footstep? Faculty Gender Composition and Women's Choices of College Majors." *Industrial and Labor Relations Review* 48.

Conefrey, T. 1997. "Gender, Culture and Authority in a University Life Science Laboratory." *Discourse Society* 8 (3).

Crawford, M. & Macleod, M. 1990. "Gender in the College Classroom: An Assessment of the Chilly Climate for Women." *Sex Roles* 23: 3 – 4.

Crombie et al. 2003. "Students Perception of Their Classroom Participation and Instructor as a Function of Gender and Context." *Journal of Higher Education* 74.

Danziger, N. & Eden, Y. 2007. "Gender-related Differences in the Occupational Aspirations and Career-style Preferences of Accounting Students." *Career Development International* 12 (2).

Evans, Sarah. 2009. "In a Different Place: Working-class Girls and Higher Education." *Sociology* 49 (2).

Fassinger, P. A. 1995. "Understanding Classroom Interaction: Students' and Professors' Contribution to Students' Scilence." *Journal of Higher Education* 66.

Felder, Richard M. et al. 1995. "A Longitudinal Study of Engineering Student Performance and Retention. III. Gender Differences in Student Performance and Attitudes." *Journal of Engi-*

neering Education 84 (2).

Gilmartin, S. K. 2005. "The Centrality and Costs of Heterosexual Romantic Love among First-year College Women." *Journal of Higher Education* 76 (6).

Grant, Carl A. & Sleeter, Christine E. 1986. "Race, Class, and Gender in Education Research: An Argument for Integrative Analysis." *Review of Educational Research* 56.

Hall, R. M. & Sandler, B. R. 1982. *The Classroom Climate: A Chilly One for Women?* Washington DC: Association of American Colleges.

Holland, D. C. & Eisenhart, M. A. 1990. *Educated in Romance: Women, Achievement, and College Culture.* Chicago: University of Chicago Press.

Jocabs, J. A. 1996. "Gender Inequality and Higher Education." *Annual Review of Sociology* 22.

Josselson, R. 1987. *Finding Herself: Pathways to Identity Development in Women.* San Francisco: Jossy Bass.

Kezar, A. & Moriarty, D. 2000. "Expanding Our Understanding of Student Leadership Development: A Study Exploring Gender and Ethnic Identity." *Journal of College Student Development* 41 (1).

Komarovsky, M. 1985. *Women in College: Shaping New Feminine Identities.* New York: Basic Books.

Martinez Aleman, A. M. 1997. "Understanding and Investigating Female Friendship's Educative Value." *Journal of Higher Education* 68.

Martinez Aleman, A. M. 2000. "Race Talk: Undergraduate Women of Color and Female Friendships." *The Review of Higher Education* 23 (2).

Milem, J. F. et al. 2000. "Faculty Time Allocation: A Study of Change over Twenty Years." *The Journal of Higher Education* 71 (4).

Miller, P. H. et al. 2000. "A Desire to Help Others: Goals of High-achieving Female Science Undergraduate." *Women's Studies Quarterly* 28 (1/2).

Pascarela, E. T. 1984. "College Environmental Influences on Students' Educational Aspirations." *Journal of Higher Education* 55.

Rask K. N. & Bailey, E. M. 2002. "Are Faculty Role Models? Evidence from Major Choice in an Undergraduate Institution." *The Journal of Economic Education* 33 (2).

Rayman, P. & Brett, B. 1995. "Women Science Major: What Makes a Difference in Persistence after Graduation?" *Journal of Higher Education* 15.

Reay, D., Miriam E., David, Bell, Stephen J. 2005. *Degrees of Choice: Social Class, Race, and Gender Higher Education.* VA: Trentham Books.

Reay D. 2003. "A Risky Business? Mature Working-class Women Students and Access to Higher Education." *Gender and Education* 15.

Reuben, E. & Strauss. 1980. *Women's Studies Graduates.* Washington D. C.: US Department of Education.

Robst, John et al. 1998. "The Effect of Gender Composition of Faculty on Student Retention."

Economics of Education Review 17 (4).

Rosenthal, Karen R. & Ellis L. 1986. "Gesten, and Saul Shiffman: Gender and Sex Role Differences in the Perception of Social Support." *Sex Roles* 14.

Salter, D. W. & Persaud, A. 2004. "Women's Views of the Factors that Encourage and Discourage Classroom Participation." *Journal of College Student Development* 44.

Sax, Linda J. 1994. "Mathematical Self-concept: How College Reinforces the Gender Gap." *Research in Higher Education* 35 (2).

Sax, Linda J. 2008. *The Gender Gap in College: Maximizing the Developmental Potential of Women and Men.* San Francisco: Jossey Bass.

Sax, Linda J. et al. 2004. "A Longitudinal Investigation of Emotional Health among Male and Female First-Year College Students." *Journal of the First Year Experience and Students in Transition* 16 (2).

Settles, I. H. et al. 2007. "Voice Matters: Buffering the Impact of a Negative Climate for Women in Science." *Psychology of Women Quarterly* 31 (3).

Sonnert, G. et al. 2007. "Undergraduate Women in Science and Engineering: Effects of Faculty, Fields, and Institutes over Time." *Social Science Quarterly* 88 (5).

Terenzini, P. T. & Reason, D. R. 2005. "Parsing the First Year of College: A Conceptual Framework for Studying College Impact." Paper Presented at the Meeting of the Association for the Study of Higher Education, Philadelphia.

Thomsen, C. J. et al. 1995. "Effects of Women's Studies Course on Gender Related Attitudes of Women and Men." *Psychology of Women Quarterly* 19 (3).

Tomlinson, S. & Clarke, D. 1994. "Predicting Social Adjustment and Academic Achievement for College Women with and without Pre-college Leadership." *Journal of College Student Development* 35 (2).

Tsui, L. 1995. "Boosting Female Ambition: How College Diversity Impact Graduate Degree Aspirations of Women." Paper Presented at the Annual Meeting of the Association for the Study of Higher Education 20th, Orlando.

Zhao, C., Carini, R. & Kuh, G. D. 2005. "Searching for the Peach Blossom Shangri-La: Student Engagement of Men and Women SMET Majors." *Review of Higher Education* 28 (4).

性别隔离对女性专业技术人员职业发展的影响*

张丽琍　李乐旋**

摘　要： 本文从性别隔离角度，对造成专业技术人员男女职业发展分化的原因进行分析。研究发现，性别隔离对女性专业技术人员的职业发展有重要影响；组织内人员性别结构均衡发展对提高组织运作效率有积极影响。

关键词： 性别隔离　女性专业技术人员　职业发展

一　研究背景

以性别为划分依据，男女比例严重不均衡的职业、工作，被认为是存在职业性别隔离。职业的性别隔离表现为水平隔离和垂直隔离两个方面，水平隔离指在某些工作部门或学科的性别聚集，垂直隔离是指在组织内部不同等级上的性别聚集。长期以来，在科技活动的参与中，男性一直占据着明显的主导地位。20 世纪 70 年代后，伴随全球女性受教育比例的提高，女性专业技术人员的总数有所提高，但职业性别隔离问题仍较为突出。在人才竞争日益激烈的背景下，如何促使女性专业技术人员在科技活动中更

* 本文是 2010 年教育部哲学社会科学研究重大课题攻关项目“女性高层次人才成长规律及发展对策研究”（10JZD0045－1），2010 年国家社会科学基金重大项目“第三期中国妇女社会地位调查研究”（10@ZH020）的成果之一。

** 张丽琍，女，中华女子学院管理学院院长、教授，主要研究领域为人力资源管理；李乐旋，中华女子学院管理学院讲师。

好地发挥作用，成为众多政府、组织及学者关注的问题。

新中国成立以来，“男女平等”就一直是社会处理两性关系时的主流舆论导向。随着改革开放的深入，强调“男女差异”逐渐被社会认可，女性被塑造成需要更有“女人味”的社会角色。而与感性相联系的“女人味”和与理性相联系的科技工作并不那么和谐，女性在专业技术领域的水平隔离和垂直隔离都比较明显。2010 年我国在读研究生中女学生比例达到 47.86%，其中硕士女性比为 50.36%，博士女性比为 35.48%，而 2009 年我国研发人员女性比仅为 24.8%。国外学者 Kanter（1977）和 Laws（1975）通过研究发现，这样的性别隔离状况对两性专业技术人员的职业发展会产生不同程度的影响，尤其对于女性，高度的性别隔离会阻碍其职业晋升。我国女性专业技术人员的职业发展是否受到性别隔离的影响？作用的方向及程度如何？本文利用 2011 年完成的“中国第三期妇女社会地位调查”专业技术人才库的 2626 份问卷，尝试从性别隔离的角度解读专业技术人员职业发展的两性差异问题。

欧洲 ENWISE 的报告（2000）指出：女性会被“挤出”竞争性的研发体系，分配到艰苦的环境中被当作“支撑”资源，比如女性构成高校教师队伍的 54%，但只是集中在低水平的学术职位上。Menges 和 Exum（1983）的研究同样发现，女性人员较多集中在低级别无长聘职位（non-tenure-track）或者声望较低的机构，而男性则集中于拥有更多权力和影响力的工作岗位。部分“有权力的男性高层管理者总是积极限制女性取得管理职位以减少对男性本身高层管理职位的竞争”（Izraeli & Adler，1994）。Crosby，Williams 和 Biernat（2004）的研究认为，性别隔离对男女的影响是不同的，在男性占多的群体中，组织会认为女性没有竞争力从而对女性产生歧视，而在女性占多的群体中却没有这种刻板印象存在。Kanter 的研究表明，性别隔离程度可以决定内部两性间的相处方式。组织内比例低于 20% 的群体处于“装门面”（token）的地位（Kanter，1977）。因此，这种群体内部的女性工作交流相对较少，社交活动也会较少，容易被组织边缘化。当组织内部女性比例占到 35% 左右时，女性群体就占据了少数群体地位。在这种组织内男女之间的关系建立虽然还是很困难，但女性内部可以形成团体，有助于女性之间的交流互助以及心理调节。这时组织内部的女性员工社交活动就会有所增加，心理压力也会得到一定程度的缓解。如果女性占到 50%，组织就具备了均衡的结构，这种组织的特征是男女两性群体相处和谐，组织更注重的是个人特质而不是男女群体的群体特质。

国内研究者对学术共同体（王俊，2011）、科技共同体（赵兰香等，2008）、一般组织（梁巧转等，2009）的性别构成多样化进行了研究，发现较高的性别隔离使得女性在男性占多数的组织中的发展受到负面影响。研究表明，性别隔离并不是直接影响个体职业发展，而是通过改变成员的情感反应、团队行为来影响组织产出。研究者构建了多样性作用机理分析框架（Susan 等，2003；梁巧转等，2009），如图 1 所示。

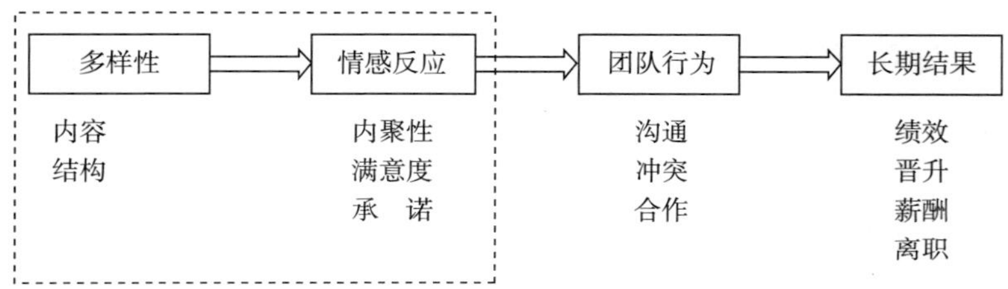

图 1　性别隔离影响组织产出的动力机制研究框架

二　研究假设

根据已有研究结论及上述动力机制框架，本文尝试研究性别结构多样化（性别隔离）对职业发展的影响，研究框架如图 2 所示。

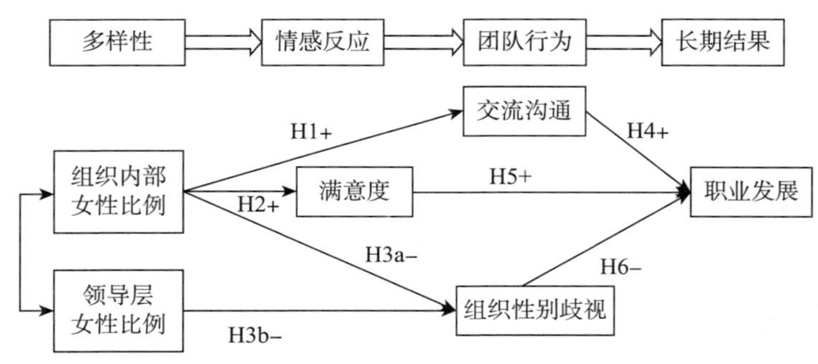

图 2　本文研究框架

说明：“+”表示正相关；“−”表示负相关。

假设 1：H1 组织内部女性比例与女性交流沟通行为正相关；

假设 2：H2 组织内部女性比例与女性的满意度正相关；

假设 3：H3a 组织内部女性比例与组织性别歧视行为负相关；H3b 领导层女性比例与组织性别歧视行为负相关；

假设 4：H4 交流沟通行为与职业发展正相关；

假设 5：H5 满意度与职业发展正相关；

假设 6：H6 组织性别歧视与职业发展负相关。

三 数据和分析

（一）样本说明

本研究数据采用 2011 年完成的“第三期中国妇女社会地位调查”专业技术人才库的 2626 份问卷，因研究的是组织性别隔离状况对个人发展的影响，所以剔除已退休样本，得到 2386 份问卷。调查样本的基本特征如表 1 所示。

表 1 样本基本特征

变量	特征
性别比例	女性比例为 49.1%
年龄分布	主要集中于 30～50 岁，比例为 76.4%
婚姻状况	在婚状态的占 93%
地区分布	覆盖除港澳台、西藏外所有省、自治区、直辖市，每单位样本量在 60～90 个
职称分布	中级、副高级、正高级职称比例分别为：26.7%、50.3%、20.4%
单位女性比	没有女性的占 0.3%，低于 30% 的占 12.9%，30%～50% 的占 41.7%，高于 50% 的占 38.8%

（二）变量选择及处理

1. 性别多样性

在衡量多样性上，通常大部分学者会采用 Shannon 的“熵”的概念，用由 Teachman（1980）改进的熵的指标来度量：$Diversity = -\sum P_i(\ln P_i)$，其中 P_i 表示组织内部具有某特征的群体的比例。对只有两种特征的一个多样性度量时，某个特征群体的比例为 P_i 和 $1-P_i$ 的多样性指标值是相同的。但已有研究表明女性高于 50% 的和低于 50% 的组织氛围完全不同，其性别多样性指标也应不同，因此本文直接使用女性比例作为衡量性别多样性的指标。使用两个变量，“组织内部女性比例”和“领导层女性比例”，变量值取值：不足 30%，30%～50% 和 50% 以上。

2. 满意度

问卷对满意度从 5 个方面进行测量：“工作环境”“劳动强度”“工作稳

定性”“收入水平”“发展前途”，评分为5分制，数值越高满意程度越高，各项均值、方差及相关系数如表2所示。

表2　满意度各维度的均值、方差及相关系数

维度	1	2	3	4	5
工作环境	1				
劳动强度	0.567 **	1			
工作稳定性	0.533 **	0.459 **	1		
收入水平	0.499 **	0.510 **	0.376 **	1	
发展前途	0.518 **	0.509 **	0.454 **	0.644 **	1
均值	4.02	3.68	4.24	3.38	3.56
方差	0.656	0.933	0.491	1.059	0.809

注：** 表示0.01的显著水平，均为双尾检验值。

由检验结果可知满意度测量维度间高度相关，为防止回归分析中的多元共线性，本研究使用主成分分析构建发生线性重合的自变量的潜在变量（主成分）并将其作为新的变量，构建一个综合满意度变量。满意度测量5个维度的KMO值为0.826，高于0.8比较适合进行主成分分析。本研究使用SPSS17.0进行主成分抽取与检验，抽取出1个主成分，解释度为60.846%。对于可接受的解释度并没有一个统一的标准，在社会科学中接近60%就可以使用（杜智敏，2010），因此该主成分可作为代表5个维度的综合满意度指标。

3. 组织性别歧视

如果组织近三年内存在“只招男性或同等条件下优先招用男性”或“同等条件下男性晋升比女性快”之一的现象或两种现象同时存在，那么就认为组织内部存在性别歧视。据此标准建立新的变量“组织性别歧视”，1为存在歧视，0为没有歧视。样本中存在性别歧视的占41.8%。不同年龄组主观判断性别歧视的比例随年龄增长而下降，如图3所示，气泡大小表示年龄组的样本量。因年龄对该指标影响较大，故选择年龄作为一个控变量。

4. 交流沟通

交流沟通使用问卷中4分制问题“经常与同事/同行交流对工作/专业的想法”，分数越高沟通越频繁。

5. 职业发展

专业技术人员的职业发展可以从“国家专业技术职称”“行政职务”

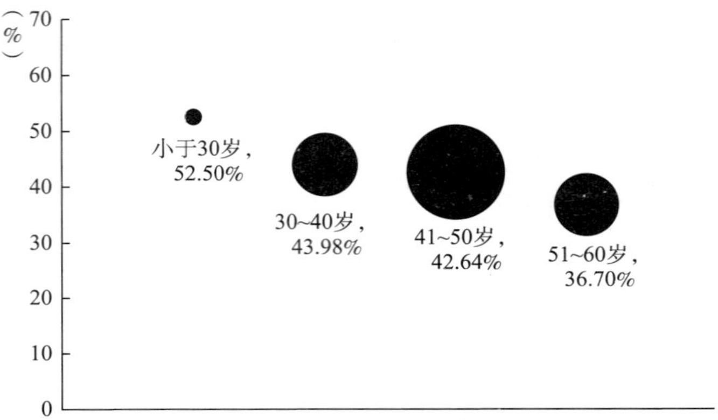

图 3　近三年内组织存在性别歧视的年龄分组比例

“主持项目的最高级别”“工作后获得的最高奖项”来综合评价。使用主成分分析的方法，4 个维度的 KMO 值为 0.648，高于 0.6，因此可以进行主成分分析。经主成分抽取得到 1 个主成分，其解释度为 57.38%，接近 60%，因此可以作为代表 4 个维度的职业发展指标。

（三）数据分析

本研究在“职业发展”和“满意度”两个变量设计时使用了主成分分析法，并进行了信度、效度检验，信度检验 Cronbach 系数分别为 0.6232 和 0.835，系数超过 0.6 说明所选问卷维度可靠性较强。

得到 6 个变量后，使用路径分析对图 2 的理论模型进行检验。该模型包括 4 个回归分析模型，回归分析结果如表 3 所示。

表 3　路径分析模型摘要

变量类型	变量	模型 1		模型 2		模型 3		模型 4	
		男	女	男	女	男	女	男	女
		β	β	β	β	β	β	β	β
控制变量	年龄	0.031 (0.403)	0.084** (0.076*)	0.072** (0.07*)	0.042 (0.056)	-0.033	-0.07**	0.281***	0.399***
自变量	组织内部女性比例	-0.032 (0.011)	0.032 (0.038)	0.007 (0.043)	-0.006 (0.006)	-0.143***	-0.018		

续表

变量类型	变量	模型 1		模型 2		模型 3		模型 4	
		男	女	男	女	男	女	男	女
		β	β	β	β	β	β	β	β
自变量	领导层女性比例					-0.036	-0.129***		
	交流沟通							0.064*	0.619
	满意度							0.003	2.563**
	组织性别歧视							0.49	2.376**
F 值		1.044 (0.948)	4.516** (3.534*)	2.98** (3.304*)	1.035 (1.492)	11.495***	9.189***	15.037***	30.32**

注：* 表示 0.05 的显著水平，** 表示 0.01 的显著水平，*** 表示 0.001 的显著水平。括号内数字表示女性比例从 30% ~50% 上升到 50% 以上的结果。

因组织内部均衡性别比例 50% 是一个特殊点，为详细研究性别比例产生的影响，本研究在模型 1、模型 2 中把总样本分成两部分，一部分是性别比例小于 30% 和 30% ~50% 的，以考察女性比例在向均衡发展时所带来的变化；另一部分是性别比例在 30% ~50% 和 50% 以上的，以考察女性逐渐占优之后所带来的变化。模型 3 的这种差异不明显，因此没有做区分考虑。

四　模型的分析与结果讨论

（一）模型 1

模型 1 即假设 1，组织内部女性比例对专业技术人员交流沟通的影响。

对于女性来说，模型 F 检验显著，虽然变量性别比例系数未通过检验，但仍可以观察其作用方向，不管组织初始的女性比例是多少，女性的交流沟通行为都是随着女性的增多而增加的，故假设 1 成立。

对于男性来说，这种关系不具备显著性，但系数值值得关注：当组织内部女性比从 30% 以下增大到 30% 以上且小于 50% 时，男性的沟通行为随着女性比例的增加而减少；而当女性比例从 30% ~50% 增大到比例占优势时，男性的沟通行为又开始增加。该结果可以用 Kanter 的研究解释，当组织内部女性比例很小时，女性不能自成团体，而又无法加入男性团体，只能部分地与男性交流；当女性比例提高到 30%，可以形成小团体，内部交流增大，男性意识到女性带来的威胁，可能会有意识地抵制女性，减少沟通；当女性比例与男性相当时，组织更重视个人特质而不是性别特质，这时组织内成员相处融洽，交流增大。从这一角度来看，为增进男女专业技术人员的交流沟通，50% 左右的性别比例是组织的最佳比例。

（二）模型 2

模型 2 即假设 2，组织内部性别比例对专业技术人员满意度的影响。

从表 3 结果可知，对女性专业技术人员来说，性别比例影响满意度的关系不成立，即假设 2 不成立。但同样可以分析其系数的正反向关系：当组织内部女性比例从 30% 以下增长到不足 50% 时，女性的满意度开始降低；当组织内部女性比例从 30% ~50% 增长到 50% 以上时，女性的满意度开始上升。这同样可以用 Kanter 的研究解释，女性在所占比例很小到形成小团体再到性别均衡可能会经历男性群体压制的阶段，导致满意度出现一个先降后升的变化。

对男性专业技术人员来说，性别比例与满意度正相关。从组织内部两性角度看，同样 50% 左右的性别比例是最佳的。

（三）模型 3

模型 3 即假设 3，组织内部性别比例与组织内性别歧视情况的关系。

表 3 结果显示，不论男女专业技术人员，其所在的组织内部的性别歧视情况都与组织某层次的女性比例正相关，所以假设 3（H3a 和 H3b）成立。但男女两个群体的模型变量显著系数不同，男性模型中，组织内部女性比是影响性别歧视的重要因素，而女性模型中，领导层性别比是重要因素。理论上是不应该存在这种差异的，可能是由于现实中歧视对象被歧视的敏感度要高于非歧视对象。从样本中可以得到验证：35.9% 的男性认为组织内存在对女性的歧视，而有 48% 的女性也这样认为，这种差异显然不可能完全是因为男女专业技术人员所在的单位不同而带来的。女性只有看到女性晋升为领导才能在心理上获得部分支持，而男性只要身边的女同事增多，就会认为歧视减少。

另外关注年龄变量发现，女性随着年龄增长其所处组织内的性别歧视减少。这至少可以从两方面解释：年龄增长，职位提升，一些女性成为组织内决定聘用、晋升的领导，对女性较友好，歧视减少；另一方面年长的

女性进行应聘、晋升的概率小，别人身上遇到的歧视她们不一定能察觉，这也会导致其认为组织内性别歧视减少。

（四）模型4

模型4包括假设4、假设5、假设6，表3结果显示对专业技术人员来说模型4在0.001的水平上显著。

女性专业技术人员的职业发展与交流沟通正相关，但系数不显著，故假设4不能成立；女性专业技术人员的职业发展与满意度、组织性别歧视正相关，均有 $P<0.01$，故假设5成立，假设6不成立。假设6不成立与以往的研究结论不符，分析样本近三年内所在单位的晋升或录用情况，很可能只有应聘者或晋升候选人才能了解其中的性别歧视情况，因此感知有歧视的人可能就是三年内竞争上岗或竞争升职的人。那么这类女性的研究成果、奖项会比同级别人员多，其职业发展综合指标就会相对较高。

而男性专业技术人员只有交流沟通是影响其职业发展最重要的因素，这进一步验证了社会资源对男性成功的重要性。

（五）路径分析结果

综上模型分析及表3计算结果，原图2研究理论框架加入路径系数及相关统计量后得到图4、图5。

由图4可知，对于女性专业技术人员，性别隔离是通过影响交流沟通及组织性别歧视状况来影响女性职业发展的；而对于其男性同事，女性性别隔离是通过影响男性的满意度及组织性别歧视来影响男性职业发展的。

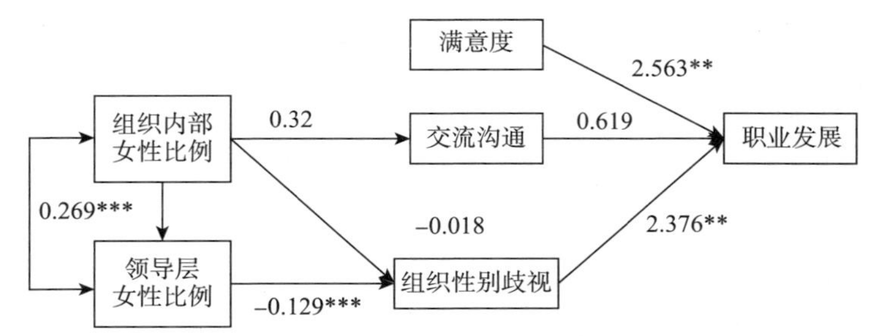

图4　女性性别隔离对女性职业发展影响的路径分析

说明：** 表示0.01的显著水平，*** 表示0.001的显著水平。

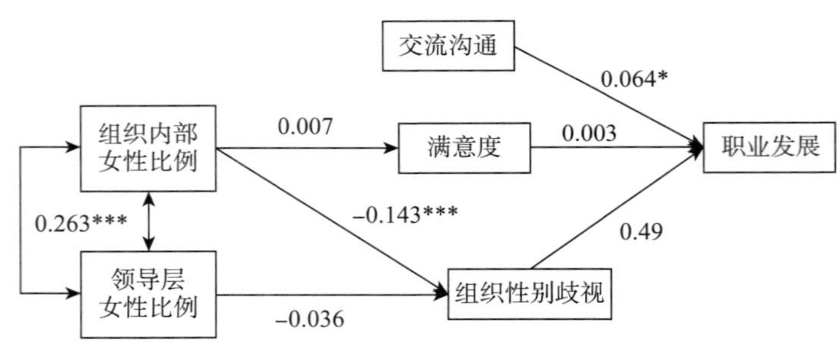

图 5　女性性别隔离对男性职业发展影响的路径分析

说明：* 表示 0.05 的显著水平，*** 表示 0.001 的显著水平。

五　结论

本研究发现女性性别隔离程度越高的单位，女性专业技术人员的交流沟通就越少，经由交流沟通贡献的职业发展就越少。女性相比男性交流沟通、公开表达的愿望较低，而交流能够带来更多的社会资源，扩大个人的社会网络，女性要想在存在“马太效应”的科技领域发展，必须要积极建立社会网络。在另一路径上，性别隔离程度越高，组织内性别歧视现象越多，反而能带来女性的职业发展，该结论不符合已有研究结论，也与现实情况有偏差，可能的解释本文已在前面给出。女性性别隔离主要通过影响组织内性别歧视的情况，带给男性晋升的优势，产生竞争的不平等。对职业发展影响较大的交流沟通不受女性性别隔离的影响。

综合男女专业技术人员性别隔离对职业发展的作用路径可以发现，提高女性比例，降低各层次女性专业技术人员性别隔离度有助于提高男性满意度，增加女性交流沟通活动，减少组织性别歧视，有利于构建和谐、平等的组织内竞争环境，促进男女专业技术人员的共同发展。

参考文献

杜智敏，2010，《抽样调查与 SPSS 应用》，电子工业出版社。

梁巧转、李树祥、伍勇，2009，《组织性别构成多样性对员工组织承诺影响的实证分析》，《数理统计与管理》第 5 期。

佟新，2005，《社会性别研究导论》，北京大学出版社。

王俊，2011，《学术共同体的性别隔离——对一所研究型大学女教师叙说的分析》，《妇女研究论丛》第2期。

赵兰香、李乐旋，2008，《女性主观偏好对我国科技界性别分层的影响》，《科学学研究》第6期。

Barbara F. Reskin and Patricia A. Roos. 1990. *Job Queues*, *Gender Queues*: *Explaining Women's Inroads into Male Occupations*. Philadelphia: Temple University Press.

Beaton, A. & Tougas, F. 1997. "The Representation of Women in Management: The More, the Merrier?" *Personality and Social Psychology Bulletin* 23: 7733 – 7782.

Byrne D. & J. H. Neuman. 1992. "The Implications of Attraction Research for Organizational Issues." in K. Kelley ed., *Issues*, *Theory*, *and Research in Industrial and Organizational Psychology*, pp. 29 – 70. New York: Elsevier.

Faye J. Crosby, Joan C. Williams, Monica Biernat. 2004. "The Maternal Wall." *Journal of Social Issues* 60 (4): 675 – 682.

Graves, L. M. & G. N. Powell. 1995. "The Effect of Sex Similarity on Recruiters' Evaluations of Actual Applicants: Atest of the Similarity Attraction Paradigm." *Personnel Psychology* 48: 85 – 98.

Izraeli, D. N. & Adler, N. J. 1994. "Competitive Frontiers: Women Managers in a Global Economy." in N. J. Adler and D. N. Izraeli eds., *Competitive Frontiers*: *Women Managers in a Global Economy*. Cambridge, MA.

Kanter, Rosabeth Moss. 1977. "Some Effects of Proportions on Group Life: Skewed Sex Ratios and Responses to Token Women." *American Journal of Sociology* 82 (3): 965 – 990.

Laws, Judith Long. 1975. "The Psychology of Tokenism." *Sex Roles* 1: 51 – 67.

Menges, R. J. and W. H. Exum. 1983. "Barriers to the Progress of Women and Minority Faculty." *J. Higher Educ.* 54 (2): 124.

Susan E. Jackson, Aparna Joshi, Niclas L. Erhardt. 2003. "Recent Research on Team and Organizational Diversity: SWOT Analysis and Implications." *Journal of Management* 29 (6): 801 – 830.

Teachman, J. D. 1980. "Analysis of Population Diversity." *Sociological Methods and Research* 8 (3): 341 – 362.

Teresa Rees. 2002. "Women in Science in Europe: A Review of National Policies." in B. K. Hartline and D. Li eds., *Women in Physics*: *The IUPAP International Conference on Women in Physics*, pp. 71 – 74.

性别视角下专业人员晋升路径及因素分析*

刘爱玉　田志鹏**

摘　要： 本文采用事件史分析方法，分析了影响专业人员职称晋升的主要因素及两性在晋升上的共性和差异。研究发现：(1) 女性专业人员有着不输于男性的副高和正高级职称晋升及与男性相近的职称晋升轨迹；(2) 相比于先赋性因素，自致性因素对专业人员职称晋升的影响更大；(3) 相比其他影响因素，政治资本对专业人员职称晋升的影响减弱，对男性专业人员的正面影响比女性显著；(4) 社会支持对于各类专业人员职称具有显著正面影响；(5) 用更少时间成功晋升正高级职称的女性专业人员具有更趋现代的性别角色认知。

关键词： 专业人员　人力资本　社会支持　性别分工

一　问题的提出

专业人员是指从事专业性工作（professional work）的人，他们多具有某种学识和职业证书、依靠知识在社会中承担特定的责任、从事服务性工作。

* 本文系2010年国家社会科学基金重大项目“第三期中国妇女社会地位调查”（项目号：10@ZH020）的研究成果；亦为2010年教育部哲学社会科学研究重大课题攻关项目“女性高层次人才成长规律及发展对策研究”（项目号：10JZD0045－1）的研究成果。本文在写作过程中一直得到佟新教授在数据、资料等方面的支持，文中的一些观点我们也曾一起讨论，特此感谢！

** 刘爱玉，女，北京大学社会学系教授，博士生导师，主要研究方向为劳动社会学；田志鹏，北京大学中国工人与劳动研究中心研究助理，北京大学中国社会与发展研究中心研究助理。

专业性工作至少包含三个维度：一是在认知能力维度上，专业人员在工作中提供的知识和技能要经历特殊教育和训练；二是在规范维度上，专业人员的工作以服务为中心，有特定的职业伦理，以此获得合法性，并拥有职业特权；三是在评价维度上，专业人员有独特的自治性和权威性，并常有特定的专业组织对其自治性加以维护和监管。

对专业性工作的社会学研究可以追溯到涂尔干的专业群体和公民道德的讨论，帕森斯则将专业社会学研究引向制度化，并将职业体系区分为学术性职业和实践性职业（Keith，2012）。对专业人员晚近的社会学研究更关注对职业地位的获得及其影响要素的分析（Walder et al.，2000），较少关注已获得专业资格者职称的晋升。故本文将重点关注哪些因素会影响到已获得专业资格者的高级职称（包括副高级和正高级职称）晋升。

另外，随着对专业人员地位获得和职称晋升研究的深入，一些研究注意到两性在职称晋升上的差异。以大学为例，20 世纪 60 年代时，大学中很少有女性能够成为教授。然而，随着女权运动的推进，情况有了很大改进，在说英语的大学中，越来越多的女性获得博士学位，并进入学术顶尖位置。20 世纪 80 年代有学者开始研究女性在专业工作中的职业发展（Betz & Fitzgerald，1987）。但时至今日，男性依然比女性更多地获得专业地位。有研究认为，女性在经受“坚冰式的琉璃天花板”（unbreakable glass ceiling），难以到达专业精英的最高位置（Monroe et al.，2008）。与西方国家不同，我国经历过倡导男女平等、“妇女能顶半边天”的社会主义时代，大学教育中女性比例越来越高，不少女性已进入专业领域，并获得了重要的职业成就。因此，本文也将在性别视角下，关注两性在职称晋升上的共性和差异性。

二　调查数据说明

本文分析使用的数据来自两部分：一是“女性高层次人才成长规律及发展对策研究”项目，于 2011 年在全国 31 个省进行的 3626 份问卷调查成果；二是 2010 年 12 月进行的“第三期中国妇女社会地位调查”入户调查中符合人才条件的 3213 人填写的“高层人才附卷”。最终获得具有中级及以上职称、科级及以上行政级别、中层及以上管理人员特性的专业人员、行政人员和管理人员有效样本 6126 人。本文分析主要针对的是在事业单位和民办非企业中工作且拥有中级及以上职称的专业人员，共 2623 人。

女性专业人员样本共1304人，其开始工作的平均年龄为21岁，平均受教育程度为14.2年，初婚时平均年龄为25.2岁，一年后（即26.2岁）第一个孩子出生。在1135个有效回应目前职称状况者中，中级职称占28.3%，副高级职称占49.8%，正高级职称占22%。观察期内，全部样本中有25%的人在13年内晋升到副高级职称，有50%的人在18年内晋升到副高级职称，75%的人在26年内晋升到副高级职称；25%的人在28年内晋升到正高级职称。

男性专业人员样本共1319人，其开始工作的平均年龄为22岁，其平均受教育程度为14.5年，初婚时平均年龄为26.6岁。在1153个有效回应了职称状况者中，28.5%的人为中级职称，49.8%的人为副高级职称，22%的人为正高级职称。观察期内，25%的人在13年内晋升到副高级职称，50%的人在工作后19年内晋升到副高级职称，大多数人（75%）在工作27年内晋升到副高级职称；25%的人在27年内从副高级职称晋升到正高级职称。

三　影响专业人员晋升的因素分析

本文采用事件史分析方法对专业人员的职称晋升进行分析，重点关注影响晋升过程的要素，并充分关注两性在晋升路径和影响因素上的差异。

（一）文献对话与假设

1. 先赋因素还是自致因素

一直以来，社会学家们在研究地位获得时非常关心的一个问题是：随着工业化、现代化的推进，先赋因素与自致因素对于个体地位获得而言会产生什么样的影响。最经典的研究是美国社会学家布劳和邓肯对美国成年男性地位获得的分析，他们的研究发现，影响职业成就的决定性因素是本人的教育水平、第一个职业以及父亲的教育水平与职业。对于个体的地位获得而言，自致因素比先赋因素更为重要（Blau & Duncan，1967）。以后的研究也发现，教育在决定个人生活际遇上起着越来越重要的作用（Treiman，1970）。“谁能够获得更高级别职称的晋升”这个研究问题的答案是“谁能获得更多教育”。对教育分层的比较研究发现，二战后男女在教育获得上的差距明显缩小。女性在教育扩张的过程中受益良多（Shavit & Blossfeld，1993），并对女性的地位获得产生了有利影响（Hout & DiPrete，2006）。有关中国的研究也显示，教育对职业地位获得的重要性在上升（Walder et al.，2000）。

基于上述讨论，本文提出的第一个研究假设 H1 为：对于已获得专业资格的人员，相比于先赋性因素而言，自致性因素对专业人员职称晋升影响更重要，其对女性专业人员职称晋升的影响比男性更大。

2. 政治资本还是人力资本

魏昂德在《职位流动与政治秩序》一文中指出，中国的精英流动存在二元路径，管理者精英和专业化精英在进入精英群体的途径、标准、后果等方面泾渭分明。进入管理者精英的途径需要有高学历、良好的政治素质，其职业享有相当的社会声望和权威，并有客观的物质收益。进入专业化精英的途径需要有学历，但不要求政治资本。人力资本相比于政治资本对于专业人员的向上流动具有更重要的意义（魏昂德，2002）。由此推论，在职称的晋升上，人力资本会获得正向回报。不过，在魏昂德等学者的研究中，关于政治资本的测量主要是针对党员与群众之间的差异，且更多强调个体对组织和意识形态的忠诚。实际上，政治资本可能是一种类似于教育文凭的资格证书，是能力或诸多无法观察的品质或特征的信号。同时，党员身份类似于一种社会资本（关系），可以获得诸多资源（信息、影响力或操作力）和机会。它可以起到非正式个人信息网络的作用，确保干部在竞争中可以获得最新的、最准确的市场信息，从而在市场竞争中获胜（宋时歌，1998；刘和旺、王宇锋，2010）。如果认可政治资本具有某种能力或资格凭证的作用，则市场化转型可能并不一定会弱化其在地位晋升上的作用。

民主党派作为一种特殊身份，其对于地位流动的影响一直被忽视。虽然截至 2011 年底时各民主党派成员总数不过 80 多万人①，但其中不乏中高级知识分子和专业人员，因此在讨论职称晋升问题时，理应给予关注。

关于人力资本与地位流动的既往讨论，主要考察了学历、在职培训等方面，而对于人力资本的质量则较为忽视。这一方面是受限于问卷调查资料，另一方面更因为在高等教育扩招之前，能够接受更多的教育特别是上大学就足以与其他人群进行区分，但在高等教育越来越普及的时候，学历的含金量会降低，重要性日益凸显的将是获得什么样质量的教学。已有研

---

① 参见新华网新华资料“民主党派”，http://news.xinhuanet.com/ziliao/2002-01/28/content_256326.htm，2013 年 3 月 4 日。

究显示，学校级别对于大学生职业地位获得有显著影响（李黎明、李卫东，2009：120）。对于专业人员的职称晋升，人力资本的质量相比于数量而言，何者会更重要是一个需要讨论的问题。

基于既往研究，本文的第二个假设H2是：市场化转型过程中，相比于政治资本而言，人力资本对于专业人员职称晋升具有更重要的意义；人力资本的质量相比于人力资本的数量对于职称晋升而言更为重要。

3. 社会支持与晋升

从一般意义上说，社会支持指人们从社会中所得到的、来自他人的各种帮助，可分为两类：一是正式的社会支持，指来自政府、社会正式组织的各种制度性支持；二是非正式的社会支持，主要指来自家庭、亲友、邻里、同事和非正式组织等的非制度性支持。本文主要关注专业人员来自非家庭成员如邻里、同事、上级和非正式组织等的支持，称之为社会性支持。

既往研究显示，越是能得到更多社会支持的个体，其所拥有和可以运用的社会资本就越丰富。但具有社会资本功效的社会支持的获得，是行为主体“有意识投资”的产物，两性因之而有差异，专业技术女性由于家庭责任或组织社交的男性网络（比如：高尔夫球协会、足球协会等）对女性的排斥（Marshall，1997），所以花费在与他人交往上的时间、精力都少于男性，从而拥有较少的社会资本，获得较少的社会支持。特别是女性会因为难于融入男性占据主导地位的非正式网络，因而缺少机会，从而导致女性被排挤和孤立。就专业人员职称晋升而言，如果能够获得更多的社会性支持，则其在地位晋升的路途上相比于那些没有获得或获得较少支持的人而言，会走得更顺更远。

因此本文的第三个研究假设H3是：越是能获得社会性支持的专业人员，越是能在职称晋升时处于有利位置。

4. 性别分工与晋升

有关社会化形塑的性别认知、家庭分工等因素对于职称晋升的影响，尚有待引起更多的关注。有研究认为女性在承担职业角色的同时，还要兼顾家庭角色，这不仅表现在女性自身的角色意识中，也反映在社会对女性的双重价值评判标准上。社会对男性的评价尺度是事业，然而对女性却用事业和家庭的双重标准：社会对女性的角色期望是家庭，而工作机构对女性的角色期望是工作（Centra & Gaubatz，2000）。这种双重标准对女性是不公正的，也超出了女性的能力范围，增加了女性的压力，造成职业女性的双重角色冲突。以往的研究也显示（Whyte & William，1984）中国妇女承

担了照顾家庭与抚育子女的重担。因此，受传统性别分工的影响，女性人员更多地承担了子女抚养、家人照顾和日常家务劳动等责任，并形成“劣势累积”（马缨，2009；张廷君、张再生，2009）。

因此，本文的第四个研究假设 H4 是：性别角色认知趋向于现代，家务劳动承担更少的专业人员，在职称晋升上会走得更快。

（二）模型及分析

1. 模型因变量

本文的因变量即专业人员职称晋升，分为晋升副高级职称和晋升正高级职称，事件史分析方法测量的是职称晋升的年数①。本文所讨论的职称晋升指各专业技术领域专业职称的获得，主要针对两种情况，一是副高级职称晋升（从工作开始晋升到副高级职称所用的年数），二是正高级职称晋升（从工作开始晋升到正高级职称所用的年数）。

2. 模型核心自变量

先赋性因素以两个变量测量：一是父母文化程度，其取值参考父亲或母亲文化程度最高者，分为小学及以下、初中、高中/中专/中技、大专及以上四类；二是户籍出身，分为农村户籍和城镇户籍两类。自致性因素的测量以个人人力资本为主，从三个方面进行考察：一是文化程度，指个人开始第一个工作之前接受教育的年数；二是接受教育的质量，指最高学历是不是重点大学；三是工龄，根据分析时关注副级高职称和正高级职称晋升的主旨，建构了两个变量，晋升副高级职称前工龄与晋升正高级职称前工龄。

政治资本的测量，采用的是晋升副高级职称前政治资本和晋升正高级职称前政治资本，分为群众、共产党员和民主党派三类。

社会性支持是一个由多个变量建构的量表。问卷中有一个问题询问了“需要时下列人员能否帮你”，涉及的对象包括企业主/企业主管、厅局级及以上干部、处级干部、高级职称专业技术人员。根据被调查对象对上述问题的回答状况，构建一个称之为“需要时可以获得的帮助”的量表，其信度系数为 0.785。

性别角色认知从两个方面进行考察。一是性别角色分工认知，根据被调查者对 4 项问题的回答构建量表，分别是“男人应该以社会为主，女人应该以家庭主”“挣钱养家主要是男人的事情”“丈夫的发展比妻子的发展

---

① 本文所指年数为事件史分析中转化的人月。

更重要”“对妻子而言，更重要的是帮助丈夫成就事业”。量表的信度系数为0.767，得分最高为20分，最低为4分，得分的高低反映了性别角色分工观念由传统到现代的连续统。女性（10.06分）相比于男性（11.45分）更趋向现代。二是家务劳动承担①。各自变量的描述性统计如表1所示。

表1　模型分析变量基本情况

变量		女性专业人员（N=1304）		男性专业人员（N=1319）	
		标准差	平均值	标准差	平均值
工作前受教育年数		14.23	3.22	14.50	3.27
工作后受教育年数		2.25	2.11	2.12	2.12
晋升副高级职称前工龄		17.29	7.72	17.71	8.30
晋升正高级职称前工龄		21.59	8.32	22.25	9.12
性别角色认知		10.06	3.58	11.45	3.81
需要时可以获得的帮助（社会网络资源）		0.42	0.31	0.46	0.30
家务劳动承担		17.04	4.58	11.55	4.10
变量		频次	有效百分比（%）	频次	有效百分比（%）
父母文化程度	小学及以下	397	30.42	610	46.18
	初中	212	16.25	190	14.38
	高中/中专/中技	298	22.84	274	20.74
	大专及以上	372	28.51	223	16.88
	缺失值	26	1.99	24	1.82
户籍出身	城镇户籍出身	866	66.36	590	44.70
	农村户籍出身	439	33.64	731	55.30
最高学历是不是重点大学	不是	617	47.28	616	46.63
	是	688	52.72	705	53.37
晋升副高级职称前政治资本	群众	628	48.12	472	35.73
	共产党员	617	47.28	739	55.94
	民主党派	48	3.68	22	1.67
	缺失值	12	0.92	88	6.66

① 问卷询问了被调查对象最近一年在做饭、洗碗、洗衣服/做卫生、日常家庭采购、照料孩子生活、辅导孩子功课、照料老人等七个方面承担家务劳动的情况，其选项为“从不、很少、约一半、大部分、全部”，我们将其分别赋值为0、1、2、3、4分，七个项目的得分相加，最小值为0分，最大值为28分，分值越低，表明承担家务劳动越少。

续表

变量		女性专业人员（N=1304）		男性专业人员（N=1319）	
		标准差	平均值	标准差	平均值
晋升正高级职称前政治资本	群众	538	41.23	412	31.19
	共产党员	665	50.96	808	61.17
	民主党派	94	7.20	46	3.48
	缺失值	8	0.61	55	4.16

3. 专业人员职称晋升模型及分析

以副高级职称晋升事件和正高级职称晋升事件在生存期内是否发生为因变量，以先赋因素、自致因素、人力资本、政治资本、社会性支持、性别角色认知等要素为自变量，利用事件史的logit模型，通过stata12软件分别对不同性别专业人员职称晋升进行分析，结果如表2和表3所示。

表2　事件史分析系数的比较：专业人员晋升副高级职称

变量		女性专业人员			男性专业人员		
		Exp	标准误	系数	Exp	标准误	系数
父母文化程度	初中	1.013	0.124	0.013	1.043	0.115	0.042
	高中/中专/中技	1.096	0.126	0.091	1.143	0.114	0.134
	大专及以上	1.205	0.133	0.186	1.166	0.138	0.153
户籍出身	农村户籍出身	1.068	0.091	0.066	1.049	0.090	0.048
人力资本	工作前受教育年数	1.085***	0.021	0.082	1.085***	0.021	0.082
	工作后受教育年数	1.094***	0.029	0.090	1.130***	0.030	0.122
	最高学历是重点大学	1.080	0.088	0.077	1.092	0.091	0.088
	晋升副高级职称前工龄	0.931**	0.023	-0.071	0.898***	0.019	-0.107
	晋升副高级职称前工龄平方	1.000	0.001	-0.000	1.001	0.001	0.001
政治资本	晋升副高级职称前为共产党员	1.151^	0.093	0.140	1.259**	0.108	0.231
	晋升副高级职称前为民主党派	1.332	0.240	0.287	1.623*	0.384	0.485
社会性支持	需要时可以获得的帮助	1.412**	0.178	0.345	1.388**	0.181	0.328
性别角色认知	性别角色分工认知	1.003	0.010	0.003	1.005	0.010	0.005
	家务劳动承担	0.998	0.008	-0.002	0.999	0.010	-0.001

续表

变量	女性专业人员			男性专业人员		
	Exp	标准误	系数	Exp	标准误	系数
logL	-4631.819			-4652.218		
N	217651			222955		

注：作为参照类排除的变量有，小学及以下、城镇户籍出身、最高学历非重点大学、群众；^ $p<0.1$，* $p<0.05$，** $p<0.01$，*** $p<0.001$。

表 3　事件史分析系数的比较：专业人员晋升正高级职称

变量		女性专业人员			男性专业人员		
		Exp	标准误	系数	Exp	标准误	系数
父母文化程度	初中	0.831	0.201	-0.185	0.863	0.168	-0.147
	高中/中专/中技	1.189	0.245	0.173	0.765	0.139	-0.267
	大专及以上	1.123	0.222	0.116	0.913	0.191	-0.091
户籍出身	农村户籍出身	0.799	0.132	-0.225	1.000	0.152	-0.003
人力资本	工作前受教育年数	1.141***	0.039	0.132	1.143***	0.039	0.133
	工作后受教育年数	1.137**	0.053	0.129	1.199***	0.055	0.181
	最高学历是重点大学	1.733***	0.275	0.550	1.256	0.192	0.228
	晋升正高级职称前工龄	1.153*	0.066	0.142	0.935^	0.035	-0.067
	晋升正高级职称前工龄平方	0.996***	0.001	-0.004	1.000	0.001	0.000
政治资本	晋升正高级职称前为共产党员	1.337^	0.213	0.291	2.063***	0.383	0.724
	晋升正高级职称前为民主党派	1.550^	0.396	0.438	2.017*	0.700	0.702
社会性支持	需要时可以获得的帮助	1.721*	0.395	0.543	3.114***	0.735	1.136
性别角色认知	性别角色分工认知	0.962*	0.019	-0.039	1.009	0.017	0.009
	家务劳动承担	0.986	0.015	-0.014	0.972	0.171	-0.029
logL		-1709.931			-1811.928		
N		287623			290201		

注：作为参照类排除的变量有，小学及以下、城镇户籍出身、最高学历非重点大学、群众；^ $p<0.10$，* $p<0.05$，** $p<0.01$，*** $p<0.001$。

第一，在晋升副高级职称时，有显著影响的要素为人力资本、政治资本及社会性支持，且对两性有相似的影响。先赋性因素、性别角色认知和家务劳动承担对晋升副高级职称无显著影响。

第二，男女两性在成功晋升正高级职称的影响因素上，既有相似性，也表现出一定的性别差异。相似性表现为政治资本和社会性支持对两性晋升的影响相近。性别差异表现为：对于女性而言，人力资本数量和质量各要素、性别角色认知等对晋升正高级职称均有显著影响；对男性而言，表征人力资本质量的“最高学历为重点大学”及性别角色认知对晋升正高级职称没有显著影响。

四　结论

就两性专业人员职称晋升的影响因素而言，既有共性，也有差异性。共性是：第一，人力资本相比于先赋因素对两性的职称晋升而言更为重要，先赋因素中的父母文化程度、户籍出身只对职称晋升有微弱影响，而人力资本数量（工作前受教育年数）和质量（最高学历是不是重点大学）对两性正高级职称晋升均有显著的积极影响；第二，社会性支持对于两性晋升更高职称有显著的积极影响；第三，民主党派身份对于两性正高级职称晋升有显著的积极影响。差异性是：第一，共产党员身份对男性职称晋升的影响大于其对女性的影响；第二，人力资本质量对于女性正高级职称晋升有显著的积极影响，但对于男性的影响并不显著；第三，性别角色认知对女性晋升正高级职称有显著影响，性别角色认知越趋向于现代，晋升机会越大，对男性专业人员则不存在这样的影响。

总结来看，我们看到影响两性专业人员职称晋升的很多共同因素具有现代社会的特征，即人力资本数量和质量的作用凸显，但社会性支持同样也起到非常重要的作用。而差异性影响因素颇具性别视角，特别是性别角色观念的影响反映了现代社会两性分工以及女性的性别观念对于专业技术领域晋升的重要作用。本研究揭示了专业人员职称晋升的核心影响要素及性别上的差异，对于专业技术人员职称晋升的努力方向以及设计更合理的晋升制度具有积极意义。

参考文献

Keith Macdonald，2012，“第十三章：专业性技术工作”，载马立克·科尔钦斯基等主编《工作社会学》，中国人民大学出版社。

李黎明、李卫东，2009，《阶层背景对本科毕业生职业地位获得的影响》，《社会》第5期。

刘和旺、王宇锋，2010，《市场化与政治资本的收益》，《经济学季刊》第9期。

马缨，2009，《博士毕业生的性别差异与职业成就》，《妇女研究论丛》第6期。

宋时歌，1998，《权力转换的延迟效应——对社会主义国家向市场转变过程中的精英再生与循环的一种解释》，《社会学研究》第3期。

魏昂德，2002，《一个市场社会的崛起：中国社会分层机制的变化》，载边燕杰主编《市场转型与社会分层》，三联书店。

张廷君、张再生，2009，《女性科技工作者职业生涯发展模式与对策研究》，《妇女研究论丛》第5期。

Betz, N. E. & Fitzgerald, L. F. 1987. *The Career Psychology of Women*. Orlando, FL: Academic Press.

Blau P. M., Duncan, O. D. 1967. *The American Occupational Structure*. New York: Wiley.

Centra, J. A. and Gaubatz, N. B. 2000. "Is There Gender Bias in Student Evaluations of Teaching?" *The Journal of Higher Education* (71): 17 – 33.

Hout, Michael & Thomas A. DiPrete. 2006. "What We Have Learned: RC28's Contributions to Knowledge about Social Stratification." *Research in Social Stratification and Mobility* 24.

Marshall J. 1997. *Women Managers: Travellers in a Male World*. Wiley & Sons.

Monroe K., S. Ozyurt, T. Wrigley & A. Alexander. 2008. "Gender Equality in Academia: Bad News from Trenches, and some Possible Solutions." *Perspectives on Politics* 6 (2): 215 – 233.

Shavit, Yossi & Hans-Peter Blossfield. 1993. *Persistent Inequal-ity: Changing Educational Attainment in Thirteen Countries*. Boulder Colo.: Westview Press.

Treiman, D. J. 1970. "Industrialization and Social Stratification." *Sociological Inquiry* 40 (2): 207 – 234.

Walder, A. G., Bo bai Li and Donald J. Treiman. 2000. "Politics and Life Chances in a State Socialist Regime: Dual Career Paths into the Urban Chinese Elite, 1949 to 1996." *American Sociological Review* 65 (2): 191 – 209.

Whyte, Martin King and William L. Parish. 1984. *Urban Life in Contemporary China*. Chicago Press.

女性高层人才成长面临的挑战

——基于职业生涯理论的分析*

杨　慧**

摘　要：我国女性高层人才比例低、数量少，既不利于女性人才的职业发展，更不利于科教兴国和人才强国战略的顺利实施。本研究基于职业生涯理论和社会性别视角，运用第三期中国妇女社会地位调查数据及女性高层次人才成长规律及发展对策研究的访谈资料，从女性职业生涯初期面临就业性别歧视、发展期面临工作与家庭冲突、稳定期遭遇男士优先和衰退期被迫提前退休四个方面，探析了我国党政、科研和管理三类女性高层人才发展面临的挑战，为促进女性高层人才成长提出了对策建议。

关键词：女性高层人才　职业生涯　职业发展　就业性别歧视

一　研究背景

女性高层人才作为我国人才资源的重要组成部分，为推动社会经济发展做出了重要贡献。同时，社会经济发展为提高女性受教育程度创造了良好的社会环境，党和政府为女性人才成长与发展提供了良好的政策环境，科教兴国战略为科技领域的女性发展提供了难得的机遇和发展空间。另外，

* 本文是2010年国家社会科学基金重大项目“第三期中国妇女社会地位调查研究”（10@ZH020）、科技部软科学项目“女性高层人才成长状况研究与政策推动项目”（2010GXS1B022）的阶段性成果。

** 杨慧（1973～），女，河北省曲阳县人，全国妇联妇女研究所副研究员，法学博士。

用人单位在女性人才成长、发展中也发挥了重要作用。

然而，我国女性党政人才存在副职多正职少、虚职多实职少、边缘岗位多主流岗位少的“三多三少”现象（陈许亚、张丽华，2010：34）；企业女性高层管理人才存在比例偏低现象（康宛竹，2007：4）；科技领域女性高层人才存在明显的“5%”现象①。这些现象不但阻碍了女性人才的职业发展，更不利于科教兴国、人才强国战略的顺利实施。

那么，在女性人才成长环境不断改善的情况下，是哪些原因制约了女性高层人才的成长与发展呢？女性人才在不同成长阶段面临的挑战是否存在差异？深入研究制约女性人才发展的困难与障碍，对于促进女性人才发展、推行人才强国战略、推动社会发展具有重要意义。

以往研究表明，职场性别歧视、比例限制及后备力量不足制约了女性党政人才的成长与发展；传统性别观念、家庭负担重、人力资本投资低和保障女性就业的法律缺乏操作性（康宛竹，2007：4）影响了女性管理人才的发展；女性生育未能获得政策关照、缺乏晋升和进修机会（王建宇，2011：8；袁志群，2011：10；李祖超等，2010：11）、决策中女性缺位、“玻璃天花板”效应、不平等的退休政策（全国妇联女性高层人才成长状况研究与政策推动项目课题组，2011：3）、科技资源向男性倾斜以及男性化社交方式，致使女性总体处于科研层级的金字塔底端（王建宇，2011：8），限制了女性科技人才的发展（黄青年等，2017：2）。

虽然以往有关女性人才成长障碍的研究成果颇为丰富，但存在以下三个方面的不足：一是缺乏对全国性大规模调查所进行的实证分析；二是缺乏基于职业生涯视角对女性成长障碍进行的全程分析；三是除了蒋莱对政治、经济、学术领域女性领导力的分析外（蒋莱，2012：4），其他研究普遍缺乏对不同女性人才类型的比较分析。本研究将基于职业生涯理论，运用全国性调查资料，对不同发展阶段的女性高层人才面临的挑战进行比较分析。

二　研究设计

本研究中的高层人才包括具有处级及以上职务的党政干部、具有副高

① 中国科学院和工程院两院院士中女性仅占5.6%，“973”计划选聘的首席科学家中，女性仅占4.6%；“长江学者”中，女性占3.9%；中国科学院“百人计划”入选者中，女性占5.0%。在党政领域，2010年省（部）级及以上女性公务员不足10%。

级及以上专业技术职称的技术人员、大型企业的中高层领导及中小型企业的负责人。本研究所用数据来源于第三期中国妇女社会地位调查，共获得3097位女性高层人才数据。此外，课题组还对200余位女性高层人才、部分省政府及有关部门领导等进行了焦点组访谈。本研究使用上述数据资料，运用交叉分析方法对三类女性高层人才在职业生涯中面临的具体挑战进行了系统研究。

职业生涯理论认为个体在不同年龄段，具有不同的社会参与结构和参与性质。在格林豪斯职业生涯五阶段①理论的基础上，借鉴张廷君和张再生职业生涯四阶段年龄分组法，本研究将高层人才职业生涯划分为以下四个阶段，职业生涯初期（30岁以下）、职业生涯发展期（30~39岁）、职业生涯稳定期（40~49岁）和职业生涯衰退期（50岁及以上）（张廷君、张再生，2009：5）。受多重因素影响，女性在不同职业发展阶段面临的主要挑战各异。

三　主要发现

（一）职业生涯初期面临就业性别歧视

社会发展使得越来越多的女性能够有机会接受高等教育，人力资本得以提升。30岁之前是女性走出校门、迈向社会、步入职场的关键时期。在就业形势越来越严峻的情况下，女性初入职场遭受的就业性别歧视，严重影响了女性的职业发展。

女大学生遭遇就业性别歧视。调查显示，女性高层人才中接受过大专及以上教育的女性占95.2%，女大学毕业生作为女性高层人才的后备力量，其就业状况直接影响女性人才的成长。很多用人单位不愿意承担女性生育的社会责任，致使女大学生在劳动力市场上遭遇性别歧视。2010年第三期中国妇女社会地位调查数据显示，在有求职经历的女大学生中，有24.7%的人曾经遭遇过不平等对待，另有21.6%的高层人才所在单位近三年存在只招男性不招女性的现象。

此外，女性高层人才也在座谈会上吐露了自己就业时遭遇的性别歧视，

① 格林豪斯将职业生涯分为五个阶段：0~18岁为职业准备期，18~25岁为组织进入期，25~40岁为职业生涯初期，40~55岁为职业生涯中期，从55岁至退休为职业生涯后期。

某高校教师［BUZFL］找工作时的经历尤为典型，“招聘老师看了（我的）简历说我条件很好，刚好需要这个专业的老师，那时简历上没照片，我名字也中性。（对方）一打电话才知道我是女的，连说不要不要，说就要男老师。”某管理者［BRXFZ］也证实了招聘中确实存在性别歧视现象，她说：“我在人事处工作了12年，进门前（招聘录用时），肯定是歧视的，绝对歧视女性。”

在三类高层人才中，专业技术人员所在单位的性别歧视最为严重。调查显示，每4~5个高层人才所在单位就有一个存在就业性别歧视问题的，该问题在专业技术人才所在单位尤为突出，有26.9%的专业技术人才表示其所在单位最近三年存在只招男性的现象。第六次全国人口普查数据显示，在我国专业技术人员中，女性所占比例为51.1%，是三类人才中唯一一个女性占半数以上的人才类型（杨慧，2013）。专业技术人才所在单位较高比例的就业性别歧视，给女性公平就业带来了很大障碍。管理人才所在单位的招聘性别歧视程度位居第二。党政机关作为反对就业性别歧视的主要责任者，虽然情况略好，但仍有18.3%的党政机关存在就业性别歧视现象，其歧视程度高于《2011年国家公务员招考中的就业歧视状况调查报告》的15.6%。

（二）职业生涯发展期面临工作与家庭冲突

与普通女性相比，女性高层人才的婚育时间一般较晚，在30~39岁的职业发展期，女性高层人才普遍经历结婚、生育和抚养孩子的繁忙期。与以往相比，虽然女性生育数量大为减少，用于照料孩子生活的时间随之下降，现代化生活方式也减轻了家务劳动强度，但随着对子女培养教育的重视程度越来越高，家庭用于对孩子培养教育的时间甚至超过多子女时代。由此造成的工作与家庭冲突影响了女性高层人才的职业发展。

调查发现，在30~39岁的女性高层人才中已婚者占90.1%，其中已生育女性占91.9%，生育和抚养孩子使女性无法以充足的时间和精力投入工作。有9.1%的高层女性人才因在子女抚育过程中难以得到老人或他人帮助，只能白天自己亲自照顾孩子，以至于每天的工作时间比同龄男性人才少143.7分钟。此外，很多女性承担接送孩子上下学、辅导孩子学习、陪同孩子上各类辅导班等任务。与男性相比，日积月累的工作时间差异，致使她们不得不放缓事业发展速度，甚至调离科研岗位。北京某科研人员［BRGFW1］认为，“主内”的责任大大影响了她的职业发展，她说：“这女人一结婚、一有了孩子后，就输在起跑线上了。本来你也是很不错的，后来由于你干家务了，带孩子了，你就输给他（自己的丈夫）了。我生孩子后如果有个人帮我带孩子、做家务，我绝对不是现在这样。”生育对女性职业发展具有分水岭式的影响，职业发展期的工作与家庭冲突，制约了女性高层人才的职业发展。

（三）职业生涯稳定期遭遇男士优先

40～49岁的女性在子女长大成人、家务负担减轻、家庭生活步入良性循环后，职业发展进入稳定期，工作投入和发展需求增加。但社会对女性评判的双重标准以及男士优先的潜规则，致使职业生涯稳定期的女性在单位容易受到“玻璃天花板”的影响，从而导致很多女性高层人才在领导职务获得和高级职务晋升中，难以得到公平的发展机会。

1. 难以获得领导职务

男性科技人员占据了大部分高层职位，控制了科技领域中的重要资源（袁志群，2011：10），致使女性总体处于不利地位。女性在高校院（系）级领导中所占比例为17.9%，在高校校级领导中所占比例仅为11.1%（高耀明等，2008：8）。在此次随机抽样获得的高层女性人才中，高达73.1%的女性从未担任过任何领导职务，该比例比男性高出近23.1个百分点。如果考虑管理人才，从未担任过任何领导职务的管理人才和专业技术人才女性比男性高24.2个百分点（高耀明等，2008：8）。吉林省某高校女教授在接受访谈时说：“需要下乡时，领导说，你是党员，你要带头，我就去了。当有晋升机会时，领导又说你是女同志，要让男同志。”晋升中男士优先问题，使女性很难公平地获得领导职务。此外，在担任过领导或负责人的女性高层人才中，女性最高职务的级别也远远低于男性。其中女性没有行政职务的占57.0%，比男性高17.9个百分点；女性任县处级及以上职务的占20.9%，比男性低22.0个百分点。虽然在省级政府工作部门领导班子中，女干部配备率近十年来不断提高，但到2010年仍然有近半数领导班子未能配备女干部。

2. 难以得到职位晋升

在科研业绩相同的情况下，女性要得到与男性相同的机会和认可，需要付出更大的努力（王建宇，2011：8），要晋升到高一级职务或职称时需要花费更长的时间。

职称评定男士优先。北京市某研究员［BRZFL］表示，“如果两个人

（男女）差不多，评职称时女同志肯定靠后”。有30.9%的女性高层人才认为在工作中得不到晋升，女性专业技术人才认为自己得不到晋升的比例高达41.1%，远远高于党政人才的26.5%和企事业单位中高层管理人才的27.6%。该现象在国外同样得到印证，国外研究发现男科学家比女科学家更容易获得较高职位，尤其是在享有声望的大学或研究机构中，男科学家更容易获得升迁或提拔（徐飞、杨丽，2009：11）。

女性晋升时间长。北京市某副处级女性在座谈会上表示，“男性（在）副处（级职位上任职）三年得不到提拔就会请长假，领导就找他谈话并许诺下次提拔，（我们单位）男性副处没有超过6年的。我副处12年了，没有领导找我谈话，也没有提正处的希望。”35.4%的女性高层人才认为男性比女性晋升快，女性专业技术人才有此种感受的比例高达39.8%；即使是晋升性别差距最小的高层管理人才，该比例仍有29.3%。在晋升年限方面，女性高层人才由副处级晋升为正处级的平均时间为6.2年，由正处级晋升为副局级的平均时间为6.6年，由副局级晋升为正局级的平均时间为7.9年，分别比男性长0.3~0.8年。

（四）职业生涯衰退期被迫提前退休

退休制度既反映了社会的进步程度，也反映了对女性的尊重程度。50岁以后的高层人才在经历了前期的积累后，不论是工作经验还是个人能力，都有很大提高。因此在职业生涯后期，理应进入担当重任的事业发展黄金期。然而，现行的男女不平等退休制度，不但未能体现国家对女性的保护，反而造成了女性人力资源的浪费。

1. 50岁后不被重用

调研发现在许多地方，50岁左右的女性高级专业技术人员就不再承担重大科研项目了，处级女干部就不再被继续提拔了，这在很大程度上限制了女性高层人才的发展空间。从院长职务退下来的一位女性［BUZFG］表示：“（对于）退休年龄问题，我是一个受害者吧，因为我们的退休年龄还不是55（岁），让你53岁就从一把手的位置上退下来，虽然我觉得我还可以做，我的精力充沛、身体也非常好。”

对于女性高层人才而言，不只是行政职务囿于年龄限制，专业技术人才也同样被提前剥夺职业发展权。调研中女性专业技术人才反映，女导师52岁就被迫停止招收研究生，原因是在55岁退休前不能带满一届研究生，使有效工作时间再次被缩短3年。

2. 55 岁被迫退休

调查发现，女性高层人才的平均退休时间仅为52.8岁，远远低于男性。在已退休的396位高层人才中，女性在50岁及以前退休的占35.0%，男性仅占11.6%；女性在55岁及以前退休的比例高达97.6%，男性仅占37.3%。在人生美好的青春时光，女性为人类延续而生育；在女人摆脱家庭拖累后的大好时光，又要比男人早退休，生育和提前退休使女性人才比男性减少了近10年的职业发展时间（罗萍、孙晋，2011：2）。

四　对策建议

基于上述分析，首先需要明确的是，女性在职业生涯中面临的挑战具有劣势累积性，职业发展初期面临的就业性别歧视，将在一定程度上影响女性职业生涯中期、后期的发展。此外，我们还需要全面认识社会经济发展对女性高层人才成长带来的机遇与挑战。为促进女性高层人才成长与发展，本文针对女性高层人才职业生涯中面临的挑战，提出以下对策建议。

设立反就业性别歧视专门机构。在反就业歧视立法较完善的国家，均已设立了专门机构，并在禁止就业歧视、保护平等就业方面发挥了重要的作用。建议我国借鉴英国、美国、挪威、瑞典等国经验，设立反就业性别歧视专门机构，受理被就业歧视妇女，尤其是女性人才的申诉、调解与裁决，代表妇女向法院提起诉讼（邓映辉、郑丹凤，2010：22）。

提供必要的社会支持。遵循家庭和工作友好的原则，创新政府提供公共服务的方式，实施政府购买公共服务的政策措施，帮助女性人才减少后顾之忧（全国妇联女性高层人才成长状况研究与政策推动项目课题组，2011）。同时，倡导男女共同承担家务的理念，使女性获得与男性相近的工作学习时间，以便更好地获得个人发展。

社会资源适当对女性倾斜。无论在职务晋升，还是在职称评定方面，切实践行男女平等，真正扭转男士优先局面。在科研项目评审中，同等质量下女士优先；在相关部门评奖中，重点关注女性作为第一负责人的获奖情况；采取类似党政领导中的女干部配额制等措施，提高管理和决策层的女性比例。

实行男女平等的退休政策。在科研、医疗和管理部门，55岁是经验丰富、知识积累的黄金时期，提前退休是对人力资源的浪费。实行高层人才男女同龄退休，为女性充分施展才华提供政策平台，不仅可以保障女性平等参与劳动的权利，更好地发挥女性高层人员的潜力，还可以消除提前退休对女性高层人员发展带来的不利影响。

参考文献

北京市党政女性领导人才成长规律研究课题组，2009，《北京市党政女性领导人才成长规律研究》，《中国妇运》第5期。

陈许亚、张丽华，2010，《女性领导力开发的困境及对策》，《领导科学》第34期。

邓映辉、郑丹凤，2010，《高校毕业生弱势群体就业歧视的法学分析》，《法制与社会》第22期。

第三期中国妇女社会地位调查课题组，2011，《第三期中国妇女社会地位调查主要数据报告》，《领导科学》第6期。

高耀明、黄思平、夏君，2008，《高校女教师的生存状态分析》，《高等教育研究》第8期。

黄青年、杨小朵、魏平、杨任尔，2012，《宁波市女性科技人才现状调查与分析》，《宁波大学学报》（理工版）第2期。

蒋莱，2012，《女性领导力的现状及发展趋向》，《山西师大学报》（社会科学版）第4期。

康宛竹，2007，《中国上市公司女性高层任职状况调查研究》，《妇女研究论丛》第4期。

李祖超、尹伶俐、马丹，2010，《我国女性科技人才成长的问题分析与应对策略》，《科协论坛》第11期。

罗萍、孙晋，2011，《我国高校女性高层人才发展对策研究》，《武汉大学学报》（哲学社会科学版）第2期。

全国妇联女性高层人才成长状况研究与政策推动项目课题组，2011，《科技领域女性高层人才成长状况与发展对策——基于五省市定性调查研究报告》，《妇女研究论》第3期。

王建宇，2011，《女性科技人才成长的社会性别因素分析》，《山西高等学校社会科学学报》第8期。

徐飞、杨丽，2009，《女性科学家科研产出之谜及原因初探》，《科学学研究》第11期。

杨慧，2013，《中国女性就业状况研究》，载《妇女绿皮书，2008~2012年：中国性别平等与妇女发展报告》，社会科学文献出版社。

袁志群，2011，《双重的约束：女性科技人才成长的制约因素分析》，《山西农业大学学报》（社会科学版）第10期。

张廷君、张再生，2009，《女性科技工作者职业生涯发展模式与对策研究——基于天津的调查》，《妇女研究论丛》第5期。

中国政法大学宪政研究所，2011，《国家公务员招考中的就业歧视状况调查报告》，http://www.china.com.cn/v/news/2011-11/21/content_23967968.htm。

人力资本、家庭责任与行政干部地位获得研究*

刘爱玉　佟　新　傅春晖**

摘　要：本文主要研究行政干部更高行政级别地位获得的影响要素及其作用于两性时的表现特征，研究发现：(1) 行政干部地位晋升的基本趋势是重视高等学历，自1988年之后人力资本质量对处级及以上行政级别地位的获得具有日益重要的意义，在相应行政等级阶梯上顺利晋升的女性有着至少与男性近似的人力资本数量和质量；(2) 以父母教育程度为表征的家庭背景等先赋性因素对于更高行政级别地位的获得依然具有显著影响，对女性行政干部的影响尤其大，但其影响程度已不如人力资本；(3) 社会资本对于男性和女性行政干部的晋升均有显著正面影响，这提醒我们仍应警惕干部地位晋升中来自社会关系方面的不正之风问题；(4) 不论男女，家庭责任承担越多，越不利于其更高行政级别地位的获得，而性别角色认知越趋向于现代，越有利于更高行政级别地位的获得，家庭责任对于女性干部更高行政级别地位获得的影响甚于相应男性干部的影响。

关键词：行政干部　人力资本　家庭责任

---

* 本文为2010年国家社会科学基金重大项目“第三期中国妇女社会地位调查”（10@ZH020）、2010年教育部哲学社会科学研究重大课题攻关项目“女性高层次人才成长规律及发展对策研究”（10JZD0045－1）的研究成果。本文曾发表于《江苏行政学院学报》2013年第3期。

** 刘爱玉（1964～），女，北京大学社会学系教授，博士生导师，主要研究方向为劳动社会学；佟新（1961～），女（满族），北京大学社会学系教授，博士生导师，主要研究方向为劳动社会学和性别/妇女研究；傅春晖，北京大学社会学系博士研究生。

一　问题的提出

在中国，干部是指在政府部门、党务系统及企事业单位中担任一定公职的人员。已有的关于干部地位获得的研究大致围绕以下两个方面展开：一是关于干部身份获得的研究，主要关注具有什么样特性的人通过什么样的机制能获得干部身份，即家庭社会经济地位（家庭背景）、人力资本、社会资本、政治资本等在改革前后对于干部地位获得的影响及其变化（Walder et al.，2000）；二是关于干部地位维系的研究，关注干部相对于其他群体而言，在市场化转型过程而催生的新机会结构前是否能保持其优势地位。这些研究在极大地推进我们关于社会转型过程中干部身份获得及其地位维系认识的同时，也为进一步研究提出了新议题。因此，本文关心的行政干部地位获得问题，不是谁能够当干部的问题，而是能够当什么级别干部的问题，即已获干部身份者在行政阶梯上的地位达成，特别是两性在成为不同级别的干部问题上，其影响要素及作用机制的差异。

二　文献对话与研究假设

对于何种因素影响着行政干部的地位晋升，从学术研究的脉络上看，人力资本理论和社会资本理论视角的分析居多，而家庭分工视角则鲜有涉及和讨论，这也正是本文希望加强的方面。

1. 人力资本与地位升迁

自 1967 年美国社会学家布劳和邓肯关于地位获得的经典研究及斯威尔和豪瑟的拓展研究之后，不少社会学家认为，在现代工业社会中，影响个人职业地位获得的主要是个人教育水平/人力资本等自致性因素，而诸如父亲教育水平和职业地位等先赋性因素的作用将越来越小。关于中国政治精英或干部的相关研究也发现，以学历为测度的人力资本与精英的升迁有着一定的联系，政治精英的学历越高，其升迁的可能性也越大（Lee，1991），教育对职业地位获得的重要性在上升（Walder et al.，2000）。故本文关于地位获得的先赋性因素与人力资本因素作用机制的假设是：相比于家庭背景等先赋性因素，人力资本因素对行政干部的地位晋升变得日益重要，行政干部地位晋升的基本趋势是重视高等学历，且越是行政等级高的位置，对人力资本因素越为重视。

在既往关于地位获得的经验研究中，人力资本通常被操作化为受教育年数、在职培训和工作经验。这一测量的问题是忽视了不同质量的教育年数对个体可能有着完全不同的意义。对人力资本质量的忽视，一方面是因为受到了问卷调查资料的约束，另一方面也是因为在高等教育扩招之前，能够接受更多的教育特别是能够上大学就足以将一部分人与其他人群进行区分。但在高等教育越来越普及的时候，学历的含金量会降低，重要性日益凸显的将是获得什么样质量的教育。故本文关于人力资本质量与地位获得关系的假设是：相比于人力资本数量，人力资本质量对于更高行政级别地位的获得具有越来越重要的意义。

人力资本理论认为，工作权威层的性别差距主要是由男女两性拥有的人力资本差异造成的，女性的人力资本投入通常不如男性，故她们在工作权威层的比例会低于男性（Wolf & Fligstein，1979）。但 Huffman 等人的研究发现，即使在相同人力资本水平下，女性工作权威层的比例依然低于男性，且人力资本因素只能解释工作权威层性别差距的一小部分（Huffman & Cohen，2004）。但若女性拥有的人力资本要显著高于男性，其地位获得的状况是否会有改善？林南与边燕杰在天津的研究发现，女性主要靠接受较高的教育才能进入核心部门，而男性则深受家庭背景的影响（林南、边燕杰，2002）。据此，我们有以下的假设：拥有比男性更多更好的人力资本，是女性在相应行政等级阶梯上顺利晋升的必要条件。

2. 社会资本与晋升

社会资本是一种镶嵌在社会结构/网络之中且可以通过有目的的行动来获得或流动的资源（林南，2005），那些拥有更多更好社会网络资源的个体，其社会资源的使用将提高其劳动力市场回报（Granovetter，1974；边燕杰、张文宏，2011）。行政干部的提拔和任命通常由上级党的组织部门考察和决定，在此过程中，一方面要听取一般群众的意见及保证任职者具备基本的条件（如文化程度、从政经历等）；另一方面需要听取上级党的部门及主要官员的意见，这为社会网络资本作为非制度性因素发挥作用提供了空间。周玉的研究发现，虽然女干部拥有与男性差别不大的社会关系网络，但社会资本仅对男性干部地位获得有显著影响（周玉，2006）。但该研究的样本仅来自两个省委党校的部分学员，而且对人力资本的测量未考虑质量，在模型设计时，干部行政级别又被当作定距变量处理，从而使人力资本、社会资本各要素对地位获得的影响可能因此产生一定的偏差。故本研究关于社会资本的假设是：社会资本对两性行政干部的地位晋升有积极正面的影响。

3. 家庭责任与地位晋升

无论男女，承担更多子女抚养、家人照顾和日常家务劳动等责任时，其投入工作的时间和精力必然会受到影响，并成为阻碍其向更高层次发展的一个重要原因。传统性别角色观念认为，不同性别应该有不同分工，男性负责政治、经济等公共领域的事务，而女性则负责家庭这一私人领域的事务。公私领域的划分会阻碍女性参与政治（Farida & Mona，2010）。关于中国的研究显示，中国妇女更多地承担了子女抚养、家人照顾和日常家务劳动等责任，并形成“劣势累积”，对女性拥有工作权威产生了严重的负面影响（李忠路，2011）。家庭经济学则认为，家庭成员在做出与从事有酬工作、家务劳动有关的决策时，其结果通常是男性更多地参与市场工作，女性更多地做家务。家庭内部的分工导致男性和女性在劳动力市场上产生基于工作经验的人力资本的不同，进而产生地位分化。据此，本文关于家庭责任与地位晋升的假设是：不论男女，家庭责任承担得越多，越是不利于其更高行政级别地位的获得；家庭责任对于女性干部更高行政级别地位获得的影响要甚于对相应男性干部的影响。

三　调查数据说明

1. 数据收集与样本构成

本文分析使用的数据来自两部分：一是“女性高层次人才成长规律及发展对策研究”项目于2011年在全国31个省对3626人进行的问卷调查；二是在2010年12月进行的“第三期中国妇女社会地位调查”入户调查中符合人才条件的3213人填写的“高层人才附卷”。最终获得具有中级及以上职称、科级及以上行政级别、中层及以上管理人员特性的专业人员、行政人员和管理人员有效样本6126人。

本研究主要针对的是在政府、党委和群团等相关部门和在国有事业、企业单位担任实职并具有科级及以上行政级别且未退休的行政干部，共1870人[①]，其中女性785人，男性1085人。

女性行政干部目前各行政级别分布为：副科级10.2%，正科级6.8%；

① 因样本中有一半是配额样本，性别结构、行政等级结构等不如随机样本那样具有完全推论总体的代表性。

副县处级 34.1%，正县处级 22.7%；副地市局级 13.8%，正地市局级 12.4%。由低一级行政级别晋升到上述行政级别所花的时间及晋升时的平均年龄依次为：副科级 7.2 年，35.3 岁；正科级 6.4 年，39.6 岁；副县处级 5.8 年，39.4 岁；正县处级 6.5 年，43.9 岁；副地市局级 6.6 年，45.3 岁；正地市局级 8.5 年，51 岁。

男性行政干部目前行政级别情况如下：副科级 19.2%，正科级 19.9%；副县处级 24.9%，正县处级 17.4%；副地市局级 9.7%，正地市局级 8.9%。由低一级行政级别晋升到上述行政级别所花的时间及晋升时的平均年龄依次为：副科级 8.2 年，37.1 岁；正科级 6.2 年，39.4 岁；副县处级 6.5 年，40.4 岁；正县处级 7.1 年，44.7 岁；副地市局级 6.8 年，45.8 岁；正地市局级 7.4 年，49.8 岁。

2. 变量说明

本文采用因变量超过两个类别的 mlogistic 模型。模型中的因变量为行政级别，区分为四种类型：副科级、正科级、处级、局级及以上。

家庭背景以父母文化程度作为测量指标，其取值参考父亲或母亲文化程度最高者，纳入模型时分为小学及以下、初中、高中/中专/中技、大专及以上四个类别。对于男性而言，父母文化程度在上述四个类别的百分比分别为：46.5%、17.1%、20.3%、16.0%；对于女性而言，其百分比分别为：24.3%、16.4%、31.2%、28.1%。

人力资本各要素从四个方面进行考察：一是工作前受教育程度，指个人开始第一个工作之前接受教育的状况，分为高中/中专/中技及以下、大学专科、本科及以上；二是在职教育年数，指开始工作后通过培训或在职研读而获得的教育年数；三是所接受教育的质量，指最高学历是不是重点大学；四是工龄。

本文以“需要时可以获得的帮助”测量社会网络资源和实际使用的社会资本，这是一个由多个变量建构的量表。量表的信度系数为 0.823，其得分在模型分析中进行了标准化。女性的平均得分为 0.55 分，男性的平均得分为 0.51 分。

家庭责任从两个方面进行测量。一是性别角色分工认知。根据被调查者对六项问题的回答构建量表，分别是“男人应该以社会为主，女人应该以家庭为主”“挣钱养家主要是男人的事情”“丈夫的发展比妻子的发展更重要”“对妻子而言，更重要的是帮助丈夫成就事业”“事业成功的女人往往没有女人味”“总体而言，男人比女人更胜任领导的角色”。量表的信度系数为0.806，最高得分为30分，最低得分为6分，得分的高低反映了性别角色分工观念由传统到现代的连续统。二是家务劳动承担。问卷询问了被调查对象最近一年在做饭、洗碗、洗衣服/做卫生、日常家庭采购、照料孩子生活、辅导孩子功课、照料老人等七个方面承担家务劳动的情况，其选项为“从不、很少、约一半、大部分、全部”，我们将其分别赋值为0分、1分、2分、3分、4分。七个项目的得分相加，最小值为0分，最大值为28分，分值越低，承担家务劳动越少。女性家务劳动的平均得分为15.7分，男性的平均得分为10.6分。

3. 模型

以行政级别为因变量，以家庭背景、人力资本、社会资本、性别角色分工认知和家务劳动等要素为自变量，通过stata10软件分别对男性行政干部与女性行政干部的地位获得进行mlogistic回归分析，其结果如表1所示。

表1　行政干部地位获得的mlogistic系数比较

变量		女性（N=751）			男性（N=1030）		
		正科级	处级	局级及以上	正科级	处级	局级及以上
父母文化程度	初中	0.115	1.037*	1.348*	-0.938**	0.042	-0.293
	高中/中专/中技	0.914	1.491***	1.861***	-0.422	0.499	0.351
	大专及以上	1.082	2.082***	2.602***	-0.049	1.131**	1.052*
户籍出身	农村户籍出身	0.581	0.325	0.366	0.391^	0.907***	0.782**
人力资本	工作前受教育程度是大专	0.638	2.538***	4.029***	0.697*	2.142***	4.039***
	工作前受教育程度是本科及以上	1.670*	4.502***	6.591***	1.008*	3.246***	6.073***
	在职教育年数	0.077	0.534***	0.694***	0.112^	0.400***	0.609***
	最高学历是重点大学	0.378	0.809*	1.444**	-0.067	0.405	0.643*
	工龄	0.227	0.314**	0.340*	0.116	0.128	0.191
	工龄平方	-0.002	-0.003	0.000	-0.001	0.000	0.001
社会资本	需要时可以获得的帮助	1.224	2.084***	3.628***	1.139***	2.562***	3.803***
家庭责任	性别角色分工认知	0.004	-0.072*	-0.130**	0.017	-0.010	-0.077**
	家务劳动承担	0.002	-0.066^	-0.216***	-0.021	0.004	-0.123**

续表

变量	女性（$N=751$）			男性（$N=1030$）		
	正科级	处级	局级及以上	正科级	处级	局级及以上
常数项	-6.16***	-7.16***	-11.58***	-3.03***	-6.39***	-10.794
Pseudo R2	0.33			0.23		
-2log	-545.75			-1039.11		

注：（1）参照类：父母文化程度，小学及以下；户籍身份，城镇户籍出身；工作前受教育程度，大专以下；（2）^ $p<0.1$，* $p<0.05$，** $p<0.01$，*** $p<0.001$。

四　分析与结论

表 1 的统计分析显示，人力资本、社会资本、家庭责任等要素对于两性更高行政级别地位的获得均有显著影响。

1. 人力资本与行政干部地位晋升

在控制其他要素的情况下，人力资本各要素对于行政干部地位获得均有不同程度的显著影响。

首先，女性行政干部与男性行政干部有着基本相似的第一学历。工作前接受教育的年数，两性均为 13 年。第一学历的层次越高，其目前是高行政级别的可能性越大。对于女性而言，相比于第一学历是高中文化程度及以下者，大学本科及以上者目前是局级及以上而不是副科级的概率比是 6.591，对于男性而言，这一概率比为 6.073。高的人力资本数量起点对于男性和女性的行政晋升都十分重要，但从影响程度而言，对女性尤甚。

其次，目前具有干部身份的两性有着十分相似的重点大学经历，两者有此经历者的比例各为 43% 左右。最高学历是不是重点大学对于干部在行政阶梯上的晋升具有显著的正面影响，但其对女性更高行政级别地位获得的影响要大于其对于男性的影响。在控制其他因素的情况下，女性行政干部最高学历是重点大学的，其目前是处级而非副科级的可能性要比无重点大学经历者高 1.25 倍，是局级及以上而非副科级的可能性要高出 3.24 倍。对男性而言，最高学历是重点大学没有其对于女性那样重要，其对于是处级而非副科级的影响是正面的，但系数的显著性为 0.405；对于是局级及以上而非副科级的影响显著，可能性比无重点大学经历者高出 90%。

虽然人力资本对于行政干部更高地位的获得具有十分显著而重要的意

义，但其依然没有完全取代家庭社会经济地位的影响。无论是男性干部还是女性干部，如果父亲或者母亲中有一人至少具有大专及以上文化程度，则相比于父母文化程度在初中及以下者，其目前是处级而非副科级的概率，对女性而言会高 7 倍，对于男性而言会高 2.1 倍；其目前是局级及以上而非副科级的概率，对女性而言会高 12.5 倍，对于男性而言会高 1.9 倍。

研究证实：行政干部地位晋升的基本趋势是重视高等学历，且越是行政等级高的位置，对于本科及以上的学历越是重视；而且自 1988 年之后，对于人力资本质量的重视日益凸显，最高学历是不是重点大学对于处级及以上行政级别地位的获得具有越来越重要的意义。分性别的研究发现，在相应行政等级阶梯上顺利晋升的女性，有着与男性近似的人力资本数量和质量。

总体而言，随着中国社会工业化、现代化的推进，家庭背景等先赋因素对于行政干部地位获得而言所起的作用在减弱，而以人力资本为表征的自致因素所起的作用在增强，其对于地位获得的影响程度在控制其他要素后，已跃居首位。这说明在中国的干部地位获得或者精英地位的获得上，自致因素超越家庭背景等先赋因素影响的趋势，与其他发达国家曾经经历或者正在经历的过程具有某种大方向上的一致性。此外，本研究关于人力资本质量对于更高行政地位获得的意义，也是以往经验研究所忽视的，而其是否具有普适性，则需要进一步的比较研究。

2. 社会资本与行政干部地位晋升

总体而言，女性拥有的社会资本并不亚于男性，且行政级别越高者，其拥有的社会资本越多。以“需要时可以获得的帮助”表征的社会资本，女性的平均得分为 0.55 分，分行政级别看，副科级为 0.35 分，正科级为 0.47 分，处级为 0.55 分，局级及以上为 0.65 分。男性的平均得分为 0.51 分，分行政级别看，副科级为 0.32 分，正科级为 0.41 分，处级为 0.57 分，局级及以上为 0.69 分。表 1 的数据显示，在控制其他要素的情况下，社会资本对于男性行政干部的晋升有显著的正面影响，其也同样对女性行政干部的晋升有积极的正面影响。不过，从 mlogistic 系数的绝对值及我们进一步做的嵌套模型看，社会资本对于两性更高行政级别地位获得影响的程度不如人力资本。

社会资本对于更高行政地位获得具有正面影响这一研究结论提醒我们：应警惕干部地位晋升中来自社会关系方面的不正之风问题。

3. 家庭责任与行政干部地位晋升

研究发现，在控制其他要素的情况下，以家务劳动为表征的家庭责任承担对于行政干部局级及以上行政级别地位的达成有显著的负面影响。对

于女性而言，家务劳动承担每增加一个分值，则其行政级别是局级及以上而不是副科级的概率就下降约20%，对于男性而言，约下降12%，可见家务劳动承担对于女性行政地位达成的影响要大于相应男性的影响。

女性承担的家庭责任在既有文化价值理念影响下要高于男性，从两性家务劳动承担的情况看，男性承担的家务劳动平均而言要低于女性。这种既有文化价值理念明显地体现在性别角色分工认知上，男性的性别角色分工认知得分在传统与现代的连续统上处于中间状态，女性则更趋现代。在控制其他要素后，性别角色认知趋向于现代有助于行政干部在行政等级晋升的阶梯上走得更远。对于男性而言，性别角色认知朝向传统的得分增加1分，其是局级及以上而非副科级的概率就下降7.5%；对于女性而言，性别角色认知朝向传统的得分增加1分，其是处级而非副科级的概率就下降7%，其是局级及以上而非副科级的概率就下降12%。

我们的研究证实，不论男女，家庭责任承担得越多，越是不利于其更高行政级别（尤其是局级及以上）地位的获得，性别角色认知越是趋向于现代，越是有利于更高行政级别地位的获得。在既有文化价值理念影响下，虽然女性的性别角色认知相比男性更趋现代，但在家务劳动的承担上依然要多于男性，因此家庭责任对于女性干部更高行政级别地位获得的影响要甚于相应男性干部的影响。本研究通过对两性行政干部地位获得影响要素的比较及分析，通过性别角色观念认知与家务劳动承担两个方面测量了家庭责任对于两性行政干部更高地位获得之意义，弥补了之前经验研究性别意识缺失之不足，也为进一步的研究提供了基础。

参考文献

边燕杰、张文宏，2011，《经济体制、社会网络与职业流动》，《中国社会科学》第2期。

李忠路，2011，《工作权威层的性别差距及影响因素监管权威的视角》，《社会》第2期。

林南，2005，《社会资本关于社会结构与行动的理论》，张磊译，上海人民出版社。

林南、边燕杰，2002，《中国城市中的就业与地位获得过程》，载边燕杰《市场转型与社会分层：美国社会学者分析中国》，三联书店。

周玉，2006，《社会网络资本与干部职业地位获得》，《社会》第1期。

Farida Jalalzai and Mona Lena Krook. 2010. "Beyond Hillary and Benazir, Women's Political Leadership Worldwide." *International Political Science Review* 31 (1).

Granovetter, M. 1974. *Getting a Job: A Study of Contacts and Careers*. Cambridge, MA: Harvard University Press.

Huffman Matt L. and Philip N. Cohen. 2004. "Occupational Segregation and the Gender Gap in Workplace Authority: National Versus Local Labor Markets." *Sociological Forum* 19 (1): 121 – 147.

Lee, H. Y. 1991. *From Revolutionary Cadres to Party Technocrats in Socialist China*. Berkeley, CA: University of California Press.

Walder, Andrew G., Bobai Li & Donald J. Treiman. 2000. "Politics and Life Chances in a State2 Socialist Regime: Dual Career Paths into the Urban Chinese Elite, 1949 to 1996." *American Sociological Review*.

Wolf Wendy C. and Neil D. Fligstein. 1979. "Sex and Authority in the Workplace: The Causesn of Sexual Inequality." *American Sociological Review* (2).

组织性别多样性对专业技术人员社会网络的影响*

李乐旋**

摘　要：本文根据组织行为学的理论，以“第三期中国妇女社会地位调查”专业技术人员数据为基础，研究组织性别多样性对我国专业技术人员社会网络的影响。研究发现：性别多样性与女性社会网络的活跃性正相关，但不影响男性的社会网络；性别多样性与社会网络对女性的排斥负相关。

关键词：性别多样性　社会网络　专业技术人员

近年来，世界各国在职人员的性别多样性都呈现普遍增长的趋势（International Labour Office，2006），许多组织也在有意识地增加女性参与，以期获得性别多样性带来的积极影响（Kalev et al.，2006）。相比男性来说，女性交流沟通、公开表达的愿望较低，而交流能够带来更多的社会资源，扩大个人的社会网络，女性要想在存在“马太效应”的科技领域发展，就需要积极建立活跃的社会网络。Kanter（1977）认为“组织的性别构成可以决定组织内部两性间的相处方式”，相处方式的改变影响着两个群体组织内的行为方式，进而影响个体的社会网络。本文尝试从性别多样性的角度解读专业技术人员社会网络某些特征的两性差异问题。

* 本文受教育部哲学社会科学研究重大课题攻关项目（10JZD0045－1）及中华女子学院2010年度校级立项课题（KG10－04012）资助。

** 李乐旋，中华女子学院管理学院讲师。电子邮箱：llx1223@163.com。

一　理论基础与研究假设

（一）性别多样性

性别多样性指组织内成员的性别分布特征。组织性别多样性的研究是近20年才开始逐渐被关注的，主要研究性别多样性与公司运作、离职和晋升（Jackson et al.，1991；Leonard & Levine，2006；Scott et al.，2011；Mateos et al.，2012），性别多样性是否影响个体、团队或组织层面的效率（Brouns & Addis，2004；West et al.，2012；张燕、章振，2012）及员工组织承诺（梁巧转等，2009）等。目前对性别多样性与个体行为方式、社会网络构建及组织效率的关系研究并没有一致性的结论（Barney，1991；McMahan et al.，1998）。

（二）性别多样性与网络活跃性

依据Kanter（1977）的研究，组织内性别比例低于20%的群体处于“装门面”（Token）地位，通常会被孤立，导致该性别成员的交流少、社会网络不活跃；而当这一性别群体比例增长到35%左右时，该群体就拥有了“少数”地位，群体内部可以形成团体，在团体内部交流互助，社交活动就会逐步增加；当组织内性别比例达到50%左右，也就是性别多样性程度最高时，性别群体内部的交流达到最大，也会激发两个性别群体之间的交流，因此网络活跃性最高。另外，由同性相吸理论（Byrne，1971）也可得出性别多样性的提高可以提高网络活跃性。

假设H1：组织性别多样性与网络活跃性正相关。

（三）性别多样性与网络排斥

组织内部女性比例如果低于20%，则她们很难加入男性团体，要想与男性建立关系网就会更加困难（Beaton & Tougas，1997）。而如果女性占到50%，组织就具备了均衡的结构，这种组织的特征是男女两性群体相处和谐，组织更注重的是个人特质而不是男女群体的群体特质。因此这种组织结构不存在网络的性别排斥。网络的性别排斥是对某一性别群体的不接受，不接受的原因可以部分地归结为“性别刻板印象”和“性别歧视”。大部分研究（Eagly & Karau，2002）都发现职场中存在性别刻板印象和性别歧视，认为“女性缺乏竞争力”“女性工作表现不如男性”等。而组织中的女性比例越低，

男性持有对女性消极性别刻板印象的可能性越高（Konrad et al. ，1992）。

因此如果组织内存在性别刻板印象和性别歧视，就会引发社会网络的性别排斥。而已有的科技组织都是以男性的标准建立的，不存在对男性的网络排斥。

假设 H2：性别多样性与社会网络对女性的排斥负相关。

H2a：性别多样性与组织成员性别刻板印象负相关；

H2b：性别多样性与性别歧视负相关。

二　数据与分析

（一）样本说明

本研究数据采用 2011 年“第三期中国妇女社会地位调查”专业技术人才数据库的 2626 份问卷。因本研究主要考虑在职人员的社会网络，所以剔除已退休样本，得到 2386 份问卷。调查样本的基本特征如表 1 所示。

表 1　调查样本基本特征

变量	特征
性别比例	女性比例为 49.1%
年龄分布	主要集中于 30～50 岁，比例为 76.4%
婚姻状况	在婚状态的占 93%
地区分布	覆盖除港澳台、西藏外所有省、自治区、直辖市，每单位样本量为 60～90 个
职称分布	中级、副高级、正高级职称比例分别为：26.7%、50.3%、20.4%
单位女性比	没有女性的占 0.3%，低于 30% 的占 12.9%，30%～50% 的占 41.7%，高于 50% 的占 38.8%（6.3% 的样本未填写该项，数据缺失）

（二）变量选择及处理

1. 因变量

本研究主要从两个方面考察专业技术人员社会网络的特征：一是个体在社会网络中的活跃性。来自问卷问题“主动联络或看望同事”，以四级评分制衡量，分数越高，交流越频繁。二是社会网络的性别排斥。它由性别刻板印象和组织性别歧视来表达。性别刻板印象来自问卷问题“总体而言，男人比女人更胜任领导的角色”“对妻子而言，更重要的是帮助丈夫成就事业”“对女人来说，事业和家庭很难兼顾”，以四级评分制衡量，分数越高，认同度越高。各项均值、方差及相关系数如表 2 所示。

表 2　各项均值，方差及相关系数

维度	1	2	3
胜任领导	1		
协助成功	0.416**	1	
事业成功	0.343**	0.337*	1
均值	2.5899	2.3658	2.6880
方差	0.609	0.561	0.532

注：* 代表 0.05 的显著水平，** 代表 0.01 的显著水平，均为双尾检验值。

由表 2 的检验结果可知，性别刻板印象测量维度间高度相关。为防止回归分析中的多元共线性，本研究使用主成分分析构建发生线性重合的自变量的潜在变量（主成分）并将其作为新的变量，故本研究构建了一个综合性别刻板印象指标。性别刻板印象测量三个维度的 KMO 值为 0.646，高于 0.6，故可以使用主成分分析。使用 SPSS 20.0 进行主成分抽取与检验，抽取出 1 个主成分，解释度为 57.93%。对于可接受的解释度并没有一个统一的标准，在社会科学中接近 60% 就可以使用（杜智敏，2010），因此该主成分可作为代表三个维度的网络活跃性指标。

如果组织近三年内存在“只招男性或同等条件下优先招用男性”或“同等条件下男性晋升比女性快”之一的现象或两种现象同时存在，那么就认为组织内部存在性别歧视。据此标准建立新的变量“组织性别歧视”，1 为存在歧视，0 为没有歧视。样本中存在性别歧视的占 41.8%。

2. 自变量

本研究的自变量是组织的性别多样性。在衡量多样性上，部分学者会采用 Shannon 的“熵”的概念，但对于只有两种特征的多样性进行度量时，Shannon 的多样性指标值是相同的。但前述文献研究中已发现，女性比例高于 50% 的组织和低于 50% 的组织氛围完全不同，其性别多样性指标也应不同。为体现这种差异，本文直接使用女性比例作为衡量性别多样性的指标，变量值取值：没有女性为 1；不足 30% 为 2；30% ~50% 为 3；50% 以上为 4。

为详细研究性别比例产生的影响，笔者在研究中把总样本分成两部分，一部分是组织内部女性比例等于 0，小于 30% 和 30% ~50% 的被调查者群体，用来考察组织内女性比例在向均衡发展过程中所带来的变化；另一部

分是女性比例在30%～50%和50%以上的，旨在考察女性从少数群体过渡到占优群体所带来的变化。

3. 控制变量

经过样本初步分析发现，年龄、学历、行政职务的差异会对专业技术人员的网络活跃性和网络性别排斥产生影响，因此本研究选取这三个变量作为控制变量（见表3）。

表3　控制变量及取值

控制变量	取值
年龄	30岁及以下＝1；31～40岁＝2；41～50岁＝3；51～60岁＝4
学历	初中及以下＝1；高中/中专/中技＝2；大学专科＝3；大学本科＝4；研究生＝5
行政职务	普通职工＝1；基层管理人员＝2；中层管理人员＝3；负责人/高层管理人员＝4

（三）数据分析

本文在“性别刻板印象”变量设计时使用主成分分析法，其信度检验Cronbach系数为0.637，系数超过0.6说明所选问题维度的可靠性较强。三个假设各建立1个回归模型，回归分析结果如表4所示。

表4　回归分析结果

变量类型	变量	H1		H2a	H2b	
		男	女		男	女
		β	β	β	β	β
控制变量	年龄	-0.011 (-0.025)	0.116* (0.005)	0.048 (0.057+)	0.000 0.013)	-0.002 (-0.03)
	行政职务	0.11*** (0.084***)	0.033 (0.031)	-0.06* (-0.063***)	-0.01 (-0.13)	-0.007 (-0.012)
	学历	0.035 (0.071*)	-0.059 (-0.054)	0.078* (0.058*)	-0.12 (0.037*)	0.095*** (0.132***)
自变量	组织内部女性比例	-0.045 (-0.024)	0.157* (-0.114*)	-0.11+ (-0.006)	-0.117*** (-0.116***)	-0.084+ (-0.14***)
F值		4.138*** (4.253***)	3.337** (1.766)	2.622* (2.535*)	3.064** (4.756***)	4.161** (20.364***)

注：+表示0.1的显著水平，*表示0.05的显著水平，**表示0.01的显著水平，***表示0.001的显著水平。括号内数字表示女性比例从30%～50%上升到50%以上的结果，括号之上的数值表示女性比例在50%以内变动的结果。

三　结论及建议

（一）性别多样性与女性社会网络的活跃性正相关

由表 4 的假设 H1 结果可知，对于女性来说，当组织的女性比例从 30%以下增大到 30%以上且小于 50%时（性别多样性增加），女性在社会网络中的活跃性会提高（$\beta = 0.157$，$p < 0.05$）；当组织的女性比例增大超过 50%时（性别多样性减少），女性在社会网络中的活跃性会降低（$\beta = -0.114$，$p < 0.05$）。综合来看，组织性别多样性与女性的社会网络活跃性正相关，而对组织的性别比例活跃性的影响不显著。从这一角度来看，提高组织内性别多样性可以提高女性社会网络的活跃性，而不会降低男性社会网络的活跃性，从而增进了组织成员社会网络的总体活跃度。那么，50%就是组织的最佳性别比例。

（二）性别多样性与网络的女性排斥负相关

1. 性别刻板印象

回归分析中发现，专业技术人员对女性的性别刻板印象不存在性别差异，现实中不仅男性专业技术人员对女性持有偏见，而且女性对自己的定位也有偏差。因此 H2a 没有做性别对比。表 4 中，H2a 的结果不能验证专业技术人员的性别刻板印象受其所在组织的性别多样性的影响。在组织性别多样性提高时（30%以下到 30%～50%），成员持有的女性性别刻板印象会稍有减少，但显著性不足，性别多样性与性别刻板印象持有之间的负向关系还需要进一步的研究。

2. 性别歧视

从表 4 的回归分析结果可以看出，不论男女专业技术人员，其所在组织的女性性别比例越高，组织内存在性别歧视的可能性就越低。在女性比例小于 50%的组织内，性别多样性与组织性别歧视负相关；在女性比例大于 50%的组织内，性别多样性与组织性别歧视正相关。当组织内女性比例提高时，组织性别歧视的减少可能来自组织成员主观认识上（比如性别歧视）的改善（但 H2a 还不能支持性别多样性与性别刻板印象的关联）和女性数量的增多。不管是源于哪种变动，社会网络对女性的排斥都会减少。因此

性别多样性与社会网络的女性排斥负相关。

本研究得出了性别多样性与女性社会网络的活跃性存在正相关关系；性别多样性与网络的女性排斥之间存在负相关关系的结论。研究发现，组织性别多样性有利于组织内部女性社会网络的构建和营造性别友好的组织氛围。

为此，本文提出如下建议：（1）为构建高效的专业技术合作交流网络，组织应该是男女比例均衡的；（2）在组织层面要为女性专业技术人员融入社会网络提供帮助，要想促进女性专业技术人员的职业发展，必须帮助她们融入以男性为标准构建的网络中；（3）仅靠组织内部性别多样性的提高来消除性别刻板印象作用并不显著，政府在制定政策条例时应注意性别敏感性，同时还应协助学校、媒体等机构正确引导社会的价值观。

参考文献

杜智敏，2010，《抽样调查与 SPSS 应用》，电子工业出版社。

梁巧转、李树祥、伍勇，2009，《组织性别构成多样性对员工组织承诺影响的实证分析》，《数理统计与管理》第 5 期。

张燕、章振，2012，《性别多样性对团队绩效和创造力影响的研究》，《科研管理》第 3 期。

Barney, J. B. 1991. "Firm Resources and Sustained Competitive Advantage." *Journal of Management* 17: 99 – 120.

Beaton, A. & Tougas, F. 1997. "The Representation of Women in Management: The More, the Merrier?" *Personality and Social Psychology Bulletin* 23: 7733 – 7782.

Brouns, M. and Addis, E. 2004. "Part I-Synthesis Report on the Workshop." in European Commission ed., *Gender and Excellence in the Making*, *Office for Official Publications of the European Communities*, Luxembourg, pp. 9 – 32.

Byrne, D. 1971. *The Attraction Paradigm*. New York: Academic Press.

Eagly, A. H. & Karau, S. J. 2002. "Role Congruity Theory of Prejudice Toward Female Leaders." *Psychological Review* 109: 573 – 598.

International Labour Office. 2006. *Yearbook of Labour Statistics* (6th ed.). Geneva: International Labour Office.

Jackson, S., Brett, J., Sessa, V., Cooper, D., Julin, J. & Peyronnin, K. 1991. "Some Differences Make a Difference: Individual Dissimilarity and Group Heterogeneity as Correlates of Recruitment, Promotions, and Turnover." *Journal of Applied Psychology* 76: 675 – 689.

Kalev, A., Kelly, E. & Dobbin, F. 2006. "Best Practices or Best Guesses? Assessing the Efficacy of Corporate Affirmative Action and Diversity Policies." *American Sociological Review* 71: 589 – 617.

Kanter, Rosabeth Moss. 1977. "Some Effects of Proportions on Group Life: Skewed Sex Ratios and Responses to Token Women." *American Journal of Sociology* 82 (3): 965 – 990.

Konrad, A., Winter, S. & Gutek, B. 1992. "Diversity in work group sex composition." in P. Tolbert, S. Bacharach, E. Lawler & D. Torres eds., *Research in the Sociology of Organizations*, vol. 10, pp. 115 – 140. Greenwich, CT: JAI Press.

Leonard, J. S. & D. I. Levine. 2006. "The Effect of Diversity on Turnover: A Large Case Study." *Industrial & Labor Relations Review* 59 (4): 547 – 572.

Mateos de Cabo, Ruth, Ricardo Gimeno & Maria J. Nieto. 2012. "Gender Diversity on European Banks' Boards of Directors." *Journal of Business Ethics* 109 (2): 145 – 162.

McMahan, G. C., Bell, M. P. & Virick, M. 1998. "Strategic Human Resource Management: Employee Involvement, Diversity, and International Issues." *Human Resource Management Review* 8: 193 – 214.

Scott, Kristyn A., Joanna M. Heathcote & Jamie A. 2011. "Gruman. the Diverse Organization: Finding Gold at the End of the Rainbow." *Human Resource Management* 50 (6): 735 – 755.

Teachman, J. D. 1980. "Analysis of Population Diversity." *Sociological Methods and Research* 8 (3): 341 – 362.

West, Tessa V., Madeline E. Heilman, Lindy Gullett, Corinne A. Moss-Racusin & Joe C. Magee. 2012. "Building Blocks of Bias: Gender Composition Predicts Male and Female Group Members' Evaluations of Each Other and the Group." *Journal of Experimental Social Psychology* 48 (5): 1209 – 1212.

高层次女性人才成长因素探析*

——基于第三期中国妇女社会地位调查吉林省数据

胡晓红　钟延强**

摘　要： 人力资本和社会资本是人才成长的两个重要因素，对人才成长起着决定性作用；而对于女性人才来说，除了受这两个因素影响外，性别文化对女性成长具有不可轻视的影响。本文主要从人力资本、社会资本和性别文化三个维度探析高层次女性人才的成才因素，并且提出高层次女性人才具有较强的人力资本和相对广泛的社会资本，同时高层次女性人才较少地受传统性别文化的束缚，在其成长过程中的性别文化环境亦相对宽松等观点。

关键词： 高层次女性人才　人力资本　社会资本　性别文化

高层次女性人才是女性参与社会发展的精英代表，其数量的多少和参与社会程度的高低是女性社会地位的体现。关注女性高层次人才的成长是整体提高女性地位的一个表现，也是贯彻落实男女平等基本国策的战略性举措。因此，本文基于第三期中国妇女社会地位调查吉林省高层次女性人才成长规律调查数据，从人力资本、社会资本和性别文化三个维度对高层次女性人才的成长因素展开研究。

---

* 第三期中国妇女社会地位调查，即新时期中国妇女社会地位调查研究，是 2010 年国家社会科学基金特别委托项目（10@ZH020），本文为该项目的阶段性成果之一。

** 胡晓红（1972～），女，东北师范大学马克思主义学部教授，哲学博士，博士生导师，研究方向为性别研究；钟延强（1987～），男，东北师范大学马克思主义学部硕士研究生。

一　问题的提出及概念界定

1. 问题的提出

随着社会的发展，虽然我国女性参与社会的程度有显著提高，但是，高层次女性人才的发展却不尽如人意。比如，女性参政比例偏低，30 年来人大女代表的比例始终在 21% 上下浮动，这与联合国提出的妇女在议会中至少占到 30% 的目标还存在一定的差距；在领导岗位中，女性的“配角”色彩浓重，在国家和地方政府的领导人当中，女性官员大多担任“副职”，即使有个别女性官员任正职，也是主管妇联、卫生、文化、科学、教育等被认为相对次重要的部门；在科技领域，女性高层次人才难撑半边天，中国科学院和工程院的女院士只占院士总数的 5%；在经济领域，女企业家只占 20% 左右，而且主要集中在中小企业。为此，优化我国高层次女性人才的成长环境是当前和今后一个时期内人才开发战略中的一项紧迫的任务。从高层次女性人才的成长规律来看，人力资本和社会资本是两个基本维度，学术界对此进行了较为深入的研究。在此基础上，本文将性别文化纳入影响高层次女性人才的成长因素，以丰富高层次女性人才成长规律的研究。本文以吉林省妇女社会地位调查和吉林省高层次女性人才成长规律调查的数据为基础，探究人力资本、社会资本和性别文化对高层次女性人才的影响。

2. 研究对象的界定

人才有不同的层次和水平，高层次人才是人才中能力和素质较高者，并且获得了一定的职位和职称。而女性高层次人才则是同时具有高层次人才属性与女性性别属性的人才，与其他种类的人才群体的区别体现在性别差异、高层次性、稀缺性这三个本质特征上。《国家中长期人才发展规划纲要（2010—2020 年）》中将人才定义为“具有一定的专业知识或专门技能，进行创造性劳动并对社会做出贡献的人，是人力资源中能力和素质较高的劳动者”。同时，它将人才分为六类：党政人才、企业经营管理人才、专业技术人才、高技能人才、农村实用人才、社会工作人才。在本研究中，研究对象界定为拥有中级及以上职称的女性专业技术人员、获得了科级及以上职位的女性党政干部以及在国有企业（国有控股和国有独资）、民营企业、三资企业中担任高级管理者的女性职业经理人或是通过自身努力创业的女性企业家。

3. 概念的厘定

现代人力资本理论创始人、美国经济学家西奥多·W. 舒尔茨（Theodore W. Schultz）指出："个人对教育、职业培训、保健以及迁移的投入都是一种投资，这种投资的结果形成人力资本。"人力资本理论认为，人力资本具有生产能力和配置能力，已成为决定人才成长的重要因素。这个观点得到了众多研究的验证。美国社会学家布劳和邓肯（Blau & Ducan，1967）提出："人力资本获得的自致性因素指个体经后天努力获得的角色地位，如教育、工作经历等，在个体职业地位获得中起更大的作用。"Becker 发展了人力资本理论，他认为："教育和经验是人力资本概念的关键特征，教育增加个体的信息、知识、技能的存量；经验包括工作经验，也包括在职的实践性学习及培训等非正式教育。"（Becker，1964）他进而指出："教育是人力资本投资的主要方式，更高层次的教育反映了更大的人力资本投资，高学历的个体拥有更多的知识，表现优于他人，因而能够获得更多的机会。工作经验是投资的一种产出，可以提高个体人力资本，较长任期可以从工作中学习，发展专长，并取得宝贵的工作经验，增加发展机会。"（Becker，1964）

20 世纪 60 年代法国社会学家布迪厄提出"社会资本"这一概念，并把它应用于社会学研究。他指出："社会资本是现实或潜在的资源集合体，这些资源与拥有或多或少制度化的共同熟识和认可的关系网络有关。"（布迪厄，1998）根据社会资本的实质、来源和效果的区别，我们可以把社会资本定义为：社会资本是个体或群体可以获得的无形资产，来源于行为人社会关系的结构与内容之中，其效果产生于信息、影响和它为行为人产生的利益共同体。社会资本理论对人才成长规律的贡献是，人才不仅通过劳动力市场进行分配，而且通过社会关系网络进行配置，社会资本对人才成长有着重要的影响，且在一定的时间与空间，将会超过人力资本的作用而在个体职业发展中起决定性作用。

性别文化是近年来研究的热点概念，有学者认为："性别文化是作为文化形态存在着的男女两性生存方式及所创造的物质与精神财富，它包括迄今为止整个人类发展过程中的性别意识、道德观念、理想追求、价值标准、审美情趣、行为方式、风俗习惯等等。"（魏国英，2003）也有学者认为："性别文化指的是由社会或某一些人共同承认的有关性别的价值观和意义体系，包括使这些价值观和意义实体化的物质载体和行动，而这些物质载体和行动对有关性别的价值观和意义体系塑型和转变的反作用力也是十分强大的。"（王金铃，2003）总体说来，性别文化是人类社会发展过程中作为文化样态而存在着的男女两性生存与活动的方式，它包括整个人类社会发展过程中的性别角色、性别观念以及人们生活空间的性别环境。本文正是在这一概念框架下探究性别角色、性别观念和性别环境对女性职业发展的影响。

二 研究假设和数据来源

1. 研究假设

本文将人力资本、社会资本和性别文化作为影响高层次女性人才成长的主要因素，并且分别针对这三个维度进行如下假设：人力资本与高层次女性人才的成长呈正相关，即人力资本越雄厚，越有可能成长为高层次女性人才；社会资本与高层次女性人才的成长呈正相关，即社会资本越宽广，越有机会成长为高层次女性人才；传统性别文化与高层次女性人才的成长呈负相关，即受传统性别文化影响越少和所处的性别环境越宽松，越有可能成长为高层次女性人才。

2. 数据来源

本文基于第三期中国妇女社会地位调查吉林省的调查数据进行统计分析。第三期中国妇女社会地位调查吉林省部分共回收有效问卷 2800 份，其中回答高层人才问卷的人数为 70 人。

另外，吉林省对高层妇女人才部分又做了进一步的调查，得到了 126 个样本。以上两个数据库经过合并整理，得到了样本量为 196 的数据库，即本文主要使用的数据库。其中，男性 101 人，女性 95 人；城市户口 168 人，农村户口 28 人；年龄为 30 ~ 39 岁、40 ~ 49 岁、50 ~ 59 岁的比例分别为 26.0%、35.2%、31.6%；国家机关、党群组织、企业、事业单位负责人 103 人，专业技术人员 75 人，办事人员和相关人员 11 人，商业、服务业人员 3 人，农、林、牧、渔、水利业人员 1 人，生产、运输设备操作人员 3 人。本文对高层次女性人才成长因素的研究主要采用定量方法，采用统计软件 stata10 进行统计分析。

三 高层次女性人才地位获得的数据分析

1. 人力资本因素

百年大计，教育为本。教育在人的成长中发挥着极为重要的作用，教

育不仅可以使人的天赋得到更为充分的发挥，而且能够通过社会化使人们具备适应社会生活的能力和素质。在196个样本中，86.7%的高层人才学历在大学专科以上，其中男性人才89人，女性人才81人，高层人才的学历在性别上没有表现出太大的不同，sig = 0.335。

而高层次女性人才与其他女性相比，在受教育程度上则具有很大优势。调查显示，高层次女性人才的受教育程度主要为大学专科和本科，比例分别为31.0%、31.0%；而其他女性的学历主要为初中，在大学专科和本科上的比例分布仅为5.4%、3.3%，远低于高层次女性人才的比例（见图1）。

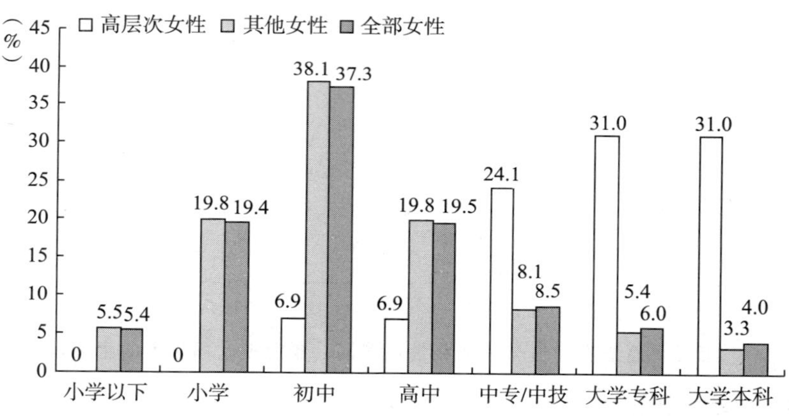

图1　高层次女性与其他女性在受教育程度上的比较

高层次女性人才在受教育程度上具有一定的优势，而且在求学期间，高层次女性人才担任学生干部的比例也明显高于其他女性。从表1可以看出，在小学、初中和高中阶段，均有一半以上的高层次女性人才担任过班级以上的学生干部，而其他女性的比例均不足40%（见表1）。

表1　高层次女性人才与其他女性在担任学生干部上的比较

单位：%

担任班级以上学生干部的比例						
	小学		初中		高中	
	否	是	否	是	否	是
高层次女性	41.4	58.6	35.7	64.3	47.6	52.4
其他女性	67.7	32.1	70.1	29.7	73.4	26.6

从以上分析可以看出，高层次女性人才在求学阶段就已经积累了丰富的、高质量的人力资本。而且这种积累一直延续到工作之后，高层次女性人才与其他女性相比在培训上也存在着一定的优势。调查显示，最近3年接受过培训的高层次女性人才比例为39.3%，高出其他女性25.3个百分点。拥有国家承认的专业技术职称的高层次女性人才的比例高达78.6%，而其他女性的比例仅为7.7%。可见，高层次女性人才的人力资本水平要远远高出其他女性（见图2）。

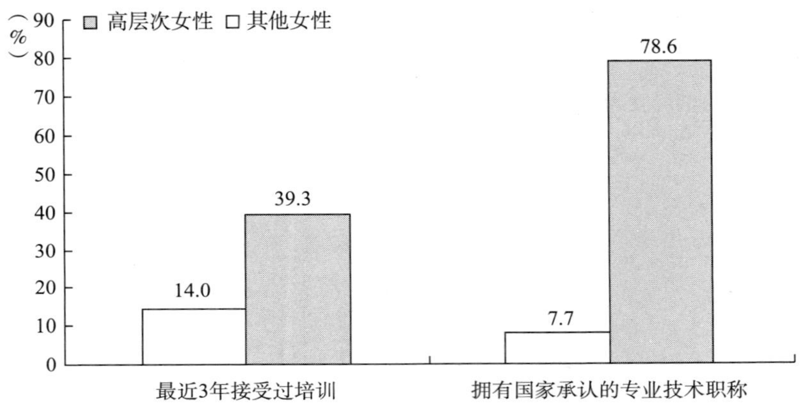

图2　高层次女性与其他女性在培训、专业技术职称上的比较

2. 社会资本因素

高层次女性人才的社会资本存量非常大，这也是其成为高层次人才的重要条件。调查显示，高层次女性人才的社会资本因素主要体现在家庭方面。与其他女性相比，高层次女性人才的家庭环境为其提供了较为优越的条件。

首先，高层次女性父母的受教育程度高于其他女性父母的受教育程度。高层次女性人才的父亲学历为高中的比例较高，为23.3%，而其他女性父亲学历为高中的比例仅为9.0%；高层次女性人才母亲学历为大学专科的比例为7.1%，而其他女性相应的比例不足1%（见图3）。

其次，高层次女性父母职业为党政人员、专业技术人员、办事员的比例要明显高于其他女性人才（见表2）。

最后，高层次女性配偶的受教育水平也呈现与其父母相似的特点，即受教育程度高、职业为专业技术人员和办事员的比例较高。出现这种现象跟高层次女性的择偶标准有一定关系，然而新家庭也能对高层次女性的成

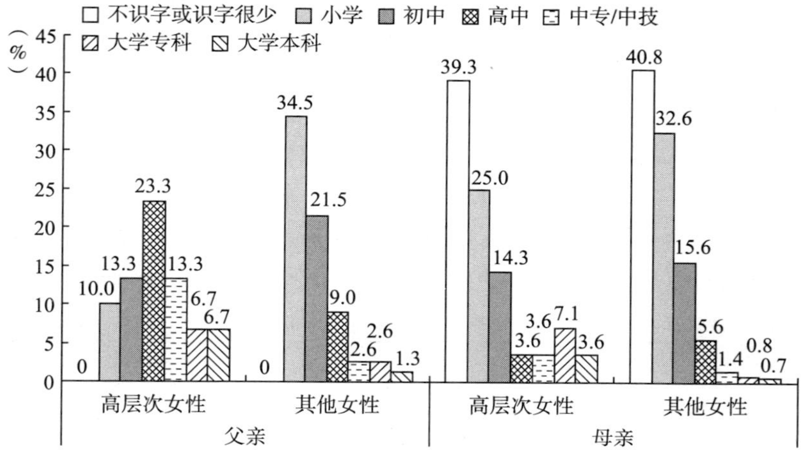

图3　高层次女性与其他女性父母受教育程度的比较

表2　高层次女性与其他女性父母职业的比较

单位：%

职业	父亲		母亲	
	高层次女性	其他女性	高层次女性	其他女性
党政人员	26.9	3.1	7.1	0.8
专业技术人员	7.7	7.6	21.4	4.4
办事员	15.4	4.4	14.3	1.6
商业服务业人员	7.7	7.1	0.0	6.3
农林牧副渔人员	23.1	60.3	28.6	74.4
生产、运输设备操作人员	19.2	17.4	28.6	12.5

长、成才起到很大的推动作用。高层次女性人才配偶学历为大学专科的比例高达53.8%，而其他女性的相应比例仅为6.3%；高层次女性配偶学历为大学本科的比例为11.5%，而其他女性相应的比例仅为3.3%。高层次女性人才配偶为专业技术人才、办事员的比例分别为23.1%、30.8%，而其他女性相应的比例仅为6.0%、7.0%。当然，高层次女性配偶职业为生产、运输设备操作人员的比例也较高，为30.8%（见表3）。

除了家庭为女性人才的成长、成才提供了重要的支撑以外，高层次女性人才相比其他女性还拥有更为重要的社会资本，即来自党组织的政治、组织、思想等方面的各种支持。调查显示，高层次女性政治面貌为党员的比例为39.3%，高出其他女性31.1个百分点。

表3　高层次女性配偶与其他女性配偶的受教育程度和职业比较

单位：%

职业	高层次女性	其他女性	学历	高层次女性	其他女性
党政人员	7.7	3.5	小学	0.0	16.4
专业技术人员	23.1	6.0	初中	7.7	44.3
办事员	30.8	7.0	高中	19.2	20.2
商业服务业人员	7.7	10.8	中专/中技	7.7	5.6
农林牧副渔人员	0.0	43.4	大学专科	53.8	6.3
生产、运输设备操作人员	30.8	29.3	大学本科	11.5	3.3

3. 性别文化因素

性别文化对女性的职业选择、动机和追求有着特殊的影响。由于传统性别观念倡导男人追求事业成功，而女人追求家庭幸福，这样势必影响女性对职业成功的追求。而那些高层次女性人才恰恰是摆脱了传统性别观念的束缚，具有较强的职业动机和职业追求。

本研究分别就“男人应该以社会为主，女人应该以家庭为主”“挣钱养家主要是男人的事情”“丈夫的发展比妻子的发展更重要”等性别观念进行调查，调查显示，高层次女性对上述性别观念回答为“比较同意”、“不太同意”和“很不同意”比例分别为82.2%、75.9%、72.4%，而其他女性相应的比例仅为45.1%、43.9%、36.1%。由此可见，高层次女性与其他女性在性别观念上存在着较大不同，这在一定程度上影响了她们的成长、成才（见表4）。

表4　高层次女性与其他女性在性别观念上的比较

单位：%

选项	男人应该以社会为主，女人应该以家庭为主		挣钱养家主要是男人的事情		丈夫的发展比妻子的发展更重要		男女平等不会自然实现，需要积极推动	
	高层次女性	其他女性	高层次女性	其他女性	高层次女性	其他女性	高层次女性	其他女性
非常同意	10.7	20.9	10.3	23.6	13.8	24.6	78.6	45.4
比较同意	7.1	32.9	13.8	31.7	13.8	37.8	21.4	41.0
不太同意	53.6	32.3	41.4	33.4	44.8	27.1	0.0	5.4
很不同意	28.6	12.8	34.5	10.5	27.6	9.0	0.0	1.6

而对于男女平等实现历程的认识，非常同意“男女平等不会自然而然实现”的比例，高层次女性高达78.6%，而其他女性的比例仅为45.4%。

这说明高层次女性对性别关系的改变持积极态度，主张积极地推动男女平等。另外，高层次女性对当前社会男女不平等的感受较其他女性更为敏感。调查显示，认为我国男性社会地位更高的高层次女性比例达到53.6%，而其他女性相应比例仅为25.8%；认为我国男女社会地位差不多的高层次女性占42.9%，而其他女性则高达68.7%。

高层次女性人才的职业成就在一定程度上推动了其家庭地位的提高，在对“谁对家庭的经济贡献更大”的调查显示，高层次女性人才对家庭的经济贡献要大于其他女性。在高层次女性所在的家庭中，丈夫和妻子对家庭的经济贡献差不多的比例为44.4%，妻子贡献多的比例为37.0%。这种家庭模式势必对传统的男权家庭产生冲击，进而也改变着传统的性别文化。

四 结论

在以上的讨论和分析中，我们可以得出与假设一致的结论，即人力资本和社会资本是高层次女性人才成长的主要因素。但对于女性来说，性别文化在其职业发展过程中有着不可轻视的影响。通过对高层次女性人才与其他女性在职业追求、性别观念和对男女平等的认识方面的比较，我们可以看出，高层次女性人才有着较强的职业成就动机，她们较少受到传统性别观念的束缚，同时对男女平等状况的认识较为客观。因此，高层次女性人才在职业上的成功使得她们对家庭的经济贡献上占有一席之地，进而带来了女性家庭地位的提高。可以预见，随着高层次女性人才的成长和增多，势必会带来家庭模式的转变，也会促进新的性别文化的生成。

参考文献

布迪厄，1998，《实践与反思：反思社会学引导》，李猛、李康译，中央编译出版社。

王金玲，2003，《性别文化及其先进性别文化的构建》，《浙江学刊》第4期。

魏国英，2003，《性别文化的理念构建与本土特征》，《内蒙古大学学报》第4期。

Blau, Peter M. & Otis Dudley Duncan. 1967. *The American Occupational Structure*. NewYork: John Wiley Press.

Gary Becker. 1964. *Human Capital*. New York: Columbia University Press.

Judge T. A. & Bretz R. D. 1994. “Political influence Behavior and Career Success.” *Journal of Management* 20 (1): 43 – 65.

Theodore W. S. 1961. “Investment in Human Capital.” *American Economic Review* 51: 1 – 17.

女性高层次职业发展的自我认知分析*

张　琪　张　栋**

摘　要： 目前，女性对自身职业的发展需求较之以往有了很大的变化，但受到社会环境和政策因素的影响，其在高层次职业上发展不足。要促进女性高层次职业发展，应积极倡导新近的性别意识，营造有利于女性发展的社会文化环境；从事实上扭转“男主外，女主内”的观念，实现家务的合理分担；践行保障女性平等享受发展权的政策机制。

关键词： 女性　性别平等　高层次职业发展　自我认知

性别平等和女性赋权一直是国际社会关注的一个重要议题。2000 年，联合国将“促进男女平等并赋予妇女权力”作为千年发展目标的八大目标之一，倡导在女性平等参与的同时，赋予其相应的决策权，体现了对女性平等发展权的重视。在男女平等观念日益受到重视的背景下，女性在获得平等的生存权的同时，也应享有平等的发展权。保障女性获得平等地参与经济活动和共享资源的权利与机会，促进女性充分就业，提升女性的职业层次，是全面提高女性社会地位的重要基础，也是从实质上实现男女平等的重要体现。

从全国妇联和国家统计局第三期中国妇女社会地位调查的数据报告来看，女性在享受社会保障待遇、经济资源方面的权益与男性相差无几，从

* 本文是 2010 年国家社会科学基金重大项目“第三期中国妇女社会地位调查研究”（10@ZH020）的阶段性成果。

** 张琪（1962～），女，上海人，首都经济贸易大学教务处教授，硕士生导师；张栋（1989～），河南商城人，首都经济贸易大学劳动经济学院硕士研究生。

这一层次上看男女平等的理想已经基本实现；而在发展权方面，女性的发展机会依然与男性有着较大的差距，调查中最主要的体现是女性处在管理层的比例明显低于男性，这与传统男权社会的历史原因有着重大关系。党的十八大将男女平等写入报告，并多次提到要维护妇女儿童的合法权益，重视培养选拔女干部，这说明了党中央把妇女权益问题放在了更加重要的位置，成为党的工作的重点内容，也体现了党在制度上为逐步完善男女平等的发展机制所做的努力。因此，根据女性高层次职业发展状况分析女性享有的发展权具有一定的现实意义。

一　女性高层次职业发展现状及自我认知分析

（一）女性高层次职业发展现状

改革开放以来，中国的经济社会发展取得了举世瞩目的成就，其中，女性作为重要的人力资源发挥了巨大的作用。然而，一方面，由于各种因素影响，女性平等参与社会管理的机会没有得到完全保障；另一方面，传统女性的家庭角色还存在滞后性，当前我国女性人才发展的总体水平与经济发展的需求还存在较大差距，这些因素导致女性人才的发展权未能得到充分保障。从第三期中国妇女社会地位调查数据来看，女性处在管理层的比例明显低于男性，具体如表1所示。

表1　第三期中国妇女社会地位调查中专业发展层次的性别比较

单位：%

性别	负责人/高层管理人员	中层管理人员	基层管理人员	普通职工	其他
男性	73.3	66.3	57.5	47.1	44.3
女性	26.7	33.7	42.5	52.9	55.7

表1显示，在所有的单位负责人/高层管理人员中，女性占26.7%，男性占73.3%；在中层管理人员中，女性占33.7%，男性占66.3%；在基层管理人员中，男性占57.5%，女性占42.5%。由上述数据可以看出，无论是何种性质的单位，处于管理层女性的比重与男性都存在着较大差距，这在很大程度上说明了女性在职业发展过程中的社会地位还没有得到完全体现。女性与男性在参与经济建设和社会管理规模上的巨大差距也在一定程度上凸显了女性对平等享有发展权的需求。

（二）女性职业发展的自我认知

随着性别意识的不断转变，女性角色早已不再仅仅局限于家庭内部，社会化的职业发展已经不断在女性意识中得到升华，女性平等发展权的要求也日趋强烈。然而，在传统文化与现实认知依然存在矛盾的前提下，女性角色尚未得到完全的转变，女性职业发展的社会支持与政策导向也存在种种障碍，难以为女性平等发展提供制度化的保证，自我认知与社会支持不足的矛盾增加了女性职业发展的阻力。为确切了解女性的自我认知，第三期中国妇女社会地位调查通过女性自我认知的判定（见表2），对女性自身的职业发展需求及其发展障碍有了一个客观认识。这一方面反映了女性自身对职业发展的需求与自我评价，另一方面也体现了女性自我认知与传统社会意识的转变。

表2　女性自我认知状况

单位：%

	非常同意	比较同意	不太同意	很不同意	说不清
对自己的能力有信心	38.7	50.7	7.6	1.0	2.0
很少依赖他人，主要靠自己	43.1	48.7	6.6	0.8	0.9
经常觉得自己很失败	4.0	13.4	46.7	33.7	2.2
女人的能力不比男人差	41.3	42.2	11.7	3.0	1.8
男人应该以社会为主，女人应该以家庭为主	17.4	40.5	32.6	8.0	1.5
男人也应该主动承担家务劳动	34.2	52.7	10.5	1.5	1.1
在领导岗位上男女比例应该大致相等	23.3	49.1	15.6	2.0	10.0
男女平等不会自然而然实现，需要积极推动	40.0	46.7	4.4	0.6	8.2

表2的数据结果可以得出以下结论。

1. 女性的自信独立意识不亚于男性

在第三期中国妇女社会地位调查中，女性“对自己的能力有信心”“很少依赖他人，主要依靠自己”“女人的能力不比男人差”的比重分别占到了89.4%、91.8%、83.5%，仅有17.4%的女性会“经常觉得自己很失败”。这些数据表明，相对于传统思想观念和社会风气的影响，女性的自信、独立意识和成就动机已经越来越强，“干得好不如嫁得好”的观

念已不再是女性的关键性认知。同时，女性的依赖性越来越弱，对自身能力的认知越来越强，这就促使女性对个人职业发展有了相应的诉求；竞争意识与成就动机一步步凸显，在不断增强的进取心激励下，女性对自身职业发展的信心也有了相对稳定的基础。此外，随着女性自身失败感的减弱和相对于男性不同领导风格的存在，部分女性在领导岗位上的管理成就也体现了女性领导的优势，这在很大程度上增强了女性寻求职业高层次发展的信心。

2. 传统“男主外，女主内”的观念发生重大转变

在传统的男权社会里，女性承担的角色是相夫教子，主要承担家庭内部的活动。随着女性社会地位的不断提高，传统社会的女性角色正在不断转变，第三期中国妇女社会地位调查数据显示，超过40%的女性不同意“男人应该以社会为主，女人应该以家庭为主”的观点，86.9%的女性认为“男人也应该主动承担家务劳动”，女性在不排斥家庭角色的同时，也有着同男性一样参与社会活动的需求。

3. 男女在领导岗位上比例大致相当的需求日益强烈

男女两性在高层次职业发展方面比例的巨大差距，在一定程度上反映了男性在社会工作的过程中做出的贡献更大。但事实并非仅仅如此，正是性别歧视的客观存在和社会认知的固化与单一，让女性在社会发展过程中丧失了与男性同等的机会，这在很大程度上降低了人们对女性工作的认同，同时也影响了女性职业发展的积极性。调查数据显示，72.4%的女性认为“领导岗位上男女比例应该大致相等”，女性对领导岗位比例的认知，一方面体现了女性对自身工作认同的需求，另一方面也反映了女性希望通过平等的职业发展机会获得个人发展的社会认可，实现实质意义上的男女平等。

4. 男女平等的真正实现需要政策的推动

女性高层次职业发展和领导岗位的不足，在很大程度上与女性相对较强的自信及独立意识和并不亚于男性的工作能力形成了较大的反差，客观上反映了女性职业发展的机会不足以及政策在保障女性平等发展权方面的缺位。调查数据显示，86.7%的女性认为“男女平等不会自然而然实现，需要积极推动”。由于传统的性别意识的影响依然没有完全消除，社会认知和观念的改变不能通过自发完成，只有建立相应的政策机制，让性别因素退出判断职业发展的舞台，通过合理的职业发展评估机制，形成客观的政策激励，才能保证女性在职业发展过程中享有平等的发展机会。

二　女性高层次职业发展不足的自我认知因素分析

从第三期中国妇女社会地位调查的数据来看，女性领导岗位比例低是客观存在的事实，但人们对于女性在高层次职业发展不足有不同的认知。从社会认知来看，一般认为女性的性别角色不适合当领导，或者女性能力不足以应对领导岗位的难题等。但第三期中国妇女社会地位调查数据显示，女性的自我认知与领导岗位比例低形成强烈反差，影响女性高层次职业发展的主要因素是社会环境和政策因素，并非自身的限制（见图1）。

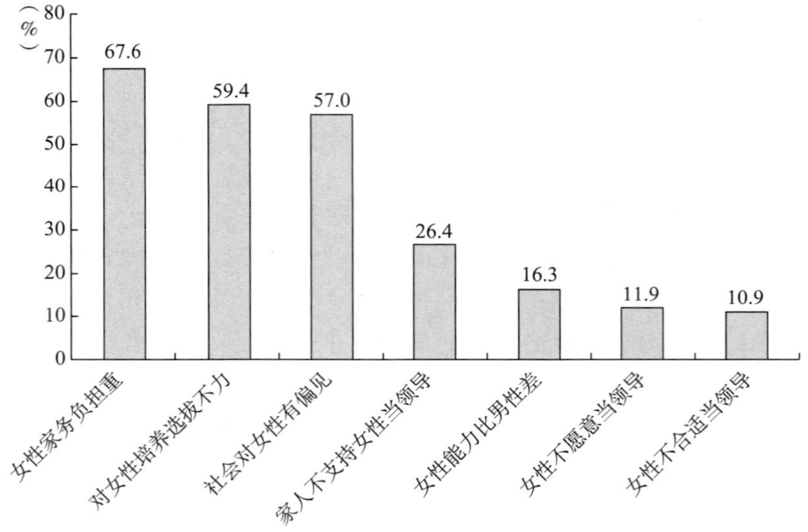

图1　女性领导岗位比例低的自我认知因素

从图1数据可以看出，女性担任领导岗位比例低的主要原因有以下几个方面。

第一，“男主外，女主内”的现实影响依旧较为严重。新中国成立以来，我国法律上赋予了男女平等的劳动权利。随着市场经济的不断发展，女性的就业机会和发展机会越来越多，但两千多年积淀下来的“男主外，女主内”的性别分工刻板印象仍然左右着人们的思维（刘菊香，2012）。在传统的性别分工意识的影响下，女性作为妻子和母亲，往往是家庭责任的主要承担者，因此，许多女性在事业与家庭的双重压力下，不再主动追求事业发展而选择把重心放在承担家庭责任上。从第三期中国妇女社会地位调查的数据来看，当问到“目前我国各级领导岗位上女性的数量相对较少

的原因”时，67.6%的女性认为自身的家务负担重限制了职业发展，同时，家人不支持女性当领导也是女性担任领导岗位比例低的一个重要影响因素。从这一女性自身的认知原因来看，女性客观上承担的过重的家务负担让“男主外，女主内”的现实性影响依旧存在，这是导致我国目前领导岗位上女性数量相对较少的重要原因。

第二，政策对女性的支持力度不够。从现行的政策来看，对女性的培养与选拔多是一些模糊与软性的规定，由于缺乏一套行之有效的，公开、公平、择优的机制和评价标准，对女性的领导能力无法形成全面考核；同时，也缺乏一些可操作性的、制度性的内容，因此这些政策大多沦为形式而无法落到实处。另外，还缺乏相应的对传统女性偏见的纠错机制，对女性的培养与选拔还会存在大量“主观”评判。调查显示，59.4%的女性认为目前对女性培养选拔不力导致了女性领导岗位的比例偏低。正是政策扶持的力度欠缺，很大程度上使女性无法获得平等的发展机会。

第三，社会对女性的偏见依旧没有消除。美国社会学用“玻璃天花板”一词来形容女性在职业发展过程中所遇到的微妙障碍，这种障碍使女性群体在一系列社会偏见的影响下，随着职业发展层次的提高而愈加明显。从第三期中国妇女社会地位调查的数据（表1）也可以看出，职业发展层次越高，男女两性的比例相差也越大，同时，数据也显示57.0%的女性认为“社会对女性有偏见”，只有10.9%和11.9%的女性认为自身“不适合当领导”和“不愿意当领导”。因此，从女性的自我认知来看，社会偏见在其职业发展过程中依然存在较大阻力。一方面，在传统“男强女弱”的文化影响下，很难产生有利于女性发展的社会环境，也会减低女性对职业发展的期望值，对人力资源开发与利用也只能呈现一种无奈与服从的心理（宋媛，2011）。另一方面，社会舆论诸如“女强人”等误导性宣传往往给女性难以承受的压力，世俗的眼光对事业型女性的偏见只能让女性对所谓的“女强人”望而生畏。

总体来说，传统文化延续下来的性别观念以及社会对女性角色的不当认知，在一定程度上对很大一部分有高层次职业发展需求的女性增加了额外的阻力。同时，为女性职业发展降低阻碍和为女性提供平等发展的政策缺乏系统的保证机制，这就使女性同等发展的职业机会难以得到保障。这些不合理的导向对女性的发展在一定程度上有着消极影响，也不利于实质意义上男女平等的实现。

三　女性高层次职业充分发展的路径选择

（一）积极倡导先进的性别意识，营造有利于女性发展的社会文化环境

文化和社会环境对人才成长和职业发展起着举足轻重的作用，只有建立起让女性自身感受到被尊重、被支持、被理解的文化环境，才会有女性平等发展职业的基础。这就要求社会应摒弃不良的传统性别意识，积极倡导先进的性别意识。首先，积极宣传尊重女性的进步理念，宣传女性在人类社会发展过程中所起的作用，重视女性人才的价值；其次，通过倡导性别公正意识，以电视、网络和文化载体加强宣传男女平等的价值观，消除社会文化中对女性的歧视和偏见，营造尊重女性、男女平等的思想，使其成为全社会的主流和共识（孙宏，2008：83～87）；最后要坚持“包容性发展”的理念，为不同社会经济地位的女性群体提供平等参与发展的机会，以形成有利于女性发展的良好的社会文化环境，从而为女性平等享有发展权提供社会舆论保障。

（二）从事实上扭转“男主外，女主内”的观念，实现家务的合理分担

从总体上来看，女性家务负担相对较重，平衡家庭与职业比较困难是客观存在的事实，但这一事实依然是“男主外，女主内”传统观念负面影响的结果。除通过倡导先进的性别意识从事实上扭转“男主外，女主内”的观念外，还应该通过一系列配套的措施实现家庭、工作两不误的双赢结果。从家庭内部来说，应通过适当的沟通对话实现家庭成员家务的合理分担，从而实现男女两性平等参与公共生活和平等分担家庭领域任务；从社会配套措施来看，可以积极发展家政服务业，完善服务市场，如设立幼儿园、提供日托服务等，满足家庭角色与职业发展冲突时对社会支持的需求；从政策制定角度来看，应该逐步完善产假制度，实行父母双方产假等，从而保证在特殊情况下解决女性的实际困难，减少女性在职业发展过程中的劣势。

（三）践行保障女性平等享有发展权的政策机制

从职业发展层次来看，处于高层次职业的女性比例与男性比例差异较

大，女性仍处于相对弱势的地位。这一方面是传统性别角色影响的结果，另一方面也是由长期以来对女性领导培养、选拔和任用的偏见导致的。为此，应通过政策激励，实现男女平等享有发展权。首先，健全法律保障，打破女性领导的比例与领域限制，保证女性在职业发展过程中的机会平等；其次，建立公平的绩效评价机制和晋升机制，优化女性的培养选拔机制，通过公正的选拔程序，尽量排除基于性别偏见的人为因素的影响，以使女性获得同男性平等的职业发展空间，保证女性职业发展的过程平等；最后，还应不断完善女性职业发展的配套制度，如注重女性后备力量建设和针对女性的培训计划等，使女性职业发展在人才数量和质量等方面具有可持续性。

总之，保障女性获得平等的权利和机会，促进女性充分就业，提升女性的职业层次，是全面提高女性社会地位的基础。这需要进一步完善法律和政策，在承认女性承担的生育和家庭责任的社会价值的同时，积极支持女性参与经济社会生活的权利，保障女性获得平等发展的机会。在生存权和发展权得到全面实现的前提下，男女平等的理想才能真正得到实现。

参考文献

第三期中国妇女社会地位调查课题组，2011，《第三期中国妇女社会地位调查主要数据报告》，《妇女研究论丛》第6期。

刘菊香，2012，《先进性别文化建设与女性高层次人才发展》，《山东女子学院学报》第5期。

全国妇联权益部，2011，《为女性人才成长营造良好环境——女性高层次人才成长状况研究与政策推动项目综述》，《光明日报》3月8日。

宋媛，2011，《高校女性高层次人才的职业发展——以北京市为例》，《沈阳师范大学学报》第4期。

孙宏，2008，《女性领导发展中的困境与突破》，《宁波党委党校学报》第1期。

高层白领的社会压力及其影响因素

——基于第三期中国妇女社会地位调查数据的分析*

顾　辉**

摘　要： 在高层白领中，存在着较为普遍的社会压力感。这种压力感既与个人心理因素有关，同时又受制于当前社会的宏观环境，研究影响个人社会压力感知的因素需要构建从微观到宏观的分析框架。对第三期中国妇女社会地位调查数据的分析表明，对高层白领社会压力感构成显著影响的因素包括年龄、健康、婚姻以及收入满意度等。因此，缓解高层白领遭受的社会压力，既需要个人和家庭的调节力量，更需要社会政策营造公平合理的制度环境。

关键词： 社会压力　高层白领　第三期中国妇女社会地位调查

在对白领的研究中，美国的 C. 赖特·米尔斯较早系统地分析了白领的地位恐慌感。米尔斯在《白领——美国的中产阶级》中研究 20 世纪 50 年代上升时期的美国新中产阶级时，这样论述他们的行为方式与特点：鉴于自身的身份地位环境，新中产阶级对声望有着强烈的要求，这种对声望的要求在所有的举止风度、习俗以及体现不同地位人们生活方式特点的消费方式上都有表现。这种对地位的渴望恰恰说明了中产阶级对自身地位的恐慌，因为随着新式中产阶级队伍的扩大，他们的社会地位不再像老式中产

* 本文系 2010 年国家社科基金重大项目“第三期中国妇女社会地位调查研究”的阶段性研究成果，项目编号：10@ZH020；亦为国家社科基金青年项目“社会流动视角下的二代现象研究”的阶段性研究成果，项目编号：13CSH0210。

** 顾辉，安徽社会科学院社会学研究所副研究员，主要研究方向为社会分层与流动、性别社会学。

阶级那么显赫了，与老式中产阶级的子承父业、生活稳定相比，新中产阶级要面临着公开的社会竞争并随时可能成为失业大军的替代者。米尔斯将这种现象称为白领阶层“社会地位的无产阶级化”，并由此在白领阶层中产生了一种较为普遍的焦虑感。

第二次世界大战之后，西方资本主义国家的科技革命和国家垄断资本主义的发展使其社会阶级结构发生了显著的变化。到了20世纪60年代，这些国家的第三产业生产总值和就业人口超过了第一、第二产业的总和。产业结构的变化引起了就业结构、劳动力结构的改变，物质生产部门中农业、传统工业的劳动力急剧减少，与新科技有关的新兴工业部门的劳动力不断增多；以第三产业为主的非物质生产部门的劳动力比重超过了物质生产部门的劳动力比重；脑力劳动者的比重逐渐超过了体力劳动者的比重；雇用劳动者的受教育程度不断提高，具有高等学历的雇用知识分子和管理人员越来越成为社会中的一个突出群体。专业管理人员队伍越来越庞大，非有形产品生产的劳工逐渐占据了劳动者的主体。在工资劳动者中，专业人员和技术人员的比例、大公司和国家行政管理阶层人员的比例不断扩大。比起传统工人来说，他们大多具有较高的科学文化知识，主要从事管理和专业技术方面的工作，拥有丰厚的收入和较高的社会地位，但因是被雇用者而与传统工人一样处于“工薪阶层”的地位。这个群体在西方被称为“中间阶层”或“白领”工人。

自20世纪90年代中期以来，新兴白领在我国社会职业结构中逐渐占据了重要位置，但是这些新兴的白领职业群体及其结构特征是在中国快速转型的时代背景下产生和形成的，其社会心态和社会功能有着鲜明的特征，他们是在一个“群体快速组合”与“内部高速流动”（李友梅，2005）的交互性过程中生长起来的。在社会心态上这些面向市场的白领群体在整体上有一种焦灼感与压力感：一是职业危机感在不断增强；二是市场领域存在的某些不规范运作加剧了他们的焦灼与压力；三是由西方导向性的生活、消费方式与现有收入水平之间的差距而产生的心理预期紧张。这三个相互叠加的因素使白领群体普遍感到负担重。与此同时，社会转型的不确定性以及社会资源的分配规则也给白领阶层带来了压迫感，中国的白领阶层普遍对自己的前途与成功充满焦虑，担心社会地位下降而滑落为贫困阶层，由此给白领生理和心理上造成了压力，并逐渐成为值得重视的社会问题。

压力是身体对有害刺激的防卫反应，压力与紧张是引发疾病的可能原因。早期的压力研究始于生理学领域，生理学家认为机体的积极适应与内部稳定状态有着密切的关系，这些研究开创并推进了压力生理学取向研究（陈成文、方月娥，2008）。后来，美国心理学家 Lazarus 综合了刺激和反应两种学说的要点提出了“压力认知交互作用模型”，形成了用以解释压力产生基本过程的心理学模型，第一个从心理学角度系统建构和发展了压力理论（Lazarus & Launier，1978）。早期的心理学将压力研究的关注重点放在个体的生理和心理反应过程上，后来 Kahn 用角色理论来分析压力，提出了“角色压力”概念。他指出，角色产生于个体与他人互动的过程中，角色压力产生于角色赋予者传递的角色期望和要求之中，角色压力包括角色模糊、角色冲突和角色过载三个维度，如果角色扮演者面临着上述情境，那么角色压力就会产生。组织是一个角色系统，每个人都需要扮演多种角色，角色之间的转换和不同角色间冲突的行为要求都是角色压力的直接来源。压力研究的另一条路线，关注的是“生活事件”与身心疾病之间的关系，可以称为社会学理论模式的压力研究。Holmes & Rahe 认为，个体经历的生活事件，无论是正面的，还是负面的，都会导致有机体丧失内部平衡，促使机体做出新的自我调整。为了验证这一理论假设，Holmes & Rahe（1967）在对大量医疗记录做系统研究的基础上，编制了由 43 个项目组成的“社会再适应量表”，围绕社会事件与心理压力的研究不断地深化与拓展。这些研究表明，压力过程中存在着多种环节和变量，这些环节和变量在压力过程中起着非常重要的作用。而社会学关注的压力研究较多地集中在家庭领域。相较于个体的压力研究，家庭压力研究将家庭放诸社会系统当中，强调个人与家庭在管理压力时所拥有的资源，如家庭凝聚力与适应能力和采用行动直接改变压力的情境和环境。Hill 创立了家庭压力的“ABC－X”模型（Hill，1949），A 是引发压力的事件/情境，B 是家庭拥有的资源与弹性，C 是家庭对事件的主观认知，X 是压力或危机的程度。该模型被视为系统分析家庭压力与因应的重要研究基础。此后，家庭压力研究不断完善，更加强调了家庭的动态发展以及家庭与整个社会系统的资源交换，重视对压力累积效应和资源重生的分析。但是，家庭仅为社会系统的一个次级系统，个人感知的社会压力不仅来源于家庭，同时与工作组织、工作和家庭冲突、社会交往、生态环境、文化习俗、社会变迁等因素有着密切关系。因此，社会压力感反映的是整个社会系统作用于个人生理和心理而产生的影响，它对理解个人压力源提供了更为广泛的研究视角。近年来，随着体制改革相伴而来的国家政策的调整、利益格局的改变、竞争的日益加剧、社会冲突的增多、工作和生活节奏的不断加快以及社会某些不良环境的影响，人们所承受的精神压力越

来越大。个人的社会压力感既反映了个人的社会适应和心理困扰，同时也折射出社会转型期一系列复杂的社会矛盾和新问题，因此，需要从构建和谐的人与社会关系角度回应社会压力给个人和社会带来的挑战。

无论是生理学模式，还是心理学和社会学模式，这三种理论模式都试图通过有限的一套变量来解释应激与机体免疫、机体健康的关系，都具有独特之处，但是又不乏自身的弱点。事实上，任何一种理论都无法独立而完整地解释压力现象。综合生物学、心理学和社会学理论，对压力研究进行系统整合，对揭示压力过程的内部机制具有重要的借鉴和参考价值，对于理解当前白领阶层面临的社会压力及其缓解过程有着重要的现实意义。

一　社会压力感的研究框架

生物—心理—社会学理论取向的压力模式研究为我们谱写了从微观到宏观的压力产生的连续过程。生物学和心理学侧重于微观研究，研究对象集中于个体，其对压力源的关注也侧重压力产生的微观过程，往往只将宏观的社会变迁作为背景，不做深入分析。从社会学对压力研究的角度看，组织管理和家庭角度的压力源研究也侧重微观视角，这个视角强调个人的生活际遇，虽有重视社会脉络，但仍强调社会历史脉络下个人的能动性。实际上，影响个人感知的社会压力的因素是一个从宏观到微观的连续谱，它既体现了能动的个人改造，更受制于社会结构作用于个人产生的压力感。我们认为，与个人生活际遇密切相关的社会环境与个人心理感受最密切，这些环境包括工作（组织）环境、家庭环境、工作与家庭冲突、社会网络和社会支持；与个人微观环境相关的因素包括个人的健康状况、个人的经济状况等。因此，我们需要从这些方面综合分析它们对个人社会压力感的影响（见图 1）。

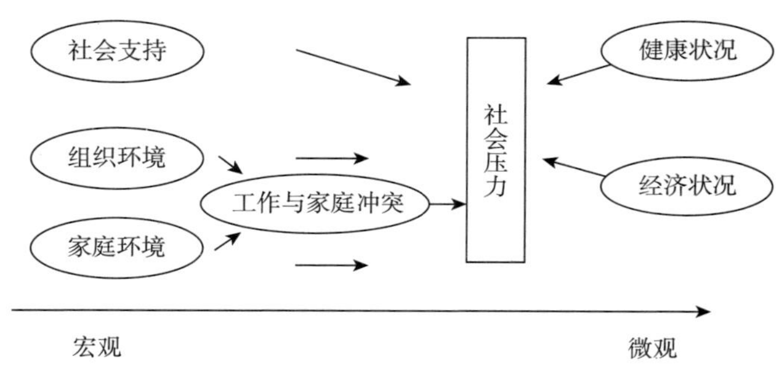

图 1　社会压力的影响因素

二　研究对象及数据来源

在西方学者的研究中，将随着第三产业发展出现的大量管理人员、专业技术人员、服务人员和销售人员统称为“白领”。西方发达国家的“上层白领”或“高级白领”则主要指政府和公司中的管理者，包括手握相当数量股票的公司经理层，主管技术和财务等方面的高级专业技术人员，代表和行使国家权力的国家官员、高级专家、顾问、军事官员、政党活动家、思想家、政策制定者等政府高级雇员。本研究为了便于操作，参照西方学者的研究，将研究对象——高层白领主要定义为以下三类人员：中级及以上职称的专业技术人员、科级及以上的党政干部、企业中层及以上的管理者或企业主。

本研究数据来源于第三期中国妇女社会地位调查高层人才卷。第三期中国妇女社会地位调查于2010年12月在全国范围同时进行，调查采用了分阶不等概率抽样。在对抽样样本进行问卷调查时，对符合高层人才特征的调查对象进行了单独问卷访问。在第三期中国妇女社会地位调查的26307名被调查者中，符合高级白领特征的共有979人，占被调查者总数的3.7%。其中男性640人，占65.4%，女性339人，占34.6%。年龄在29岁及以下的占4.3%，30~39岁的占29.5%，40~49岁的占36.3%，50~59岁的占20.2%，60岁以上的占9.7%；受教育程度为初中及以下的占4.1%，高中/中专/中技的占19.9%，大学专科的占36%，大学本科的占36.8%，研究生的占3.1%。

三　高层白领的社会压力感

调查结果表明，高层白领对社会压力的感知较为强烈，当问及最近3个月对压力的感觉时，有62.8%的被访者感觉到有压力，其中感觉到压力较大或压力很大的被访者近1/3（分别占7.6%和24.9%），没有什么压力的比例为37.2%，压力不大的只占30.3%。对感知到社会压力的被访者进一步分析显示，压力主要来源于工作压力，其中，他们认为工作量太大或工作难度太大的人数为258人（81.6%），认为工作没有发展前途的有13人（4.2%），认为单位人事关系复杂的有11人（3.4%），认为家庭关系紧张的有3人（1.0%），认为工作与家庭冲突的有5人（1.5%），认为身体不

好的有8人（2.7%），认为家庭经济压力大的有16人（5.0%）。此外，来自家庭方面的原因占到7.5%，来自健康方面的原因占到了2.7%。

四　影响社会压力感知的因素分析

（一）变量介绍

根据前述，本文将影响社会压力感知的因素分为健康状况、经济收入、家庭因素、工作因素和社会支持等，对因变量压力感知程度进行回归分析。具体变量及赋值状况如下。

1. 因变量

压力感知：没有压力=0，压力不大=1，压力较大=2，压力很大=3。

2. 自变量

控制变量。性别：女性=0，男性=1；年龄分组：29岁及以下=1，30~39岁=2，40~49岁=3，50~59岁=4，60岁及以上=5；受教育程度：不识字或识字很少=1，小学=2，初中=3，高中=4，中专/中技=5，大学专科=6，大学本科=7，研究生=8。

健康因素。健康自评：很好=1，较好=2，一般=3，较差=4，很差=5。

工作因素。专业技术职称级别：初级=1，中级=2，副高级=3，高级=4；行政级别：没有行政职务=0，副科级=1，正科级=2，副县处级=3，正县处级=4，副地市局级=5，正地市局级及以上=6；在单位所处位置：负责人/高层管理人员=1，中层管理人员=2，基层管理人员=3，普通员工/职工=4；单位类型：党政机关事业单位=0，企业单位=1；在编与否：不是单位正式员工/在编人员=0，是正式员工/在编人员=1；对单位决策影响：基本没有影响=0，有一点影响=1，有较大影响=2，有重要影响=3；工作满意度：很满意=1，比较满意=2，一般=3，不太满意=4，很不满意=5。

家庭因素。婚姻状况：未婚、离婚、丧偶=0，已婚=1；家庭地位满意度：很满意=1，比较满意=2，一般=3，不太满意=4，很不满意=5；工作与家庭冲突：近年来，您身上是否发生因为工作太忙而很少管家里事情；为了家庭而放弃个人发展机会。回答从不=0，偶尔=1，有时=2，经常=3。

社会支持因素。在鼓励成才、职业规划、提供资源和机会、解决家务负担上对您发展影响和帮助最大的人员或机构：正式社会支持系统（求学的学校或机构、单位/领导、社会服务结构）=0，非正式社会支持系统（父母、配偶、配偶父母、老师、同学/朋友、同事、亲戚）=1。

（二）回归分析结果

社会压力感知的回归分析结果如表1所示。

表1　社会压力感知的回归分析

项目	影响因素	非标准化系数		标准系数	t	显著性水平（sig.）
		B	标准误			
常量		-1.651	1.039	—	-1.589	0.113
控制变量	性别	0.072	0.091	0.036	0.794	0.428
	年龄	-0.154	0.057	-0.132	-2.724	0.007
	受教育程度	0.030	0.042	0.034	0.730	0.466
健康因素	健康状况	0.182	0.054	0.159	3.393	0.001
经济因素	收入（对数）	0.132	0.080	0.082	1.653	0.099
工作因素	职称级别	-0.061	0.065	-0.043	-0.927	0.354
	行政级别	0.007	0.051	0.007	0.135	0.893
	在单位所处位置	0.028	0.049	0.034	0.570	0.569
	单位类型	-0.103	0.094	-0.049	-1.092	0.275
	在编与否	0.548	0.274	0.091	1.998	0.046
	对单位决策影响	0.115	0.059	0.100	1.957	0.051
	对工作条件满意度	-0.004	0.081	-0.003	-0.047	0.962
	对劳动强度满意度	0.119	0.063	0.121	1.878	0.061
	对工作稳定性满意度	0.078	0.073	0.060	1.068	0.286
	对收入水平满意度	0.196	0.058	0.210	3.409	0.001
	对发展前途满意度	-0.132	0.064	-0.135	-2.049	0.041
工作与家庭冲突	婚姻状况	-0.397	0.174	-0.102	-2.286	0.023
	家庭地位满意度	-0.053	0.067	-0.036	-0.802	0.423
	因为工作太忙而很少管家里的事	0.135	0.041	0.156	3.269	0.001
	为了家庭而放弃个人发展机会	0.092	0.061	0.069	1.507	0.133

续表

项目	影响因素	非标准化系数		标准系数	t	显著性水平（sig.）
		B	标准误			
社会支持因素	鼓励成才	-0.094	0.128	-0.034	-0.735	0.463
	职业规划	-0.158	0.092	-0.079	-1.728	0.085
	提供资源和机会	0.206	0.095	0.097	2.156	0.032
	解决家务负担	0.455	0.392	0.050	1.161	0.246
调整R方	0.187					

第一，性别和受教育程度对个人社会压力感知均不存在显著性差异，但是，在年龄这一项上呈现显著性差异。也就是说，无论男性还是女性，受教育程度高还是低，他们对社会压力的感知都不存在明显的差异，而不同年龄之间却有所不同，年龄越轻，感受到的社会压力越大。

第二，健康状况对社会压力的感知存在显著性影响。对自我健康状况的评价越差，感受到的社会压力也越大。实际上，健康和压力是互为因果的，感受到的社会压力会对身心健康造成伤害，而不佳的健康状况也可能加重对压力的感知。

第三，收入状况对社会压力不存在显著性影响。也就是说，无论收入高还是低，对社会压力的感知不存在显著的差异。

第四，与高层白领工作相关的因素中，职位的高低、行政级别的高低、在单位管理位置的高低均对社会压力感没有显著的影响。单位类型也不存在显著影响，无论是国有单位还是私营单位，社会压力感不存在显著差异；同样，对单位决策的影响力也对社会压力感不存在显著影响。值得注意的是，是否有编制对个人社会压力感存在显著的影响。实际上，目前体制内外的差异已经不是单位所有制类型了，而更多地体现在编制上，因为国有单位也大量地使用非编制内的劳务派遣工。此外，在对与工作环境相关的满意度指标中，工作条件、劳动强度、工作稳定性均对社会压力感不构成显著影响，但是，收入水平满意度对社会压力感影响存在较强的显著性，发展前途满意度也存在显著性影响。不过，从影响方向上来看，对收入水平越不满意，感知到的社会压力越大；而发展前途满意度的影响方向则相反，对个人发展前途满意度越低，反而感知到的社会压力越小。

第五，婚姻状况对社会压力感存在显著性影响。从影响方向上看，未婚人士的压力感要大于已婚人士。可能未婚本身就构成了对个人产生压力的事件。个人工作与家庭冲突较为显著地影响到了社会压力感知，越是那种“因为工作太忙而很少管家里事情”的人，感知到的社会压力越大；与此同时，那些“为了家庭而放弃个人发展机会”的人，对社会压力的感知不存在显著性差异。同样，对家庭地位的满意度也没有影响到个人对社会压力的感知。

第六，社会支持系统中，对于鼓励成才、职业规划和解决家务负担，无论是受到了正式社会支持（如单位、政府机构等），还是得到了非正式社会支持（如亲属、朋友等），均对社会压力感不存在显著影响。但是，社会支持系统是否提供了资源和机会对社会压力感存在着显著影响，非正式社会支持系统的资源支持对个人造成的社会压力更强。

五　结论与讨论

尽管社会压力感知是一种心理反应，但是，它的影响因素却是综合而复杂的。社会压力感既与个人心理承受能力有关，更与整个社会系统对个人日常工作与生活形成的压力有密切关系。而个人的心理感知与来自社会系统的压力源并不总是一致的，它与个人对社会系统的体验和认知程度相关；同样，与人们日常生活中形成的普遍认同情形相比，不同的社会因素对社会压力感的影响可能也与人们的普遍认知不同。调查问卷中问及社会压力的主要来源，超过8成被访者回答源于工作量太大或工作难度太大。而在回归分析中，与工作满意度相关的变量中，工作劳动强度并不构成对社会压力感的显著性影响，这种矛盾性需要进一步分析。回归分析中，对收入和工作前途的满意度，显著地影响了人们的社会压力感，因此，与工作相关的压力仍然是构成高层白领当前社会压力感的主要因素，而这种工作的压力最直接的感受来自工作付出与劳动收入之间的不相称，由此产生的一种相对剥夺感。这从侧面反映了我国当前收入分配领域存在的社会问题，单位之间、部门之间差距过大，同工不同酬现象严重，城乡之间、体制内外、编制内外差距悬殊，要素市场收入分配失范，非法收入占有一定比重，整个社会收入差距加大等，这些因素对高层白领形成了社会压力，造成了普遍性的地位恐慌感和焦灼情绪。

在人们普遍的认识中，女性高层白领具有事业上的成功形象，但背负着工作和家庭的冲突，因此，女性面临的压力更大，然而数据分析却没有支持这种认识，男性和女性高层白领对社会压力的感知不存在显著差异。

人们一般认为受教育程度越高的人可能面临的工作挑战越大，因此压力也越大，但数据分析也没有证实这种观点，无论受教育程度高低，感知到的社会压力并未存在显著差异。同样，数据分析也没有表明收入水平越高的人感知的社会压力越大。那么在单位里管理层次越高、职称越高、行政职务越高是不是面临的压力越大呢？数据分析同样没有证实这些观点，无论职位高低，对社会压力的感知都不存在显著差异。而对社会支持网的研究也表明，社会支持系统并非对减轻个人压力感有着显著的作用，无论这种支持来自家庭等亲密群体，还是来自社会机构等正式组织。

对社会压力感构成显著影响的因素则包括年龄、健康、婚姻以及收入满意度等。研究表明，年轻白领受到的压力越来越大，这也印证了当前宏观社会环境对青年造成的影响。不断攀升的房价、对子女教育的高追求、滞后的医疗等社会保障，都对青年的工作和生活造成了压力，引发了普遍的焦虑感。而在工作领域，收入与消费水平之间的不对称，对工作前途的担忧，又进一步加剧了青年的社会压力感。对于未婚高层白领来说，尤其是大龄未婚白领，对于婚姻的过高期望以及婚姻构成要件对青年经济能力的苛求可能就是一种社会压力；而对于已婚高层白领，工作和家庭之间的冲突，也加深了其对社会压力的感知。

高层白领是国家经济和社会建设的中坚力量，发挥高层白领的社会功能需要为其创造宁静平和的心理环境。当前，高层白领遭遇的社会压力既与个人的心理素质、生活阅历有关，更与宏观的社会背景有着密切关系。一方面，现有国家社会管理体制的官方价值观、社会利益制衡机制和公共政策缺乏对白领群体的思想行为方式的了解，造成了他们在这三个领域中都处于一种相对“边缘化”的地位，从而造成白领群体与国家的社会管理体制之间的分离；另一方面，快速形成的白领群体内部在社会经历和价值观念的分享上存在着不一致，就其整体而言，也缺乏稳定的行为规范、共同的知识体系和价值认同。这些特征表明白领群体还没有形成本阶层的共同意识和对本阶层的稳定认同感，这在很大程度上制约了白领群体参与社会利益制衡的社会实践，从而使作为个体的白领对其生存压力的反抗和权利的维护缺乏能动性，容易产生普遍性的焦灼感与压力感。因此，对白领群体承受的社会压力的分析，不仅要对他们的个人际遇予以关注，更重要的是要分析作为一种结构力量的社会阶层，其产生发展的时代特征、其认同的价值观念、其所处的体制环境以及整个社会价值观的变迁对他们内心世界的影响，并做出清晰的判断。尽管个体所遭受的社会压力深受外在脉动的影响和制约，但是对于个体的调节而言，社会政策的调节与家庭资源的整合显然更为重要，尤其在经济全球化的社会速变时期，完善各种制度化的保障体系和社会服务，帮助家庭成员有效地发掘资源、增强抵御生活风险的能力，才能使家庭成员的紧张和焦虑得以舒缓，从而在个人层面维持微观心态变化与社会结构紧张之间的动态平衡。

参考文献

陈成文、方月娥，2008，《社会学视角中的白领阶层》，《科技信息》第6期。

工道阳、姚本先，2009，《压力源研究的理论模式》，《第十一次全国行为医学学术会议暨广东省行为医学分会首次学术年会论文集》。

李友梅，2005，《社会结构中的“白领”及其社会功能——以20世纪90年代以来的上海为例》，《社会学研究》第6期。

张宁，2012，《白领工作者的心理承受能力在其角色压力与工作满意度之间的作用机制研究》，硕士学位论文，天津师范大学。

周晓虹主编，2005，《中国中产阶层调查》，社会科学文献出版社。

Hill, R. 1949. “Families under Stress.” in McCubbin, H. L., Joy, C. B., Cauble, A. E., Comeau, J. K., Patteison, J. M. & Needle, R. H. eds., 1980. “Families Stress and Coping: A Decade Review.” *Journal of Marriage & Family* 42 (4): 855 – 871.

Holmes, T. H. & Rahe, R. H. 1967. “The Social Readjustment Rating Scale.” *Journal of Psychosomatic Research* 1 (1): 213 – 218.

Lazarus, R. S. & Launier, R. 1978. “Stress-related Transactions between Person and Environment.” in L. A. Pervin & M. Lewis eds., *Perspectives in Interactional Psychology*. New York: Plenum.

女性高层次人才成长的政策研究与推动*

全国妇联"女性高层次人才成长状况研究与政策推动"项目组**

摘　要：女性高层次人才的数量和比例是衡量中国妇女地位的重要标志之一。自2009年起，在时任全国人大常委会副委员长、全国妇联主席陈至立同志的直接领导下，全国妇联联合有关部门实施了"女性高层次人才成长状况研究与政策推动"项目。经过三年的努力，该项目实现了预期目标，取得了丰硕成果。作为以研究为基础推动政策发展的范例，本文着重介绍了项目的背景、意义和特点，主要研究发现，政策研究推动的主要进展、体会，在此基础上提出进一步促进女性高层人才成长的对策建议。

关键词：女性高层次人才成长　政策研究　政策推动

为贯彻落实人才强国战略，加大对女性高层次人才成长的政策支持力度，有效解决女性高层次人才特别是管理和科技领域女性高层次人才不足的现实问题，充分发挥女性高层次人才在政治、经济、教育和科技等领域中的重要作用，全国妇联自2009年起联合有关部门实施"女性高层次人才成长状况研究与政策推动项目"。经过三年的努力，该项目实现了预期目标，取得了丰硕成果。

---

* 本文为全国妇联"女性高层次人才成长状况研究与政策推动"项目成果之一，是总报告的一部分。该项目获得国家软科学研究计划支持，项目编号为2010GXS1B022。项目负责人为宋秀岩、谭琳。

** 本文主要执笔人：蒋永萍（1953～），女，原全国妇女研究所政策法规研究室主任、研究员，中华女子学院客座教授。

一　项目背景与意义

中国正处于改革发展的关键阶段，全面建设小康社会，需要努力提高全民族素质，加快人力资源开发，也需要占人力资源半数的女性更广泛、更深入地参与到科技创新、经济建设和社会管理中。党和国家历来高度重视人才工作，把人才强国战略作为促进经济社会发展的一项基本战略，不断壮大以高层次人才和高技能人才为重点的各类人才队伍，不断完善有利于人才成长和作用发挥的政策制度。在各级党委政府的高度重视及有关部门的积极推动下，近年来，全国各类女性人才的数量有了显著提高，各类人才的性别结构逐步改善，这有利于女性人才成长的政策环境和社会环境不断优化。据第六次全国人口普查，2010 年包括党政机关、企事业单位负责人和各类专业技术人员在内的女性人才为 2819 万人，比 2000 年增长了 659 万人，高于男性同期 571 万人的增幅；女性人才占人才总体的比例为 45.8%，比 2000 年提高了 1.9 个百分点（国务院人口普查办公室、国家统计局人口和社会科技统计司，2002）。

但是，当前中国女性人才发展的总体水平与世界先进水平相比仍有很大差距，与中国经济社会又好又快发展的总体状况还不相适应，女性高层次人才，特别是管理和科技领域的女性高层次人才明显不足，与中国妇女广泛参与经济社会发展的规模相比差距较大。主要是：各级决策领域女性比例偏低，2009 年地厅级、省部级干部中女性比例分别为 13.7% 和 11.0%（国家统计局社会和科技统计司，2011），与联合国倡导的各级决策机构中女性至少占 30% 的目标相比有较大差距；专业技术人员的女性比例随专业技术职务的提高而逐层减少，2010 年初级、中级职务中的女性比例分别为 48.0% 和 45.4%，高级职务为 35.3%，但正高级只有 30.3%（国家统计局社会和科技统计司，2012）；科技领域女性人才高层断档问题突出，中国科学院和工程院女院士仅占院士总数的 5.06%，低于 1978 年第一届全国科学大会时 6.2% 的女院士比例；在国家“863”计划专家组中，没有女性成员，“973”计划选聘首席科学家中，女性仅占 4.6%（吴江，2009）。这些情况表明，女性人才特别是高层次人才的成长和发展面临严峻挑战，如不及时采取有效措施，加强女性高层次人才的培养，将会导致一代人才性别比例的严重失调。

女性高层次人才的数量和比例是衡量中国妇女地位的重要标志之一。

近年来，女性高层次人才的发展问题逐渐引起了有关部门和研究机构的重视。中组部制定了包括女性人才在内的《国家中长期人才发展规划纲要(2010—2020年)》，并针对“女干部成长规律及培养方式”进行专题调研，全国妇联、中国科学院和中国科协等部门也通过多种形式就各类女性人才成长开展研究和宣传倡导，这些都为本项目的研究与实施提供了良好的基础。

全国人大常委会原副委员长、原全国妇联主席陈至立同志高度重视女性高层次人才的成长问题，强调要把积极推进女性高层次人才特别是科技领域女性人才成长，作为一项长远性、战略性和全局性的工作，要求全国妇联会同有关方面深入调查研究，提出有针对性的政策建议，促进出台有利于女性高层次人才成长的积极政策。根据陈至立同志的指示，全国妇联书记处研究决定，从2009年9月起，联合中组部、人力资源和社会保障部、科技部、教育部、卫生部、国务院国有资产监督管理委员会、国家自然科学基金委员会、中国科协、中国科学院、中国社会科学院10个部门开展“女性高层次人才成长状况研究与政策推动”项目，以促进有关部门和社会各界对女性高层次人才成长问题的关注与重视，推动出台更多有利于女性人才成长的政策措施，有效解决女性高层次人才不足的问题，创造更加有利于女性高层次人才成长的社会环境。该项目得到了科技部2010年度国家软科学研究计划的支持。

二　指导思想和工作思路

（一）指导思想

本项目所指女性高层次人才包括党政机关及企事业单位女性领导、高级女性专业技术人员等各类女性高层次人才，重点是在理、工、农、医四大学科从事研究、开发、应用的女性高层次人才。开展本项目的基本目标是，在充分调研和研究的基础上，形成促进女性高层次人才成长的发展战略，提出并推动相关部门形成促进女性高层次人才成长的政策和措施。

开展本项目的指导思想是：围绕国家人才强国战略的总体部署，探索女性高层次人才特别是科技领域女性人才成长的规律，边调研、边论证、边争取政策、边推动相关部门制定积极的政策措施，营造有利于女性人才成长的良好环境，为国家人才强国战略的实施做贡献。为此，在项目开展的初期，项目组就提出了注重协作性、整合性和实践性，加强与相关部委的沟通协作，充分利用现有研究成果，注重与相关研究机构和女性社团的密切合作，发挥妇联组织自身工作优势的实施要求。

（二）工作方法

本项目是以实证研究为基础的政策推动行动，重在五个结合，即调研论证与争取政策相结合，阶段性政策推进与战略性政策促进相结合，已有研究成果与现状调查研究相结合，国际比较研究与国内现状研究相结合，妇联组织与相关部门和专家学者相结合。具体方法有以下几种。

1. 现状调研

从社会性别视角出发，采用定性与定量相结合、生命周期和职业生涯相结合的调查研究方法，运用焦点组访谈、个人访谈及大规模抽样调查等多种渠道和方式，深入了解处于不同生命周期和职业生涯中女性人才面临的特殊问题和主要障碍，把握不同层次女性人才发展的需求。

2. 文献研究

广泛收集整理国内外女性高层次人才，特别是管理和科技领域女性人才的最新文献和数据信息资料，进行深入系统的文献研究和国际比较研究，认识中国女性高层次人才的发展现状，研究总结其成长规律，了解国际社会促进女性人才成长的有效政策，为项目实施拓宽视野，寻求借鉴。

3. 政策论证

以不同层次女性人才特别是管理和科技领域女性高层次人才政策需求为基础，梳理中央、有关部委和地方已出台的相关政策，分析其对男女人才成长的影响，参考借鉴国际社会政策经验，研究论证制定女性人才成长政策措施的必要性和可行性。通过不同类型的专题研讨和政策对话，广泛听取妇联团体会员和相关专家学者的意见建议，与有关部门进行充分沟通，形成符合中国国情的促进女性高层次人才成长的政策建议。

4. 宣传倡导

发挥项目研究成果的边际效应，利用报刊、网络等媒体资源，通过研究成果发布、专题讲述、人物纪实等方式，展示中国女性高层次人才的成就，宣传国家保障和推进女性高层次人才发展的必要性和可行性，促进社会各界关注女性人才的成长，营造有利于女性拔尖人才脱颖而出、健康成长的社会环境。

5. **政策推动**

在调查研究和政策论证的基础上，采取多种方式，推进研究成果向可行性政策措施的顺利转化，促进国家有关部门分步骤制定实施或修改完善促进女性高层次人才特别是管理和科技领域女性高层人才成长的政策措施，力争早日出台若干项对女性高层次人才成长影响重大的支持性政策。在项目结束终期，推动形成促进女性人才成长的发展战略和配套政策。

为实现项目预期成果，充分整合已有的研究成果，发挥各协作单位的作用，项目设立并完成7个子课题，分别为：由全国妇联妇女研究所承担的“科技领域女性高层次人才成长状况与发展对策”研究；由中国科协女科技工作者专门委员会承担的“中国女性科技人才60年发展概况”研究；由科技部中国科技发展战略研究院科技与社会研究所承担的“我国科技人员成长与发展的性别比较”研究；由全国妇联组织部牵头，中华女子学院承担的“中国女性高层参政状况与发展对策”研究；由全国妇联妇女研究所牵头，相关部门及专家学者与各级妇联参与完成的“全国女性高层次人才抽样调查”研究；分别由北京市、上海市、广东省和河南省妇联承担的“女性高层次人才成长状况研究与对策建议”的地区性研究；由全国妇联妇女研究所牵头，权益部、组织部、中华女子学院及相关专家参与完成的“女性高层次人才成长重点政策论证”研究。

三 主要研究发现

自2009年起，在时任全国人大常委会副委员长、全国妇联主席陈至立同志的高度重视和亲自推动下，在专家委员会的悉心指导下，在有关部门的大力协作下，项目组从高层次女性成长状况与规律的定性与定量研究入手，积极探索女性人才的成长规律和特点，系统梳理比较国内政策文献和国际相关政策，为进一步政策论证和政策推动奠定了坚实的基础。

（一）定性研究的主要发现

针对科技领域女性高层次人才成长发展中存在的问题，在陈至立同志亲自主持的两次高层座谈会的基础上，项目组在北京、吉林、河南、陕西、安徽5省市就“科技领域女性高层次人才成长状况与发展对策”研究召开了15次不同类型的座谈会和进行了多次个案访谈；针对女性高层党政人才成长与发展问题，在北京、甘肃、四川、重庆4省市就“局级女干部现状及存在问题”召开了6次座谈会，也进行了多次个案访谈，并形成了专题研究报告。

1. 科技领域女性高层次人才成长状况与发展对策

研究发现，科技女性人才成长既需要遵循科技人才成长的一般规律，还需要更加有利的环境才能顺利成长。影响高层次科技女性成长成才的规律性因素主要包括：男女平等原则的贯彻和科教兴国战略的实施，为女性进入科技领域创造了良好的政策环境和难得的发展机遇；工作单位和领导较好地落实国家男女平等政策，积极为她们创造了发展机会和支持性环境；导师和前辈培养激励她们挑战传统性别角色、追求卓越，以及家庭在她们平衡工作与家庭责任方面提供了重要帮助；科技女性充分发挥个人能动性，在专业定位上找准创新点，注重知识积累和更新，把握发展机遇，善于平衡工作和家庭责任。

调研发现，科技领域女性高层次人才偏少不是因为女性在科研能力和工作态度上逊色于男性，而是由于社会文化和政策制度的制约。具体包括：传统的社会性别刻板印象影响女生进入理工科专业和一流科研机构，“男主外，女主内”的家庭性别分工和传媒对这一传统性别角色规范的有意无意的传播，阻碍了科技女性全力投身科研工作；政府公共服务投入削减与社会支持不足，使入托难、幼儿照料与工作矛盾再次成为拖累女性在科技领域顺利发展的重要因素；科技领域男性化社会交往方式、决策中的女性缺位以及女性科研成就难以得到认可，致使科技女性很难获得科研资源；不平等的退休政策导致部分高级科技女性特别是地方院校女性高级技术人员发展受阻、利益受损。

2. 女性高层次人才参政状况与发展对策

研究表明，女性高层次党政人才成长的关键因素既取决于人才发现、培养、选拔、任用的外部组织因素，又取决于女性自身的内在因素。妇联组织的人才储备与积极举荐，组织部门的政策可行、措施得力，在选拔任用女性参政上积极听取妇联的建议和意见，为女干部成长创造了良好的外部组织环境；家庭和谐、亲人支持在女性高层次党政人才平衡工作与家庭矛盾中发挥了重要作用；女性高层次党政人才自身执着追求、勇于创新、求真务实、注重合作、尽职尽责、做好工作、廉洁自律、胸怀宽广的个人品质，使其更适合走向高层次的领导岗位。

研究认为，高层领导岗位上女性数量少的问题长期未能得到改变的主要原因在于：一是相关政策和法规不完善，对各级女干部和人大女代表的

最低数量或比例缺乏具体规定，女低男高的退休年龄政策压缩了女性的晋升空间；二是女性人才储备中理论培训多、挂职锻炼少，定岗工作多、轮岗实践少，男性培训多、女性培训少等；三是在任用上把女干部当成可有可无的“点缀”，甚至集“无知少女”于一身；四是受传统文化的影响，存在男女干部的双重评价标准，部分男领导担心提拔女干部易被误解甚至非议，以及部分女性高层次党政人才社会性别意识薄弱等；五是男性化的社会交往方式，使得多数女性高层次党政人才在对外联系、招商引资、解决困难、扩大业务等方面显得力不从心，从而影响了对女性能力的正确评价。

（二）定量研究的主要发现

为了深入了解中国高层次女性的状况，客观分析高层次女性成长中面临的问题，提出全面促进高层次女性发展的对策建议，按照项目计划，第三期中国社会妇女地位调查将高层次女性作为重点人群进行调查。调查对象包括副处级及以上党政干部、具有副高及以上职称的专业技术人员和企业高层管理人员。调查共得到高层次人才有效样本 4324 人，其中男性为 2336 人，占 54.0%，女性为 1988 人，占 46.0%。

1. 高层次女性的基本状况与特点

高层次女性中近 40% 的人为复合型人才，兼有政治、经济或技术职务，她们中相当一部分人是从专业技术领域成长起来的。相比之下，从经济领域成长起来的女性高层次人才相对较少。女性高层次人才平均年龄为 45.8 岁，55 岁以上者比例低于男性。女性高层次人才出生地是农村的占 20%，而高层次男性出生地是农村的占 40%。高层次女性总体具有良好的受教育状况，80% 以上具有大学本科及以上学历，比男性高 6.3 个百分点。高层次女性中有 71.5% 的人是中共党员，但民主党派和非党派比例高于高层次男性。90.8% 的高层次女性处于已婚有孩状态，离异比例略高于高层次男性人才和非高层次女性，初婚、初育年龄比女性平均水平晚 2 年左右。高层次女性自评健康状况“很好”或“较好”的占 71.1%，介于高层次男性人才和非高层次女性之间，但自评心理健康状况在三者中最差。

2. 高层次女性发展的主要规律

第一，能够发挥个人能动性的女性更容易成长为高层次人才。大多数高层次女性自信自强。对自己的能力有信心、认为自己能够出色完成任务、享受自己的工作并有成就感的比例分别为 94.9%、99.1% 和 92.8%。高层次女性重视知识更新，积极构建支持网络。96.4% 的高层次女性能够主动进行知识、技能更新；47.9%的高层次女性参加了相关的专业/行业组织，高于男性的41.9%，更远高于非高层次女性的1.1%。高层次女性具有更现代的性别观念。不同意“男人应该以社会为主，女人应该以家庭为主”说法的高层次女性达到76.8%，远高于高层次男性的58.2%和非高层次女性的43.6%。对“丈夫的发展比妻子的发展更重要”的观念，高层次女性中有63.5%的人不认同，比男性高出8.1%。对“对于女人来说，事业和家庭往往很难兼顾”的说法，高层次女性表示同意的为46.9%，低于男性的61.8%。

第二，平等的组织环境有利于女性成长为高层次人才。在鼓励成才、职业规划、提供资源和机会等方面得到单位/领导帮助的比例，两性差异不大，这表明女性并没有受到明显歧视。而单位领导层的性别比例越平衡，发生性别歧视现象的比例越低。在所在单位领导班子“没有女性”“女性不足30%”“女性占30%~50%”以及“女性超过50%”几种情况下，单位最近三年发生“同等条件下男性晋升比女性快”现象的比例分别为39.6%、37.9%、24.0%和6.1%。

第三，支持性的家庭环境更有利于女性成长为高层次人才。高层次女性一般拥有支持性的家庭环境与和谐的夫妻关系。28.1%的高层次女性认为在解决家务负担方面得到的最大帮助来自父母，明显高于男性的11.8%。94.9%的高层次女性认为配偶支持自己的职业发展。高层次女性父亲的受教育程度较高。父亲文化程度在高中及以上的比例达55.0%，比高层次男性高17个百分点。

第四，榜样特别是同性榜样对女性高层次人才成长具有重要意义。75.4%的高层次女性在职业发展中有榜样，高于男性的67.1%，有榜样的高层次女性中93.5%的人有女性榜样，远高于男性的62.0%。

3. 高层次女性成长面临的问题与挑战

一是制度性环境需要改善。高层次女性成长在入口和出口均需要更多的平等机会，高层次女性发展的组织环境有待改善。在所调查的高层次人才中，单位一把手是男性的占79.4%，单位领导班子没有女性和女性比例不足30%的分别占20.6%和51.1%。二是传统性别观念依然存在。30%左右的高层次人才赞同“男人应该以社会为主，女人应该以家庭为主”、“挣钱养家主要是男人的事情”和“丈夫的发展比妻子的发展更重要”，其中男性赞同的比例远高于女性。三是工作与家庭冲突阻碍更多女性成长。一方面，高层次女性家务负担偏重，在调查前一天的平均家务劳动时间女性为

103 分钟，男性仅为 60.4 分钟；认为自己目前最需要的帮助是减轻家务负担的高层次人才中，女性占 68.5%，男性占 31.5%。另一方面，半数以上高层次女性为工作压力所困：最近三个月，55.0% 高层女性感觉“压力很大”或“压力较大”，比男性高出 5.7 个百分点。三类人才比较，对劳动强度、收入水平和发展前途最为不满的是女性专业技术人才。

（三）政策国际比较的主要发现

国际社会特别是欧美和亚太等地区在推动社会性别主流化的过程中，针对女性人才特别是女性高层次人才成长的突出问题，推行了不同层面的促进各类女性人才成长、发展的政策措施，并取得了一定的政策效果。

1. 促进女性科技人才成长方面的国际政策

针对科技领域存在的专业性别隔离，为使女生从小学到大学获得友好的科技专业氛围，一些国家建立在线导师项目，以更好地培养女性学习科技的兴趣；在大学设立科技专业女生奖学金，帮助科技专业女生学习并获得学位，以促进更多女性投身科技领域。

针对女性在科技管理决策中缺位的问题，可借鉴的政策措施有：规定各个学术委员会中女性比例不低于女性科技人员比例，促进女性在高级职位的发展，增强女性在决策中的话语权；让女性科学家更多地参与科技政策的制定与执行过程，促进性别问题在科技领域被广泛接受和了解；加强性别统计，提供各层次科技人才性别隔离数据，监控科技领域的性别平衡发展情况。

针对女性更多承担家庭照料责任，工作与家庭冲突较为严重的情况，提供适应需要的生育、育儿和照顾老人等平衡工作与生活的支持性措施，以使科技女性能有更多精力投入工作，促进男女两性平等和谐共同发展。

2. 促进妇女参政方面的国际政策

研究表明，规定女性在决策部门中的最低比例（以下简称“配额制”），已成为促进妇女参与决策最为广泛的机制。对国外不同类型配额制的比较发现，配额制不但已成为妇女在政治参与上实现实质性平等的有效途径，而且不同的政治制度和选举制度都可以创造出与之相适应的、不同形式的配额制。

结合妇女参政的实际情况，一些国家通过修改选举法以及制定相关法律政策，规定执政党、各级人大代表、政协委员、各级政府部门领导班子中女性的最低比例，并采取措施确保女性的当选，加快妇女参政的步伐。

四　政策研究推动的主要进展

在研究的基础上推动政策的进展既是本项目的出发点和落脚点，也是本项目最突出的特色。在调研女性高层次人才成长规律特点与政策需求的同时，针对女性高层次人才发展中的突出问题，项目组集中力量进行促进女性人才成长的重点政策的分析论证，并积极探索政策创新和制度创新的措施与路径。

（一）重点政策论证和推动

在定性与定量调查研究和国内政策梳理及国际政策比较的基础上，本项目进行了五个方面重点政策的论证和推进。主要是向国家发改委提交报告，建议“在‘十二五’规划中贯彻男女平等基本国策，促进妇女全面发展”，将“全面开发女性人力资源”写入其中；向中组部提交“对《国家中长期人才发展规划纲要（2010—2020年）（征求意见稿）》的修改建议”，将促进女性人才发展纳入国家人才中长期规划；向中组部及人力资源和社会保障部提交“关于率先在高层人才中实行男女平等退休政策的建议”；向教育部提交“关于鼓励科技领域女性后备人才成长的政策建议”；向国家自然科学基金委员会提交“关于发挥国家自然科学基金作用，促进女性人才成长的政策建议”。上述政策建议均同时作为2010～2012年“两会”提议案向全国人大和全国政协提出。

（二）营造良好的社会环境

利用项目研究成果，积极开展宣传倡导，促进社会各界关注女性人才的成长，是项目实施的重要工作。为此，项目开展了针对不同人群的宣传倡导。包括：向国际社会展示中国女性高层次人才的成就与制约女性人才发展的瓶颈问题，共同研究21世纪促进女性高层次人才发展的大计；向人大代表、政协委员建言献策，开展政策宣传倡导；向全社会开展舆论宣传，树立女性高层次人才的良好形象；编辑发放项目简报，推动项目参与单位采取积极措施促进女性人才成长。

（三）政策推动的可喜进展

在陈至立同志的带领下，项目组和各项目协作单位密切配合，紧紧抓

住国家重大政策出台的契机，加强政策论证，加强协调沟通，研究制定并适时推出了多项具有可行性和导向性的政策意见，为女性人才成长营造制度性、长远性的发展环境。政策推动的可喜进展主要有以下方面。

在国家“十二五”发展规划中，以专门一段阐述促进妇女全面发展，强调贯彻男女平等基本国策，全面开发女性人力资源等重要内容。

在新制定的《中国妇女发展纲要（2011—2020年）》中，“妇女参与决策和管理”的目标和策略措施得到进一步完善。“提高妇女参与国家和社会事务的管理及决策水平”“企业董事会、监事会成员及管理层中的女性比例逐步提高”成为新一轮中国妇女发展纲要的主要目标。

中组部在《国家中长期人才发展规划纲要（2010—2020年）》中，将性别观点和妇女人才发展的内容纳入其中，并进一步重申县处级女干部平等退休政策。

科技部联合全国妇联起草下发《关于促进女性科技人才队伍建设的意见》，要求各省区市采取积极措施，促进女性科技人才成长。

教育部将“女性高层次人才成长规律及发展对策研究”列入社会科学重大课题攻关项目，并探索设立“鼓励支持理工科女生发展的专项计划”，在高等院校中合作建立性别研究学科基地的可行性。

国家自然科学基金委率先出台培养和扶持女性科研人员的一揽子政策措施，在国内外产生了非常积极的影响，为女性科研人员成长创造了更加有利的条件。

中国科协要求采取措施增加科协所属全国各学会领导层中的女性比例。

此外，人社部、卫生部、国资委、中国科学院、中国社科院围绕女性人才成长，开展了各具特色的政策扶持、资源倾斜、专项研究等工作。

参加子项目研究的北京、上海、广东、河南4省市也积极开展省级的政策论证和推动工作。上海市委出台了在公务员中实行男女同龄退休等政策，收到了非常好的社会反响。

同时，全国妇联女性高层次人才研究与政策推动项目的实施，也有效地推动了全国各地对女性高层次人才成长状况的研究和政策推动。

（四）政策促进的体会

女性高层次人才成长状况研究和政策推动项目从申请立项到具体实施的三年中，有挑战，有机遇，有成效，有进展。在推进中有以下几点深切的体会。

一是国家重视人才开发的战略决策和坚决贯彻落实男女平等基本国策，为成功推进相关政策提供了坚实的政治保障。在项目实施过程中，国家出台了中长期人才发展规划纲要，全面推进人才队伍建设，提出人才强国的战略；全国人大常委会开展妇女法执法检查，以保障妇女的政治权利、劳动和社会保障权益为重点，全面检查各地方和职能部门落实男女平等基本国策的情况；国家“十二五”规划纲要的出台，更加强调了协调发展与社会公平。这些都为推进女性高层次人才成长创造了良好的政治环境，提供了坚实的政治保障。

二是领导对女性高层次人才成长的高度重视和积极推动，为成功推进相关政策提供了强大动力。项目在启动时就得到了彭佩云同志的亲切关注，陈至立同志亲自领导，征询各方意见，与项目工作组共同研究，明确项目实施的方向和重点，策划推动项目的具体实施。来自科技领域、职能部门的项目专家委员会的专家，积极为项目实施出谋划策，提供指导，为推动研究成果转化为政策措施创造了良好的条件，起到了决定性作用。

三是基于需求的科学调研和针对政策措施的务实论证，为成功推进相关政策奠定了良好基础。项目着眼于我国女性人才发展面临的挑战，通过探求女性人才的成长规律，了解中高层次女性人才、管理部门的政策需求，立足于我国当前男女平等推动工作的现实，从可行性出发，使研究工作最大化地服务于应用实践，实现了学术研究与政策推动的良性互补。

四是协作单位的思想共识与鼎力支持，为成功推进相关政策形成了工作合力。在政策推动过程中，中组部相关司局对妇联的各项建议高度重视，主动征询意见，积极采取措施支持研究工作；国家自然科学基金委主动组织专家力量开展抽样调查和比较研究，为政策的可行性论证补充了有力依据；科技部将政策推动作为重要任务，主动召集相关研究人员，整合研究资料开展政策论证；教育部支持开展软科学研究；中国科协积极作为，采取宣传、表彰、激励等各种措施着力推动女科学家成长；国资委与全国妇联联合召开了“中央企业女领导干部座谈会”，推动中央企业的妇女工作。正是协作单位的共同推进，才使项目取得了良好成效。

五　进一步促进女性高层次人才成长的对策建议

为推动女性高层次人才更多更快成长，项目组提出的进一步政策促进方向如下。

一是切实改善妇女在决策和管理中的参与状况。要针对女干部成长的规律和特点，进一步完善女干部培养、选拔及任用机制，逐步提高不同决策领域和各级决策层级妇女参与的比例和水平。要切实提高各级人大代表、政协委员的女性比例，保障妇女通过人民代表大会行使国家权力、参与协商民主的权利和机会；要加大女干部培养选拔力度，通过多种途径提高处级以上干部特别是正职的女性比例，早日实现在各级决策层有30%女性的国际目标；要支持并推动妇女参与经济决策和企业经营管理，使更多女性进入政府经济决策部门和企业的董事会、监事会及管理高层。

二是全面落实女性高层次人才同龄退休政策。要高度重视不平等的退休政策给女性人才发展带来的一系列不利影响，特别是在职称、职务晋升，科研资源分配等方面的不利影响，全面贯彻落实《国家中长期人才发展规划纲要（2010—2020年）》，重申1990年和1992年人事部、中组部文件和2010年中组部复函的精神，提高其刚性和政策效力，为女性人才成长发展提供平等的机会，使更多的女性能够脱颖而出，成长为高层次人才。

三是切实改善女性高层次人才成长的组织环境。要高度重视女性高层次人才发展的组织环境，明确要求各级党政机关、各类事业单位及国有大中型企业贯彻落实男女平等的基本国策，提高领导班子成员特别是一把手的女性比例，提高女性在人才决策中的话语权和影响力。鼓励各级各类单位在录用、培训、晋升等人才开发和配置环节采取同等条件女性优先的倾斜性政策，大力促进女性人才成长。

四是有效增强面向女性高层次人才特别是中青年女性人才的社会支持。相对于男性，女性不可避免地要承担更多人类再生产的责任，要尊重女性人才成长的这一特殊需求，通过提供更多面向家庭的公共服务支持女性人才发展。同时，应鼓励更多的单位营造家庭友好的环境①，并鼓励男性与女性共同承担家庭责任，使女性人才能够更好地平衡工作和家庭。

五是大力宣传优秀女性高层次人才，形成正确的舆论导向。要采取多种形式、利用多种渠道宣传政治、经济及科学技术等领域女性高层次人才的积极正面形象，充分肯定她们为社会做出的积极贡献，积极宣传其丰富的生活方式与和谐的婚姻家庭，营造有利于女性高层次人才成长的社会文化环境。鼓励更多的女性自尊、自信、自立、自强，做到奋发有为、彰显

① 由工作组织和政府通过制定政策等方式营造的有利于员工工作和家庭平衡的环境被称为“家庭友好的”（family-friendly）环境。

作为。

六是切实加强各级各类人才的分性别监测评估。要加强政治、经济及科学技术各领域、各层次人才的分性别统计，特别是在录用、培训、晋升、退休等方面的分性别统计与监测评估，以便有关部门及时掌握女性高层次人才成长的动态，制定有针对性的政策措施，促进女性高层次人才队伍的健康成长。

参考文献

陈至立，2013，《女性高层次人才成长状况研究与政策推动》，中国妇女出版社。

国家统计局社会和科技统计司编，2011，《2010 中国妇女儿童状况统计资料》，中国统计出版社。

国家统计局社会和科技统计司编，2012，《2012 中国妇女儿童状况统计资料》，中国统计出版社。

国务院人口普查办公室、国家统计局人口和就业司编，2002，《中国 2000 年人口普查资料》，中国统计出版社。

吴江，2009，《创新体制机制，促进女性人才成长》，《中国妇女报》12 月 28 日。

我国政治精英晋升的性别比较研究*

佟 新 刘爱玉**

摘 要：本文从性别视角出发，认为政治精英的地位获得是具有性别差异的，这种差异的变化反映了中国社会结构与身份政治的变迁。本文使用2010年从全国获得的1870位科级及以上政治精英的资料，以性别比较的方法分析了影响两性晋升的因素。研究发现，影响两性政治精英晋升的共性方面是人力资本和社会资本的正向作用；差异性方面则是性别因素，女性政治精英地位的获得会更多地受惠于父母的社会经济地位、自身的性别平等观和平衡工作与家庭角色的能力，男性政治精英向更高层次晋升时亦受到性别观念和平衡工作与家庭角色能力的作用，但这些因素的影响力度弱于女性。我国在向上流动上依然是一个相对封闭的社会，性别身份依然作用于人们的向上流动，男性通过提升人力资本和社会资本便能进入政治精英的成长之路；而女性既要有高质量的人力资本和社会资本，还要有赖于父母的社会经济地位、个人的性别平等观和平衡工作与家庭角色的能力。

关键词：政治精英 晋升情况 性别比较

* 本文系2010年教育部哲学社会科学研究重大课题攻关项目“女性高层次人才成长规律及发展对策研究”（课题编号：10JZD0045－1）、2010年国家社会科学基金重大项目“第三期中国妇女社会地位调查”（课题编号：10@ZH020）的阶段性成果。

** 佟新（1961～），女（满族），北京大学社会学系教授，博士生导师，主要研究方向为劳动社会学和性别/妇女研究；刘爱玉（1964～），女，北京大学社会学系教授，博士生导师，主要研究方向为劳动社会学。

一　研究问题的提出

本文关注的问题是我国的政治精英[①]是如何得以晋升的，其晋升的路径和影响因素是否存在性别差异，特别关注有哪些因素作用于女性政治精英的晋升。

政治精英是指在各级党政管理系统中担任领导岗位的人，这些领导岗位是由一整套从科级到处级再到局级和部级的职业晋升链条构成的，每一等级的权利和义务明确，并具有相关的权力、工资和福利待遇。对中国市场化转型过程中政治精英晋升的相关研究认为，政治精英的升迁与其以学历为主的人力资本有关，学历越高，其升迁的可能性越大（Lee，1991）；教育对精英地位获得的重要性在上升（Walder et al.，2000），但家庭出身起作用的方式在不同的历史阶段可能会有所不同（Walder & Hu，2009）。上述研究对于我们研究政治精英富有启发，但其在分析时，较少将研究对象视为有性别的个体。如果将性别要素纳入分析框架，就会发现，女性主要靠接受较高的教育才能进入核心部门，而男性则深受家庭背景的影响（Lin & Bian，1991；林南、边燕杰，2002：83～115）。这些研究揭示了20世纪末中国干部晋升的影响因素确实存在性别差异。那么，进入21世纪后，政治精英在晋升上的性别差异是否依然存在？其表现形式又具有怎样的特征呢？

第六次全国人口普查数据显示，2010年包括党政机关、企事业单位负责人和各类专业技术人员在内的女性人才为2819万人，占人才总量的45.8%。与2000年相比，女性政治人才增长了659万人，10年间提高了1.9个百分点，高于男性同期571万人的增幅。但从领导位置看，基层行政组织中的女性参与率不足1/4，越往高层，女性比例越低。2009年，我国省（部）级及以上干部中女性比例为11.0%；地（厅）级干部中女性比例为13.7%；县（处）级女干部比例为16.6%（国家统计局社会和科技统计司编，2011：58）。这说明，对女性而言，其在政治精英的晋升之路上确实存在“玻璃天花板”（a glass ceiling），即女性在职业晋升的路径上存在和男性

① 本文使用政治精英的说法来展开讨论，在我国对政治精英的研究亦可称为对人才、干部、官员的研究。

一样的前途，但这种前途被一层看不见却真实存在的、像玻璃一样的结构封闭掉了，这一层酷似玻璃般的阻碍女性晋升的结构是组织已有的男性权力结构和性别文化（Kanter，1977）。Erik Olin Wright（1995）和 Mark. E（1998）的跨国比较研究表明：在欧美等发达国家中，工作权威层的性别差距普遍存在，女性比例普遍低于男性。中国的工作权威层亦存在着性别不平等现象：女性在职务等级、职务类别、民主参与度、权力效能等方面远不如男性；领导职位主要由男性控制，女性担任领导职务的比例大大低于男性，而且越是在实权部门，女性能够晋升到领导职位的概率越低（许叶萍、石秀印，2009；李忠路，2011）。那么，我们要问，是什么因素导致了政治精英的晋升出现了性别差距？这要求我们对两性政治精英的晋升做比较研究。

从性别视角对政治精英晋升之路进行性别比较研究，这对认识中国社会结构及其变迁有重要的理论意义。中国社会一直是个身份社会。首先，它是“官民身份”社会，官吏与一般平民形成了两种地位明显差异的群体，官员成为社会中控制社会资源的最主要群体。隋朝建立了科举考试的制度，使官僚体系有了再产生、晋升的正规渠道，外加恩荫、举荐、军功以及捐官等其他渠道，构成了一整套的官僚体系。区分社会地位的主线在于政治权力，有了官位，功名利禄就都有了。这套官僚体系在官民身份上的等级很森严（李强，2008：188～189）。“做官”便成为各类精英的共同追求，而这些精英只能是男性精英。其次，由于社会主义革命，女性也获得了从政的机会，能够拥有“官”的身份，这打破了传统社会的性别身份，意味着女性从父权制的约束中解放出来，从私人之闺阁走向了公共领域。但传统文化依然在起作用，女性在政治、经济和社会生活中依然具有弱嵌入性，即女性嵌入社会关系的程度可能较弱（孟宪范，2004：1～22）。只有当女性不仅能进入职场，而且能够在官僚体制中步入晋升的链条，拥有权力，才能从根本意义上改变性别身份和性别权力关系。因此，研究有关影响女性政治精英之晋升的诸因素有助于我们理解中国社会结构及变迁的性别政治。

二　文献回顾和理论假设

从以往研究看，影响政治精英地位获得的因素很多，它包括先赋性因素和自致性因素；社会资本或社会关系网络的作用。本文加入了两个性别视角来分析政治精英的晋升，一个是工作和家庭平衡的因素；另一个是组织的性别环境因素。

1. 先赋因素与晋升

传统职业晋升的研究以布劳和邓肯的地位获得模型与斯威尔和豪瑟的拓展模型（Blau & Duncan，1967；Sewell & Hauser，1975）为基础，在个人先赋因素和自致因素间寻找影响人们晋升的要素。研究认为，个人职业地位的获得是个人教育水平提升等人力资本等自致性因素作用的结果，而非家庭出身等先赋性因素作用的结果。但我们认为，先赋性因素和自致性因素对政治精英的晋升来说并非是割裂的，有可能同时起作用。正如中国是个身份社会，那么家庭出身，即城乡身份和父母的受教育程度都会作用于子代的晋升。在先赋性地位中，性别身份亦是重要的身份，女性晋升更可能受惠于家庭的正向作用。由此我们提出两个假设：（1）政治精英的晋升受到先赋因素的影响；（2）女性政治精英的晋升更多地受惠于父母的出身与教育程度。

2. 自致因素或人力资本因素与晋升

人力资本因素对政治精英的晋升有重要影响。在已有的经验研究中，人力资本多被操作化为受教育年数（学历）、在职培训和工作经验。随着我国高等教育的普及，学历的含金量会降低。有研究指出，学校级别对大学生职业地位获得有显著影响（李黎明、李卫东，2009：120）。因此，我们加入了“是不是重点大学”的变量，对高等教育的质量加以考察。从性别视角看，人力资本理论认为工作权威上的性别差距主要是由两性拥有的人力资本差异造成的，女性的人力资本投入通常不如男性，所以她们在工作权威层的比例就会低于男性（Wolf & Fligstein，1979）。但不同的观点认为，即使在相同的人力资本条件下，女性工作权威的层级依然低于男性，人力资本因素只能解释工作权威层级之性别差异的很小一部分（Huffman & Cohen，2004）。关于人力资本与晋升的关系我们提出三个假设：（1）人力资本因素对政治精英的晋升有重要影响；（2）相比于人力资本数量，人力资本质量对向更高层级晋升有重要作用，即越向高层晋升，对人力资本质量的要求就越高；（3）女性拥有比男性更多更好的人力资本是女性在相应行政等级阶梯上顺利晋升的必要条件。

3. 社会资本与晋升

社会资本理论认为，人力资本理论分析的基本前提是理性行动者在完全竞争的劳动力市场上，以价格（工资）为指引进行选择。但实际上并

不存在完全竞争的劳动力市场，经济生活深深地嵌入（embedded）在社会网络和社会关系中。社会资本是一种镶嵌在社会结构/网络之中并可以通过有目的的行动来获得或流动的资源（林南，2005：28），那些拥有更多更好社会网络资源的个体，其社会资源的使用将提高其劳动力市场回报（Granovette，1974）。有研究指出，我国的社会关系和社会网络在个人地位获得中有重要作用（边燕杰，1999；边燕杰、张文宏，2001）。也有研究指出，社会资本对干部的地位获得有显著影响，但两性存在差异。女性拥有与男性相差不大的社会关系网络，社会关系网络对男性干部地位获得有显著的正向影响，但对女性干部的地位获得则无显著影响（周玉，2006）。我们认为，作为政治精英的社会资本对其晋升有重要作用。我们有两个有关政治精英晋升与社会资本间关系的假设：（1）政治精英的社会资本对其晋升有正面影响；（2）女性政治精英的社会资本对其晋升同样具有正向影响。

4. 工作和家庭角色的平衡与晋升

在生活世界中，每个人的生活都离不开工作和家庭。人们要平衡工作和家庭的关系，要既能够承担子女抚养、家人照顾和日常家务劳动的责任，又能够尽职尽责地做好工作。如果人们不能很好地平衡工作和家庭的关系，就会阻碍其晋升。家庭经济学的观念认为，家庭是一个生产单位，家庭成员要在考虑其他家庭成员的活动和收入状况下决定自己的工作和家务时间的安排，这是家庭内部联合决策的问题。决策的结果常常是男性更多地从事有报酬的劳动，女性更多地做家务。贝克尔将这种性别分工归因于男性和女性的生理差异。家庭内部的分工导致了两性在劳动力市场上工作经验和精力的差异，进而产生收入分化（Becker，1991）。有研究指出，已婚、有 6 岁以下子女、家务劳动时间以及丈夫或家庭的收入对女性是否参与工作有显著影响（England et al.，1988）。一种文化的观点认为，传统劳动性别分工要求女性更多地承担家庭责任，并从文化上将家庭责任划归给女性。社会对男性的评价是以事业为重，对女性的评价则是以家庭为重，而工作机构对女性的角色期望是工作（Centra & Gaubatz，2000），这就导致了对女性评价的双重标准。传统性别角色观念认为，不同性别应该有不同分工，男性负责政治、经济等公共领域的事务，而女性则负责家庭这一私人领域的事务。因此，公私领域的划分阻碍了女性参与政治（Farida & Mona，2010）。有研究指出，影响女性成为政治精英的主要原因是社会心理因素，它建立在两种刻板印象上：一是性别与职业的刻板印象；二是有关精英的刻板印象（Oakley，2000）。对我国的研究显示，女性更多地承担了子女抚养、家人照顾和日常家务劳动等责任，并形成“劣势累积”，对女性拥有工作权威产生了严重的负面影响（马缨，2009；李忠路，2011）。据此，我们提出政治精英有关家庭和工作平衡与晋升之关系的两个假设：（1）政治精英的家庭责任越多越重，则越是不利于其晋升；（2）在性别观念作用下，女性是否认同传统的性别观念会对其晋升产生影响，认同传统观念减少了女性政治精英晋升的机会。

5. 组织的性别环境与晋升

在组织中，是否有女性作为领导会构成不同的组织性别环境。有研究表明，女性更容易被聘用或晋升到已有较多女性的那些工作层级（Cohen et al.，1998）。我们将女性在领导层占有30%以上比例的组织环境称为性别友好型组织环境，按照联合国倡导的女性应在权力层至少占到30%规模的说法，意味着在这样的组织环境中女性作为一种利益群体，其相关利益能够有一定的表达和受到关注。组织中性别歧视状况是组织性别环境另一个非常重要的层面，也是以往量化研究中被忽略的因素。组织中的性别歧视是指在组织中可以被当事人感受到的隐性的性别歧视。因此，我们以当事人是否感受到存在性别歧视为自变量，来考查组织的性别环境。由此，我们提出了有关政治精英晋升的组织性别环境的两个假设：（1）性别友好型组织环境有利于女性政治精英的晋升；（2）性别歧视被政治精英感受到得越多，其组织环境越不利于女性政治精英的晋升。

三　数据与研究方法

1. 数据来源

本文所使用的数据资料来自两个调查。一是2010年教育部哲学社会科学研究重大课题攻关项目“女性高层次人才成长规律及发展对策研究”进行的“高层人才卷”调查。这一调查按定比抽取原则，在全国31个省区市对政治人才、经济人才和知识人才进行调查，抽样方案为：三类人才按照1∶1∶1的比例抽取，每省抽126人，每部分为42人，其性别比为1∶1。调查于2011年6月在全国范围内进行，按此方法在全国得到了3626个样本。二是在2010年12月进行的第三期中国社会妇女社会地位入户调查。这一调查按照随机抽样的原则，请符合人才条件的调查对象在填写主问卷的同时填写“高层人才附卷”，用这一方法得到高层人才样本1020个，中层人才样本2193个。两种方法加总后，经过对职业和收入变量的严格检测，筛除了不合格样本713个，最终获得具有中级及以上职称、科级及以上行政级别、中层及以上管理人员特性的专业技术人员、行政人员和管理人员有效样本6126个。

本文所研究的政治精英包括了在政府、党委和群团部门及国有企事业单位担任实职、具有副科级及以上行政级别的在职干部。样本总数为1870人，其中女性为785人，占42%；男性为1085人，占58%。女性样本的平均年龄为46.7岁，标准差为7.4岁；男性的平均年龄为46.5岁，标准差为7.4岁，两性年龄相当，基本无差异。女性样本中，目前行政级别为科级的占17.0%，处级的占56.8%，局级及以上的占26.2%。男性样本相应行政级别分别为：39.1%、42.3%和18.6%。两性样本的级别状况有一定差异，女性高层政治精英所占比例高于男性。这与样本以配额方式获得有关，虽然样本并不太理想，无法做到全部随机，但本研究追求的是对分性别影响两性政治精英晋升的要素进行分析，所以，其对结构性关系的阐释应当具有解释力。特别值得注意的是，因数据的局限性，本研究无法解释现在处于科级以上位置的政治精英是如何进入其行政级别的，而只能解释什么样的因素可能影响其职位晋升。

2. 变量说明

先赋地位的测量使用父母文化程度和本人出生地。一般研究者多使用父亲职业和教育来测量出身的作用。本文以父母文化程度来测量，其取值参考父亲或母亲文化程度最高者，纳入模型时区分为小学及以下、初中、高中/中专/中技、大专及以上四个类别。

人力资本各要素的测量从四方面入手：一是工作前受教育程度，即第一学历，指个人开始第一个工作之前接受教育的状况，区分为三种类别，高中/中专/中技及以下、大学专科、本科及以上；二是在职教育年数，指开始工作后通过培训或在职研读而获得的教育状况，以年数测量；三是所接受教育的质量，指最高学历是不是重点大学；四是工龄。

社会资本的测量。根据林南的观点，地位获得中的社会资本分为两类：一是“摄取的社会资本”，即嵌入在社会网络中、能为个体所获取的社会资本，亦称为社会网络资源；二是“动员的社会资本”，即地位获得过程中实际利用的社会资本，亦称为社会关系资源（Lin，1999；林南，2003：46、59）。本文以“需要时可以获得的帮助”测量社会网络资源和实际使用的社会资本。“需要时可以获得的帮助”是一个由多个变量建构的量表。问卷中有一个问题询问了“需要时下列人员能否帮你”，涉及的人员对象包括企业主/企业主管、厅局级及以上干部、处级干部、高级职称专业技术人员。量表的信度系数为0.823，量表的得分在模型分析中进行了标准化。女性政治精英的平均得分为0.55分，男性为0.51分，即女性略高于男性。

工作和家庭的平衡，分两部分测量。一是政治精英对性别角色分工的看法，根据被调查者对6项问题的回答构建量表，分别是“男人应该以社会为主，女人应该以家庭为主”“挣钱养家主要是男人的事情”“丈夫的发展比妻子的发展更重要”“对妻子而言，更重要的是帮助丈夫成就事业”“事业成功的女人往往没有女人味”“总体而言，男人比女人更胜任领导的角色”。量表的信度系数为0.806，最高得分为30分，最低得分为6分，得分的高低反映了性别角色分工观念由传统到现代的变化。因为得分越高代表越传统，因此它与精英晋升之间的关系是负向的，反之亦然。二是家务劳动承担。问卷询问了被调查对象最近一年在做饭、洗碗、洗衣服/做卫生、日常家庭采购、照料孩子生活、辅导孩子功课、照料老人等七个方面承担家务劳动的情况，其选项为“从不、很少、约一半、大部分、全部”，我们将其分别赋值为0分、1分、2分、3分、4分。七个项目的得分相加，最小值为0分，最大值为28分，分值越低，承担家务劳动越少。女性家务劳动的平均得分为15.7分，男性的平均得分为10.6分。这表明女性政治精英承担的家务劳动要比男性多。

组织的性别环境状况从两个方面来测量。一是组织领导层的性别比例，分为三类情况：没有女性领导、女性领导不足30%、女性领导超过30%。二是组织内的性别歧视，问卷中询问了三个有关组织内性别歧视方面的问题，即“同等条件下男性晋升比女性快”“在技术要求高/有发展前途的岗位上男性比女性多”“同职级女性比男性退休早”。量表的信度系数为0.56，最低分数为0分，最高分数为3分。经标准化后，最小值为0，最大值为1，男性的均值为0.33，女性的均值为0.34，两者感受接近。

3. 样本基本情况和模型

本文分析变量的基本情况如表1所示。其采用因变量超过两个类别的mlogistic模型。模型中的因变量为政治精英的行政级别，区分为三个类型：科级、处级、局级及以上。分析从科级到处级和从处级向局级的晋升中起作用的原因，分析结果如表2所示。

表 1　两性政治精英基本情况比较

变量		女性（N=785）		男性（N=1085）	
		平均值	标准差	平均值	标准差
工作前受教育年数		13.04	2.52	13.10	2.66
工作后受教育年数		3.72	22.57	3.18	2.42
工龄		26.61	8.69	25.98	8.56
需要时可以获得的帮助		0.55	0.30	0.51	0.32
性别角色分工认知		0.32	0.21	0.45	0.24
家务劳动承担		15.73	4.59	10.57	3.94
组织内的性别歧视		0.34	0.27	0.33	0.26
变量		频次	有效百分比（%）	频次	有效百分比（%）
父母文化程度	小学及以下	190	24.2	497	45.81
	初中	128	16.31	183	16.87
	高中/中专/中技	244	31.08	217	20.00
	大专及以上	220	28.03	171	15.76
	缺失值	3	0.38	17	1.57
户籍出身	城镇户籍出身	573	72.99	534	49.22
	农村户籍出身	210	26.75	549	50.60
	缺失值	2	0.25	2	0.18
工作前受教育程度	高中/中专/中技及以下	383	48.79	533	49.12
	大专	262	33.38	348	32.07
	本科及以上	136	17.32	200	18.43
	缺失值	4	0.51	4	0.37
最高学历是不是重点大学	不是	442	56.31	624	57.51
	是	343	43.69	461	42.49
组织领导层的性别比例	没有女性领导	49	6.24	286	26.36
	女性领导不足30%	535	68.15	741	68.29
	女性领导超过30%	190	24.2	44	4.06
	缺失值	11	1.4	14	1.29

表 2　两性政治精英晋升之影响因素的 mlogistic 模型

变量		女性（N=739）		男性（N=1012）	
		处级相对于科级（模型 1）	局级及以上相对于科级（模型 2）	处级相对于科级（模型 3）	局级及以上相对于科级（模型 4）
父母文化程度	初中	0.934 *	1.234 *	0.389	0.120
	高中/中专/中技	1.047 **	1.367 **	0.767 **	0.626
	大专及以上	1.629 ***	2.111 ***	1.079 ***	1.046 **
户籍出身	农村户籍出身	-0.027	-0.021	0.681 ***	0.538 *
人力资本	工作前受教育程度是大专	2.323 ***	3.886 ***	1.779 ***	3.590 ***
	工作前受教育程度是本科及以上	3.640 ***	5.898 ***	2.551 ***	5.322 ***
	在职教育年数	0.513 ***	0.667 ***	0.328 ***	0.528 ***
	最高学历是重点大学	0.614 *	1.194 **	0.499 **	0.706 **
	工龄	0.238 **	0.242 *	0.078	0.145
	工龄平方	-0.002	0.001	0.000	0.002
社会资本	需要时可以获得的帮助	1.610 ***	3.237 ***	1.993 ***	3.202 ***
家庭责任	性别角色分工认知	-0.055 *	-0.114 **	-0.011	-0.079 **
	家务劳动承担	-0.068 *	-0.220 ***	0.015	-0.107 **
组织的性别环境	女性领导不足 30%	0.343	4.161 **	0.307	0.260
	女性领导超过 30%	1.364 **	4.770 ***	1.391 **	0.726
	性别歧视	-0.092	-1.348 *	-0.944 **	-0.723
常数项		-6.183 ***	-13.617 ***	-5.678 **	-9.999 ***
Pseudo R2		0.371		0.281	
-2log		-450.222		-762.509	

注：（1）参照类：父母文化程度，小学及以下；户籍出身，城镇户籍出身；工作前受教育程度，大专以下；组织领导层的性别比例，没有女性领导。（2）* $p<0.05$，** $p<0.01$，*** $p<0.001$。

四　研究发现和理论讨论

通过对政治精英行政级别晋升之影响因素的分性别模型分析，本文认为以下发现值得深入讨论。

1. 政治精英晋升之影响因素的性别比较

第一，先赋因素对政治精英的晋升依然起作用，其作用方式有性别差

异。(1)城乡户籍身份对男性精英的晋升起作用，但对女性晋升无显著影响。有意思的是，出身农村的男性，在从科级向处级的晋升中，获得了更多的向上流动的可能性。这一结论与吴晓刚和Treiman利用1996年数据所揭示的情况类似，他们认为户籍制度以及由此产生的高度选择性是造成这种现象的原因（Wu & Treiman，2004）。本文基本上认同他们的解释，我们的调查数据显示，农村户籍出身且已经进入行政等级系列的男性政治精英，其农村户籍可能有了突出优势。农村户籍出身者，以最高学历是重点大学的比例看，行政级别科级者为35.8%，处级者为48.7%，局级及以上者为51.1%。城镇户籍出身者，上述三个行政级别最高学历是重点大学者的百分比分别为29.1%、43.9%和58.9%。(2)父母的受教育程度对其向上流动的作用显示出再生产机制的作用。研究显示，随父母文化程度的提高，这一因素对政治精英晋升的作用也在增强，文化程度在大专以上的女性更多地受惠于父母的影响；随着晋升层级的提高，家庭的作用更加明显。女性的晋升更具有精英再生产的意义。

第二，人力资本对男女政治精英的晋升都有显著影响，几乎无性别差异；从程度上看，女性晋升受到人力资本的影响要大于男性。(1)第一学历和最高学历是不是重点大学对女性行政干部向更高行政级别地位的晋升有显著作用。第一学历是本科及以上者在更高行政级别地位的获得上具有显著的优势。对于女性而言，相比于第一学历是高中及以下者，其是处级而非科级的概率比为3.64；其是局级而非科级的概率比为5.898。对于男性而言，相比于第一学历是高中及以下者，其是处级而非科级的概率比为2.551；其是局级而非科级的概率比为5.322。(2)最高学历是重点大学的女性，其是处级而非科级的概率比是0.614；是局级而非科级的概率比是1.194。最高学历是重点大学的男性，其是处级而非科级的概率比是0.499；是局级而非科级的概率比是0.706。(3)人力资本变量唯一的性别差异出现在从科级向处级的晋升中。工龄对女性在这一层级的晋升有明显的正向作用，这意味着一些女性从科级向处级的晋升是“熬年头”得来的。工龄每增加一年，其是处级而非科级的概率增加27%。

第三，社会资本对两性政治精英的晋升有同样显著的正向作用。对女性而言，需要时可以获得的帮助每增加一个单位，其是处级而非科级的概率比为1.61；是局级而非科级的概率比为3.237。对于男性而言，需要时可以获得的帮助每增加一个单位，其是处级而非科级的概率比为1.993；是局级而非科级的概率比为3.202。社会资本尤其对于两性更高地位如局级及以上地位晋升的影响更为显著。

第四，政治精英在工作和家庭的平衡因素上有明显的性别差异，这一因素对男性从科级向处级的晋升毫无影响，但对女性的影响是显著负面的。(1）从性别角色分工的观念看，女性政治精英的性别角色分工观念越是趋于传统，其向更高层级晋升的可能性越低；而那些打破传统性别角色分工观念的女性则有更好的向上晋升的机会。女性政治精英的性别角色分工观念得分每增加一个单位，即趋向传统性别角色分工观念得的分值每增加一个单位，其为处级而非科级的可能性降低5%；其为局级而非科级的可能性降低11%。男性政治精英的性别角色分工观念亦对其处于局级位置的可能性有影响，其趋向传统性别角色分工观念得的分值每增加一个单位，其为局级而非科级的可能性降低8%。(2）家务劳动的承担对女性的晋升有显著的负向作用；对男性局级及以上政治精英们亦有负面影响，但对女性的负面影响要大于男性。女性家务劳动每增加一个单位，其是处级而非科级的概率下降6.6%；是局级及以上而非科级的概率下降20%。男性承担家务的状况对其向科级行政地位的晋升没有显著影响，但对其向局级及以上地位晋升有负向影响，家务劳动每增加1个单位，其是局级及以上而非科级的概率下降10%。平衡工作和家庭间的关系是两性行政干部在地位晋升时都要面对的问题，对女性更为明显。

第五，组织的性别环境对于两性政治精英晋升存在影响。(1）性别友好型的组织环境，即女性领导占30%以上，明显地有利于女性政治精英的晋升，特别是对女性局级及以上者更为明显。组织中女性领导比例大于30%跟没有女性领导的相比，女性是处级而非科级的可能性增加2.9倍，是局级及以上而非科级的可能性增加116倍。改变组织的性别环境将有助于女性的职业发展。(2）组织的性别环境中在女性领导不足30%的状况下，女性精英处于局级及以上的可能性会增加。这是一个非常有意思的发现，这可能意味着我们选拔女干部的公共政策在发挥作用，当组织中女性领导达不到30%的标准时，身为“女性”便获得了更多的晋升机会，这种“性别点缀”或政策需求的作用对女性的晋升是有正向作用的。(3）当事人感知的组织中存在的性别歧视的影响方式非常有意思，对女性来说，是局级而非科级的概率因为其性别歧视下降74%。但这种状况对男性向局级及以上地位的晋升没有显著影响。

2. 两性政治精英晋升之路的比较研究

从表2的模型分析看，可以分辨出四种政治精英的晋升之路。

（1）影响女性处级政治精英晋升的因素。模型 1 展示的 Y 标准化数据发现，影响女性晋升处级的最为显著的因素包括：自身受教育程度在大专以上、父母受教育程度在大专及以上、社会资本、组织环境中女性领导超过 30%、重点大学毕业、工作后的继续学习。有一定影响的因素是：性别角色分工观念现代、家务劳动的承担。这说明，女性处级政治精英的晋升重点受到其个人人力资本、父母社会经济地位、社会资本和组织性别环境的影响；性别因素对其有影响，但处于相对次要的位置。

（2）女性局级及以上政治精英晋升的影响因素。模型 2 的 Y 标准化数据分析发现，影响女性局级及以上地位的政治精英晋升最为显著的前四位因素依次为：自身受教育程度为大专以上、组织环境中女性领导超过 30%、需要时可以获得的帮助、父母受教育程度为大专以上。而次要影响的因素有：最高学历是重点大学、在职教育年数、组织中存在的性别歧视、家务劳动与性别角色分工观念。这意味着一位高层女性政治精英的晋升不仅聚集了天时、地利与人和（先赋地位、人力资本、社会资本和组织环境）的优势，还要具有平等的性别意识及平衡工作和家庭的能力。

（3）影响男性处级政治精英晋升的因素。模型 3 的 Y 标准化数据发现，影响男性处级政治精英晋升最为显著的因素包括：工作前受教育程度是本科及以上、需要时可以获得的帮助、父母受教育程度为大专以上、女性领导超过 30%、最高学历是重点大学。次级影响因素有：户籍出身、在职教育年数、个人感受到的性别歧视。这说明，社会对于男性政治精英的成长还是相当开放的，其晋升基本是沿着传统的职业生涯之路。传统的性别角色分工观念和家庭责任对其地位的获得皆无影响。

（4）男性局级及以上政治精英晋升的影响因素。模型 4 的 Y 标准化数据发现，影响男性局级及以上政治精英晋升最为显著的因素包括：自身受教育程度为本科及以上、需要时可以获得的帮助、父母受教育程度为大专以上。次级的影响因素包括：农村户籍出身、性别角色分工观念与家务劳动。而组织的性别环境对其晋升并无关系。这说明，在高层次男性政治精英晋升中传统的因素，如先赋性的、个人人力资本、社会资本起重要作用，但性别观念和家务劳动因素也起到作用，这意味着高层次男性政治精英的成长也需要其具有平等的性别观念。

总结上述四个模型发现，两性政治精英晋升共同的具有显著性影响的因素有：人力资本和人脉（社会资本）关系。差异性重点表现在性别方面，女性政治精英地位的获得会更多地受惠于组织性别环境、自身具有的性别平等观念及平衡工作和家庭的能力；同时，男性高层次政治精英的晋升同样需要具有平等的性别观念及平衡工作和家庭的能力。

回到前述我们对中国社会结构具有的“身份社会”认识和理论关怀。帕金的“社会排斥”理论认为，各种社会集团都会通过一定的程序，将获得某种资源和机会的可能性限定在具备某种资格的小群体内部（Parkin，1979）。对政治精英晋升的分析，我们尝试做以下推测。第一，现当代，我国政治精英的晋升深受人力资本和社会资本的影响，那些没有接受大专以上教育和不具有社会资本的人将无法进入政治精英的圈子中，由学历和社会关系构成的社会壁垒已经形成。第二，男性政治精英的晋升具有了一定的开放度，那些拥有了大专以上教育、出身为农村户籍、具有社会资本的男性有可能将其农村出身作为政治资本加以使用，获得政治位置。第三，女性政治精英的晋升受惠于父母的社会经济地位，那些父母文化在小学以下的女性被排除在政治精英之外。而女性要想成为政治精英，获得晋升的可能不仅要拥有与男性相同的人力资本和社会资本，还要拥有平等的性别观念、平衡工作和家庭关系的能力以及特有的组织性别环境。可以说，现当代中国依然具有身份社会的特点，男性通过提升人力资本和建构社会资本便能够具有进入政治精英成长的路径；而女性不仅要提升人力资本和建构社会资本，还要有赖于父母的社会经济地位、个人的性别平等观念及平衡工作和家庭的能力，才能够在政治精英的晋升上有所收获。

参考文献

边燕杰，1999，《社会网络与求职过程》，载涂肇庆、林益民主编《改革开放与中国社会：西方社会学文献述评》，香港：牛津大学出版社。

边燕杰、张文宏，2001，《经济体制、社会网络与职业流动》，《中国社会科学》第2期。

国家统计局社会和科技统计司编，2011，《2010中国妇女儿童状况统计资料》，中国统计出版社。

李黎明、李卫东，2009，《阶层背景对本科毕业生职业地位获得的影响》，《社会》第5期。

李路路、王奋宇，1992，《当代中国：现代化进程中的社会结构及其变革》，浙江人民出版社。

李强，2008，《社会分层》，载李培林、李强、马戎主编《社会学与中国社会》，社会科学文献出版社。

李忠路，2011，《工作权威层的性别差距及影响因素》，《社会》第2期。

林南，2003，《社会网络与地位获得》，《马克思主义与现实》第2期。

林南，2005，《社会资本关于社会结构与行动的理论》，张磊译，上海人民出版社。

林南、边燕杰，2002，《中国城市中的就业与地位获得过程》，载边燕杰等主编《市场转型与社会分层：美国社会学者分析中国》，上海三联书店。

刘欣，2005，《当前中国社会阶层分化的多元动力基础：一种权力衍生论的解释》，《中国社会科学》第4期。

刘欣，2005，《当前中国社会阶层分化的制度基础》，《社会学研究》第5期。

孟宪范，2004，《弱嵌入性与女性研究》，载孟宪范主编《转型社会中的中国妇女》，中国社会科学出版社。

许叶萍、石秀印，2009，《在社会上贡献于市场中受损的女性就业悖论》，《江苏社会科学》第3期。

周雪光、图玛、摩恩，2002，《国家社会主义制度下的社会阶层动态分析：1949—1993年的中国城市状况》，载边燕杰等主编《市场转型与社会分层：美国社会学者分析中国》，上海三联书店。

周玉，2006，《社会网络资本与干部职业地位获得》，《社会》第1期。

Becker, Gary. 1991. *A Treatise on the Family*. Enlarged Edition. Cambridge: Harvard University Press.

Blau P. M., Duncan, O. D. 1967. *The American Occupational Structure*. New York: Wiley.

Brodsgaard, K. E. 2003. "China's Cadres and Cadre Management System." in Wang Gungwu and Zheng Yongnian eds., *Damage Control: The Chinese Communist Party in the Jiang Zemin Era*. Singapore: Singapore University Press.

Centra, J. A. and Gaubatz, N. B. 2000. "Is There Gender Bias in Student Evaluations of Teaching?" *The Journal of Higher Education* 71: 17 – 33.

Cohen I., J. Brosechak and H. A. Haveman. 1998. "And Then There Were More? The Effect of Organizational Sex Composition on the Hiring and Promotion of Managers." *American Sociological Review* 63 (5).

England, Paula, George Farkas, Barbara Stanek Kilbourne and Thomas Dou. 1988. "Explaining Occupational Sex Segregation and Wages: Findings from a Model with Fixed Effects." *American Sociological Review* 53: 544 – 548.

Erik Olin Wright & Janeen Baxter. 1995. "The Gender Gap in Authority: a Comparative Analysis of the United States, Canada, The United Kingdom, Sweden, Norway and Japan." *The American Sociological Review*.

Farida Jalalzai and Mona Lena Krook. 2010. "Beyond Hillary and Benazir: Women's Political Leadership Worldwide." *International Political Science Review* 31 (1).

Ganzeboom, Harry B. G., Donald J. Treiman and Wout C. Ultee. 1991. "Comparative Intergenerational Stratification Research: Three Generations and Beyond" *Annual Review of Sociology* 17: 277 – 302.

Granovetter, Mark. 1974. *Getting a Job: A Study of Contacts and Careers*. Cambridge, MA: Harvard University Press.

Hauser, Robert M. and David L. Featherman. 1976. "Equality of Schooling: Trends and Prospects." *Sociology of Education* 49: 99 - 120.

Huffman, Matt L. and Philip N. Cohen. 2004. "Occupational Segregation and the Gender Gap in Workplace Authority: National versus Local Labor Markets." *Sociological Forum* 19 (1): 121 - 147.

Kanter, R. M. 1977. *Men and Women of the Corporation*. New York: Basic Books.

Lee. H. Y. 1991. *From Revolutionary Cadres to Party Technocrats in Socialist China*. Berkeley, CA: University of California Press.

Li, Bobai and Andrew G. Walder. 2001. "Career Advancement as Party Patronage: Sponsored Mobility into the Chinese Administrative Elite, 1949 - 1996." *American Journ al of Sociology* 106: 1371 - 1408.

Lin, Nan and Yanjie Bian. 1991. "Getting Ahead in Urban China." *American Journal of Sociology* 97: 657 - 688.

Oakley, J. G. 2000. "Gender-based Barriers to Senior Management Positions: Understanding the Scarcity of Female CEOs." *Journal of Business ethics* 27 (4).

Parkin, Frank. 1979. *Maxism and Class Theory: A Bourgeois Critique*. New York: Columbia University Press.

Sewell, W. and R. M. Hauser. 1975. *Education, Occupation and Earnings; Achievement in the Early Career*. New York: Academic Press.

UNPD. 2009. *Human Development Report* (2009), Gender Empowerment Measure and Its Components.

Walder, Andrew G., Bobai Li & Donald J. Treiman. 2000. "Politics and Life Chances in a State2 Socialist Regime: Dual Career Paths into the Urban Chinese Elite, 1949 to 1996." *American Sociological Review* 65.

Walder, Andrew G. and Hu Songhua. 2009. "Revolution, Reform, and Status Inheritance: Urban China, 1949 - 1996." *American Journal of Sociology* 114: 1395 - 1427.

Wolf, Wendy C. and Neil D. Fligstein. 1979. "Sex and Authority in the Workplace: The Causes of Sexual Inequality." *American Sociological Review* 2: 235 - 252.

归附市场与规随传统：对女企业家行为和观念的实证分析*

周旅军**

摘　要： 通过分析第三期中国妇女社会地位调查中的企业家数据，笔者发现，女性企业家在获取人力资本和社会资本上的表现基本与男性企业家持平，甚至更好，其在目前最想得到的帮助方面也是服从市场竞争的需要。在观念上，与男性企业家相比，女性企业家的创业动机并无二致，其工作态度和对能力的自信也是有过之而无不及，而且女性企业家的性别分工意识更为现代。但是，这些行为和观念更多的是对市场的适应，她们的社会性别意识仍受到传统性别社会化的规训。

关键词： 女性人才　企业家　社会性别

一　研究背景

随着市场经济的发展，中国的私营企业规模日渐壮大，私营企业家成为不可忽视的新阶层。到2010年6月末，全国私营企业有789.41万家，比上年增长6.65%；投资者16754942人，比上年增长1.51%；从业人数为

---

* 本文是2010年国家社会科学基金重大项目“第三期中国妇女社会地位调查研究”（项目编号：10@ZH020）的阶段性成果，亦为北京大学社会学系佟新教授主持的2010年教育部哲学社会科学研究重大课题攻关项目“女性高层次人才成长规律及发展对策研究”（项目编号：10JZD0045－1）的阶段性成果。

** 周旅军，中华女子学院社会学系讲师，博士，主要研究方向为女性社会学、女性高层人才等。

8895.74 万人，比上年增长 3.35%；注册资金 16.52 万亿元，比上年增长 12.76%（中华全国工商业联合会、中国民私营经济研究会，2011）。但是，根据 2012 年全国私营企业状况抽样调查数据，在接受调查的 5073 家私营企业中，女性企业家的比例仅为 16.4%，与之前年度调查中的比例（2010 年为 15.7%）相比并未有明显增长。

如何促进女性的创业和发展无疑是我国人才资源开发和利用中亟待解决的重要问题。对已经成功创业的女性企业家进行研究有助于我们理解市场经济条件下女性参与市场并获得发展的状况及其特点，从而为相应政策、措施的制定提供科学的依据，鼓励更多女性进入创业领域，实现人力资源开发和利用上的性别平等。本研究基于第三期中国妇女社会地位调查①数据，从企业家的行为和观念，包括人力资本、社会资本、目前最需要的帮助或支持、创业动机、工作态度与自信以及社会性别意识等方面，通过与男性企业家比较来对女性企业家进行初步的考察。

二　数据来源和样本的基本情况

本研究使用 2010 年第三期中国妇女社会地位调查数据。本次调查将女性高层次人才作为重点人群进行专门调查。在这项调查中，高层次人才主要包括三类：（1）副处级及以上党政干部；（2）具有副高及以上职称的专业技术人员；（3）企业中担任负责人和企业的中高层管理人员。

根据高层次人才的分布特点，调查分为两个阶段进行样本的抽选与问卷调查：一是在第三期中国妇女社会地位调查的入户调查中，按照随机抽样的原则，请符合条件的调查对象在填答主问卷的基础上回答“高层人才附卷”，采用此种方法得到 1020 个有效高层次人才样本；二是采取立意配额抽样方法，在全国除港澳台、西藏外的 30 个省区市及新疆建设兵团补充抽取一定数量的上述三类人才，每省区市补充样本 126 个，三类人才大致按照 1∶1∶1 的比例抽取，即每类人才分别抽取 42 人左右，性别比例为 1∶1，通过此种方法得到 3626 个有效高层次人才样本。两部分样本相加，共得到

① 中国妇女社会地位调查由中华全国妇女联合会和国家统计局主持开展，自 1990 年开始每 10 年进行一次，以全国除港澳台以外居住在家庭户内的 18～64 周岁的中国男女公民作为个人问卷调查的对象，对各项反映经济和社会地位现状的资料进行全面系统的搜集。第三期中国妇女社会地位调查标准时点为 2010 年 12 月 1 日。个人问卷包括个人基本情况、受教育经历、工作和职业经历、婚姻家庭情况、健康状况、生活方式、认知与态度等部分。

4646个高层次人才有效样本。经过对职业和收入两变量的严格检测，筛除不合格样本，最终得到高层次人才样本4324人。

其中，企业家是指通过自己创业成为企业雇主的人，其有效样本数为245人，男性126人，占51.4%，女性119人，占48.6%。男性平均年龄为43.8岁，已婚比例为94.4%；女性平均年龄为45.3岁，已婚比例为89.8%。

三　企业家市场行为方面的性别比较

1. 人力资本

人力资本的概念肇始于Schultz和Becker。国际经济合作与发展组织（OECD）将人力资本定义为“个人拥有的能够创造个人、社会和经济福祉的知识、技能、能力和素质”。人力资本理论认为，人力资本主要源自教育、培训、工作的变动和人口迁移。对人力资本的度量多使用受教育年限或水平指标（李海峥等，2010）。对个人收入差异来源的经验解释通常采用Mincer工资方程来估计教育回报率的高低，重点讨论收入与正规学校教育、在职培训和工作经验等人力资本投资之间的关系。已有研究发现，人力资本不仅在女性创业过程中发挥作用（胡怀敏，2007；胡怀敏、朱雪忠，2007），对其后期的投入也影响着女性企业家的持续发展（关培兰、郭云菲，2003；刘文、黄玉业，2013；周学馨，2004）。

在目前的受教育程度方面，女性企业家中的研究生比例较男性群体高，但二者在其他文化程度层次上接近。在不包括成人教育的上学年数上，女性的平均上学年数为11.9年，男性的平均上学年数为12.6年，但两者的中位数都是12年。这说明，尽管企业家由于出生年代的特殊而在校时间并不长，但在后期的工作生涯中他们通过进修等方式获得了更高的学历证书（见表1）。

表1　企业家的受教育程度

单位：%

受教育程度	女性企业家	男性企业家
初中及以下	5.0	6.3
高中、中专和中技	22.7	23.8
大学	54.6	60.3
研究生	17.6	9.5

在目前最想学的知识或技能方面，男女企业家均是首选实用技术/职业技能/专业知识，而且比例相当接近，其次是发展兴趣，提高修养（书画、歌唱、舞蹈等）（见表2）。

表2　企业家目前最想学的知识或技能

单位：%

	实用技术/职业技能/专业知识	生活知识（烹饪、家居、保健、理财等）	子女教育知识	发展兴趣，提高修养（书画、歌唱、舞蹈等）	什么都不想学
女性企业家	68.4	10.5	5.3	14.9	0.9
男性企业家	69.7	5.9	4.2	16.8	3.4

获得荣誉或奖项说明企业家的工作经验获得了社会的承认，能为企业家带来更多的回报。在工作后获得的最高荣誉/奖项级别方面，女性企业家获奖多，尤其在国家级和省部级上，比男性多10～20个百分点。女性中没获过奖的比例为21.0%，远低于男性的比例51.6%。这说明女性要足够优秀才可以作为成功企业家与男性竞争（见表3）。

表3　企业家的获奖情况

单位：%

	没获得过	国际级	国家级	省部级	地市级及以下
女性企业家	21.0	1.7	24.4	22.7	30.3
男性企业家	51.6	1.6	5.6	11.1	30.2

2. 社会资本

新经济社会学的“嵌入”的观点认为，个体既不能如原子般地脱离社会情境行事或决策，亦不会完全服膺于社会赋予的角色规范，其抉择与行动嵌入在持续的具体社会关系网络之中。也就是说，经济活动受到社会关系结构的约束（Granovetter，1985）。与外部组织的网络关系可以使企业家获得市场信用、得到建议和资金上的支持、接触到客户群、建立起积极的形象、低价拿到有用的资源、打通各种渠道并获得信息和创意，从而以较少的资产实现商业上的成功（Zhao & Aram，1995）。已有研究发现，创业女性通过社会资本获得了企业存在和发展的关键性资源、机会和支持。女性企业家可建立和运用的社会资本并不局限于建立在血缘或亲缘关系基础上的传统的家庭关系网络，也包括非政府组织等

组织网络资源（费涓洪，2005；胡怀敏、范倘，2006；胡怀敏、朱雪忠，2007；刘中起、风笑天，2010；罗东霞、关培兰，2008；汪忠杰、柯燕，2010）。

调查显示，从构建社会资本的主动性来看，女性与男性相似。具体而言，在主动联络看望同事和客户/合作伙伴方面，男女的情况都相近，说明面对日益激烈的市场环境，不管是处理内部人际关系还是积极扩展外部网络，男女企业家都能给予足够的重视。而从构建社会资本的能力来看，性别差异也不大，绝大多数企业家能够经常把工作中认识的人变成朋友（见表4、表5、表6）。

表4　主动联络看望同事的情况

单位：%

	从不	偶尔	有时	经常
女性企业家	3.4	18.5	26.9	51.3
男性企业家	4.8	18.3	33.3	43.7

表5　主动联络看望客户/合作伙伴的情况

单位：%

	从不	偶尔	有时	经常
女性企业家	1.7	10.1	24.4	63.9
男性企业家	2.4	12.7	22.2	62.7

表6　经常把工作中认识的人变成朋友的情况

单位：%

	非常符合	比较符合	不太符合	很不符合
女性企业家	52.6	40.5	6.9	0
男性企业家	51.6	46.0	2.4	0

从构建社会资本的后果来看，在企业家有需要时，女性企业家与男性一样确信自己能够得到其他企业主/企业高管的帮助。另外，在获得其他各类人员帮助的比例上，女性与男性相比还略高一些（见表7）。

组织网络资源亦是重要的社会资本。在组织的加入上，较之男性，女性企业家有更高的比例（37.0%）参与社会公益组织，但是她们也有远高于男性的比例加入专业、行业组织（74.8%）（见表8）。

表 7　企业家得到相关人员帮助的情况

单位：%

	企业主/企业高管	厅局级及以上干部	处级干部	高级职称专业技术人员
女性企业家	68.4	46.0	59.3	68.4
男性企业家	70.4	38.4	48.0	61.6

表 8　企业家加入各类组织的情况

单位：%

	专业、行业组织	联谊组织	社会公益组织	社区管理、活动组织	民间自助、互助组织
女性企业家	74.8	42.9	37.0	16.0	10.1
男性企业家	54.0	45.2	25.4	17.5	14.3

在加入这类组织的主要目的上，首先是为了获得更多的信息和资源，女性中有此目的的比例为 48.0%，男性的相应比例为 59.3%；其次是为了帮助他人/服务社会，女性中有此目的的比例为 39.0%，高于男性的 30.8%。

从表 8 中不难看出，功利性越强的组织，女性企业家参与其中的比例就越高，这反映出市场机制所要求的工具理性对女性企业家有着更多的影响。这一点也可以从企业家用于职业活动时间的长短和性别间的比较来理解。

将工作时间、学习时间和上下班的路途时间定义为职业活动时间。调查使用“前一天中，分别花费在有收入的工作/劳动/经营活动、学习（含专业培训和借助媒体的学习等）和工作/劳动/学习往返路途的时间”来了解企业家的时间分配情况（见表 9）。

表 9　企业家的工作时间分配情况

单位：分钟

	昨天用于有收入的工作/劳动/经营活动的时间		昨天用于学习的时间		昨天用于工作/劳动/学习往返路途的时间		三项加总的时间	
	工作/学习日	休息日	工作/学习日	休息日	工作/学习日	休息日	工作/学习日	休息日
女性企业家	495	159	62	44	62	33	620	225
男性企业家	490	146	53	21	64	32	600	200

表9中的数据显示，从工作时间看，无论是工作日还是休息日，企业家两性间不存在明显差异；从学习时间看，性别间差异不大，女性投入的时间略多；从交通时间看，无论是工作日还是休息日，男女企业家所花时间相差无几。三项时间加总后，女性企业家在工作/学习日用于职业活动的时间为10小时20分钟，比男性稍多；在休息日也要比男性多出25分钟。女性企业家在投入如此多的职业活动时间的同时，必然要考虑所涉及活动对其经营企业的价值，特别是要考量参与组织后所带来的成本与收益，而其趋向于参与功利性组织是因为它们能够提供信息和资源，弥补其在市场环境中的劣势。

精心运营社会资本意味着能够得到更多的支持，尽可能地实现对市场环境和机遇的把握。数据表明，激烈的竞争形势使男女企业家都倾向于认为“事业成功，环境和机遇比个人能力更重要”，女性企业家中同意的比例达到62.4%，男性的相应比例为66.7%，两者相差不大。因此，只要可能，无论男女，企业家都会运用各种资源和机会来抓住机遇，适应甚至改变环境（见表10）。

表10　企业家对环境和机遇的看法

单位：%

	事业成功，环境和机遇比个人能力更重要				
	非常同意	比较同意	不太同意	很不同意	说不清
女性企业家	21.4	41.0	32.5	3.4	1.7
男性企业家	25.4	41.3	27.0	3.2	3.2

3. 目前最需要的帮助或支持

在企业家目前最需要的帮助或支持方面，女性和男性企业家中排名前三的都是创业资金支持、增加收入和提高医疗保障水平。但女性企业家比男性更需要创业资金支持，比例为38.7%。另外，对免费职业/技术培训的需要也高于男性，达到13.4%。这些企业家们目前最希望得到的帮助或支持说明，在市场竞争环境中，女性企业家同男性一样，都要考虑如何促进资本积累以促进企业的发展（见表11）。

表11　企业家目前最需要的帮助或支持（前六位）

单位：%

	女性企业家	男性企业家
创业资金支持	38.7	32.5
增加收入	18.5	27.8

续表

	女性企业家	男性企业家
提高医疗保障水平	14.3	13.5
免费职业/技术培训	13.4	4.0
子女教育指导	5.9	5.6
减轻家务负担	2.5	—

综合而言，在市场行为方面，女性企业家在获取人力资本和社会资本上的表现基本与男性企业家持平，甚至更好，在目前最想得到的帮助方面也是服从市场竞争的需要。

四　企业家观念方面的性别比较

1. 创业动机

佟新通过访谈20位各种类型的女性私营企业家，并在各类媒体上收集大量相关资料后，从社会建构的立场认为，两性在创业的动力机制方面没有差异。同时她指出按创业类型可识别出“心中有梦肯于努力型”、继承式、转型类和混合型的女性私营企业家。这些类型并无异于男性的相应类别，只是这些类型在女性企业家中占有更高的比例。另外，“心中有梦肯于努力型”是成功的女性企业家的主流（佟新，2010）。

此次最新的调查数据表明，在创业动机上，女性企业家确实与男性基本一致，区别也在于只有45.3%的女性企业家表示创业动机是“想挣更多的钱”，而男性相应的比例则达到68.8%。对于女性企业家而言，谋求更大发展的创业动机占据了最高的比例，其次是为了更好地实现自身价值或满足兴趣，这对应的就是“心中有梦肯于努力型”（见表12）。

表12　企业家的创业动机

单位：%

	想挣更多的钱	谋求更大发展	更好地实现自身价值/满足兴趣	想更多地跟家人在一起	更好利用已有资源（如知识专长、资金等）
女性企业家	45.3	85.3	80.0	20.0	60.0
男性企业家	68.8	86.5	84.4	18.8	62.5

2. 工作态度和对能力的自信

在具体的工作态度和认知上，问卷测量的问题有：“能出色地完成工作

任务”“享受自己的工作，有成就感”“主动进行知识/技能更新”“对自己的发展有明确规划”“始终坚持自己的职业理想”“经常与同事/同行交流对工作/专业的想法”“经常把工作中认识的人变成朋友”7题。问卷中每个问题提供了4项选择：非常符合、比较符合、不太符合和很不符合。我们将上述各选项的评分依次定为1～4分，分数越低说明在工作的态度和行为上越符合市场的要求。我们将7道题组合成工作态度量表，其内部一致性信度较高，信度系数为0.882，可取加总值为量表分数。女性企业家的平均分为10.11分，男性企业家的平均分为10.17分，二者相差无几。

在对能力的自信与独立方面，在是否同意“总体而言，男人比女人更胜任领导的角色”上，女性选择“不太同意”和“很不同意”的比例远高于男性；在认为“女人的能力不比男人差”上，女性表示同意的比例远也高于相应的男性群体；在“对自己的能力有信心”、判断自己“很少依赖他人，主要靠自己”和在“经常觉得自己很失败”上，男女间的比例基本无差异；在“成功就意味着比别人多付出”上，女性企业家中表示“同意”的比例则高于男性（见表13）。

表13　企业家对能力的自信与独立

单位：%

	女性企业家					男性企业家				
	非常同意	比较同意	不太同意	很不同意	说不清	非常同意	比较同意	不太同意	很不同意	说不清
总体而言，男人比女人更胜任领导的角色	5.1	23.9	53.0	15.4	2.6	16.7	50.8	27.8	2.4	2.4
女人的能力不比男人差	71.4	19.3	4.2	2.5	2.5	47.6	38.1	11.9	0.8	1.6
对自己的能力有信心	60.7	38.5	0.9	—	—	67.5	30.2	1.6	—	0.8
很少依赖他人，主要靠自己	56.0	36.2	6.0	—	1.7	60.0	33.6	5.6	—	0.8
经常觉得自己很失败	5.8	3.9	24.3	63.1	2.9	3.5	2.6	26.3	64.9	2.6
成功就意味着比别人多付出	68.4	29.1	1.7	—	0.9	58.7	36.5	2.4	0.8	1.6

对于取得今天成就的归因，企业家更多选择自己努力上进和国家政策好，男女间基本无差异（见表14）。

3. 性别角色分工观念

女性能否在职场中获得成就亦与其对传统性别分工的态度以及对事业与家庭关系的看法相关。在传统社会中，女性的职责被囿于家庭，无从有什

表 14　企业家对取得成就的归因

单位：%

	女性企业家	男性企业家
自己努力上进	51.3	54.8
自己能力强	3.4	4.8
自己职业抱负高	1.7	4.0
自己职业规划早	4.2	7.1
机遇好	2.5	4.8
国家政策好	21.8	16.7
单位环境好	1.7	—
父母/配偶父母支持	6.7	1.6
配偶支持	5.0	3.2
朋友/同学/同事的帮助与支持	0.8	3.2
领导的帮助与支持	0.8	—

么职场中的发展。只有在现代社会，现代的性别意识才有可能从观念上打破传统性别分工，使女性为自己的职业成就而自豪，并使职业期望成为其实现自我的一部分。

在性别观念上，问卷测量的问题有："男人应该以社会为主，女人应该以家庭为主""挣钱养家主要是男人的事情""丈夫的发展比妻子的发展更重要"和"对妻子而言，更重要的是帮助丈夫成就事业"4 题。问卷中每个问题提供了 5 项选择：非常同意、比较同意、说不清、不太同意、很不同意。我们将上述各选项的评分依次定为 5 分、4 分、3 分、2 分和 1 分，其顺序和分数代表了从传统理念即性别不平等到现代理念即性别平等观的变化，分数越高说明观念越传统。我们将 4 道题组合成性别观念量表，其内部一致性信度较高，信度系数为 0.815，可取加总值为量表分数。女性企业家的平均分为 9.02 分，低于男性群体的平均分 13.07 分，说明女性的性别观念更为现代。

对于"对女人来说，事业和家庭很难兼顾"这一看法，女性表示不同意的比例高于男性，但在群体内部，同意的比例也达到了 50.4%，说不清的比例为 4.3%。这反映出市场仍旧不利于女性，但在工作压力较大的情况下，女性企业家获得家庭理解和支持的力度也可能会相对较大（沈开艳、徐美芳，2009）。在是否同意"事业成功了，家庭才能幸福"上，女性表示同意的比例低于相应的男性群体，为 57.3%。这说明，在女性心目中，目

前的市场情况尽管在事业成功时能够提供足够的物质基础，但这并不能保证家庭幸福，甚至追求的过程本身就会导致工作与家庭的矛盾（见表15）。

表15　企业家对事业和家庭关系的看法

单位：%

	对女人来说，事业和家庭很难兼顾					事业成功了，家庭才能幸福				
	非常同意	比较同意	不太同意	很不同意	说不清	非常同意	比较同意	不太同意	很不同意	说不清
女性企业家	11.1	39.3	37.6	7.7	4.3	20.5	36.8	34.2	5.1	3.4
男性企业家	17.5	46.0	30.2	2.4	4.0	31.7	46.8	20.6	0.8	—

4. 对传统社会性别观念的内心认同

尽管女性企业家在性别角色分工的观念上趋于现代，但不能就此说她们对传统的社会性别规范完全地加以排斥。

对于“事业成功的女人往往没有女人味”，女性表示很不同意的比例远高于男性，为39.3%。显然，这里的“女人味”应理解为符合传统社会期望的对女性的想象。女性企业家尽管有着现代的性别角色分工观念和进取的成就动机、工作态度，围绕市场的行为也与男性相差不大，但实质上仍希望自己能够像普通女性那样生活，而不是成为所谓的“女强人”“女汉子”。

对于“男孩要有男孩样，女孩要有女孩样”，男女间表示同意的比例相似，这也同样说明女性企业家在内心仍认同传统的社会性别规范，意味着她们并无心要改变现存的性别秩序，只要它们不在市场竞争中导致直接的利益冲突。换言之，那些与男性化市场现状相匹配的行为和观念都是对市场的适应，是不得已而为之（见表16）。

表16　企业家对传统性别观念的认同情况

单位：%

	事业成功的女人往往没有女人味					男孩要有男孩样，女孩要有女孩样				
	非常同意	比较同意	不太同意	很不同意	说不清	非常同意	比较同意	不太同意	很不同意	说不清
女性企业家	3.4	10.3	47.0	39.3	—	34.2	50.4	12.8	1.7	0.9
男性企业家	8.7	22.2	53.2	13.5	2.4	40.5	50.0	8.7	0.8	—

总的来说，虽然女性企业家在观念上与男性企业家相比，她们的创业动机并无二致，工作态度和对能力的自信也是有过之而无不及，而且性别

分工意识更为现代。但是，这些行为和观念更多的是对市场的适应，她们的社会性别意识仍受到传统性别社会化的规训。

五　结论

女性企业家在性别角色分工观念方面能够突破传统的束缚，同时在工作态度和能力上具有可与男性相比的自信和独立程度，因而能够与男性企业家同样在职场上驰骋。从市场行为来看，市场机制中的理性更多地形塑着女性企业家，使其不管是对社会网络的使用，还是在组织参与上都与男性不相上下，甚至更擅于在中国的市场环境中运用各种生存和发展手段。也就是说，女性企业家的能动性表现在两方面，一是机遇识别能力；二是扩大资源的能力，即通过创业活动，获得了更多的经济资本、人力资本和社会资本（费涓洪，2005；佟新，2010）。

不过，在性别态度上，女性企业家仍保留着传统的一面，比如认为女孩要有女孩样。这样看来，女权运动以女性在工作场域的参与或成就来衡量性别不平等时，可能要更多地考察变化究竟是来自市场机制本身，还是真的在性别意识形态上有重要推动，以及市场是否因女性的加入而有所变化。我们目前能够看到的则是，没有性别角色观念的现代化，没有对自身工作能力的自信，女性就难以进入原先属于男人的竞技场成为企业家，并取得成功。而一旦进入市场，女性的行为就受制于市场环境，在表现出与男性的同质性的同时，也会感慨环境与机遇比个人能力更重要。

创业需要勇气，对于女性而言，这意味着她们不仅要面对市场的激烈竞争，还要努力反思自身接受的传统性别观念，使其能够排除思想障碍，在自己的事业中充分发挥能力。社会也应为女性创业营造宽松的性别意识氛围，通过鼓励女性的创业精神和行为来树立新的社会性别规范，为国家的发展解放更多的生产力，使两性都能发挥更大的作用。

参考文献

费涓洪，2005，《女性创业动因浅析——上海30位私营企业女性业主的个案调查》，《中共宁波市委党校学报》第2期。

费涓洪，2005，《社会资本与女性创业——上海30位私营企业女性业主的个案调查》，

《中华女子学院学报》第 2 期。

关培兰、郭云菲，2003，《女企业家人力资源开发障碍分析》，《中国人力资源开发》第 6 期。

胡怀敏，2007，《我国女性创业及影响因素研究》，博士学位论文，华中科技大学。

胡怀敏、范倘，2006，《社会资本视角下的女性创业》，《经济论坛》第 21 期。

胡怀敏、朱雪忠，2007，《创业动机、社会资本与女性创业》，《北京工业大学学报》（社会科学版）第 4 期。

胡怀敏、朱雪忠，2007，《人力资本对女性创业的影响研究》，《经济师》第 4 期。

李海峥、梁赟玲、Fraumeni Barbara 等，2010，《中国人力资本测度与指数构建》，《经济研究》第 8 期。

刘文、黄玉业，2013，《女企业家人力资本对创业绩效影响的研究——来自中国 151 个女企业家的案例》，《山东女子学院学报》第 2 期。

刘中起、风笑天，2010，《社会资本视阈下的现代女性创业研究：一个嵌入性视角》，《山西师范大学学报》（社会科学版）第 1 期。

罗东霞、关培兰，2008，《经济转型期中国女性创业者社会资本与融资战略研究》，《科技进步与对策》第 11 期。

沈开艳、徐美芳，2009，《上海女企业家工作家庭冲突关系的实证分析》，《上海经济研究》第 6 期。

佟新，2010，《女性私营企业家状况与企业家精神》，《云南民族大学学报》（哲学社会科学版）第 5 期。

汪忠杰、柯燕，2010，《联谊型妇女 NGO 与女性社会资本的建构——以女企业家协会为例》，《中华女子学院山东分院学报》第 1 期。

中华全国工商业联合会、中国民私营经济研究会主编，2011，《中国私营经济年鉴（2008. 6—2010. 6）》，中华工商联合出版社。

周学馨，2004，《女性创业与女性人力资源开发》，《人才开发》第 3 期。

L. M. Zhao，J. D. Aram. 1995. “Networking and Growth of Young Technology：Intensive Ventures in China.” *Journal of Business Venturing* 10 (5)：349 - 370.

Mark Granovetter. 1985. “Economic Action and Social Structure：the Problem of Embeddedness.” *American Journal of Sociology* 91 (3)：481 - 510.

重视民主党派女性人才成长*

佟　新　刘爱玉**

摘　要： 民主党派中的女性人才是我国人才队伍中的重要组成部分，且占比较高。高层次人才中具有民主党派身份的女性有四个特点。第一，具有良好的人力资本，在学历和资历上具有资源优势，她们绝大多数接受过高等教育，一半左右具有硕士及以上学位；其职业以专业技术为主，具有一技之长。第二，她们积极参政议政，特别是拥有行政管理职务的女性，她们具有更多的参政机会，但存在“一人多职业身份”的状况。第三，她们具有自信和自强的职业素质。第四，她们具有开放和平等的性别观念，这对于她们的成才具有积极作用。

关键词： 民主党派　女性人才　制度建设　参政议政

中国共产党领导的多党合作和政治协商制度是我国一项基本政治制度。1989 年，中共中央的 14 号文件《中共中央关于坚持和完善中国共产党领导的多党合作和政治协商制度的意见》将各民主党派明确定位为参政党，并于 1993 年将民主党派的地位写入宪法，各民主党派的参政党意识进一步增强。

民主党派成员是我国政治生活中重要的组成部分，其成长是我国人才队伍建设的重要组成部分，这其中大量的女性民主党派成员是我国重要人

* 本文系 2010 年教育部哲学社会科学研究重大课题攻关项目“女性高层次人才成长规律及发展对策研究”（项目编号：10JZD0045 - 1）、2010 年国家社会科学基金重大项目“第三期中国妇女社会地位调查”（项目编号：10@ ZH020）的阶段性成果。

** 佟新（1961 ~），女（满族），民进中央妇女儿童委员会主任，北京大学社会学系教授，博士生导师，主要研究方向为劳动社会学；刘爱玉（1964 ~），女，民进中央妇女儿童委员会副主任，北京大学社会学系教授，博士生导师，主要研究方向为劳动社会学和性别/妇女研究。

才的储备力量。

一 民主党派干部成才的制度建设

2005 年“中央 5 号文件”提出“把选拔任用党外干部纳入干部队伍建设、人才工作的总规划”，“各级后备干部队伍中应有适当数量的党外干部”，特别提到，“符合条件的可以担任正职”。后一种说法被解读为具有“破冰意义”。2006 年 11 月 29 日，《人民日报》发文首次提出“照顾同盟者利益”，并逐步建立了一整套对党外干部培养、选拔和任用的机制。这是我国人才培养的重要之路。所谓的“党外干部”包括两个部分，一是民主党派干部；二是无党派人士，即没有参加任何党派、对社会有积极贡献和一定影响的人士，其主体是知识分子。下面，笔者重点探讨民主党派干部成才的制度建设。

第一，各民主党派建立后备人才库制度。2006 年 7 月，全国第二十次统战工作会议召开，时任中央统战部部长的刘延东提出要“加强党外代表人士培养教育”，“加大对重点人物培养的力度，下大力气培养出一批各领域的代表性人物”。对党外干部培养、选拔和任用的制度建设是一项系统工程，要与整个共产党的干部人事制度相衔接。由此，各民主党派都建立了相关的“后备人才库”，并对后备干部进行培养。这些后备人才库多是有着任实职经验的人才，即“建立担任副处级以上和副局级以上人员信息库，为及时向政府部门推荐实职做好了准备”。

第二，各民主党派建立党员干部学习制度。目前，全国各地建立有社会主义学院，对党外干部进行培训。以中央社会主义学院为例，该学院定期开办“进修班”和“培训班”，对党外干部进行包括基础理论、统战理论、参政党建设理论、中外政党制度理论、多党合作史和民主党派史等内容的授课。

第三，民主党派干部的“挂职锻炼”制度。“挂职锻炼”是特指政府相关单位有计划地选派在职国家公务员在一定时间内到下级机关或者上级机关、其他地区机关以及国有企事业单位担任一定职务，进行锻炼。这既是对实践能力的锻炼，也是对从政履历的完善，是政府及组织部门考察人才的重要机制。从 2006 年起，各地政府每年开始选派党外代表人士到区级政府部门、街道、企业挂职锻炼。以北京市为例，其已将选派党外代表人士挂职锻炼制度“纳入全市党政干部挂职锻炼的统一渠道”。

第四，激励民主党派干部竞争性地参与各种政治安排。按照中央有关政策，地方配备党外干部是现在和将来一段时期内需要加强的工作。在公开选拔干部的机制中纳入了选拔党外干部的要求。以北京市为例，2006 年的干部公开选拔中，有 16 个岗位公开招聘，其中的 10 个岗位要求参选者必须是非中共党员，大幅度地对党外人士倾斜。一些党外干部在各地政府任职，当选人大代表和政协委员，或被聘任为政府参事、文史馆馆员等。

上述种种制度对民主党派干部的成才具有培养性和竞争性，这些竞争使民主党派成员积极地参政议政，以展示自身具有政治参与的实力。

二　我国民主党派女性人才的参政状况和政治意义

2009 年 12 月，时任国务委员和妇联主席的陈至立在“新中国 60 年优秀女性人才社会影响力论坛”开幕式的致辞中指出：“中国政府将男女平等作为基本国策，重视女性人才的培养和开发。有大批的优秀女性人才成为各行各业的骨干和中坚，为国家政治、经济、文化和社会的发展和科学技术的创新做出了卓越贡献，是我国人力资源中不可缺少的组成部分。”《国家中长期人才发展规划纲要（2010—2020 年）》的目标是，要实现我国“人才的分布和层次、类型、性别等结构趋于合理”。

2010 年的第六次全国人口普查数据显示，党政机关、企事业单位负责人和各类专业技术人员在内的女性人才为 2819 万人，占人才总量的 45.8%。与 2000 年相比，女性人才增长了 659 万人，10 年间提高了 1.9 个百分点，高于同期男性 571 万人的增幅。但在性别结构方面依然存在女性人才发展不足的问题。

各民主党派重视女性人才的培养和成才，民主党派成员中有一批杰出的女性领导者。历史上，宋庆龄、何香凝、史良、许广平、雷洁琼、冰心、谢雪红等老一代女性领导人，曾任民革中央主席的何鲁丽和现任民进中央主席严隽琪、台盟中央主席林文漪等，她们既是民主党派的领导人，同时还担任重要的国家领导职务。目前，各民主党派都至少有一位女性副主席，同时，民主党派的女性成员也积极参与到各级政府的领导工作中，在政治岗位上发挥着重要作用。

截至 2008 年，我国各民主党派成员达 77.5 万人，其中女性为 33.1 万人，占到 42.7%，成为我国重要的人力资源。从政治角度看，各民主党派的女性参与率都非常高，皆超过1/3，在性别平等方面达到了国际水平。这表明民主党派的制度建设为女性参与公共政治事务提供了重要的空间。我国的民主党派成员多是具有高等学历的知识分子，这是我国民主党派准入制度的要求，亦是知识分子群体能动地参与政治事务的表现。这充分体现了我国女性知识分子通过加入民主党派参与国家政治事务的能动性和自主性。

无疑，我国多党合作的政治格局，为女性特别是女性知识分子的政治参与提供了更多的空间，是我国“男女平等”国策得以实现的重要渠道。的确，我国还存在诸多不利于民主党派女性成员参政的因素，呈现副职多、正职少，虚职多、实职少，发达地区多、贫困地区少等问题，但依然可以肯定地说，民主党派是积极推动女性参政议政的重要力量和主要渠道。

三 现阶段民主党派女性人才的基本状况和特点

为了更好地分析民主党派成员中女性人才的状况和特点，我们特别对第三期中国妇女社会地位调查中女性高层次人才中的民主党派人士做了专门的数据分析，这些高层次人才包括了副处级及以上干部、具有副高及以上职称的专业技术人员和企业高层管理人员，有效样本4324人，其中是民主党派成员的有208人，女性134人，男性74人。这134个样本是指那些具有民主党派成员身份，并担任着高层次职位的女性。我们重点对这134位民主党派成员中的女性高层次人才的成长途径、现状和特点进行分析。

第一，民主党派身份的女性高层次人才皆具有高学历，98.5%的人具有大学专科以上学历，研究生及以上学历者占到近一半（46.5%），比同样身份的男性高出14个百分点。这表明兼具党派身份的高层次人才是一批具有高文化资本的女性。

第二，在政府行政管理人才、企业管理人才和专业技术人才中，民主党派成员的女性多为高层次的专业技术人才，占到72%。这表明了两种可能性，一种可能性是专业技术人才中的优秀女性更多地通过加入民主党派来参政议政；另一种的可能性是专业技术人才中的女性更多地被吸纳到民主党派中。民主党派成员进入高层职位的女性有15.9%在党政机关工作，68.9%在事业单位工作，15.2%在企业工作。

第三，具有民主党派身份的高层次女性人才参政机会多，但参政时多具有多重身份。在女性高层次人才中，具有党派成员身份的女性有更多的参政机会，她们当中曾经或正在担任人大代表或政协委员的人占到38.1%，略高于同样身份的男性（37.8%），这一比例远高于非民主党派的女性高层次人才22.1%的比例。数据显示，女性高层次人才中具有民主党派身份且有行政职务的人参政的机会最高，她们担任和曾经担任人大代表或政协委员的比例高达80%，其次是企业管理人才，为57.1%，最后是专业技术人才，为25.8%。这种状况表明了两种可能的能动性：一是女性个体的能动性，即具有了一定行政职务的女性通过加入民主党派来提升自身的参政机会；二是民主党派的能动性，即党派组织积极发展具有一定职位的女性行政人员，并积极推荐其进入政协、人大或相关领导岗位，提升党派组织的参政比率。

然而，这一现象与社会流传的“无知少女”现象有一定的吻合。我国的政治参与制度强调参政者身份的代表性，特别是对那些政治上的“弱势者”的参政提供制度保障，即对于女性、少数民族、无党派（民主党派）、知识分子的人给予了更多的参政保障，以希望不同身份的人表达各自的政治利益，这是我国民主政治的重要方面。但事实上，对“弱势者”的政治参与的保障制度形成了一人“多重代表”的现象，那些集知识分子、党派成员、少数民族于一身的女性易被“选中”，成为一人“多重代表者”。被选中的女性多处于多重身份压力中，其在行使参政权利时，多重利益代表者的身份使各种利益诉求难以表达，从而使这一政治制度具有了符号意义，却失去了其政治参与的意涵。

第四，具有民主党派身份的女性高层次人才绝大多数具有自强和自信的职业素质。当问及在工作岗位上“对自己的能力有信心”“很少依赖他人，主要靠自己”的正向自我评价时，高层次人才中具有民主党派身份的女性的同意度分别为95.5%和93.2%，显示出了高度的自信心和自强意识。在“女人的能力不比男人差”的说法上，具有民主党派身份的女性高层次人才对此的同意度达到93.3%；在“很少依赖他人，主要靠自己”上也显示出94.7%的同意度。这说明这些女性力求向人们展示其作为女性的努力和能力。

第五，具有民主党派身份的女性高层次人才具有平等的性别观念。具有平等的性别观念是女性成才的重要因素，它通过改变自我认知和成就意识等方式来影响女性的职业发展。我们通过对具有民主党派身份的女性高层次人才对于劳动性别分工的认识来进行分析。她们对“男人应该以社会为主，女人应该以家庭为主”的说法有77.7%的人是不同意的；对“挣钱

养家主要是男人的事情”的说法有73.8%的人不同意；对“丈夫的发展比妻子的发展更重要”的说法有65.7%的人不同意。这意味着她们反对传统性别分工，力求做一个有责任的女性。对女性高层次人才来说，能否挑战传统的性别观念和性别分工，对自身发展提出“去性别化”的要求是推动其职业成长的重要动力。

四　国家的公共政策应大力支持女性人才成长

民主党派中的女性人才是我国人才队伍中的重要组成部分。对具有民主党派身份的女性高层次人才的分析表明，高层次人才中具有民主党派身份的女性具有至少四个特点。第一，具有良好的人力资本，在学历和资历上具有资源优势，她们绝大多数接受过高等教育，一半左右具有研究生及以上学位，其职业以专业技术为主，具有一技之长。第二，她们积极地参政议政，特别是进入行政管理职务的女性，她们具有更多的参政机会，但存在“一人多职业身份”的状况。第三，她们具有自信和自强的职业素质。第四，她们具有开放和平等的性别观念，这对于她们的成才具有积极的作用。女性高层次人才的成长是关系到国家形象、男女平等基本国策和人才战略的要事，公共政策应更加注重女性高层次人才得以产生的社会机制和政策保障。国家的公共政策要大力支持女性人才的成长，我们有以下几个方面的建议。

第一，持之以恒地宣传男女平等的基本国策。男女平等作为基本国策应当是尽人皆知的事，但研究表明，不平等的性别观念依然是阻碍女性成长的重要因素，特别是在男性高层次人才中。在作为决策者的党政和企业管理人才中，30%左右的人赞同“男人应该以社会为主，女人应该以家庭为主”、“挣钱养家主要是男人的事情”和“丈夫的发展比妻子的发展更重要”。可以说，男性的传统性别观念并没有明显的改变。我们特别建议应在各类的培训中，加强对男女平等基本国策的学习。质性研究表明，女性领导干部的学习多有性别平等相关的课程，但男性领导则欠缺相关学习，故应将性别培训纳入正式的学习内容中。

第二，各级党政组织部门应高度重视决策层的女性比例问题，采取各种措施增加各级领导班子特别是一把手的女性比例，提高女性在决策中的话语权和影响力。“男女平等不会自然而然实现，需要积极推动”的高认同率表明，积极肯定的性别政策是必要的也是可行的，应在全面推进性别主流化的同时，采取更多诸如配额制、同等优先的倾斜性政策。同时，在对女性倾斜性政策的执行过程中，应避免多重身份集于一身的情况，以给更多优秀女性提供发展潜能、贡献社会的机会。特别是适当提高民主党派成员的比例。

第三，加强对优秀高层次人才中民主党派女性的宣传力度。采取多种形式、利用多种渠道宣传民主党派女性中的优秀成员，这对于树立优秀的女性形象有积极作用。在宣传中，要充分肯定她们为社会做出的积极贡献，积极宣传其丰富的生活方式与和谐的婚姻家庭，营造有利于女性高层次人才成长的社会文化环境。建议采取相应措施，通过讲座、影视作品、文学作品等多样化的方式，系统化、制度化地对女性后备人才如大学生、中学生进行宣教。

第四，在培养、选拔和使用党外干部的过程中要增加性别平等意识，为党外女性的参政提供更加平等的政治环境。

女领导的临界规模与组织性别歧视现象

——基于第三期中国妇女社会地位调查数据的实证研究*

马冬玲　周旅军**

摘　要：本研究利用第三期中国妇女社会地位调查数据，从配额制的有效性问题出发，探讨组织领导班子中的女性比例与性别歧视现象之间的关系，对临界规模理论的假设即团队里某一社会特征的人数达到一定比例将给该社会类别的境遇带来具有显著意义的改变进行了检验。研究发现，组织领导班子中的女性比例达到30%能够有效减少性别歧视现象，这种作用在政治、经济和研究领域以及体制内外组织中均存在，但有程度上的差异。此发现不仅从实证上检验了临界规模理论，而且为在政策设计中增加领导班子中的女性比例提供了支持。

关键词：临界规模　配额制　组织领导班子　性别歧视

* 本文是2010年国家社会科学基金重大项目“第三期中国妇女社会地位调查研究”（项目标号10@ZH020）、北京大学社会学系佟新教授主持的2010年教育部哲学社会科学研究重大课题攻关项目“女性高层次人才成长规律及发展对策研究”（10JZD0045－1）以及全国妇联妇女研究所组织实施的“组织中的职业性别歧视状况研究”课题的成果。感谢北京大学社会学系佟新教授、刘爱玉教授，中国科学技术发展战略研究院马缨，中国社会科学院社会学研究所杨可、刘亚秋等的宝贵意见；感谢北京外国语大学研究生王国媛、新加坡国立大学博士候选人杨易的翻译帮助；感谢两位匿名专家的悉心评审；感谢编辑部的帮助。文责归于作者。

** 马冬玲，女，全国妇联妇女研究所理论研究室研究人员，博士，主要研究领域为社会性别的公共政策分析、女性高层人才等；周旅军，中华女子学院社会学系讲师，博士，主要研究领域为女性社会学、女性高层人才等。

一　问题的提出

如何促进弱势群体（如少数族裔、女性、老人、残疾人等）在社会中的参与、贡献和受益，这是一个关切到社会平等、社会公正与社会融合的重要议题。为改善弱势群体由历史、文化、生理、地理等因素造成的不利处境，配额制作为一种临时特别措施得到了广泛应用。[①]

但是针对配额制仍存在两个主要争议：一是合法性问题，即它是否符合民主原则（在政治领域）、市场原则（在经济领域）或能力原则（在研究领域）等；二是有效性问题。[②] 第一个问题争议较大，主要涉及立场、对公平正义的理解以及对民主、市场等的认识（Glazer，1976；曾一璇，2010；李娜，2011），但其不在本文的讨论范围中。对于诸多学者和政策的制定者与执行者来说，配额制的有效性即这些通过积极措施进入某些位置特别是权力位置的少数群体能否切实发挥作用、带来改变，这同样是一个需要迫切得到回答的问题。[③] 考虑到妇女运动中配额制的实践比较积极，讨论相对激烈，本文以性别配额制为例，探讨配额制的有效性，并对其背后的理论基础进行检验。

1995 年于北京召开的联合国第四次世界妇女大会通过的《行动纲领》，倡导各国在立法机构和决策职位中实现女性占 30% 的目标，这被认为是推动出台有利于性别平等和妇女发展的政策法律的有效举措。目前，世界上有超过 100 个国家在政治领域采用了配额制（Krook，2009）。近些年，一些国家为了提高妇女进入企业等私人部门决策和管理层的比例，在经济领域也引进了配额措施。[④] 在研究领域，类似的性别配额制也并不

---

① 例如，2012 年，巴西批准涉及教育平等与公正的法案——《社会与种族配额法》规定，该国公立大专院校须将其一半招生名额专门用于招收最贫困家庭的子女，而对于其中黑人、混血人和印第安人的招生比例，则依据各院校所在地的种族比例而确定（刘彤，2012）。

② 实际上对配额制还有关于其作用机制的问题，但这一问题实际上隐含在第二个问题中，以对第二个问题的肯定回答为前提。

③ 需要指出的是，有研究者对配额制有效性的讨论关注的是该措施能否切实提高少数群体在群体内的比例，这与本研究对有效性的定义不同。

④ 比如芬兰和挪威制定的配额要求将国家和公共有限公司董事会中的妇女比例增加至 40%，挪威估计有 600 家公司受到该规定的影响；丹麦、爱沙尼亚、希腊和瑞典也开展了旨在确保妇女在私营公司董事会中至少占有 40% 比例的“妇女升至最高职位”项目（联合国经济及社会理事会，2006）。

鲜见。[①]

在中国，倡导和推动性别配额制的呼声越来越高。一方面，一些研究者梳理并介绍国际、国内有关配额制的历史沿革与经验效果，为配额制鼓与呼（吴菁，2001；张迎红，2003；张永英，2001；赵云，2011）；另一方面，部分研究者、政策制定者与执行者和受影响群体对配额制的效果仍疑虑重重，担心女性精英不一定会代表女性大众等（闵冬潮，2012；曲宏歌，2012；李琴，2013）。对此，一些研究者和行动者认为，女代表在权力结构中的比例对其代表性具有重要意义，如果人数或比例太低就无法有效发挥作用（高小贤，2012）。参政领域中配额制的具体“额”因种种现实考量而存在从数量（如一位）到比例（20%、22%、30%、1/3等）的差异。[②] 不过，30%（或1/3）仍是主流，且被国内外绝大多数支持者认可为促进改变的最低比例，或者说临界量。

联合国发展署的一份报告指出：“能影响局面的临界量——30%或者更多——这个概念对于治理中妇女能动性的发挥来说是非常重要的”，“达到一个临界量，以实现广泛地参与和更好的代表性，这对保持运动的动力至关重要，是实现更快更大进步的前提条件”。国内研究者认为：“临界量就是能影响全局的数量，达到这个数量后，才会形成影响全局的力量。妇女参政需要30%这个临界量，一方面是因为只有达到这个临界量时，妇女对

---

① 例如，欧盟在其科技政策工具框架计划（六）中规定各个学术委员会中女性必须达到40%的比例（European Commission，2008）；日本第三期科学技术基本计划（2006～2010年）要求各大学和研究机构在女性较少的科技领域设置博士在读生的女性比例，最好是25%（Government of Japan，2006）。

② 例如，2003年7月至2004年底，民政部在天津市塘沽区实施的“提高农村妇女当选村委会成员比例政策创新示范项目”就对村委会选举程序和结果中的女性比例和数量进行了不同的规定：“至少要保证1名以上妇女进入村民选举委员会”，“女性候选人人数应当占候选人总数的三分之一以上”，村民代表中，“妇女代表应不少于代表总数的20%”（范瑜，2012：157～184）。在陕西某促进农村妇女参政的项目中，做出了“在选举村民代表时，女村民代表的比例不少于25%”的规定（高小贤，2012：190）。2006年《湖南省实施〈中华人民共和国妇女权益保障法〉办法》第八条规定，人大代表“候选人中妇女的比例一般应当占百分之三十以上”；第十一条规定：“村民代表会议、居民代表会议中妇女代表的比例应当占百分之三十以上。”（中国网，2006）2007年，提请十届全国人大五次会议审议的《十一届全国人大代表名额和选举问题的决定（草案）》中规定，2008年1月产生的中国十一届全国人大代表中，妇女代表的比例将不低于22%。这是中国首次对女性占全国人大代表的比例做出的明确规定（吴晶晶、张宗堂，2007）。这些数字和比例的差异可以看作是在中国具体情境下对联合国倡导的30%这一比例的弹性适应。

政策的影响力才能显现出来；另一方面是只有达到这个临界量，处于决策层中的妇女的能动性才能得到更好的发挥。”（高小贤，2012）

人们提出30%（或1/3）的配额是基于“临界规模理论”（the critical mass theory，又叫“临界值理论”）。该理论认为，导致改变的集体行动往往依赖于与主流群体成员行动相异的“临界规模”① 群体。在妇女参政领域，“临界规模”指的是女性进入立法机构/团队的必要临界数目或比例，一旦达到，就能使有利于女性的政策从不太可能出台变为有较大可能形成（Editor，2006）。

对配额制有效性的讨论实质上是对临界规模理论的验证问题。配额制倡导者的辩护理据往往停留在规范层面，游说力有限。而定量研究尤其是基于中国现实状况进行的实证检验尚属空白。因此，有必要结合最新的大范围调查数据对临界规模理论的有效性，特别是在中国情境中的适用性进行探讨，以满足学术界和实践者深入了解配额制背后的理论基础和机制的迫切需求。

二　文献综述

妇女与政治学研究中对“临界规模”的讨论始于 Rosabeth Moss Kanter 1977 年的两篇文章和 Drude Dahlerup 1988 年的一篇文章。这三篇文章分析了女性在公司领域和政治领域作为少数群体的经验，发现随着女性数量的上升，其边缘化体验将会改变。后续研究者对此加以验证和发展，形成了临界规模理论。

社会学对“临界规模”的分析可以追溯到对群体规模和结构问题的探讨。齐美尔（Simmel，1950）在对社会生活中数量之重要性的分析中认为，数量的变动将给群体内部互动带来质的影响。但他未对相对数量、互动中社会类别的比例进行检视。Kanter（1977a）则认为，一个群体里具有社会和文化差异（如性别、种族、民族等）的子群体的相对数对于形塑群体内部互动至关重要。

① 在物理学中，“临界规模”指的是核裂变爆炸发生所必需的一种放射性元素的量。社会运动家和学者对该术语的使用往往是一种比较宽松的比喻，指的是社会运动要想发生必须跨越的参与者或是行动阈值（Pamela Oliver et al.，1985：522－556）。

按照相对数的不同，Kanter 划分了四种群体类型：在连续谱的一端，是仅由“一种类型的人、一种重要的社会类别的人”组成的“同质群体”（uniform groups），主要类别与其他类别的数量比为 100∶0；另一端则是由数量均衡的所有社会类别的人组成的“平衡群体”（balanced groups），多数/少数比例为 60∶40 或 50∶50；此外还有多数/少数比例大约为 65∶35 的“倾斜群体”（tilted groups）以及比例大约为 85∶15 的“扭曲群体”（skewed groups）。少数族群的成就受她/他们在群体中是少数群体这一明显事实的负面影响。Kanter 假设，在代表性不足的情况下（如在扭曲群体中），少数成员会在可见性（该群体往往被不成比例地关注）、极化（该群体和优势群体之间的差异被强化）以及濡化（该群体的特征被扭曲以符合之前对其社会类别的刻板印象）的共同作用下表现不佳或成就被贬低：可见性会造成表现的压力，极化导致优势群体强调群体界限，而濡化引向少数群体的角色陷阱。但是，少数成员在群体中的比例若能提高，就更可能获得成功。Kanter 对一所公司的田野研究发现，在多数/少数群体的人数比例达到 65∶35 的倾斜群体中，少数族群成员有更大机会表现自己（Kanter，1977a；Spangler et al.，1978）。

在少数族群比例偏低时（如在扭曲群体中），少数族群成员应对边缘化机制的策略之一是放弃对自己所属社会类别的认同，而视自己为优势群体成员（Kanter，1977b）。当然，这要求其本身的一些特质或成就使其能够融入优势群体。赛多（Theodore，1986）也指出，将未得到充分代表的群体成员纳入决策层未必能确保过程或结果公平：首先，作为象征性代表（token）的“蜂后”[①] 热衷于向男性同事倡导非女权主义甚至是反女权主义的观点，从而巩固自身的权力位置；其次，（作为符号的）少数派为交换利益和特权，可能在自身行为受到歧视性质疑时进行防护，更加远离自己的社会类别（如“铁娘子”的做法）；最后，符号们往往只是管理上政治正确的保护罩，而非意在为女性（或少数群体）代言的团队。

这些后果归根结底是由她们的符号地位所决定的。但是，当她们的数量达到一定程度的时候，即形成临界规模，改变为倾斜群体甚至平衡群体，情况就会发生有利于少数族群的变化。Dahlerup（1988：280）指出：“当少

① 蜂后（queen bee）是蜜蜂群体中唯一能正常产卵的雌性蜂。1973 年，斯泰恩斯、贾亚拉特纳和塔佛瑞斯将处于领导地位的女性对女下属更为严苛的现象定义为“蜂后综合征”（queen bee syndrome）。

数群体占据15%到40%时，就变得强大到足以影响群体文化，少数族群成员之间的联盟变得可能。”而15%到40%正是Kanter所定义的从倾斜群体（85∶15）到平衡群体（60∶40）之间的所有范围。随着女性数量上升到15%～40%，形成支持性联盟的机会也就大增。此外，Dahlerup将30%确定为可将北欧政治体系中妇女的影响测量出来的关键点（Dahlerup，1988：276－296）。

形成临界量的少数群体不仅能对抗Kanter所说的困境，而且其社会同质性有利于在她们之间形成共识。组织机构经常表现出社会同质性再生产（homosocial reproduction，或社会相似性复制）的特征，也就是类似于“惺惺相惜”。Kanter将这一概念定义为公司经理选择那些与她/他们自己具有社会相似性的人加以雇用和提升的遴选过程（Kanter，1977b）。经理们更愿意与那些和自己相似的、“合群的”员工相处。同质性再生产是系统性、累积性成见的结果（Dressel et al.，1993）。有研究者对此的解释是，同一个社会类别的成员在有关本群体利益的议题关注（concern）与沟通（communication）——即意愿和能力两方面具有优势（Mansbridge，2005；Carroll，2001）。

如今，临界值或者临界规模的概念逐渐延伸到各种类型的未得到充分代表的群体，成为妇女运动（以及其他社会运动）推动配额制的理论依据，用以解释为什么女性进入政治体系后并不一定代表女性。妇女（或其他任何未能得到有效代表的群体成员）的数量需要增加到足够的程度以对抗出于政治正确而装点门面的表面文章的做法（可称为符号主义，tokenism）。社会运动者和倡导者据此建议，社会政策在理解少数族群的行为来源、压力原因、现状改变可能性等方面时应当考虑比例的问题。

在过去的20年里，临界规模理论在政治家、媒体、国家组织中得到广泛认可，被看成是将更多女性带入权力体系的合法原因。对经济领域的研究也表明，企业管理层性别多样化对员工态度和行为具有积极影响。对北京和上海两所高校的在职MBA学员和北京、浙江、湖北、山西等14家企业的员工进行的调研发现，高管团队性别多样化（男女比例均衡化）能够在一定程度上降低员工在职位晋升中的“玻璃天花板”知觉（赵慧军，2011：73～75）。

但是，也有研究者对“临界规模”这一概念表示怀疑。例如，当女性形成一个相对小的少数群体时，反而可能带来更大的变化（Crowley，2004）；女性比例的增加实际上降低了女性立法者个体代表女性群体的可能

性（Carroll，2001）；对临界规模的乐观看法忽视了女性人数的增加也可能导致内部分化（赵慧军，2011）；在能否出台女性友好的政策方面，制度环境（如选举体系等）可能比决策层女性比例更重要（Childs & Krook，2008）。这些发现导致一些人质疑临界规模理论的效果和意义（Dahlerup，2006；Tremblay，2006），甚至倡导放弃这一概念（Sawer et al.，2006；Childs & Krook，2006）。

这些争议表明，尽管配额制在不同国家，在政治和经济等不同领域得到应用和倡导，但对临界规模理论的适用性仍未达成共识。“临界规模”是自然科学中的概念，将其应用于对社会现象的理解固然有启发性，但要得到社会科学领域和决策者的普遍认可，还需要经过反复的实证检验。遗憾的是，上述争议均非建立在大样本的实证研究基础上。在中国，对临界规模理论的“应然”论证较多，对“实然”与“何然”层面的回应较少；实践多，反思少。这导致配额制的推广遭到质疑。对包括妇女运动在内的社会运动而言，对临界规模理论加以验证，澄清认识，并与国际研究进行对话有其理论和实践意义。

本研究不仅通过对大样本实证数据的分析回应有关临界规模理论的争议，还力图辨析该理论对中国的适用性，这包括将对临界规模理论的验证扩展到社会生活的政治、经济和研究三个主要领域，也扩展到体制内外这一中国的特殊情境。我们假设，对处于不同领域、不同体制身份的组织来说，临界规模对减少组织中的性别歧视现象都有作用，但在程度上存在差异。

之所以划分三个领域，一是要扩展现有的研究对象领域，以增加对理论普适性的认识。政治、经济和研究这三个领域涵盖社会组织发挥作用的主要范围，但以往的实证研究主要集中于公司治理、议会代表制政治领域内的单一研究，缺乏对多个领域的比较分析，而且对中国的特殊情境也缺乏讨论。二是分处不同领域的组织在其组织特性（如组织目标和运行原则等）上存在差异，对社会平等、社会公正与社会融合的追求也就存在重视程度和实践能力上的差异，以致有可能影响临界规模发挥作用的程度。而考虑体制内外的区分主要是因为此差异作为中国这一转型国家市场化过程的重要特点，在相当大的程度上塑造了劳动力市场的格局，给不同体制身份的组织带来了不同的境遇和可能性。例如，传统社会文化因素对组织成员职位晋升的影响是普遍的，但在不同体制类型的组织中，这种传统文化的作用有不同的机制和后果（武中哲，2007）。

三　数据来源

本研究使用2010年第三期中国妇女社会地位调查①数据。本次调查将女性高层次人才作为重点人群进行专门调查。在这项调查中，高层次人才主要包括三类：（1）副处级及以上党政干部；（2）具有副高及以上职称的专业技术人员；（3）企业中担任负责人和企业的中高层管理人员。

根据高层次人才的分布特点，调查分为两个阶段进行样本的抽选与问卷调查：一是在第三期中国妇女社会地位调查的入户调查中，按照随机抽样的原则，请符合条件的调查对象在填答主问卷的基础上回答“高层人才附卷”，采用此种方法得到1020个有效高层次人才样本；二是采取立意配额抽样方法，在全国除港澳台、西藏外的30个省区市及新疆建设兵团补充抽取一定数量的上述三类人才，每省区市补充样本126个，三类人才大致按照1∶1∶1的比例抽取，即每类人才分别抽取42人左右，性别比例为1∶1，通过此种方法得到3626个有效高层次人才样本。两部分样本相加，共得到4646个高层次人才有效样本。经过对职业和收入两变量的严格检测，筛除不合格样本，同时仅保留有效汇报了单位性别歧视现象的受访者，最终得到高层次人才样本3601人，其中男性为1969人，占54.7%，女性为1632人，占45.3%。

四　研究假设与模型设定

有关配额制/临界规模效果的讨论可以细化为若干问题，其中最重要的问题是配额制即少数群体达到30%是否能显著地带来改变，还有其他需要关注的议题，如临界规模在不同的领域（政治、经济或研究等领域）、不同的体制类型（体制内、体制外）中，是否同样有效。综合而言，本文的研究问题是：组织领导班子女性比例的提高是否有利于减少组织内的性别歧视现象。相应的研究假设有以下三个。

① 中国妇女社会地位调查由中华全国妇女联合会和国家统计局主持开展，自1990年开始每10年进行一次，以全国除港澳台以外居住在家庭户内的18～64周岁的中国男女公民作为个人问卷调查的对象，对各项反映经济和社会地位现状的资料进行全面系统的搜集。第三期中国妇女社会地位调查标准时点为2010年12月1日。个人问卷包括个人基本情况、受教育经历、工作和职业经历、婚姻家庭情况、健康状况、生活方式、认知与态度等部分。

研究假设 1：单位领导班子中女性比例超过 30% 能显著降低单位的性别歧视指数。

研究假设 1a：单位领导班子中女性比例超过 30% 能显著减少单位的性别歧视现象——“只招男性或同等条件下优先招用男性”；

研究假设 1b：单位领导班子中女性比例超过 30% 能显著减少单位的性别歧视现象——“同等条件下男性晋升比女性快”；

研究假设 1c：单位领导班子中女性比例超过 30% 能显著减少单位的性别歧视现象——“在技术要求高/有发展前途的岗位上男性比女性多”；

研究假设 1d：单位领导班子中女性比例超过 30% 能显著减少单位的性别歧视现象——“同职级女性比男性退休早”；

研究假设 1e：单位领导班子中女性比例超过 30% 能显著减少单位的性别歧视现象——“重要部门或业务没有女性主管”。

研究假设 2：从三个领域（政治、经济和研究领域）看，单位领导班子女性比例超过 30% 均能显著降低单位的性别歧视指数。

研究假设 3：在体制内外的组织中，单位领导班子女性比例超过 30% 均能显著降低单位的性别歧视指数。

因变量：研究假设 1、2、3 中的因变量是单位的性别歧视指数，由性别歧视现象在职业发展的五个方面发生与否组合而成。这五个方面的问题包括：招聘（最近 3 年您所在的单位有“只招男性或同等条件下优先招用男性”的情况吗?）、晋升（最近 3 年您所在的单位有“同等条件下男性晋升比女性快”的情况吗?）、岗位安排（最近 3 年您所在的单位有“在技术要求高/有发展前途的岗位上男性比女性多”的情况吗?）、退休（最近 3 年您所在的单位有“同职级女性比男性退休早”的情况吗?）和重要部门主管（最近 3 年您所在的单位有“重要部门或业务由女性主管”的情况吗?）。每道题有两个回答选项，其中 0 表示没有发生，1 表示存在此现象。我们将上述五种情况的汇报组合为单位性别歧视指数，即每存在一种歧视现象就累加一分，最小值为 0 分，表示没有歧视现象，最大值为 5 分，表示存在所有的歧视现象。①

针对研究假设 1a、1b、1c、1d、1e，模型中的因变量分别为五种具体性别歧视现象的发生与否，使用二元 Logistic 回归进行分析。

① 在第五题原题中，1 表示对女性的重视，但在指数构建时，我们将选项值反向以在计算时保持意义上的一致。

解释变量：组织领导班子的性别结构（单位领导班子的女性比例包括没有女性、不足30%、30%~50%以及超过50%）。尽管问卷中对女性比例的划分具有理论意涵，参考了Kanter的四个群体类别（如没有女性与其他类别的分立显示了从无到有的质上的差异，超过50%则是从性别平衡的角度来考虑），但鉴于本研究的关注点是30%这样一个临界值，因此操作中将“30%~50%”和“超过50%”进行了合并，重新编码为“大于等于30%”，以集中于所关注的问题。参照类设为“没有女性”。

控制变量：

（1）人口学变量：受访者性别，参照类为女性。我们认为，由于存在职业、行业的性别隔离，不同性别高层次人才所在的单位之间可能有未被观测到的系统性差异，会影响性别歧视现象的发生；同时，两性对单位的性别歧视现象的敏感程度有差异，使其汇报的信息对实际情况有不同的偏离水平，因而需要加以控制。

（2）组织所在领域：按照组织所从事工作的主要业务或生产的主要产品分为政治、经济和研究领域。以政治领域为参照类。市场化的过程使国家的性别平等话语和控制力度在不同领域产生分化，使它们在性别歧视状况上存在差异。

（3）地区经济发展程度，按2010年GDP排名分为三均等分，分别为：人均GDP前十位、人均GDP中十位和人均GDP后十一位。以人均GDP后十一位为参照类。一般认为，在现代化程度上的进步会有利于推进性别平等进程，从而减少性别歧视现象。

（4）单位一把手性别：男和女，参照类为女性。如前所述，单位一把手对组织内性别歧视现象的发生也有正面或负面的影响。

（5）单位员工女性比例：问卷中分为没有女性、不足30%、30%~50%和超过50%四类。由于“没有女性”的样本数量过少，故将它与“不足30%”合并为“没有或不足30%”，并以之为参照类。单位中女性员工的比例如果较高，那么，一方面，这可能意味着组织对女性更为友好；另一方面，出于群体压力，也会使不利于女性的歧视现象减少。

此外，我们还划分了体制类型：体制内组织包括党政机关/人民团体、社会团体、事业单位、国有（含国有控股）/集体企业；体制外组织包括民办非企业、个体工商户和私营/个体/港澳台投资/外商投资企业。

样本的基本情况如表1所示。

表1　样本基本情况

单位：%，个

单位性别歧视指数	
0	9.3
1	26.9
2	25.3
3	17.8
4	14.4
5	6.4
领导班子女性比例	
没有女性	20.4
不足30%	49.7
大于等于30%	28.4
组织所在领域	
经济领域	29.7
研究领域	34.5
政治领域	35.8
地区经济发展程度	
人均GDP前十位	32.6
人均GDP中十位	34.0
人均GDP后十一位	33.4
单位一把手性别	
男	78.3
女	21.5
单位员工女性比例	
没有或不足30%	24.9
30%～50%	42.3
超过50%	30.6
体制类型	
体制外	12.3
体制内	87.4
总样本数	3601

注：单位性别歧视指数的均值为2.20，标准差为1.389。由于存在缺失值，各分类变量的比例小计未必等于100%。

表 2 呈现的是领导班子女性比例不同的单位所对应的性别歧视状况，包括对差异显著性的统计检验。从具体歧视现象来看，对于所有的歧视现象，当领导班子中的女性比例增加时，相应的发生比例就会下降，特别是在女性领导比例大于等于 30% 的单位中，最大降幅可达到半数以上。如招聘歧视，即最近 3 年所在单位有“只招男性或同等条件下优先招用男性”的情况的比例，在“没有女性”领导的单位达到 25%，而在女性领导比例“大于等于 30%”的单位中仅有 12% 的发生比例（见表 2）。

表 2　女领导比例不同的单位的性别歧视状况与差异显著性检验

单位：个

	没有女性		不足 30%		大于等于 30%		方差分析
	样本数	均值	样本数	均值	样本数	均值	F
具体歧视现象							
招聘歧视	735	0.25	1790	0.22	1022	0.12	29.868 *
晋升歧视	735	0.38	1790	0.37	1022	0.17	77.291 *
岗位安排歧视	735	0.57	1790	0.53	1022	0.27	116.337 *
退休歧视	735	0.71	1790	0.72	1022	0.58	33.382 *
重要部门主管歧视	735	0.67	1790	0.59	1022	0.40	71.064 *
性别歧视指数							
总样本	735	2.57	1790	2.43	1022	1.54	186.156 *
按领域划分样本							
经济领域	240	2.88	521	2.59	294	1.46	98.578 *
研究领域	294	2.64	601	2.56	322	1.93	28.499 *
政治领域	201	2.11	668	2.20	406	1.28	70.328 *
按体制内外划分样本							
体制外组织	62	2.89	194	2.28	179	1.31	45.056 *
体制内组织	670	2.55	1590	2.45	841	1.59	140.993 *

注：* 表示 Sig. =0.000；歧视现象的均值是指该歧视现象发生的比例。

从表 2 中数据可以发现，随着领导班子中女性比例的增加，尤其是在比例达到 30% 以后，不管是在总样本、经济领域、研究领域还是政治领域中，单位的性别歧视指数均值都有下降甚至是大幅下降。如在经济领域中，没

有女性领导的单位在性别歧视指数上的均值为2.88，而领导班子中女性比例大于等于30%时其性别歧视指数均值仅为1.46。在体制内外的组织中亦有类似情形。在体制外，没有女性领导的单位在性别歧视指数上的均值为2.89，而领导班子中女性比例大于等于30%时其性别歧视指数均值仅为1.31。综合而言，这些领导班子中女性比例不同的单位在性别歧视状况上的程度差异在统计上高度显著（Sig. =0.000）。

五 主要发现

以上初步的分析表明，女性领导比例在30%上为一转折点，能够大幅降低职场中的性别歧视程度。但更严谨的分析需要控制其他有可能产生混杂作用的变量，为此我们针对不同性别歧视指标分别进行了普通最小二乘法回归和二元Logistic分析。

（一）单位领导班子中女性比例超过30%能显著减少单位的性别歧视现象

从表3的性别歧视指数OLS模型参数可以看出，在控制了其他变量的情况下，与领导班子中“没有女性”的单位相比，女性领导比例“大于等于30%”的单位有显著更低的歧视指数，而女性领导“不足30%”的单位并无改善。这说明30%确实是一个关键的比例，能够显著减少性别歧视。也就是说，研究假设1得到支持（见表3）。

表3 单位领导班子女性比例对性别歧视状况的影响

	性别歧视指数 OLS模型	具体的性别歧视现象 Logistic模型				
	假设1	假设1a	假设1b	假设1c	假设1d	假设1e
领导班子女性比例						
不足30%	-0.047 (0.057)	0.958 (0.107)	1.013 (0.099)	0.986 (0.093)	1.128 (0.114)	0.797 * (0.077)
大于等于30%	-0.560 *** (0.072)	0.616 ** (0.095)	0.510 *** (0.068)	0.460 *** (0.056)	0.671 ** (0.083)	0.615 *** (0.074)
受访者性别						
男	-0.380 *** (0.045)	0.634 *** (0.059)	0.484 *** (0.040)	0.735 *** (0.057)	0.747 *** (0.060)	0.869 (0.066)

续表

	性别歧视指数 OLS 模型	具体的性别歧视现象 Logistic 模型				
	假设 1	假设 1a	假设 1b	假设 1c	假设 1d	假设 1e
组织所在领域						
经济领域	0.457*** (0.053)	2.654*** (0.312)	1.895*** (0.185)	2.658*** (0.244)	1.295** (0.116)	0.746*** (0.066)
研究领域	0.600*** (0.053)	2.846*** (0.345)	1.843*** (0.184)	1.952*** (0.180)	1.831*** (0.173)	1.389*** (0.126)
地区经济发展程度						
人均 GDP 前十位	-0.046 (0.052)	1.523*** (0.174)	0.858 (0.083)	0.865 (0.078)	0.922 (0.085)	0.876 (0.077)
人均 GDP 中十位	0.033 (0.052)	1.683*** (0.187)	0.993 (0.092)	1.068 (0.094)	0.820* (0.074)	0.941 (0.082)
单位一把手性别						
男	0.523*** (0.061)	1.381* (0.191)	2.181*** (0.268)	1.576*** (0.168)	1.557*** (0.160)	2.052*** (0.208)
单位员工女性比例						
30% ~50%	-0.410*** (0.055)	0.509*** (0.054)	0.593*** (0.056)	0.725*** (0.066)	1.089 (0.104)	0.566*** (0.053)
超过 50%	-0.789*** (0.065)	0.342*** (0.046)	0.369*** (0.043)	0.377*** (0.042)	1.012 (0.114)	0.395*** (0.043)
R^2/Pseudo R^2	0.185	0.075	0.087	0.092	0.034	0.066
有效样本数（个）	3491					

注：* $p<0.05$，** $p<0.01$，*** $p<0.001$。括号内数据为标准误。假设 1 模型为 OLS 回归，对其汇报 R^2，因变量为单位的性别歧视指数；表中其余模型为 Logistic 回归，对它们汇报 Pseudo R^2，因变量为具体歧视现象发生与否，单元格内系数为 Exp(B)。领导班子女性比例的参照类为“没有女性”，受访者性别的参照类为女性，组织所在领域的参照类为政治领域，地区经济发展程度的参照类为“人均 GDP 后十一位”，单位一把手性别的参照类为女性，单位员工女性比例的参照类为“没有或不足 30%”。

在解释具体性别歧视现象是否发生的各 Logistic 模型中，参数结果也无一例外地说明，女性领导比例“大于等于 30%”的单位比领导班子中“没有女性”的单位在各种具体歧视现象上都显著地有更少的发生可能性，即研究假设 1a、1b、1c、1d、1e 均得到数据的支持。以研究假设 1a 为例，与领导班子中“没有女性”的单位相比，在女性领导比例“大于等于 30%”的单位中，歧视现象“只招男性或同等条件下优先招用男性”

的发生比只有前者的61.6%，女性领导“不足30%”的单位却几乎没有改进。

（二）从三个领域（经济、研究和政治领域）看，单位领导班子女性比例超过30%均能显著降低单位的性别歧视指数

表4的OLS模型结果说明，在控制了其他变量的情况下，在经济、研究和政治领域中，与领导班子中“没有女性”的单位相比，女性领导比例“大于等于30%”的单位有显著更低的性别歧视指数，而女性领导“不足30%”的单位几乎并无改善，尤其是在研究领域和政治领域。这说明30%确实是一个关键的比例，能够显著减少歧视。另外，在经济领域，女性领导比例“大于等于30%”的后果比在其他领域更积极。按Chow检验方式对不同领域间模型参数差异进行统计检验的结果表明，经济领域与政治领域相比，女性领导比例“大于等于30%”的作用显著地不同（F = 18.04，Sig. = 0.000）（见表4）。

表4　单位领导班子女性比例对性别歧视指数的影响（分领域）

	性别歧视指数OLS模型		
	经济领域	研究领域	政治领域
领导班子女性比例			
不足30%	-0.264* (0.102)	0.049 (0.095)	0.070 (0.100)
大于等于30%	-1.101*** (0.129)	-0.292* (0.118)	-0.319* (0.127)
受访者性别			
男	-0.387*** (0.085)	-0.362*** (0.076)	-0.387*** (0.076)
地区经济发展程度			
人均GDP前十位	0.059 (0.096)	-0.126 (0.093)	-0.105 (0.084)
人均GDP中十位	0.057 (0.097)	0.125 (0.090)	-0.098 (0.082)
单位一把手性别			
男	0.281** (0.107)	0.765*** (0.111)	0.526*** (0.103)

续表

	性别歧视指数 OLS 模型		
	经济领域	研究领域	政治领域
单位员工女性比例			
30% ~50%	-0.375*** (0.096)	-0.301* (0.120)	-0.462*** (0.079)
超过 50%	-0.826*** (0.110)	-0.619*** (0.124)	-0.882*** (0.115)
Adjusted R^2	0.210	0.121	0.174
有效样本数（个）	1047	1188	1256

注：* $p<0.05$，** $p<0.01$，*** $p<0.001$。括号内数据为标准误。领导班子女性比例的参照类为“没有女性”，受访者性别的参照类为女性，地区经济发展程度的参照类为“人均 GDP 后十一位”，单位一把手性别的参照类为女性，单位员工女性比例的参照类为“没有或不足 30%”。

（三）在体制内外的组织中，单位领导班子女性比例超过 30% 均能显著降低单位的性别歧视指数

表 5 的模型结果说明，在控制了其他变量的情况下，无论体制内外，与领导班子中“没有女性”的单位相比，女性领导比例“大于等于 30%”的单位有显著更低的性别歧视指数，改善效果超过女性领导“不足 30%”的单位，后者在体制内组织中并无显著的积极作用。这说明 30% 确实是一个关键的比例，能够显著减少歧视。另外，在体制外组织中，女性领导比例“大于等于 30%”的后果比在体制内组织中更积极。按 Chow 检验方式对体制内外模型参数差异进行统计检验的结果表明，体制外与体制内相比，女性领导比例“大于等于 30%”的作用显著地不同（F = 6.13，Sig. = 0.01）（见表 5）。

表 5　单位领导班子女性比例对性别歧视指数的影响（体制内外）

	性别歧视指数 OLS 模型	
	体制外	体制内
领导班子女性比例		
不足 30%	-0.520** (0.192)	-0.072 (0.061)
大于等于 30%	-1.184*** (0.228)	-0.581*** (0.078)

续表

	性别歧视指数 OLS 模型	
	体制外	体制内
受访者性别		
男	-0.103 (0.147)	-0.433*** (0.049)
地区经济发展程度		
人均 GDP 前十位	-0.229 (0.149)	-0.014 (0.057)
人均 GDP 中十位	-0.055 (0.154)	0.043 (0.056)
单位一把手性别		
男	0.145 (0.149)	0.698*** (0.069)
单位员工女性比例		
30%～50%	-0.353* (0.164)	-0.323*** (0.058)
超过 50%	-0.811*** (0.174)	-0.548*** (0.068)
Adjusted R^2	0.207	0.146
有效样本数（个）	435	3046

注：* $p<0.05$，** $p<0.01$，*** $p<0.001$。括号内数据为标准误。领导班子女性比例的参照类为“没有女性”，受访者性别的参照类为女性，地区经济发展程度的参照类为“人均 GDP 后十一位”，单位一把手性别的参照类为女性，单位员工女性比例的参照类为“没有或不足 30%”。

六　结论与讨论

研究表明，当单位领导班子中女性比例达到 30% 及以上的时候，单位性别歧视现象不仅显著少于没有女性领导的情况，而且也显著少于女性领导比例不足 30% 的情况。这就再次确认了 30% 这个临界规模对减少单位性别歧视现象的有效性，它在经济、政治和研究领域中均有作用，在体制内外也有影响，但存在程度上的差异。这一发现不仅从实证上验证了临界规模理论，而且为在政策设计中增加领导班子中的女性比例提供了支持。

进一步的探讨发现，当具有统一意识形态的国家不再对单位人事权和决策权加以过多干预时，性别歧视程度就显现出分化：经济领域中，领导层的女性比例小于30%时，与领导层女性比例超过30%的单位相比，性别歧视的程度约为后者的两倍；而在国家力量能够有效作用的政治领域中，性别歧视现象即使在女性领导较少的情况下，也能保持在相对较低的水平；研究领域的情况则居中。这表明，国家推行的性别平等意识形态仍在政治领域中发挥着最强的作用，政治组织追求社会平等、社会公正、社会融合的意愿和能力可能更强。

从体制内外的差异来看，在中国当前的转型情境中，由于体制外组织更少受国家男女平等政策的影响，临界规模的作用比在体制内更为明显。这种分化进一步表明了国家干预对促进性别平等的有效性。中国的女性主义运动与党的领导和政府的介入密切相关，在市场经济背景下，对这一社会主义新传统的价值有必要再认识。

本研究不仅以调查数据检验了临界规模理论在不同领域、在中国情境下的适用性，发现在市场经济转型社会中，源于西方市场经济国家的临界规模理论同样能够应用于对体制内外组织中配额制效果的理解，而且从性别视角推进了组织社会学研究。但需要说明的是：在方法上，一方面，由于使用的样本并非随机样本，因而在结论的推广上需要谨慎对待；另一方面，受限于问卷的提问方式，对单位领导班子中女性比例的操作化使用的是分类变量而非定距变量，导致无法细致定位最优临界点。不过，这也降低了受访者回答的困难程度，保证了对单位情况汇报的有效性。

我们相信，尽管有研究者认为“关键行动”（critical acts）（Dahlerup，1988；Lovenduski，2001）、“关键行动者”（critical actor）（Childs & Krook，2006）或“安全空间”（safe spaces）（Childs，2004）比“临界规模”更重要，但领导层中性别比例的提升能起到积极作用这一理论和经验判断仍能够支持配额制的必要性。此外，存在反向因果关系（simultaneity bias）的可能性也需要在将来的研究中通过搜集适当的工具变量或采取追踪调查的方式来更准确地判断临界规模的作用程度。

在进一步的研究方向上，一些具有指导实践作用的应用议题值得深入的探索，它们包括：不同水平的配额/临界值的“值”的效果存在何种差异？[①] 在一个组织或团队中，不同权力位置的配额（如领导层的女性比例与

① 对此问题，Sandra Grey 认为，政治体系中15%的比例可能使女政治家能够改变政治议题，而可能需要40%的比例才能促成对妇女有利的政策出台（Grey & Victoria University，2006）。但这一判断依然是宏观的。

员工的女性比例）是否起到同样的作用？在领导层中，是为领导班子配备达到临界规模（critical mass）的少数群体成员更重要，还是配备关键一人（一把手，称作 critical one）更重要？如果要取得优势群体（如男性）的合作或至少容忍，什么样的配额是最平衡的？等等。对这些问题的解答会更加有利于澄清有关配额制的认识，帮助我们采取更加有针对性和更加有效的政策措施，促进包括性别平等在内的社会平等的实现。

参考文献

范瑜，2012，《以保护性政策为核心，有效提高农村妇女当选村委会成员比例——民政部“塘沽项目”介绍与思考》，载王金玲、高小贤主编《中国妇女发展报告 No. 4：妇女与农村基层治理》，社会科学文献出版社。

妇女研究所课题组，2013，《世界妇女参政配额制及对中国的启示》，载陈至立主编《女性高层次人才成长状况研究与政策推动》，中国妇女出版社。

高小贤，2012，《合阳县 20 名女村官是如何选出来的？——陕西妇女研究会“促进农村妇女参政项目”介绍》，载王金玲、高小贤主编《中国妇女发展报告 No. 4：妇女与农村基层治理》，社会科学文献出版社。

李娜，2011，《中国用人单位实施就业性别配额制的法律思考》，《西北大学学报》（哲学社会科学版）第 2 期。

李琴，2013，《社会性别与政治代表意愿：女性代表能代表女性吗?》，《妇女研究论丛》第 2 期。

联合国经济及社会理事会，2006，《妇女地位委员会第五十届会议关于妇女和男子平等参与各级决策过程的秘书长报告》。

刘彤，2012，《巴西总统批准涉及教育平等与公正的“配额法”》，新华网，http//news.xinhuanet. com/world/2012 - 08/30/c_112904479. htm。

闵冬潮，2012，《关注配额，超越数字：比较中印两国妇女参政中的配额制》，《妇女研究论丛》第 1 期。

曲宏歌，2012，《政治机构选举中的性别配额制及其有效性分析》，《科学社会主义》第 6 期。

吴菁，2001，《国际妇女参政的政策与措施》，《妇女研究论丛》（增刊）。

武中哲，2007，《职业地位的性别差异与形成机制——体制内与体制外的比较》，《上海行政学院学报》第 4 期。

曾一璇，2010，《肯定性行动的合法性争论：赞成与反对》，硕士学位论文，华东师范大学。

张迎红，2003，《“最低比例制”对妇女参政的影响》，《中华女子学院学报》第 6 期。

张迎红，2008，《试析女性参政配额制在欧盟国家中的运用和发展》，《中华女子学院学报》第4期。

张永英，2001，《中国共产党成立后关于妇女参政的理论认识与实践经验》，《妇女研究论丛》（增刊）。

赵慧军，2011，《企业人力资源多样化：女性发展问题研究》，首都经济贸易大学出版社。

赵云，2011，《国外妇女参政政策及对我国的启示》，《学理论》第14期。

中国网，2006，《湖南省实施〈中华人民共和国妇女权益保障法〉办法》，http://www.china.com.cn/law/flfg/2006-09/27/content_7197757.htm。

Carroll, Susan. J. ed. 2001. *The Impact of Women in Public Office*. Bloomington, IN: Indiana University Press.

Childs, Sarah & Mona Lena Krook. 2006. "Should Feminists Give Up on Critical Mass? A Contingent Yes." *Politics & Gender* 2 (4): 522-530.

Childs, Sarah & Mona Lena Krook. 2008. "Critical Mass Theory and Women's Political Representation." *Political Studies* 56 (3): 725-736.

Childs, Sarah. 2004. *New Labour's Women MPs: Women Representing Women*. New York: Routledge.

Crowley, Jocelyn Elise. 2004. "When Tokens Matter." *Legislative Studies Quarterly* 29 (1): 109-136.

Dahlerup, Drude. 1988. "From a Small to a Large Minority: Women in Scandinavian Politics." *Scandinavian Political Studies* 11 (4): 275-297.

Dahlerup, Drude. 2006. "The Story of the Theory of Critical Mass." in Do Women Represent Women? Rethinking the "Critical Mass" Debate. *Politics & Gender* 2: 491-530.

Dahlerup, Drude. 2006. "The Story of the Theory of Critical Mass." *Politics & Gender* 2 (4): 511-522.

Diaz, Mercedes Mateo. 2005. *Representing Women? Female Legislators in West European Parliaments*. Oxford: ECPR Press.

Dressel, Paula, Bernadette Weston Hartfield and Ruby L. Gooley. 1993. "The Dynamics of Homosocial Reproduction in Academic Institutions." *Journal of Gender, Social Police & the Law* 2 (1): 37-62.

Editor, 2006. "Do Women Represent Women? Rethinking the 'Critical Mass' Debate." *Politics & Gender* 2 (4): 491-492.

European Commission. 2008. *Gender Equality Report*. in the Sixth Framework Programme.

Glazer, Nathan. 1976. *Affirmative Discrimination*. New York: Basic.

Government of Japan. 2006. *Science and Technology Basic Plan*. http://www8.cao.go.jp/cstp/english/basic/3rd-Basic-plan-rev.pdf.

Grey, Sandra & Victoria University. 2006. "Numbers and Beyond: The Relevance of Critical Mass in Gender Research." in Do Women Represent Women? Rethinking the "Critical

Mass" Debate. *Politics & Gender* 2: 491 - 530.

Grey, Sandra. 2006. "Numbers and Beyond: The Relevance of Critical Mass in Gender Research." *Politics & Gender* 2 (4): 492 - 502.

Kanter, R. Moss. 1977a. "Some Effects of Proportions on Group Life." *American Journal of Sociology* 82 (5): 965 - 990.

Kanter, R. Moss. 1977b. *Men and Women of the Corporation*. New York: Basic Books.

Krook, Mona Lena. 2009. *Quotas for Women in Politics: Gender and Candidate Selection Reform Worldwide*. Oxford University Press.

Lipman-Blumen, Jean. 1976. "Towards a Homosocial Theory of Sex Roles: An Explanation of the Sex Segregation of Social Institutions." in *Women and the Workplace: The Implications of Occupational Segregation*, edited by Martha Blaxall and Barbara Reagan. Chicago: University of Chicago Press.

Lovenduski, Joni. 2001. "Women and Politics" in P. Norris ed., *Britain Votes 2001*. Oxford: Oxford University Press.

Mansbridge, Jane. 2005. "Quota Problems: Combating the Dangers of Essentialism." *Politics & Gender* 1 (4): 621 - 638.

Pamela Oliver, Gerald Marwell & Ruy Texeira. 1985. "Theory of the Critical Mass. I. Interdependence, Group Heterogeneity, and the Production of Colleotive." *The Amerian Journal of Sociology* 91 (3): 522 - 556.

Paula Dressel, Bernadette Weston Hartfield & Ruby L. Gooley. 1993. "The Dynamics of Homosocial Reproduction in Academic Institutions." *Journal of Gender & the Law* 2: 37.

Sawer, Marian, Manon Tremblay & Linda Trimble eds. 2006. *Representing Women in Parliament: A Comparative Study*. New York: Routledge.

Spangler, Eve, Marsha A. Gordon & Ronald M. Pipkin. 1978. "Token Women: An Empirical Test of Kanter's Hypothesis." *The American Journal of Sociology* 84 (1): 160 - 170.

Theodore, Athena. 1986. *The Campus Trouble Makers: Academic Women in Protest*. Houston: Cap and Gown Press.

Tremblay, Manon. 2006. "The Substantive Representation of Women and PR: Some Reflections on the Role of Surrogate Representation and Critical Mass." in Do Women Represent Women? Rethinking the "Critical Mass" Debate. *Politics & Gender* 2: 491 - 530.

近20年来两性干部精英的地位获得与变迁

——基于第三期中国妇女社会地位调查数据的分析*

李　娜**

摘　要： 女性领导干部在政治管理和决策领域处于结构性弱势。本文利用第三期中国妇女社会地位调查数据进行事件史分析发现，在中国社会转型的过程中，两性干部精英地位获得的影响因素存在差异，且在不同时期呈现不同特点。一方面，随着社会转型和时代变迁，女性干部精英的地位获得对家庭背景依赖程度日益加深，这反映了女性精英阶层再生产有扩大和固化的趋势；另一方面，领导特质、性别平等观念和成就期望等个人心理因素对精英地位获得的作用日益显著，表明政治领域中女性的主体意识正在解放，这有助于女性干部进一步向上流动。

关键词： 干部精英　地位获得　事件史分析

一　引言

布劳－邓肯模型作为地位获得研究领域的经典模型，其开创的从先赋因素和自致因素两个维度来考察个人职业地位获得的研究范式，对后来的

* 本文是2010年教育部哲学社会科学研究重大课题攻关项目“女性高层次人才成长规律及发展对策研究”（项目编号：10JZD0045－1）、国家社会科学基金青年项目“中西方文化差异视角下领导－部属关系结构模型及影响机制研究”（项目编号：12CGL056）的阶段性成果。

** 李娜（1978～），女，北京大学社会学系博士研究生，中国浦东干部学院讲师，研究方向为劳动社会学和女性社会学。

社会流动和地位获得研究产生了深远影响。模型中“父亲教育与职业、本人自身教育程度、职业生涯起点”等用以测量先赋因素和自致因素的基本变量也在随后的研究中被广泛运用。由于布劳－邓肯模型主要是依据男性样本建构的，因此在对布劳－邓肯地位获得模型进行批判的过程中，社会性别视角成为一个强有力的挑战。研究者们逐渐意识到，性别因素是建构职业地位获得模型的一个不可或缺的重要变量（周怡，2009：6）。在回顾中国干部精英地位获得的研究时，我们发现对“性别”差异的探讨是非常初步的。一些研究将“性别”纳入变量体系，但多数仅仅是在考察精英地位获得时，将“性别”设置为控制变量，得出男性比女性成为干部精英的可能性更高、干部精英地位获得中存在显著的性别差异的结论。在地位获得研究理论及相关模型的变迁拓展中，对性别差异问题缺乏系统的、充分的讨论。

在中国国家管理和决策的核心政治领域，两性的参与机会是不均衡的。女性领导干部在层级和职务上的分布特征表明，这个性别群体在政治管理和决策领域中处于结构性弱势。在中国社会转型的过程中，两性干部精英地位获得的影响因素是否不同，存在何种差异，目前学界仍存在不同观点。近 20 年来，随着社会转型和时代变迁，两性干部精英的地位获得模式呈现何种变化，学界尚缺乏有针对性的讨论和系统分析。本文运用第三期中国妇女社会地位调查数据，建构两性党政干部精英地位获得模型，以探析近 20 年来影响两性党政干部精英地位获得的因素及变迁。

二　精英地位获得相关理论和研究回顾

（一）代内流动视角：自致因素与干部精英地位获得

中国社会转型带来的精英转换和地位获得问题曾引起西方学术界的激烈讨论，讨论的焦点集中于党员身份、受教育程度等自致因素对新中国尤其是改革后干部精英地位获得的影响。在与撒列尼对话的基础上，魏昂德 1995 年提出了通向“行政管理精英”和“专业技术精英”的二元职业路径模型，即在通往干部精英职位的路径中，党员身份是最为重要的唯一资格；在通往专业技术精英职位的路径中，教育获得是至关重要的，而党员身份却不太重要（魏昂德、李博柏，2002：2）。之后，他运用 1996 年中国城市成年人口全国抽样调查的生活史数据分析了不同历史时期的精英地位获得，为社会主义中国精英地位获得的二元路径提供了新的例证。魏昂德认为，在中国，政府给不同类型的精英创设了两个分离的“市场”，对于行政干部精英的地位获得而言，“能力原则并不能干涉对党忠诚的原则”，政治资格而非教育资格才是至关重要的。

魏昂德也注意到，教育获得在两条职业路径中的作用都在增强，而党员身份在干部地位获得中的回报则降低了。但他谨慎地认为这一变化是新中国成立初期高学历人才极度短缺的结果（李博柏、魏昂德，2008），而他并未将这种变化归因于中国社会的市场化转型。沿着魏昂德的逻辑，我们很容易得出：随着高等教育的普及和高学历人才供给的增加，行政干部精英地位获得中的党员偏好仍然存在。

虽然国内外的许多学者都注意到，中国改革开放后教育和人力资本在精英地位获得中的重要性日益增加，即教育是唯一最为重要的职业获得的决定因素，也是最重要的社会再生产机制，但“二元路径模型”仍是从代内视角解释中国精英地位获得的最有影响力的模型。

（二）代际流动视角：先赋因素与干部精英地位获得

在与魏昂德“二元路径模型”对话的过程中，郑辉发展了从代际流动视角解释转型时期中国精英流动的模型和方法。此后，家庭背景等先赋因素在代际流动中的作用引起了国内学者的广泛关注和讨论。郑辉认为，考察精英是不是分割的，不能仅从代内流动来评判，而应进一步考察精英群体的代际流动图景，后者比前者“更能反映社会分层模式的长期趋势和内在本质”（郑辉、李路路，2009：6）。

郑辉的研究表明，在市场转型过程中的中国，家庭背景对子代精英地位获得有重要影响。精英群体通过对高等教育机会的控制实现精英阶层的再生产。张乐等沿着上述思路进一步考察了精英阶层再生产的规模和阶层固化的程度。其研究表明，精英阶层的再生产是有“限度”的。低级别权力职位存在一定程度的再生产，而父辈想要帮助子女获得中等级别的位置，那么他本人的行政级别就要足够高。而在高级别干部地位的获得中，父辈的各类资源都不具有显著影响（张乐、张翼，2012：1）。孙明则对比了不同时期家庭背景对精英地位获得作用的变化，发现改革开放前后，家庭背景对于子代精英地位获得的作用是截然不同的（孙明，2011：5）。

从代际流动视角考察精英地位获得的研究，大多证实了家庭背景对干部精英地位获得的重要作用。尤其是改革开放后，家庭所拥有的文化资本

和政治资本对子代干部地位获得的作用尤为明显。但张乐等的研究也表明，精英阶层的固化程度是有限的，家庭背景在青年干部地位获得中的作用只是基础性的而非无限制扩大的（张乐、张翼，2012：1）。

刘爱玉、佟新、傅春晖运用 2010 年第三期中国社会妇女地位调查的数据分析发现："随着中国工业化、现代化的推进，家庭背景等先赋因素对于行政干部地位获得的作用在减弱，而以人力资本为表征的自致因素的作用在增强。"在控制其他因素后，人力资本对干部地位获得的影响程度最大（刘爱玉、佟新、傅春晖，2013：3）。

（三）社会性别视角：性别与干部精英地位获得

当地位获得研究将"性别"作为重要变量纳入研究视野时，我们会发现不同性别的地位获得模式存在差异。自致因素和先赋因素在两性干部地位获得中所发挥的作用是不同的。林南与边燕杰研究发现，女性的社会地位获得主要受自致性因素——受教育程度的影响，而男性则主要受了先赋性因素——父亲的职业地位与就业单位部门的影响（林南、边燕杰，2002）。黛博拉·戴维斯（Deborah S. Davis）对 20 世纪 80 年代末中国城市职业流动的研究发现，性别对职业流动经历产生重要影响，教育对女性的职业地位获得的重要性大于男性。这个结果与边燕杰得出的结论相似，但其认为女性的职业地位获得比男性更依赖家庭资源，这不同于边燕杰的研究结果（王昕，2010：1）。

刘爱玉用第三期中国妇女社会地位调查数据，考察了学历和家庭背景对两性干部精英地位获得的影响，得出与黛博拉·戴维斯类似的结论。虽然人力资本是影响干部地位获得的首要因素，但对于不同性别而言，影响程度仍有差异。相对于男性干部的地位获得，人力资本对于女性干部地位获得更为重要。父母具有高文化程度，对于女性干部地位获得的积极作用也远远大于男性干部（佟新、刘爱玉，2014：1）。

佟新、刘爱玉进一步发现，男性通过提升人力资本和建构社会资本便能够进入政治精英成长的路径；而女性不仅要提升人力资本和建构社会资本，还要有赖于父母的社会经济地位、个人的性别平等观和平衡工作与家庭的能力，才能够在政治精英的晋升上有所收获（佟新、刘爱玉，2014：1）。

与此同时，性别差异并非在各个级别的干部地位获得中都发挥作用。张乐等运用 2003 年杭州和武汉两个城市的调查样本分析发现，在副科级职位获得中，性别并没有显著作用，而在其他更高级别的职位获得中，性别都具有显著影响。这暗示权力精英的性别分化不是在职业生涯一开始就出现的，而是在之后的职务晋升中逐步显现的（张乐、张翼，2012：1）。

上述精英地位获得的研究取得了丰富的研究成果，但也留下了许多亟待解决的问题。

（1）上述许多研究所运用的数据是在21世纪初或20世纪末采集的，改革开放深入推进的近10年来，社会流动和精英再生产是否还具有改革开放初期的特征，是否具有新的特点，还有待于更新的数据和分析。

（2）由于党政干部精英在人群中的比例较小，现有的研究在界定干部精英时，受到数据样本的限制，在标准认定上过于宽泛（大多将“副科级及以上”界定为干部精英），这使得研究结论难以真正描述掌握国家再分配核心权力的干部精英群体的地位获得机制。此外，两性党员干部在地位获得上的结构性差异集中表现为中高层领导职位上的性别不平衡，因此，本文将干部精英界定为副厅级及以上领导干部。

（3）以往的研究模型大多未充分考虑时间因素。其共同的局限在于研究模型都使用了横截面数据，只能得出不同时期的平均效应，而难以精确把握地位获得的真正机制。在地位获得研究中，研究者已开始放弃传统的在不等时间间隔状态下的静态比较（例如，在不确定的时点上对父子地位的比较），而开始越来越多地考虑将随时间变化的解释变量纳入分析，从而使事件史分析的运用日益广泛（李强、邓建伟、晓筝，1999：6）。

此外，在研究教育和早期职业地位获得的过程中，以塞维尔（Sell）和豪瑟（Hauser）为代表的威斯康星学派曾注意到社会心理因素对地位获得的重要影响（Swell et al.，2005）。而这一点正是布劳－邓肯地位获得模型所忽略的。在针对中国干部精英地位获得的研究中，研究者也大多忽视了对个人心理因素的探讨。塞维尔等人集中讨论了热望水平（包括重要他人和自身的热望水平）和个人智能对地位获得的影响。本文认为，除成就期望外，领导特质也有助于个人获得精英地位。

另外，男女平等的社会性别观念也激励女性打破各种约束参与精英地位竞争，从而提升女性获得精英地位的概率。因此，在建构地位获得模型时，有必要纳入并探讨个人心理变量的影响。

第三期中国妇女社会地位调查发布了目前两性党政人才的职业成就与职业发展历程的第一手数据，其中包含了两性党政干部的部分职业和晋升的历时性数据。因此，本文得以运用事件史的数据分析方法，对党政干部精英地位获得（晋升至副厅级别）这一事件建模，以探析不同时期个人自

致变量、先赋变量和个人心理变量如何影响两性党政干部精英地位获得。

三　数据、变量与模型

（一）数据及基本概况

本研究使用的数据来自 2010 年 12 月进行的第三期中国妇女社会地位调查。调查采用入户抽样调查和重点人群补充抽样调查两种方式收集数据，共获得 65 岁以下科级及以上男女两性党政管理人员、中级及以上职称专业技术人才和大中型企业中层及以上企业管理人才有效样本 6126 个。本文从中选取两性党政管理人员样本共 2030 个。其中，女性占 40.5%，男性占 59.5%；中共党员占 92.2%，非党员占 7.8%；研究生占 24.1%，大学（含大专）学历占 68.5%，高中及以下学历占 7.4%；正厅级占 9.5%，副厅级占 11.1%，正处级占 17.7%，副处级占 26.0%，正科及以下占 35.7%；出生于 20 世纪 40 年代的占 3.51%，出生于 50 年代的占 32.05%，出生于 60 年代的占 42.04%，出生于 70 年代的占 20.23%，出生于 80 年代的占 2.18%。

（二）离散时间风险模型（discrete-time hazard model）

事件史分析通常用来揭示个人职业路径的一般性过程，它将分析单位由个人转换为特定时间发生的生命事件（例如，党员身份的获得和从非精英职位转为精英职位）。像教育、职业这类随时间变化的协变量，必须在个人生命的不同时点来测量它们。使用这组资料，能够检验个人一生的职业流动和不同时期的职业流动，这些是横剖资料所无法实现的。所以，本研究将个人的生命历程转化为多个以年为基准的时间段，并且在此基础上记录所有的测量。

由于分析因变量晋升事件的时间单位为年，因而本研究选择离散时间风险模型进行估计。该模型将某一事件发生的条件概率进行 logit 转换，然后再作为自变量的函数。

$$\log\left(\frac{P_{it}}{1-P_{it}}\right) = \alpha_t + \beta 1xit1 + \cdots + \beta kxitk$$

其中 P_{it} 是某一事件在没有在时点 t 之前发生的条件下，第 i 个人在时点 t 发生该事件的条件概率。

为了估计该模型，我们将数据转化为“人－年记录”（person-records）数据。风险期中的每个人在每一个时间单位都有一条记录。换句话说，在时间按年计算的情况下，假设某人 A 在数据中被观察了 3 年，那么我们就需要对这个人建立 3 条独立的记录。

（三）变量及操作性定义

1. 因变量

本研究将干部精英定义为副厅级及以上领导干部。将作为因变量的“事件”定义为“晋升至副厅级”。

在 2010 年的调查样本中，剔除资料不详者之后，样本中还有 413 名副厅级及以上干部。表 3 中的模型 1 和模型 2 主要考察男女两性在干部精英地位获得方面的性别差异。

由于改革初期（1978～1991 年）晋升至副厅级的样本较少，在进行性别分类时模型常常不收敛，因此在做性别差异模型时，不得不放弃改革初期，只能进行改革中期（1992～2000 年）和改革深化期（2001～2010 年）两个时间段的比较。在剔除 13 个在 1992 年之前晋升至副厅级的样本后，共有 400 个副厅级及以上干部样本。

2. 自变量

父亲职业：将父亲职业划分为“中高层干部”、“专业技术人员”、“农民”和“其他职业”。目的是考察掌握政治资本和文化资本的中高层干部和专业技术人员是否对于子代干部精英的地位获得有重要影响。由于样本中“企业管理者”类别的数量太少，且考虑到调查对象的父辈所在企业大多是计划经济体制下的国有企业，与党政部门有着千丝万缕的关系，因而将其归入“中高层干部”类。此外，由于毛泽东时代的军人一直保持着较高的政治地位和声望，干部在政治排行榜上都只能让位于革命军人，因此本研究也将“军人”归入“中高层干部”类。模型中以“农民”为参照组。

被访者的政治面貌：本研究讨论“共产党员”身份对干部精英地位获得的影响。此变量是一个随时间变化而变化的变量。模型中以“非共产党员”为参照组。

被访者的受教育程度：改革中后期，党政部门工作人员的文化程度已大幅提升，高中及以下受教育程度的占比不高，因此本研究将文化程度划分为“高中及以下”、“本科或专科”及“研究生”。模型中将“高中及以下”作为参照组。由于问卷设计的局限，无法获得被访者的完整教育史信

息。因此，只能将被访者的受教育程度设计为不随时间变化而变化的非时变变量。不排除一部分调查对象是在晋升至副厅级之后才获得最高教育程度的。但由于资料所限，本研究难以进行更为细致的探讨。

个人心理变量：包括领导特质、个人成就期望、社会性别观念。本研究新建“领导特质”变量，用是否“在学校学习期间担任过学生干部”来进行测量。将在学校学习分为小学、初中、高中和大学 4 个阶段，如在任一阶段担任过学生干部则取值为 1 分，变量得分按照担任学生干部的阶段数量累加，最高取值为 4 分，即在学校学习的所有阶段始终担任学生干部；最低取值为 0 分，即在校学习期间从未担任过学生干部。

本研究新建“个人成就期望”变量，用以表示个人对在职务晋升上达致成就的期望。变量有 4 个取值，分别为高期望（取值为 3 分）、中等期望（取值为 2 分）、低期望（取值为 1 分）和说不清（取值为 9 分）。本研究主要根据调查对象的级别以及对“您今天的成就与刚参加工作时自己的期望相比如何”问题的回答来计算“个人成就期望”变量的取值。例如，现任厅级（包括副厅级）的调查对象，如果回答“今天的成就与刚参加工作时自己的期望相比”还“远未达到”或“稍差一些”，则归为高期望类；如果现任处级（包括副处级）的调查对象，认为“今天的成就与刚参加工作时自己的期望相比”“高出很多”或“稍高一些”，则归为低期望类；回答为“无所谓”者取值为 9 分。相应的，“父母成就期望”变量则是按相同的原则根据调查对象的级别以及对“您今天的成就与父母对您的期望相比如何”问题的回答来计算变量的取值。模型中以“低期望”作为参照组。

本研究通过对一系列性别平等方面问题的态度来测量研究对象的社会性别观念。在第三期中国妇女社会地位问卷调查中，设计了 10 个涉及性别能力观念、社会分工观念、性别职业观念等社会性别观念的问题，请被调查者进行评判。这 10 个问题分别是“女人的能力不比男人差”“男人应该以社会为主，女人应该以家庭为主”“挣钱养家主要是男人的事情”“丈夫的发展比妻子的发展更重要”“干得好不如嫁得好”“在领导岗位上男女比例应大致相等”“总体而言，男人比女人更胜任领导的角色”“对妻子而言，更重要的是帮助丈夫成就事业”“事业成功的女人往往没有女人味”“男女应该同龄退休”。本研究按照观念是趋于男女平等（积极）还是不平等（消极）以及积极或消极的程度对问题答案进行赋值：在表现为积极性别观念的问题中，对问卷提供 5 项选择答案：非常同意、同意、不太同意、很不同意和说不清，依次赋值 2 分、1 分、－1 分、－2 分和 0 分；在表现为消极性别观念的问题中，则依次赋值为 -2 分、 -1 分、1 分、2 分和 0 分。每个观点上的得分为正值，则分数越高意味着越认同男女平等的性别观念；得分为负值，则分数绝对值越高，说明性别观念越传统保守，男女平等的观念越淡薄。经测量，调查样本中“社会性别观念”变量最小值为 -15 分，最大值为 19 分，平均值为 4.9 分，标准差为 6.24 分。这表明调查样本的社会性别观念差异巨大，其平均值不到 5 分，说明平均而言，研究对象对于一半的问题都持性别不平等观念，这也反映出党政人员群体中性别观念的整体状况仍趋于消极保守。

3. 控制变量

本研究选取性别、时期和出生组作为控制变量。时期分为改革中期和改革深化期。对改革时期的这一划分也得到大多数学者的认同。由于干部精英的地位获得与年龄和生命历程高度相关，在特定历史时期不同出生组的人晋升至某一级别的概率具有结构性差异，因此分析中我们把出生组作为控制变量，具体分为：出生于 20 世纪 40 年代（1945 ~ 1949 年）、出生于 20 世纪 50 年代、出生于 20 世纪 60 年代、出生于 20 世纪 70 年代、出生于 20 世纪 80 年代。

本研究剔除了资料不详者之后，对自变量进行描述统计分析，结果如表 1 所示。

表 1　模型自变量的描述性统计

变量	女性		男性	
	频次	百分比（%）	频次	百分比（%）
父亲职业				
中高层干部（包括军人）	152	18.7	142	11.88
专业技术人员	141	17.34	152	12.72
其他职业（含未就业）	402	49.45	481	40.25
农民	118	14.51	420	35.15
父母文化程度				
小学及以下（缺失值计入此类）	384	47.23	808	67.62
初中	173	21.28	171	14.31
高中/中专/中技	168	21.28	171	14.31
大专及以上	88	10.82	67	5.61

续表

变量	女性		男性	
	频次	百分比（%）	频次	百分比（%）
政治面貌				
非党员	93	11.44	62	5.19
党员	720	88.56	1133	94.81
本人受教育程度				
高中及以下	28	3.44	116	9.71
本科/专科	537	66.08	84.0	70.29
研究生	248	30.5	239	20
心理变量	均值	标准差	均值	标准差
领导特质	2.031	1.671	1.850	1.645
社会性别观念	7.416	5.581	3.211	6.104
个人成就期望				
低期望	208	25.58	363	30.38
中等期望	206	25.34	387	32.38
高期望	328	40.34	385	32.22
说不清	71	8.73	60	5.02
父母成就期望				
低期望	202	24.85	377	31.55
中等期望	209	25.71	358	29.96
高期望	338	41.57	369	30.88
说不清	64	7.87	91	7.62
出生组				
生于 20 世纪 40 年代	10	1.23	60	5.02
生于 20 世纪 50 年代	258	31.73	386	32.3
生于 20 世纪 60 年代	370	45.51	475	39.75
生于 20 世纪 70 年代	148	18.2	257	21.51
生于 20 世纪 80 年代	27	3.32	17	142

（四）模型

在进行离散时间风险回归时，需要选择合适的模型。本研究采用向后选择法选择模型。把完整模型（full model）设为基准（baseline）模型，将自变量“入党”“本人受教育程度”“同龄群组”“家庭文化资本”[①]“父亲职业”“母亲职业”“领导特质”“社会性别观念”“个人成就期望”“父母成就期望”纳入模型，逐步删除不显著的自变量，分别为“母亲职业”、“父母成就期望”和“家庭文化资本”变量。精简后的模型所有的自变量都取得显著结果，且最大限度地保持了模型的解释力。精简后的模型卡方值为503.33，显著水平为0.0000，说明该模型整体检验十分显著。

本研究将“家庭背景”操作化为“父亲职业”、“母亲职业”和“家庭文化资本”3个变量，分别反映出生家庭父母的文化程度和职业状况。但在模型筛选过程中，“母亲职业”和“家庭文化资本”两个自变量均不显著，“父亲职业”成为影响子代干部精英地位获得的重要家庭背景变量。

需要说明的是，本研究在进行模型筛选并纳入“父母成就期望”和“个人成就期望”自变量时，发现“父母成就期望”变量（参照组为“低期望”）取值为“高期望”和“无所谓”时均不同程度地表现为显著[②]，而“个人成就期望”则均不显著。当删除“父母成就期望”变量时，“个人成就期望”变量（参照组为“低期望”）取值为“高期望”和“无所谓”时均十分显著。这说明，“父母成就期望”是影响“个人成就期望”的重要因素。然而，本研究关注的一个重要问题是，个人心理变量在干部精英地位获得中是否有作用。因此，需要考察由社会性别观念、个人成就期望和个人领导特质等变量构成的个人心理变量组在模型中是否显著。如果显著，则证实了本研究的假设。因此本研究在模型中保留了“个人成就期望”变量，删除了“父母成就期望”变量。

表2中的模型3表明，在控制父亲职业、政治面貌、受教育程度和出生组的情况下，个人心理变量对于干部精英地位获得有显著解释力。如领导特质的得分每增加1个单位，干部精英地位获得的发生比就增加8.5%，社会性别观念的得分每增加1个单位，干部精英地位获得的发生比就增加3.2%；与低职业成就期望相比，高职业成就期望的干部精英地位获得的发生比将增加71%。这表示个人心理因素的3个变量——领导特质、社会性别观念和职业成就期望均在$p<0.01$和$p<0.001$的水平上显著。这表明，

---

① 比较父母文化程度，取其中的较高值作为家庭文化资本。

② 父母成就期望为高期望时，p值为0.005；父母成就期望为无所谓时，p值为0.016。

在以往研究关注的父亲职业、受教育程度和党员变量之外，个人心理变量也成为干部精英地位获得的重要解释变量（见表2）。

表 2　对中国干部精英地位获得的离散风险模型估计

自变量	模型 1	模型 2	模型 3
父亲职业			
中高层干部（包括军人）	1.324 (1.52)	1.062 (0.33)	0.978 (0.12)
专业技术人员	2.252 (4.69)***	1.859 (3.55)***	1.706 (3.04)**
其他职业（含未就业）	1.894 (4.48)***	1.472 (2.69)**	1.397 (2.31)*
政治面貌			
党员		4.056 (7.98)***	4.067 (7.99)***
受教育程度			
本科/专科		6.3903.65)***	4.921 (3.11)**
研究生		23.825 (6.22)***	15.691 (5.34)***
心理变量			
领导特质			1.085 (2.68)**
社会性别观念			1.032 (3.69)***
个人成就期望			
高期望			1.708 (4.26)***
中等期望			1.023 (0.14)
说不清			2.100 (3.92)***
出生组			
生于 20 世纪 50 年代	3.524 (3.69)***	2.027 (2.05)*	1.828 (1.75)*
生于 20 世纪 60 年代	1.567 (1.29)	0.790 (-0.67)	0.679 (-1.09)

续表

自变量	模型 1	模型 2	模型 3
生于 20 世纪 70 年代	0.555 (-1.35)	0.276 (-2.94)**	0.234 (-3.29)***

注：* 表示在 $p<0.1$ 的水平上显著，** 表示在 $p<0.01$ 的水平上显著，*** 表示在 $p<0.001$ 的水平上显著。

四　数据分析结果

（一）改革中期干部精英地位获得的性别差异

表 3 显示，改革中期，两性干部精英地位获得模型的差异是显著的，这种差异在几个核心自变量中均有体现（见表 3）。

表 3　改革中期（1992～2000 年）中国干部精英地位获得的离散风险模型估计

自变量	模型 1		模型 2		模型 3	
	女性	男性	女性	男性	女性	男性
父亲职业						
中高层干部（包括军人）	1.000 (0.00)	2.444 (2.56)**	0.863 (-0.26)	1.942 (1.88)*	0.845 (-0.3)	2.095 (2.02)*
专业技术人员	1.431 (0.65)	1.820 (1.45)	1.442 (0.66)	1.387 (0.78)	1.587 (0.82)	1.536 (1.01)
其他职业（含未就业）	1.883 (1.32)	1.619 (1.64)*	1.56 (0.93)	1.304 (0.90)	1.597 (0.95)	1.273 (0.80)
政治面貌						
党员			3.022 (2.09)*	1.250 (0.51)	2.602 (1.77)*	1.268 (0.53)
受教育程度						
本科/专科			2.360 (0.84)	10.175 (2.28)*	2.610 (0.94)	10.557 (2.29)*
研究生			6.161 (1.77)*	42.615 (3.66)***	6.771 (1.85)*	44.649 (3.64)***
心理变量						
领导特质					0.971 (-0.39)	1.082 (1.09)

续表

自变量	模型 1		模型 2		模型 3	
	女性	男性	女性	男性	女性	男性
社会性别观念					1.049 (1.68)*	1.021 (0.99)
个人成就期望						
高期望					0.278 (-3.31)***	0.452 (-2.47)*
中等期望					1.140 (0.42)	1.216 (0.68)
说不清					1.535 (1.02)	1.394 (0.75)
出生组						
生于 20 世纪 50 年代	2.295 (0.82)	2.300 (1.60)*	1.768 (0.56)	1.294 (0.49)	1.622 (0.47)	1.391 (0.62)
生于 20 世纪 60 年代	0.094 (-2.1)*	0.240 (-2.36)**	0.074 (-2.29)*	0.108 (-3.60)***	0.072 (-2.29)*	0.117 (-3.44)***
生于 20 世纪 70 年代	0.088 (-1.71)*		0.087 (-1.71)*		0.086 (-1.70)*	

注：* 表示在 $p<0.1$ 的水平上显著，** 表示在 $p<0.01$ 的水平上显著，*** 表示在 $p<0.001$ 的水平上显著。

1. 先赋因素

父代的政治文化资本有助于男性子代的干部精英地位获得，而对于女性子代则并没有显著作用。值得注意的是，父亲为中高层干部对男性干部精英地位获得的贡献远大于女性。对女性而言，父亲是中高层干部似乎并未对女性成为干部精英有帮助。与父亲为农民相比，父亲为中高层干部的女性成为干部精英的概率甚至更低（0.845）。而男性却显著地得益于父亲的中高层干部职业，在各种职业中，中高层干部的男性子代成为干部精英的概率最大。干部精英地位获得上的性别差异并不能仅仅从先赋因素的效能角度进行解析，可能更多地反映了中高层干部精英的子代在职业选择上的性别差异。将表 3 中的模型 1 和模型 2 进行比较，发现当模型 2 纳入政治面貌和受教育程度后，男性父亲职业为中高层干部、专业技术人员和其他职业的系数分别降低了 0.5、0.43 和 0.31，这进一步表明教育和党员身份是父代对男性子代精英地位获得产生影响的中介变量。对于女性而言，父代产生影响的这一机制并不明显。

2. 自致因素

表3中的模型3显示，改革中期，高学历对男性干部精英地位获得的贡献远远大于女性，与高中及以下受教育程度的男性相比，本科/专科男性干部精英地位获得的发生比为前者的10倍多（10.557），如果拥有研究生学历，则发生比更高达44.6倍。这说明，高学历能显著提升男性获得干部精英地位的概率，相比之下，女性的高学历则远没有带来这么显著的收益，与高中及以下学历相比，研究生学历和本科/专科学历的发生比仅为2.610和6.771。

有研究表明，改革开放以来，女性受教育的机会不断增加，教育获得上的男女不平等在逐步缩小，中国教育获得的性别差距大幅度缩小。教育获得是获得职业和社会经济地位的重要决定因素。理论上来说，教育获得使性别不平等差距的缩小也将导致职业获得上性别不平等差距的缩小。然而模型3显示，高学历对女性干部精英地位获得的贡献远远小于男性，这说明高学历女性干部在向上流动的过程中会遭遇到比男性更大的阻力。

在改革中期，党员身份对女性干部精英地位获得的贡献大于男性；女性党员比非党员成为干部精英的发生比要高1.6倍（2.602），且在 $p<0.1$ 的水平上显著；相比之下，男性党员与非党员之间的差异则没有这么明显，在统计上也并不显著。

3. 心理变量

在改革中期，个人心理因素对两性干部精英地位获得的影响既有共性又有差异。相同的是，对两性来说，平等的社会性别观念对干部精英地位获得均有积极影响。这一点与佟新和刘爱玉的发现相吻合。她们发现，那些打破性别角色分工观念的女性有更好的向上晋升的机会。男性政治精英的性别角色观念亦对其处于局级位置的可能性有影响（佟新、刘爱玉，2014）。而相较于男性，女性的平等社会性别观念对其干部精英地位获得有更为显著的积极影响。心理因素对两性地位获得影响的差异还在于，领导特质对男性干部精英地位获得有正面影响，而女性的领导特质则无助于甚至阻碍其干部精英地位的获得。

此外，值得注意的是，在这一时期，高职业成就期望均不利于两性干部精英的地位获得。对男性而言，高期望的男性干部精英地位获得发生比仅为低期望的不到50%（0.452）。但同时期高期望女性所遭遇的晋升障碍则更为明显，其干部精英地位获得的发生比只有低期望女性的1/4（0.278），且更加显著。这表明，改革中期在通向干部精英的道路中，具有高成就期望和领导特质的人并未拥有更多的上升机会，反而是受到压制的。

而与男性相比，具有较高成就期望和领导特质的女性受到的阻力更大。

（二）改革深化期干部精英地位获得的性别差异

表 4 显示，改革深化期，两性干部精英地位获得模型的差异也是显著的，这种差异在几个核心自变量中均有体现（见表 4）。

表 4 改革深化期（2001 ~ 2010 年）中国干部精英地位获得的离散风险模型估计

自变量	模型 1		模型 2		模型 3	
	女性	男性	女性	男性	女性	男性
父亲职业						
中高层干部（包括军人）	2.949 (1.94)*		2.763 (1.82)*	0.643 (−1.21)	2.664 (1.74)*	0.525 (−1.74)*
专业技术人员	7.931 (3.89)***		7.779 (3.82)***	1.321 (0.94)	7.802 (3.78)***	1.135 (0.42)
其他职业（含未就业）	5.584 (3.33)***		4.644 (2.95)**	1.108 (0.47)	4.674 (2.94)**	1.035 (0.16)
政治面貌						
党员			0.936 (−0.24)	1.250 (0.51)	1.047 (0.16)	0.759 (−0.77)
受教育程度						
本科/专科			2173738 (0.01)	12.569 (2.50)*	936581.8 (0.03)	6.167 (1.77)*
研究生			1.04e (0.01)	82.137 (4.33)***	3541866 (0.03)	26.564 (3.16)**
心理变量						
领导特质					1.072 (1.18)	1.150 (2.39)*
社会性别观念					1.079 (4.09)***	1.034 (2.19)*
个人成就期望						
高期望					3.323 (4.45)***	4.288 (5.04)***
中等期望					1.238 (0.54)	0.658 (−0.90)
说不清					2.216 (2.00)*	5.676 (4.56)***

续表

自变量	模型 1		模型 2		模型 3	
	女性	男性	女性	男性	女性	男性
出生组						
生于 20 世纪 50 年代	1.397 (0.45)		0.970 (−0.04)	2769646 (0.02)	0.862 (−0.2)	861363.8 (0.03)
生于 20 世纪 60 年代	0.584 (−0.73)		0.266 (−1.77)*	778362.6 (0.01)	0.235 (−1.92)*	227295.5 (0.03)
生于 20 世纪 70 年代	0.067 (−2.93)**		0.031 (−3.69)***	233238.7 (0.01)	0.024 (−3.97)***	72575.53 (0.02)

注：* 表示在 $p<0.1$ 的水平上显著，** 表示在 $p<0.01$ 的水平上显著，*** 表示在 $p<0.001$ 的水平上显著。

1. 先赋因素

与改革中期相比，在改革深化期，中高层干部父代对子女的影响则正好相反。父亲的干部身份对女儿的干部精英地位获得产生了积极影响，而儿子成为干部精英的概率却大幅降低。在改革深化期，父亲为专业技术人员对女性干部精英地位获得的促进作用大大增加，专业技术人员的女儿成为干部精英的发生比是农民女儿的 7.8 倍，但父亲身为专业技术人员对儿子的影响则小很多。此外，父亲为中高层干部也显著地增加了女儿成为干部精英的机会，但他们的儿子却因此更不可能成为干部精英。为什么相同的家庭背景在两性地位获得上有如此巨大的差异呢？一种可能的解释是，随着市场化进程的逐步深入，干部精英在资源占有方面的优势地位被商业精英所替代和超越。中高层干部精英和专业技术精英的男性子代有更多机会主动选择并成为商业精英，而女性子代则偏重于工作的稳定性从而选择了公务员道路。

2. 自致因素

表 4 显示，在改革深化期，高学历尤其是研究生学历对干部精英地位获得的贡献仍具有显著影响，但与改革中期相比，这种贡献有所下降。一种可能的解释是，与改革中期相比，公务员队伍的整体学历层次已大幅提高，高学历的稀缺性正逐步下降。即便如此，在地位获得模型中，高学历仍是一个影响地位获得的重要变量。此外，由于改革深化期符合相关受教育程度的女性晋升为中高层干部精英的样本较少，模型得出的系数值较大，因此不便围绕受教育程度对两性干部精英地位获得的差异进行比较。

在改革深化期，党员身份对干部精英地位获得的作用大幅下降。党员

身份对女性干部精英地位获得仍为正影响，但影响非常小（1.047）且不显著，说明党员身份对于女性干部精英地位获得已不再是一个有效的预测变量。对于男性而言，党员身份甚至产生了负面影响，虽然并不显著，但表明在同等条件下，民主党派或无党派身份的男性有可能比党员男性获得更大的晋升为中高层干部精英的机会。

3. 心理变量

与改革中期相比，个人心理变量的作用在改革深化期呈现令人瞩目的变化。领导特质、社会性别观念和职业成就期望都对干部精英地位获得产生了非常显著的促进作用。对女性而言，领导特质对其干部精英地位获得产生了正面影响，虽然这一影响并不显著；而对男性而言，领导特质的正向影响更大，且更加显著。高职业成就期望对干部精英地位获得具有很强的促进作用。高期望的女性比低期望的女性，其干部精英地位获得的发生比高出2倍多（3.323）；高期望的男性比低期望的男性，其干部精英地位获得的发生比高出3倍多（4.288），且这一作用非常显著。与改革中期相比，社会性别观念的作用也更为明显，社会性别观念的得分每增加1个单位，女性干部精英地位获得的发生比就增加0.079，且在$p<0.001$水平上显著。对男性而言，平等的社会性别观念也同样具有显著的正面作用。总体而言，与前一时期相比，具有领导特质和高成就期望的干部精英不再受到压制，而是获得了更多的上升机会。

是什么因素导致这一变化的？一种可能的解释是，改革开放后干部制度变迁与干部精英流动模式的变迁。如前文所述，改革中期在干部精英选拔晋升中，虽然竞争机制开始逐步引入并对一部分人的向上流动产生了影响，但竞争机制的影响是极为有限的。干部任用的主导模式仍然是自上而下的委任制。庇护流动仍是这一时期干部精英向上流动的主要方式。在庇护流动中，当精英集团普遍以最大化个人权力和利益为趋向时，虽然人们拥有通往权力中心的潜在渠道，但不同等级的庇护者通过经常性的半制度化限制或控制了这些渠道，作为恩惠仅向那些受庇护者开放，这使得受庇护者拥有比其他人更多的向上流动机会。结构性的排他流动也使这些个人和其他被庇护者排除在外的群体处于相敌对的位置，从而在被排斥的大多数人群中引发消极的心理效应。此外，由于庇护者掌握了选择被庇护者构建庇护关系的主导权，在这种情况下，未被选中者向上流动的期望越高，其实际晋升的概率越小。

当改革进入深化期，竞争流动成为中高层以下干部精英地位获得的主要方式。有抱负者通过自己的努力，公开竞争获取干部精英地位。个人的升降去留以其素质能力、政绩和民意为依据，而不取决于个别领导人的主观愿望、个人好恶。干部精英地位成为开放性竞争的战利品。成就期望等积极的心理因素将有助于干部精英的地位获得。因此，在不同时期两种不同类型的流动机制下，个人心理因素对干部精英地位获得的效应是截然相反的。

当然，社会心理机制对干部精英地位获得的影响随着干部精英流动模式的变迁而变化，这仅仅是一种可能的解释，这种变化发生的现实机制还需要进一步研究考证。

五　结论与讨论

通过对改革中后期两性干部精英地位获得模型的比较，我们可以得到以下不同时期两性干部精英地位获得的基本模式。

在改革中期，女性的干部精英地位获得主要受教育程度和党员身份等自致因素的影响，平等的社会性别观念也有助于女性干部精英的地位获得，但先赋性因素对女性晋升作用有限。领导特质和高成就期望则在很大程度上阻碍了女性干部的向上流动。与女性不同的是，先赋因素和自致性因素都对男性晋升产生积极影响，父辈的政治文化资本和自身的高学历显著地促进了男性干部精英的地位获得。受教育程度对男性地位获得的作用也远大于女性。此外，性别平等观念和领导特质都有助于男性干部晋升。这一时期，高成就期望不利于男性干部的地位获得，但影响程度比女性小。

在改革深化期，先赋因素对女性干部精英地位获得的作用大大增强，父辈的政治文化资本有助于女性干部晋升。党员身份等自致因素的作用有所下降，表明这一时期，女性干部精英的地位获得更多地受到家庭背景的影响。与此同时，领导特质、性别平等观念和职业成就期望都对女性精英地位获得具有促进作用。父亲的干部身份对男性成为干部精英的促进作用大幅降低，受教育程度的贡献也有所下降，非党员的政治身份在一定程度上有助于男性干部精英地位的获得，领导特质、性别平等观念和职业成就期望都对男性晋升产生积极影响。

改革开放以来，随着市场化改革深入推进，原有的利益格局被打破，新的社会流动机制处于深刻变化和调整之中。中高层干部是掌握核心管理资源的精英群体，两性干部精英地位获得模式的变化在一定程度上正是社

会流动机制变迁的反映。现阶段女性干部精英地位获得正呈现一幅复杂的图景：一方面，女性干部精英地位获得对家庭背景依赖程度的加深，反映了女性精英阶层再生产的扩大和固化；另一方面，领导特质、性别平等观念和职业成就期望等个人心理因素对精英地位获得的作用日益显著，表明女性的主体意识正在增强。在政治领域，更多优秀女性将主动参与竞争并实现向上流动。

参考文献

李博柏、魏昂德，2008，《政党庇护下的职位升迁：通向中国管理精英的庇护性流动之路（1949—1996）》，载边燕杰、卢汉龙、孙立平主编《社会分层与流动：国外学者对中国研究的新进展》，中国人民大学出版社。

李强、邓建伟、晓筝，1999，《社会变迁与个人发展：生命历程研究的范式与方法》，《社会学研究》第 6 期。

林南、边燕杰，2002，《中国城市中的就业与地位获得过程》，载边燕杰主编《市场转型与社会分层——美国社会学者分析中国》，三联书店。

刘爱玉、佟新、傅春晖，2013，《人力资本、家庭责任与行政干部地位获得研究》，《江苏行政学院学报》第 3 期。

孙明，2011，《家庭背景与干部地位获得：1950—2003》，《社会》第 5 期。

Swell, et al, 2005，《教育和早期职业地位获得过程》，载戴维·格伦斯基编《社会分层》，王俊等译，华夏出版社。

佟新、刘爱玉，2014，《我国政治精英晋升的性别比较研究》，《江苏社会科学》第 1 期。

王昕，2010，《社会性别视角下的布劳－邓肯地位获得模型及后续研究》，《青海师范大学学报》（哲学社会科学版）第 1 期。

魏昂德、李博柏，2002，《中国城市精英的二元职业路径：1949—1996》，《国外社会学》第 2 期。

张乐、张翼，2012，《精英阶层再生产与阶层固化程度——以青年的职业地位获得为例》，《青年研究》第 1 期。

郑辉、李路路，2009，《中国城市的精英代际转化与阶层再生产》，《社会学研究》第 6 期。

周怡，2009，《布劳－邓肯模型之后：改造抑或挑战》，《社会学研究》第 6 期。

新时期高校女生的发展状况及面临的挑战*

石　彤　李　洁**

摘　要： 高校女生的发展状况主要从学业与能力表现、职业准备、社会交往、政治和社会事务参与、婚恋状况、身心健康和社会性别观念等七个方面进行衡量。研究发现，高校女生在学习表现上并不落后于男生；绝大部分女生赞同女性也应该有自己的一番事业；高校女生通过寻找兼职及获得职业证书的方式为自己积累求职资本；高校女生更偏好与初级群体建立联系，更倾向和其他人建立起情感性的密切关系；在政治活动和参与社团活动等方面并不落后于男生，有更多的女生加入社会公益组织；在平衡学业和情感关系上，高校女生表现出一定的优势；高校女生的社会性别观念日趋理性、平等。高校女生有着良好的发展状况和发展环境的同时，也面临着挑战和处于不利的发展环境。

关键词： 高校女生　社会性别观念　学业能力　职业准备　社会交往

---

* 本文为2010年国家社会科学基金重大项目“第三期中国妇女社会地位调查研究”（10@ZH020）的子课题“女大学生群体调查”和2010年教育部哲学社会科学研究重大课题攻关项目“女性高层次人才成长规律及发展对策研究”（10JZD0045－1）的子项目“女性高层次后备人才成长规律及发展对策研究”的成果之一。

** 石彤，中华女子学院社会工作学院社会学系教授、系主任，主要研究方向为女性社会学；李洁，中华女子学院社会工作学院社会学系讲师，主要研究方向为社会学研究方法。

一　研究背景和研究设计

近10年来，中国的高等教育逐步从精英教育迈向了大众教育的时代，高校女生成为中国高等教育事业快速发展的见证者和受益者，但她们也面临着就业困难、社会传统性别观念和既有社会制度的限制和阻碍，刘云杉等学者将此界定为“有限的进步”。把“高校女生”作为中国妇女典型群体之一展开研究很有必要（刘云杉、王志明，2008）。

本研究尝试分析高校女生的发展状况及其影响因素，“高校女生”是指国家统一招收、全日制在读的高校女性本科生、硕士生和博士生。本研究沿用了第三期中国妇女社会地位调查全国问卷的主要指标框架和核心问题，并针对高校女生群体的年龄和发展特点，进行了相关指标体系的丰富与调整。具体框架如图1所示。

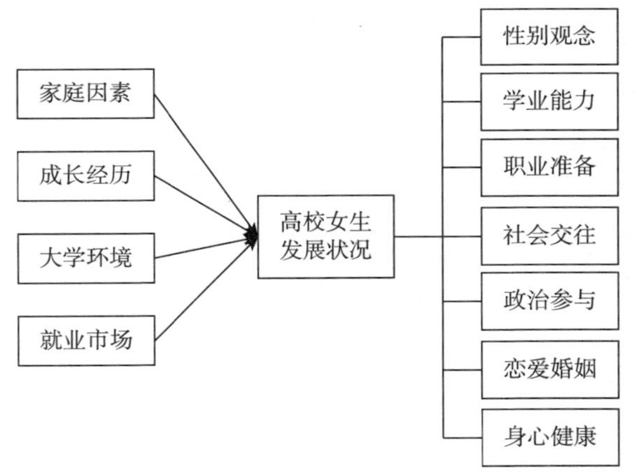

图1　研究框架示意

调查采用三阶段配额抽样法抽取样本，共回收有效问卷5031份，其中男性2487人（49.4%），女性2544人（50.6%）；本科生2822人（56.1%），硕士生1543人（30.7%），博士生666人（13.2%）。调查涵盖了教育部颁布的除军事学之外的11大学科门类。调查有1383名男性本科生，1439名女性本科生，1104名男性研究生（包括硕士生和博士生），1105名女性研究生（包括硕士生和博士生）。

二　高校女生的发展状况和所处的良好环境

（一）高校女生的发展状况

1．学业与能力

高校女生的学业与能力主要从学业表现和能力发展两个角度进行分析。用“学习成绩”和“综合测评”（洪盛志，2007）两组指标来考察高校学生的总体学业表现情况。

许多研究发现，普通高等学校中高校女生的学习成绩一般不错，且普遍高于一般男生（安树芬，2002）。本研究发现：在学习成绩和综合测评的学业表现上，高校女生并不落后于男生，甚至还普遍高于一般男生。在学习成绩和综合测评上，女生获得优秀和中等以上成绩的比例更大（见图2）。

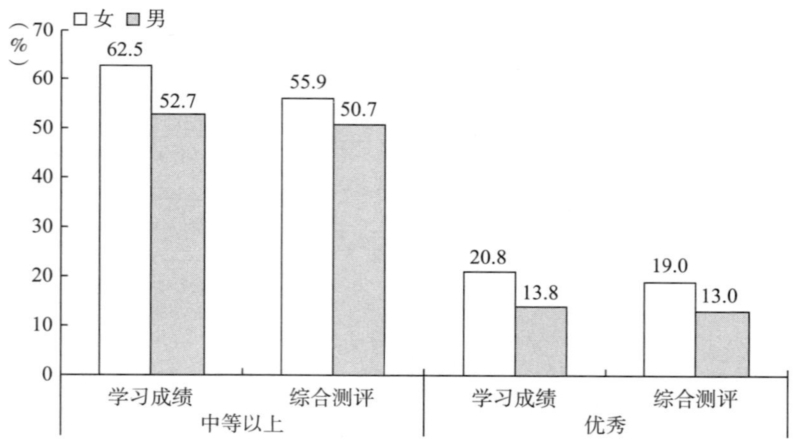

图2　高校男女生学习成绩和综合测评比较

在人们印象中，女生不擅于学习理、工、农、医等专业。但调查发现，女生在这些专业的学习成绩也相当好，其成绩依然强于男生（见图3）。

来自贫困家庭的女生在学习成绩上获得了不错的表现，均高于一般高校女生群体的学习表现，并显著高于同样来自贫困家庭的高校男生的表现（见图4）。

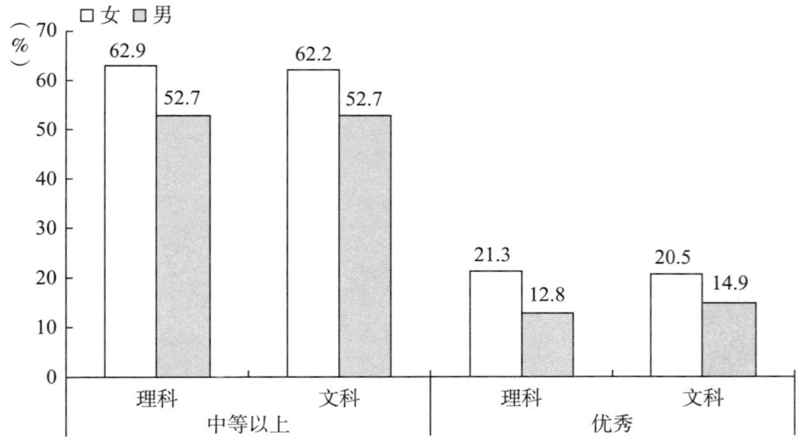

图 3　分学科高校男女生的考试成绩差异

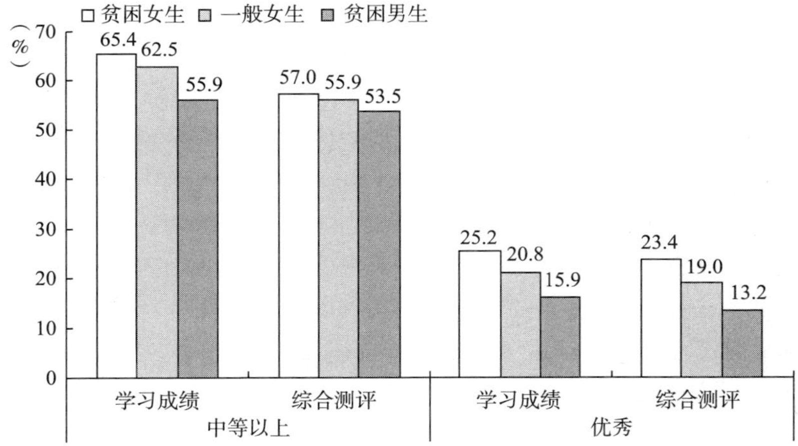

图 4　贫困家庭女生的学业表现

2. 职业准备

(1) 职业成就动机

职业成就动机是指个体在事业追求上取得成功的驱动力。调查结果表明：高校女生具有较强的职业成就动机，认为工作和事业所带来的成就感对自己而言至关重要。尽管赞成下列说法的女生所占的比例仍然略低于男生，但总体而言，新时期的高校学生群体都展现出积极、向上的职业成就动机（见表 1）。

表 1　高校学生职业成就动机的性别比较

单位：%

	男性	女性
赞同“工作中获得的成就感对我来说至关重要”	85.7	83.2
赞同“我希望自己在事业上能有所作为”	91.9	87.5
赞同“我希望能拥有一份事业，而不仅仅是工作”	83.4	75.6

（2）就业准备

高校学生的职业准备不仅包括主观上的职业成就动机，还包括工作经验和职业资格证书等实际技能的准备，以及他们给自己设定的职业发展道路、发展信心和愿意为之付出的努力。调查显示：高校男女生在就业准备上表现出不同的性别特征，高校女生更多通过寻找兼职及获得职业证书的方式为自己积累求职资本；而高校男生则对自己的职业发展更有规划和信心。

在工作经历上，高校女生的表现略强于高校男生。有 71.0% 的高校女生有过找工作或兼职的经历，高于高校男生找工作或兼职的比例（65.2%）。有相当数量的高校女生（83.8%）愿意为了成就一番事业付出艰辛的努力。来自贫困家庭的女生（89.6%）认为“工作中获得的成就感对我来说至关重要”。

3. 社会交往

（1）交往群体

本研究还对高校学生建立社会资本的情况进行了调查。调查表明：高校学生的社会交往群体是具有性别差异的。有更多的高校女生选择了父母（女 88.9%，男 85.4%）和配偶恋人（女 45.7%，男 42.1%），即高校女生更多偏好与初级群体建立联系，更倾向和其他人建立起情感性的密切关系；而高校男生更多选择了同学（男 86.8%，女 85.2%）和老师（男 23.7%，女 15.7%），即男性更多偏好与次级群体建立密切交往关系，更倾向获得物质利益上的帮助。在研究生阶段，男女生之间的这种差异进一步扩大（女 23.2%，男 36.7%）。这印证了传统社会性别观念往往将女性的活动范围主要限制在家庭、亲密伙伴关系等初级群体的范围内；而认为男性的发展势必要从家庭中脱离出来，迈向更大的人类社会组织。该现象势必会在一定程度上影响高校学生今后的学术和职业发展道路（弗洛伊德，1996）。

（2）交往方式

以吉列根为代表的女性主义研究者发现：男性的自我认同更多地建立在独立、竞争性的关系基础之上；而女性的认同更多的是在和他人的联系与关系中建立起来的（吉列根，1999）。调查发现：高校女生经常主动向周围人提供帮助（女 74.2%，男 61.1%），同时也更多地就学业和日常生活中的问题向他人寻求帮助（女 21.3%，男 16.2%）。在高校女生中，有 49.9% 的人经常和周围的人交流学习问题，有 31.6% 的人通过联系获得社团活动的支持和有 27.8% 的人寻求就业或深造机会，而男生的比例分别是 43.5%、28.7% 和 26.5%，女生的比例均高于男生。也有更多的女性能够在学习和情感上得到多人的帮助，女生的比例是 59.1%、44.5%，男生的比例则是 52.8%、34.6%。而有更多的男性能够在经济上得到帮助，男生的比例是 39.5%，女生的比例是 32.0%。总体而言，高校女生自我同一性的形成更多受到“人际互动、合作和共识”的影响。高校女生在日常生活中倾向建立情感纽带关系，而高校男生则更倾向建立起利益性的群体关系（Baxter Magolda，1992）。

4. 政治和社会事务参与

高校女生作为女性中的年轻知识分子群体，其参政意识和水平是衡量社会进步的重要标志（胡肖华、谢忠华，2010）。

高校女生在政治活动和参与社团活动等方面也并不落后于男生，并表现出自身的一些性别特征。女大学生加入中国共产党的比例高于男生（女 28.0%，男 26.1%），在研究生阶段女生加入中国共产党的比例更是明显高于男生（女 72.8%，男 65.5%）。担任各级班干部的比例基本与男性相当（女 57.5%，男 58.3%），但有更多的高校女生以加入社会公益组织，参与捐款、无偿献血和志愿者活动等方式来参与公共事务（女 64.5%，男 59.8%），有更多的男生在网上参与有关公共事务的讨论（男 44.7%，女 31.8%）。高校男女生担任集体活动的领导者和策划者的比例分别是 53.3% 和 49.3%；向所在班级、院系、学校或地区提意见的高校男女生比例分别是 45.2% 和 42.0%。

男女生在参与社会团体的类型上也表现出各自不同的特点：在社团参与方面，更多的女生参与了社会公益组织（如爱心社、志愿者组织等）；在各个学历层次和专业类型中，更多的男生参加了专业行业组织（如企业家协会、历史学会等）（见表 2）。

表 2　高校男女生参加不同社会团体的比较

单位：%

	男	女	男女比例之差
学校组织	52.7	56.6	-3.9
学生社团	48.4	48.6	-0.2
社会公益组织	37.4	45.9	-8.5
专业行业组织	14.8	12.4	2.4
其他社会团体	38.3	35.8	2.7

5. 婚恋状况

高校女生大多处于 18～30 岁的婚育高峰期，这意味着这一群体在接受高等教育的同时，往往还要考虑个人的恋爱、婚姻问题，已婚研究生群体可能还面临着生养和抚育子女的选择。调查数据显示：高校女生恋爱价值观是积极的，且与男生存在着差异。大学生恋爱现象极为普遍，分别有 72.2% 的高校女生和 73.6% 的高校男生有恋爱经历，性别差异并不显著。高校女生的恋爱动机也在逐渐发生变化，有以婚姻为目的而恋爱的，也有以纯洁爱情为追求目标的，也有为排解寂寞而恋爱的，还有因从众心理而恋爱的。在择偶标准中，男生更为关注对方的性格、外貌等条件，女生更为注重对方的能力、人品，但无论男女，均表现出对门当户对的关注，且表现出对经济条件的重视。

在学业和情感关系的平衡上，高校女生还表现出一定的优势：有更多的高校男生“因为学习太忙，没有时间发展个人情感关系”（女 50.6%，男 58.7%），有更多的高校女生表示“能够平衡好个人情感和学业之间的关系”（女 47.2%，男 38.1%）。

已婚的女研究生绝大多数都对自己的家庭地位感到满意。有 34.4% 的女性对自己在家庭中的地位感到非常满意，52.8% 的女性感到比较满意；有 22.0% 的男性对自己在家庭中的地位感到非常满意，62.6% 的男性感到比较满意。

6. 身心健康

绝大部分高校女生身体健康，身体状况良好或一般的分别占 54.6% 和 40.0%，两项合计占 94.6%。

高校女生的心理健康水平略低于男生。在问卷中，我们设计了一组由 8 个问题组成的心理健康状况量表，其得分范围在 0～24 分，得分越高说明心理健康水平越低，反之亦然。高校女生的平均得分为 7.78 分（SD = 4.81），

高校男生的平均得分为 6.21 分（SD = 4.32）。方差检验结果进一步证明，高校男女生之间心理健康水平的得分差异是显著的。

高校男女生的焦虑来源存在性别差异。男女生焦虑的不同主要表现在经济压力、生活目标和身材相貌这三个方面。男生最焦虑的就是经济压力（男 21.6%，女 11.9%）；女生的第四大焦虑来源为“感到生活空虚，缺少目标”（女 19.6%，男 15.7%），女生还表现出对自己的“身材相貌”更为关注（女 6.4%，男 3.1%）。

7. 社会性别观念

新时期高校女生的社会性别观念也日趋理性、平等。在第二期中国妇女社会地位调查中，有 50.4% 的女性赞同“男性应以社会为主，女性应以家庭为主”；在第三期中国妇女社会地位调查中，赞同类似说法“男人应该以社会为主，女人应该以家庭为主”的比例升至 54.8%；但同时期的高校女生中，赞同这一说法的比例只有 30.0%，远低于社会上一般女性的水平。

一方面，高校女生更多地反对传统社会性别观念对女性角色的束缚和压抑，例如，分别有 58.2%、57.7%、55.9% 的高校女生反对“男人应该以社会为主，女人应该以家庭为主”“挣钱养家主要是男人的事情”“相夫教子是女人最重要的工作”，从而表现出更强的追求男女平等的意愿。

另一方面，她们也意识到现实环境的多重压力，对事业发展的追求和向往，使之愿意为成功付出更多的努力。例如，在高校女生中，有 96.5% 的人高度赞同“女性也应该追求自己的事业”，有 69.4% 的人认为“对女性而言，事业成功也很重要”，有 56.2% 的人反对“事业成功的女人往往没有女人味”等社会上的歧视性的观点，有 36.5% 的人认为事业成功的女性一样可以生活幸福。和同样接受高等教育的男性相比，女生反对“对女性而言，事业成功与否并不重要”的比例是 69.4%，比男生高出 24.5 个百分点，女生反对“事业成功的女人往往没有女人味”的比例是 56.2%，比男生高出 27.0 个百分点。和未接受高等教育的女性相比，高校女生的社会性别观念显得更为先进。例如，在主问卷调查样本中，只有 25.8% 的应答者反对“丈夫的发展比妻子的发展更重要”；在高校学生群体中，51.0% 的女性应答者对这一观点持反对态度。

（二）良好的发展环境

1. 国家教育政策的受益者和享受均等的教育资源

国家各级政府在主导政策上，尤其是教育政策上，对女性均采取了公平、公正的态度和做法。越来越多的女性进入高等教育机构之中，成为高等教育大众化发展趋势的受益者。调查数据显示：在获得各类奖励、荣誉，参加校内外学术活动，保送升学，参加境内外交流等方面，高校男女生基本实现了机会均等（见图5）。

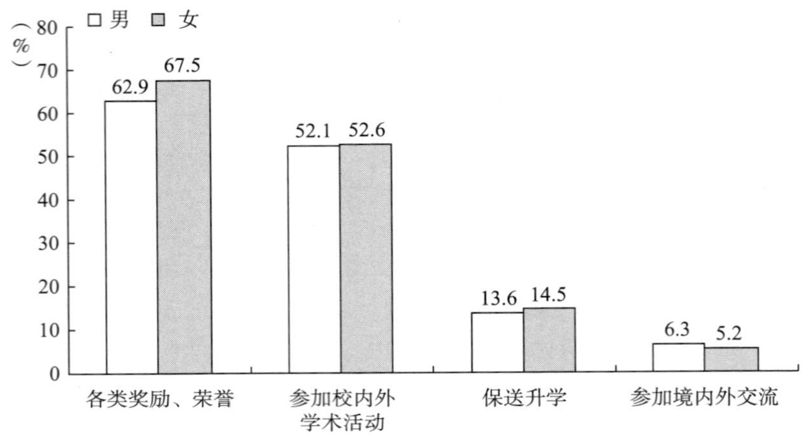

图5　高校男女生享受各类教育资源的比例

2. 国家出台有效的政策措施支持高校女生就业

近年来，高校女生“就业难”的问题已经成为广泛关注的社会问题，国家高度重视高校女生就业难的问题，并出台了一系列有效的政策措施支持高校女生的就业。2008年以来，教育部、人社部和全国妇联共同开展了高校女生创业导师行动以及创业扶持行动；国家出台了妇女小额担保贷款贴息的财政政策，对有创业意愿的高校女生提供支持；全国妇联、教育部等共同组织实施“高校女生创业扶持行动”，为高校女生自主创业提供支持和指导服务。

3. 高校通过开设妇女/性别研究课程推进性别平等

日益增多的高等教育机构注意到推进性别平等与女性发展的重要性，开始关注高校女生的健康发展和成长，并开设妇女/性别研究的相关课程。此次调查涉及的15所高校都不同程度地开设了妇女/性别研究课程或讲座。其中，南京师范大学（52.0%）开设此类课程的推广效应最高，华中科技大学（30.7%）、北京大学（28.9%）、南京大学（24.1%）、首都师范大学（23.2%）等妇女/性别培训基地的课程推广效应也较高。在回答学校开设过此类课程或讲座的学校中，有53.5%的高校女生参加过这类课程或讲座，43.1%的高校男生也参加过此类课程或讲座。

三　高校女生面临的挑战和所处的不利发展环境

（一）面临的挑战

1. 学业优异但能力不足

高校女生学业优异，但实践创新能力和抗压能力弱于高校男生。从表3中可以看出：高校男生在实践创新能力和抗压能力的各项指标得分上均显著高于高校女生（见表3）。

表3　高校男女生认为自己在能力上强于同龄人的比例

单位：%

变量		男	女	卡方检验
基本技能	专业基础知识	38.5	33.7	***
	计算机水平	28.3	19.9	***
	外语水平	24.9	30.5	***
实践创新能力	实践/操作能力	50.1	38.8	***
	创新能力	36.7	25.2	***
抗压能力	心理承受能力	68.2	61.1	***
	抗挫折能力	68.0	60.7	***
人际协作能力	团队合作能力	68.0	68.8	/
	组织协调能力	54.3	54.5	/
	人际交往能力	54.7	54.6	/
沟通能力	交流沟通能力	55.2	58.9	**
	书面表达能力	45.1	50.0	***

注：*** 表示 $p<0.01$，** 表示 $p<0.05$，* 表示 $p<0.1$。

在本科阶段女生的成绩优势更为明显，然而在研究生阶段女生则出现下滑趋势，这与研究生学习成绩中有对科研能力的衡量有关，无论是在课题参与、期刊发表、会议发言、产品获得专利等各方面，女研究生都落后于男研究生，且卡方检验的结果表明性别之间的科研能力的差异是显著的。在研究生阶段，男女生创新能力的差异也进一步扩大（女24.2%，男41.3%）。

来自贫困家庭的女生，对自己的专业基础知识评价较高（42.1%），对计算机水平的评价明显偏低（9.4%），对自己创新能力（18.7%）、人际交往能力（47.7%）和交流沟通能力（46.7%）的评价也比较低，均低于一般女生的自我评价水平。

2. 职业发展信心和职业规划欠缺

高校女生在“做好明确的职业规划”（女 44.9%，男 54.1%）、“对自己的职业发展具有信心”（女 54.6%，男 67.6%）等方面低于男生的比例。更有 62.3% 的贫困女生缺少明确的职业发展规划。

在研究生群体中，男生的成就动机和就业准备状况变化不大，而女生则表现出较快的下降趋势。例如，在女生中，非常赞同“我希望自己在事业上能有所作为”的比例，从本科阶段的 43.7% 下降到硕士阶段的 34.9%，继而下降到博士阶段的 29.9%；而男生并没有发生如此明显的变化。女生非常赞成“为了成就一番事业我愿意付出艰辛的努力”的比例，从本科阶段的 39.1% 下降到硕士阶段的 29.2%，继而下降到博士阶段的 26.4%；而男性选择此项的比例则一直稳定在 40% 以上。

上述变化在女研究生群体中普遍存在，而“性别化年龄”的概念有助于理解为什么女研究生的职业期望和准备会在这一时期发生变化。这个概念指出社会文化传统对不同性别在同样年龄的言行举止有不同的期待；同样的年龄对不同的性别有不同的意义。伴随着女性逐渐步入婚育年龄，社会文化观念对其家庭婚育角色开始更为强调（何明洁，2009），而不太看重其社会成就和职业发展，对男性的事业、地位的强调则开始日益增强。这种社会期待势必会在一定意义上影响女研究生事业发展的成就动机。

3. 政治/社会事务参与中的领导能力不断弱化

在本科和研究生阶段，男生担任活动领导者和主动提建议的比例并没有发生很大变化，但女生参与这两种活动的比例在研究生阶段却发生了较为明显的变化，导致男女生的差距进一步增大（见表 4）。

表 4　高校男女生参与社会事务方式的比较

单位：%

	本科生		研究生	
	男	女	男	女
参与志愿者活动	66.3	70.3	51.6	57.1
在网上讨论公共事务	44.9	33.2	44.4	29.9
担任活动领导者	53.1	52.0	53.8	45.6
主动提建议	45.0	43.7	45.4	39.7

从高校男女生在社团中承担的角色来看：男生更多地承担了创始人（男 3.0%，女 1.6%）、负责人（男 28.3%，女 24.3%）和活跃成员（男 37.7%，女 35.2%）的角色，而女生则更多的是社团中的普通成员（女 38.9%，男 31.0%），这说明女生在公共事务中承担领导者和决策者，以及发出自己声音的机会少于男生。

4. 婚姻生育中的压力增大

生育对男女研究生所带来的影响也存在一些差异。对女研究生而言，生育一方面让她们更多地学会了高效率的利用时间；另一方面也让她们感到身心疲惫和耽误了自己的学习与科研。生育给男研究生带来的主要是经济压力，有 67.6% 的男性认为子女的出生给自己带来了更大的经济压力，而只有 44.3% 的女性持相同观点。可见，孩子的出生给男性带来的主要是经济压力，而给女性带来的更多的是时间及精力上的付出和生活的重新规划与安排。

5. 贫困女生的心理健康状况堪忧

贫困女生的心理健康问题需要引起特别关注。来自贫困家庭的高校女生的确在心理健康量表上的得分显著高于其他女生（来自贫困家庭的女生在心理健康量表上得分的均值为 9.84 分，SD = 5.20），并且高于同样来自贫困家庭的高校男生（来自贫困家庭的男生在心理健康量表上得分的均值为 7.12 分，SD = 4.69）。

在化解焦虑的渠道上，83.0% 的贫困女生“通过其他方式转移注意力”，75.5% 的贫困女生“和家人、朋友交流”，27.4% 的贫困女生“闷在心里”。与一般高校女生相比，来自贫困家庭的女生更多地采取自我压抑的方式，而较少通过和家人、朋友交流来化解焦虑。

6. 社会性别观念反映出对女性的不利现实

尽管新时期的高校女生更倾向于认同平等的社会性别观念，并愿意成就自己的一番事业，但是她们对社会环境的认识更加清晰，也清楚地认识到在现实环境下，女性要想取得事业成功，还需要自己付出更多的努力。在主问卷调查样本中，57.6% 的被访者认为“目前我国男女两性的社会地位差不多”，36.4% 的女性认为男性的地位比女性高。而在高校女生样本中，只有 32.2% 的被访者认为男女社会地位差不多（男 42.3%），54.6% 的被访女性认为“男性社会地位更高”（男 37.9%）。65.4% 的高校女生认同“对女性领导的培养选拔不够”，比男生高 21.2 个百分点。83.0% 的高校女生认同“女性在事业上遇到的障碍更多”，比男生高 11.9

个百分点。

调查数据显示：在高校女生群体内部，存在着随学历增高，传统性别观念回归的现象。例如，对“男主外，女主内”等传统性别观念的表述，在本科生阶段，有超过或接近60%的女性都表示反对；到了硕士生阶段，反对这些传统性别观念的女性基本下降到50%以下；到了博士生阶段，则进一步下降到40%左右（见表5）。

表5　分性别和学历的高校学生社会性别观念

单位：%

	本科生		硕士生		博士生	
	男	女	男	女	男	女
不赞同“男人应该以社会为主，女人应该以家庭为主”	31.6	65.4	23.3	49.7	24.0	46.0
不赞同“挣钱养家主要是男人的事情”	28.7	64.8	19.8	49.2	18.9	45.7
不赞同“相夫教子是女人最重要的工作”	36.9	62.2	27.1	49.0	24.0	43.7
不赞同“对妻子而言，更重要的是帮助丈夫成就事业”	32.3	48.1	24.4	39.2	28.0	38.2
不赞同“丈夫的发展比妻子的发展更重要”	39.8	57.3	29.3	43.8	30.2	40.7

（二）不利的发展环境

1. 来自低收入家庭和农村地区的女生较少

在女性进入高等教育机构的机会日趋接近男性的同时，来自低收入家庭和农村地区的女性在高等教育机构中所占的比例仍然较低。本调查发现：在高校男生中，来自农村户籍的学生占56.9%，城市户籍的占41.0%，基本接近我国人口户籍构成比例；而在高校女生中，来自农村户籍的学生仅占45.9%，城市户籍的占52.6%，严重偏离我国人口户籍比例构成。来自农村地区的女生在接受高等教育的机会上不仅低于城市家庭的女生，并且也显著低于同样来自农村地区的男生。

来自低收入家庭的男生在各个学历层次中都维持在6%左右；而同样来自低收入家庭的高校女生，在本科阶段只占4.9%，到硕士阶段和博士阶段甚至进一步缩小到3.7%和2.3%。换言之，高校女生的入学机会受家庭社会经济状况的影响更为明显，并且学历越高，来自低收入家庭的女生所占

的比例越低（见图6）。

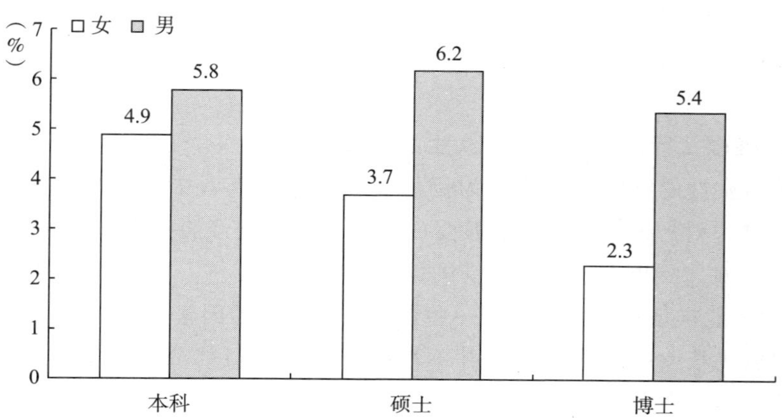

图6　各学历层次中来自低收入家庭的男女生所占比例

即便这些来自低收入家庭的女性进入了高等教育机构之中，阶层和性别因素的结合最终仍然限制了低收入家庭中受过高等教育的女性向上流动的机会。

2. 教师和家长的传统社会性别观念的不良影响

有69.7%的女生听到过父母、中小学教师关于“女生适合学文科，男生适合学理科”等巩固传统性别形象的表述。进一步的数据分析还发现：社会化经历和高校女生的社会性别观念中并未发现一致性的统计关联，但是成长过程中的这些社会性别观念的确会影响高校男生的性别观念。例如，在听过父母或中小学教师说“女生适合学文科，男生适合学理科”的高校男生中，有43.1%的人非常赞同或比较赞同“男人应该以社会为主，女人应该以家庭为主”，而没有听过这种表述的男生中只有32.8%的人持此类观点，统计差异显著。

还有相当数量的女性在成长过程中听到教师、家长对女性的负面评价。例如，有49.2%的女生在中小学期间，听到老师或家长说“女孩不如男孩聪明”。并且，来自农村、乡镇的女生更容易听到教师、家长对女性能力的负面评价（农村、乡镇占51.4%；县级以上城市占46.1%）。对女性能力的负面评价的确与高校男生对女性能力的观点之间有统计关联。在成长过程中没有听过“女孩不如男孩聪明”的高校男生中，有34.5%的人群非常赞同“女性能力不比男性差”，而听过对女性能力负面评价的男生只有29.2%持相同态度，统计差异显著。

目前在我国高校中还存在教师社会性别观念发展不均的现象，在课堂内外仍然存在一些针对女性的发展和研究能力的“冷漠氛围”，如一些教师会在课堂内外表达一些不利于女性发展的言论，从而在一定程度上导致部分女生认为教师对自己不够重视，影响了其从事科学研究和专业发展的积极性。

3. 性骚扰行为影响着高校女生的健康成长

针对女性的肢体性骚扰行为仍然存在。被调查者中，有20.4%的高校女生有过“对您进行您不愿意接受的肢体行为”的经历，有4.3%的高校女生有过“对您提出您不愿意接受的性要求”的经历。

4. 就业市场中仍然存在着一些对女生不友好的因素

尽管高校女生的综合素质并不落后于男生，但部分高校女生在求职过程中仍经历过各种或明或暗的性别歧视，这导致部分高校女生对性别角色分工和职业追求产生了一些彷徨和怀疑的态度。调查结果显示：在有求职经历的高校女生中，1/4的人曾经遭遇过性别歧视（25.0%）。就业性别歧视经历对高校女生的影响的确存在，在求职过程中有过性别歧视经历的高校女生会更多地对女性的职业追求产生怀疑。例如，对“女性也应该追求自己的一番事业”这一说法，在没有经历性别歧视的高校女生中，有62.9%的应答者表示非常赞同；而在有过性别歧视经历的女生中，表示非常赞同的比例下降到51.5%。

四　对策与建议

鉴于以上的数据发现，我们建议各级政府应逐步将社会性别意识纳入决策主流，通过多层面、多主体的共同努力，改变传统社会性别观念，特别是加快改变高校男生和教师的社会性别观念，建议在取得全国高校教师资格证书的统一培训过程中，将社会性别议题的相关培训课程引入，为高校女生社会地位的提高创造一个更加良好的外部环境。政府部门应设立专门的机构推动性别公正，强化用人单位消除就业性别歧视的社会责任。高校女生也需要继续提升自己的就业能力，如制定更为明确的职业发展规划，开拓与各种专业/行业组织的社会联系；注重实践创新能力、心理抗压能力、领导能力和实操经验的提升和培养，树立女性人才榜样，提升职业发展信心。高校应指导女生的职业规划，开设女性心理知识讲座，设立专门鼓励高校女生科技创新的知识竞赛和项目资助。关注高校贫困女生的成长和发展，倡导高校、政府与用人单位设立专门针对贫困高校女生的奖学金、创业机会、实践项目、培训安排和出访计划等。通过开展成功女性的经验交流、设立女研究生专项科研资助经费、鼓励指导教师对女研究生的培养和关注、开设专门针对女研究生群体的职业规划指导等，增强对女研究生群体发展道路的关注和指导，并为已经婚育的女研究生提供必要的弹性学制、社会保障和子女安顿，解除她们人才发展道路的后顾之忧。

参考文献

安树芬主编，2002，《中国女性高等教育的历史与现状研究》，高等教育出版社。

弗洛伊德，1996，《文明与缺憾》，傅雅芳译，安徽文艺出版社。

何明洁，2009，《劳动与姐妹分化——“和记”生产政体个案研究》，《社会学研究》第2期。

洪盛志、郭聪、黄爱国、孙明福、范军，2007，《大学生综合素质网上测评与高校德育创新》，《世纪桥》第9期。

胡肖华、谢忠华，2010，《当代女大学生参政意识现状及重构》，《辽宁行政学院学报》第4期。

吉列根，1999，《不同的声音——心理学理论与妇女发展》，肖巍译，中央编译出版社。

刘云杉、王志明，2008，《女性进入精英集体——有限的进步》，《高等教育研究》第2期。

Baxter Magolda. 1992. *Knowing and Reasoning in College*: *Gender-related Patterns in Student's Intellectual Development*. San Francisco: Jossey Bass.

生命历程理论视角下两性厅级干部的职业晋升

——基于第三期中国妇女社会地位调查的研究*

李　娜**

摘　要： 女性领导干部的产生方式体现了女性受教育程度、工作机会、发展机会等性别平等状况，是衡量社会性别平等状况的重要标尺。从个人生命历程的视角看，党政领导干部的产生是时间过程，社会制度和结构与这一过程高度相关。本文从生命历程理论出发，以第三期中国妇女社会地位调查研究数据中现任厅级干部生命过程中的婚育事件及职位升迁等事件的年代资料为基础，运用数据分析，勾勒出厅级干部职业生涯升迁的历史性特征，探索厅级干部职业生涯发展的性别差异和代际差异，寻找其中的社会结构性因素，并在此基础上提出鼓励女性领导干部发展的政策建议。

关键词： 生命历程理论　年龄层级模型　党政领导干部　职业晋升

---

* 本文是2010年教育部哲学社会科学研究重大课题攻关项目“女性高层次人才成长规律及发展对策研究”（项目编号：10JZD0045－1）和2012年国家社科基金青年项目“中西方文化差异视角下领导－部属关系结构模型及影响机制研究”（项目编号：12CGL056）的阶段性成果。

** 李娜（1978～），女，北京大学社会学系博士研究生、中国浦东干部学院讲师，研究方向为劳动社会学和女性社会学。

我国领导干部在层级和职务上的分布特征表明，女性群体在政治管理和决策领域处于结构性弱势。最突出的表现是一般女干部多、中高级女干部少，而且越到高层，女干部越少。围绕这一现象，学者们从各种视角出发进行了研究和解释。生命历程理论关注个体生命跨度和社会历史进程的互动，为我们理解领导干部的职业晋升过程提供了新的研究视角。

一　生命历程理论研究回顾

生命历程是指一种社会界定的并按年龄分级的事件和角色模式，这种模式受到文化和社会结构的历史性变迁的影响。托马斯与 F·兹纳涅茨基合著的经典著作《身处欧美的波兰农民》开创了这一研究方向。Elder 和他的同事们进一步丰富和发展了这一理论。

生命历程理论从生命时间、社会时间和历史时间三个角度对年龄进行重新思考，着力关注社会文化因素、历史事件与个体生命历程发展的互动关系。

生命历程研究历经 30 余年的发展，逐渐成为主流研究范式之一。西方学术界最早将生命历程视角引入女性领导人才的成长研究。关于女性生命历程的研究视角在对性别的职业不平等进行解释时，形成了劣势累积模型。长期以来，研究者已经认识到，劳动力市场中的不平等其实是贯穿于整个生命历程的分层过程的表现。劣势累积模型认为，性别的职业隔离是女性在求职时所面临的障碍积累起来的结果。随着年龄的增长，女性持续性地离开男性主导的岗位，性别隔离程度将会增加。因此人们发现，当妇女年龄足够大，各种劣势随之累积起来时，两性之间的地位差异已难以逾越，强加在妇女身上的约束将伴随其一生。但其局限性在于，假定这些障碍对妇女职业机会的影响是永久而不可逆转的。

关于国内女性领导干部成长规律的已有研究也发现，与男性领导干部相比，女性领导干部的成长受到女性生理特点和生育的影响，其成长期表现出较强的阶段性。在妇女的生育高峰期 25～35 岁，生育和抚养孩子给女干部工作带来一些阶段性困难和影响，其职业发展相对缓慢，其工作投入度显著低于男性，而男干部在这段时间则迅速成长起来，这导致了两性在随后职业生涯中的差距越来越大。这种现象也被视为劣势累积效应。

二 从生命历程理论看领导干部职业晋升

生命历程理论为理解党政领导干部的职业晋升过程提供了丰富的理论资源和分析工具。党政领导干部的成长过程与年龄高度相关。年龄级别与职位提升的关系密切，什么年龄晋升到局级，什么年龄晋升到处级，中西方组织机构中均有类似的“玻璃天花板”。生命历程理论将年龄视为在整个生命历程中所经历的各种角色和个体历史经验的分层基础。年龄使每个人处于社会结构的不同位置上和特定的出生组之中。年龄等级规定了在某一年龄所拥有的生活机会、权利、特权和酬赏。

李强等人详细介绍了生命历程理论的两种研究传统：一种是从同龄群体及历史的视角来分析生命历程，另一种是从社会文化角度来看待生命历程。里雷伊和他的助手们在 1972 年提出年龄分层理论，这一理论将同龄群体和社会结构联系在一起，将个人归入一定的年龄群体，然后再估价历史进程中的社会结构对不同年龄群体的影响，并提出了反映社会变化的年龄层级生命模式的观点。纽加尔顿提出了“标准时间”表的概念，进一步发展了年龄分层理论。在任何现代社会中，入学、就业、结婚、生育、退休都被认为应在某一个合适的年龄发生。在生命历程的每一个阶段，如果偏离了标准的社会时间表，就可能产生一系列严重的社会后果，并受到社会的惩罚和制裁。

生命历程研究特别关注变迁所发生的社会标准时间和角色变换的先后次序。从个人生命历程的角度看，党政领导干部的产生是时间过程，社会制度和结构与这一过程高度相关。虽然国家对于各级党政领导干部职位晋升的年龄限制并没有强制性的规定，但在法定的退休年龄下，当初职年龄大体相当的情况下，党政领导干部进入和退出职业生涯的时间大体是相似的。在金字塔型的逐级晋升过程中，干部的年龄与其所处的层级之间具有松散但稳定的联系，这种联系是具有约束性的。因此，年龄是干部成长过程中一个重要的制约因素。

与同层次的竞争者相比，年龄上的优势也就是晋升潜力的优势。在这种背景下，使党政领导干部在最佳年龄段进入相应的任职期就有重要意义。当干部晋升到某一层级时，若其年龄远大于进入这一层级的平均年龄，就会对其未来升迁至更高级别产生不利影响。当干部晋升到某一层级时，其年龄远小于进入这一层级的平均年龄，则其未来晋升至更高级别的机会就

会大大增加。虽然在干部职业生涯的早期，不能凭借年龄预测其最终可能达到的最高级别，但在职业生涯的中期和晚期，年龄与其可能达到的层级之间的联系则更为紧密。

此外，与男性领导干部相比，女性领导干部的成长受到女性生理特点和生育的影响，其成长期表现出较强的阶段性。与此同时，在领导干部成长晋升的过程中，不同出生组在生命历程中遭遇了全然不同的社会事件，时代也赋予各出生组以不同的机会结构，作用并影响着个体的生命历程时序和发展路径。描绘不同性别、不同年龄组干部晋升的平均时间表和年龄层级模型，有助于我们深入了解两性领导干部的成长规律，尤其是认识女性领导干部职业晋升的瓶颈和障碍。

三　两性厅级干部职业晋升的实证分析

（一）模型、方法与数据

本文以现任厅级干部生命过程中的婚育事件及职位升迁等事件的年代资料为基础，通过计算两性厅级干部生命历程中各个时点的平均值，提出厅级干部的平均年龄层级模型和时间表。这个标志个人生命周期和职业生涯的时间表由初职、入党、生育以及晋升至处级和厅级的年龄构成，旨在描述厅级干部向上流动的年龄时序。平均年龄层级模型将厅级干部的生命历程从年代和历史背景中抽象出来，侧重个人生命跨度中生理和社会的时间，勾勒出厅级干部职位升迁的历时性特征。本文将对男女两性和各出生组干部年龄层级模型进行比较，以期寻找由性别因素和时代导致的厅级干部晋升时序的结构性差异。

本文将厅级干部的生命历程放置到中国社会变迁的大背景中，考察不同出生组厅级干部的教育、生育及职业发展情况，探索厅级干部职业生涯发展的代际差异，揭示社会变迁如何影响不同年代厅级干部的生命历程。

本文使用的数据来自 2010 年全国妇联和国家统计局联合实施的第三期中国妇女社会地位调查。调查采用入户抽样调查和重点人群补充抽样调查两种方式收集数据，共获得 418 个副厅级及以上党政干部样本，其中正厅级及以上干部 193 名，副厅级干部 225 名；男性厅级干部 216 名，女性厅级干部 202 名。

受访的 414（有 4 个样本没有填写年龄信息）名副厅级及以上干部精英

中，出生于20世纪40年代的有11名，占2.66%；出生于50年代的有267名，占64.49%；出生于60年代的有123名，占29.71%；出生于70年代的有13名，占3.14%。这种比例结构与现实中党政干部精英的年龄结构是一致的。由于出生于20世纪40年代和70年代的党政干部精英样本较少，统计分析的效度不高，所以本文将不同出生组比较分析的重点放在“50后”和“60后”两个年龄段，并适当兼顾“70后”。需要说明的是，调查对干部精英的抽样并非严格的概率抽样，因此，统计分析得出的比例结果，仅能反映受访干部精英群体的状况，并不能以此推论目前中国干部精英群体的整体状况。

（二）数据分析结果

1. 厅级党政干部的年龄层级模型

厅级党政干部的年龄层级模型将个体生命历程从年代和历史背景中抽象出来，侧重生命跨度中的生理和社会时间，探讨厅级干部个人生命周期和职业生涯的时间表。被访的副厅级干部中年龄最大的出生于1946年，最小的出生于1976年。其中，有116名男性、109名女性。男性的年龄均值为50.5岁，女性的年龄均值为50.7岁。对副厅级党政干部做性别比较分析发现，男性参加工作时的年龄平均为20.4岁，女性参加工作时的年龄平均为19.6岁，女性参加工作略早于男性。男性入党时的年龄均值为24.1岁，女性入党时的年龄均值为25.6岁，这表明男性平均工作3年多后入党，而女性则工作6年后才入党。从入党这一环节看，男性比女性具有优势。男性升任正处级时的年龄平均为39.6岁，女性则略早于男性，为39岁。从两性的生育期测算，此时他们的孩子十二三岁，女性已经过了生育和抚育任务最为繁重的时期，有更多的精力投入工作中。男女两性党政干部在正处级岗位工作约6年后升任副厅级，男性升任副厅级时的年龄平均为45.9岁，女性的平均年龄为45.6岁。

统计表明，现任副厅级干部中，升任正处级时的平均年龄为39.3岁，其中75%的人43岁升任正处级，90%的人46岁时均升任正处级；升任副厅级时的平均年龄为45.8岁，其中有75%的人在50岁时升任副厅级，90%的人在53岁时均升任副厅级。进一步对现任副厅级干部升任正处级和副厅级时的年龄结构分析表明，正处级干部年龄越小于39.3岁，则其晋升为副厅级干部的潜力越大；反之，如果干部晋升至正处级时年龄已超过46岁，则其晋升为副厅级干部的概率就大大降低了。如果其目标是晋升至正厅级，

则需要更早晋升至副厅级。

2. 时代变迁与不同出生组党政干部年龄层级模型的差异

现任的厅级干部群体涵盖了上至“50后”下至“70后”的广泛群体。他们成长的年代与中国社会急速转型变革的时代相契合。本文把厅级干部的生命历程放置到中国社会变迁的大背景中，具体考察不同出生组厅级干部的教育、生育及职业发展情况。

统计发现，在教育经历对参加工作时间的影响方面，与生于20世纪50年代的女性副厅级干部相比，生于60年代和70年代的副厅级女性参加工作的年龄在推迟，分别为18.6岁、20.7岁和22岁；生于50年代、60年代和70年代的男性副厅级干部参加工作的年龄分别为19.5岁、21.5岁和22.75岁，稍大于同期出生组女性副厅级干部参加工作的年龄。

将出生组年龄的推迟放在社会历史脉络中分析，我们发现，教育过程的延长直接导致参加工作年龄的推迟。20世纪50年代出生组的人，其教育经历受到“文化大革命”的不利影响。“文化大革命”发生的10年，“50后”正处于7~26岁，正是他们应该接受完整基础教育的年龄。许多人因此丧失了接受良好教育的机会而进入工作岗位。但也有一部分“50后”得以在1977年恢复高考后重新获得接受高等教育的机会。与“50后”相比，60年代出生组和70年代出生组的人其教育过程则基本没有遭受“文化大革命”的冲击，从而拥有了较为完整的受教育经历。

生育与抚育子女对干部职业发展的影响。1978年，计划生育政策的启动对中国女性生命历程的转变有最直接的影响。女性由从前一生中主要的时间用于生育和抚养子女，变为用5年左右的时间即可完成生育。计划生育政策启动时，50年代出生组的人则正处于19~28岁的生育年龄。计划生育政策直接影响了“50后”，并给“50后”女性干部精英的成长带来了更多时间和精力上的红利。

随着时代变迁，男女干部的生育年龄也在推迟。生于20世纪50年代、60年代和70年代的副厅级女性干部生育第一个孩子的年龄分别为26.7岁、27.2岁和29岁，均稍晚于同出生组的男性，他们分别为26.5岁、27岁和28.3岁。这说明大多数女性工作约7年后才开始生育，男性则一般工作约6年后开始生育。由于通常男性的妻子在生育孩子时年龄更小，这表明与其他女性相比，女性干部在追求职业晋升的过程中不同程度地推迟了生育时间。此外，20世纪70年代末实行计划生育政策，直接影响了女性的生命历程，缩短了女性的生育期，为她们更多地投入职业发展提供了条件。

与此同时，生育和抚育子女也给领导干部带来了时间和精力投入上的压力。在这个过程中，男性干部的配偶为其分担了较多的责任和压力，而女性干部从配偶处得到的支持则低得多。对相关问题的统计分析表明，在孩子年幼时，与男性干部及其父母相比，女性干部本人及其父母更多地承担了照顾子女的责任和压力。孩子年幼时，女性干部更多地依赖自己的父母、保姆和幼托机构分担照顾孩子的责任。在解决家务负担方面，两性也存在较大差异，73.5%的男性干部配偶承担了大部分家务负担，而女性的配偶在家务方面给女性提供支持的比例却低很多，只占43.1%。

3. 时代变迁与不同出生组党政干部的职业发展与晋升

改革开放初期，国家大力推进干部年轻化、专业化、革命化。这一时期，20世纪50年代出生组的人大多刚参加工作或处于职业的积累期，虽然也受到干部政策变化的影响，但由于大部分“50后”此时尚未走上领导岗位，所以影响有限。1990～1995年，性别保障政策重新受到重视，女性参政配额制加快实施，这为女性干部开辟了上升通道，出生于20世纪50年代的女性干部都受惠于这一政策。与此同时，年轻化、知识化干部的使用力度也进一步加大。这一时期，正处于30～45岁的“50后”知识化干部所遇到的发展机遇就比其他群体大。1995年，世界妇女大会在北京召开，在其后的5年中，女性参政的配额制得到更广泛的执行。此时，“50后”女性干部成为参政配额制的主要受益群体。

进入新世纪后，竞争性选拔力度加大。此时的“50后”也逐渐进入职业生涯的中后期，一部分成功者已晋升至厅局级，另一部分则因为年龄较大在竞争性选拔中失去优势。“60后”干部则刚刚完成职业初期的积累，进入40岁左右年富力强的时期。优秀的“60后”女性干部成为竞争性选拔和参政配额制度的最大受益者，后者也为她们的向上流动提供了机会和平台。

2006年，竞争性选拔制度深入推进，然而女性参政配额制却徘徊不前。在较低职级的晋升中，具有较高能力和专业素质的“70后”干部因为年龄和各方面的优势，在竞争性选拔中脱颖而出，走上政治舞台。“60后”女干部则要在有限的参政配额和更加激烈的职位竞争中争取向上流动的机会。

从副厅级干部的职业晋升上看，随着出生组年龄的减小，提任正处级和副厅级的年龄也逐级递减。生于20世纪60年代的女性干部提任正处级和副厅级的年龄分别为36.9岁和43.1岁，比出生于50年代的干部年龄分别提早了4.3年和5.1年，而出生于20世纪70年代的女性干部提任的平均年龄均有大幅提前。各出生组男性干部提任正处级和副厅级的年龄逐级下降

的趋势与女性相似。但不同年龄组两性升任某一级别存在不规律的差异，本文认为，这种差异主要受取样影响，不具有统计规律，因此不做具体分析。从个人职业生涯上看，出生于20世纪70年代和60年代的干部较早地升任到厅级，为其下一步的职业发展奠定了良好的基础。其中，值得注意的是，出生于70年代的副厅级干部入党年龄显著低于其他两个年龄层，平均为23.5岁，这从一个侧面说明，年轻的副厅级干部很早就显示出了较高的政治和领导素质，这种优势使得其在后来的职业生涯中保持领先。

四　主要结论与政策建议

（一）主要结论

从前文分析可知，大多数女性干部参加工作后7年左右进入生育期，而此时正是职业发展陆续进入独当一面的关键时期。能否破除生育期对女性职业发展带来的不利影响，对于女性领导干部的成长至关重要。对男女厅级干部年龄层级模型的性别比较分析发现，男女副厅级干部和正厅级干部的年龄层级模型都高度相似。年龄、参加工作年龄、入党年龄、生育年龄、升至正处级年龄、升至副厅级年龄的平均值一致性很高。但女性干部由副厅级升至正厅级年龄与男性相比偏大。这表明，在厅局级干部职业生涯的竞争中，优秀的女性干部精英打破了生育期带来的不利影响，冲破了传统性别观念和性别角色的种种束缚，获得了与男性同等的行政级别，但在年龄上稍稍落后于同层级男性。

由此可见，在最佳年龄被及时起用能为女性领导干部在职务起步的早期打下很好的基础，在一定程度上抵消了生育期对女性职业生涯发展带来的不利影响。反之，如果不能在最佳年龄被及时起用，女性就会在职务晋升上丧失宝贵的发展机会。在职务晋升的过程中，我国推行的一系列女性参与决策的性别保障政策，对现任女性厅级干部的成长起到了积极的促进作用。此外，坚持男女领导干部同年龄退休具有重要意义。一旦女性干部退休年龄早于男性，则女性干部精英必然会因为职业生涯的提前结束，难以在下一轮职位的竞争中获得与男性平等的机会，因而在最后一程的赛跑中被甩在后面。这也势必会进一步加剧“越到高层，女性越少”的状况。

（二）政策建议

在中国女性政治精英成长的过程中，需要有更多既符合人才成长规律又充分考虑女性性别特征的政策支持和制度安排。从前文所述的女性厅级干部的成长特征、挑战与障碍出发，本文提出以下几点政策建议。

一是积极实施促进女性参与决策的性别保障政策。对女性来说，建立良好的社会环境，特别是促进女性人才成长的支持性政策和公平的人才选拔机制更为重要，女性高层次人才的成长特别需要积极的政策和人才选拔机制的支持。建议按照现有女性干部梯队结构，合理增加各级女性配额比例，真正发挥配额制在消除晋升中性别不平等的正向功能。要将设置女性配额比例从县处级适当延伸至乡镇一级，使女性干部在职业起步阶段就具有在重要岗位或综合岗位锻炼的领导经历，为日后参与竞争和晋升到更高的领导岗位打下坚实基础。

二是最佳年龄及时起用，打破女性劣势积累效应。随着女性教育年限和生育期的延长，女性干部培养和成长的窗口期进一步缩短。尤其需要组织加大对女性干部的培养力度，在最佳年龄及时起用，为女性领导干部“起跑冲刺”创造良好条件。

三是建立多方面的女性支持系统。通过创办女性专业协会，提供交流机会，完善社会服务，为女性承担家庭责任提供支持性的社会服务，鼓励女性领导干部的配偶平等地参与并分担家庭责任。

四是落实两性领导干部同龄退休制度。根据第三期中国妇女社会地位调查数据分析发现，女性处级及以上级别干部的实际退休年龄明显低于政策退休年龄。处级及以上女性干部的实际退休年龄比男性低 5.61 岁，而处级及以下女性干部仍实行与男性不同龄的退休政策。女性工作生命周期明显比男性短，这在很大程度上缩短了女性的职业生涯，压缩了女性领导干部的晋升空间。建议落实两性同龄退休制度，打破两性在职业基础制度安排上的不平等，更好地保障女性的职业权和发展权。

参考文献

埃尔德，2002，《大萧条的孩子》，田禾译，译林出版社。

包蕾萍，2005，《生命历程理论的时间观探析》，《社会学研究》第 4 期。

包蕾萍、桑标，2006，《习俗还是发生？——生命历程理论视角下的毕生发展》，《华东师范大学学报》（教育科学版）第 1 期。

胡平、朱楚珠，1996，《计划生育与中国妇女生命历程变化探讨》，《中国人口科学》第 4 期。

李强、邓建伟、晓筝，1999，《社会变迁与个人发展：生命历程研究的范式与方法》，《社会学研究》第6期。

谭琳、杨慧，2013，《她们缘何要求与男性同龄退休？——基于第三期中国妇女社会地位调查数据的分析》，《妇女研究论丛》第12期。

叶忠海，1998，《女领导人才总体成长的若干规律性探讨》，《妇女研究论丛》第1期。

朱立言、刘兰华，2005，《我国政治领域女性领导发展中的问题及对策》，《北京行政学院学报》第5期。

关怀经济学与投资女性

——中国经济的新增长点[*]

佟　新　周旅军　马冬玲[**]

摘　要： 本文通过总结各国关怀经济学的经验，倡导回归关怀工作，鼓励与关怀工作相关的技术创新和制度创新。在我国经济发展过程中，有必要从人类再生产的视角反思已有的发展模式。打破公私领域分割的生产模式，回归人类再生产和对幸福生活的追求，从竞争型经济发展向关怀型经济发展转型。本文认为在我国老龄化加剧的背景下，倡导关怀经济学恰逢其时，建立投资女性的经济发展观将有助于社会发展，因此提出投资女性教育、女性创业和重新评估女性劳动，特别是重新评估女性关怀劳动的价值。

关键词： 关怀伦理　关怀经济学　投资女性　公私领域的性别关系

我国经济持续高速增长30多年，现已成为全球第二大经济体，人均GDP超过6000美元，已进入中等收入国家行列。有分析认为我国经济增长

---

* 本文是陈至立主持的国家社会科学基金2012年第一批重大项目（文化类）“男女平等价值观研究与相关理论探索”（12 & ZD035）及马冬玲主持的全国妇联妇女研究所“组织中的职业性别歧视状况及影响因素研究”课题（2014～2016年）的阶段性成果。

** 佟新，女（满族），北京大学社会学系教授，博士生导师，主要研究方向为劳动社会学和性别/妇女研究；周旅军，中华女子学院社会学系讲师，博士，主要研究领域为女性社会学、女性高层人才等；马冬玲，女，全国妇联妇女研究所理论研究室研究人员，博士，主要研究领域为社会性别的公共政策分析、女性高层人才等。

的动力主要源于市场化改革。研究发现，市场化改革进程对经济增长率和资源配置效率都有显著贡献：1997～2007年，市场化改革对各省年均经济增长贡献率为1.45个百分点，对全要素生产率提高的贡献率达到39%，显著提高了资源配置效率（樊纲、王小鲁、马光荣，2011）。这意味着市场经济制度带来了增长活力，但亦带来了明显的社会问题，包括两极分化、环境遭受破坏等。现阶段，经济新常态概念的提出意味着对中等增长率的接受，以及追求经济建设和社会建设之间的平衡发展。因此，需要在反思发展模式的基础上提出新思路。鉴于此，本文倡导关怀经济学（Caring Economics），从重视女性的关怀劳动来推动从竞争型经济发展向关怀型经济发展的转型。

本文主要讨论四个方面的问题。第一，反思发展模式，重新从人类的生产和再生产出发来认识发展。倡导从重生产、重利润的竞争型经济发展模式向重生活、重人之再生产的关怀型经济发展模式转变。现阶段，我国人口的老龄化特别需要关怀劳动，关怀经济学的发展正逢其时。第二，以国际视野总结各国关怀经济的经验和公共政策，为推动我国关怀经济学的发展提供理论和实践基础。第三，为有利于新的经济增长，倡导投资女性，这些投资包括三方面：提升女性人力资本、激励女性创业和重估女性劳动价值。第四，讨论投资女性的政策建议。

一　关怀经济学：从投资女性人力资本到承认女性的关怀工作

发达资本主义国家经历了工业社会向后工业社会的转型，也经历了从重视投资到重视人力投资的过程，特别是从20世纪90年代开始重视投资女性人力资本。一方面，在教育、营养和健康上投资女性，提升其能力，这有利于男女平等的发展；另一方面，女性人力资本投资可以提高妇女的劳动生产率，且更有利于儿童的发展，亦是对未来的投入（Schultz，1995）。到21世纪前后，女权主义学者们更明确提出要将关怀工作带来的效益视为国家财富。

美国学者理安·艾斯勒（Riane Eisler）在2007年出版了《国家的真正财富——创建关怀经济学》一书，两年后该书被翻译成中文出版。关怀经济学的理念不仅被她引入课堂，更进入生活实践和制度设计中。她在公司咨询中建议将幼儿园建设在公司内部，她建立了伙伴关系研究中心（The

Center for Partnership Studies，CPS），在1995年发表了《女人、男人和全球生活质量》报告，用3年时间收集了全新的、更可靠的人文指数，证明女性地位处于一个国家的国民生活质量的中心位置。关怀经济学倡导恰当地评价最重要的人类劳动，即关怀我们自身、关怀他人、关怀大地母亲（艾斯勒，2009：3）。

关怀经济学理念需要广泛讨论和重视。当人类面临“文明冲突”的事件时，当经济活动创造的财富仅被少数人拥有且呈现严重的社会分化时，我们有必要反思目前的发展模式，重新回归人类生活本身，并在此基础上重新审视人类发展的出路。这需要历史性的反思，思考竞争型经济发展模式是如何建立起来的，它是如何越来越远离人类生活本身的目标，以及它是如何借助人类两性劳动分工模式实现了社会关系的异化的。关怀伦理和关怀经济学有助于我们重新理解生活和人类发展。

（一）人类再生产与生产之间重合与分离的历史

两种生产理论是马克思理论的核心。马克思在理解资本与劳动的关系时，提出人类劳动的双重属性，即人类是在生产自身的过程中生产出社会关系，人类自身的生产和人类社会关系的生产是共存的过程。人类社会的发展是人类生产方式和再生产方式的变迁。现代社会，人类逐渐远离物质匮乏的束缚，进入追求精神与情感满足的阶段。经济学家们常常将这一过程描述为从农业社会向工业社会再向后工业社会或服务型社会的转型。但我们注意到，这种转型再现了人类再生产与生产的重合、分离和再重合的过程。

女权主义者将这一历史过程视为人类再生产模式和女性生活方式的转型过程。家庭经济史的研究发现，1700～1950年在英格兰和法国家庭经济中，女性一直是重要成员，形成了具有历史阶段性的三类家庭经济类型。在孩子、未婚女性、已婚女性、寡妇等不同的女性生命阶段，其经济、社会的角色都是变化的，需要伴随“家庭利益”（family interest）的演变而进行调整。在这里，个体的利益是必须服从于家庭利益的。

第一是家庭经济（family economy）阶段，工作皆是在家庭中完成。在该阶段，生活和工作场所相同，家庭成员是一种“经济伙伴关系”，结婚时男女双方都要贡献基本生活物资给新组建的家庭，例如，男人会带来土地，而女人会带来嫁妆等。父母通过掌握家庭资产对孩子的生活拥有了绝对权力。婚姻是女人最好的生存方式，妻子掌管家庭经济。四五岁的孩子就开

始干活，他们协助同性别的父母工作。每个家庭成员都为家庭的经济利益做出应有的贡献。

第二是家庭工资经济（family wage economy）阶段。随着工业化的开始，有酬劳动进入生活，人们开始依靠工资生活，工作从家庭中分离出去。一开始，妇女从事的工作类型很大程度地延续了传统的家庭劳作，工资的大多数用于食品消费。到了18世纪中期至19世纪，妇女经历了工作的内在循环，女性婚前多在纺织厂工作；结婚后特别是生育后则主要承担育儿的角色；如果丈夫去世或失业，或是孩子已经长大成人，妻子们就从边兼职工作边做家务的状态重返劳动力市场，为家庭增加工资收入。

第三是家庭消费经济（family consumer economy）阶段。20世纪后，特别是二战后，人们的生活水平大幅提高，家庭有了可用于孩子教育、家庭装修等方面的储蓄，女性则有了更多时间逛街购物。这一阶段的特征是人们开始追求高质量的生活。

家庭在计划、应对经济和人口压力时，像具有行为一致性和凝聚力的组织，它分担责任，使人类的再生产可以延续（Tilly & Scott，1978）。

工业革命和城市化的发展造成了家庭主义的终结和个体主义的兴起。工业革命之前，家庭是一个彼此联合的经济单位，儿童对家庭温饱做出贡献，家庭成员必须依赖彼此才能满足温饱，并关注家庭利益；而工业革命和城市化使儿童成为家庭的经济负担，父母要出去工作才能供养子女，由此双职工家庭出现，人们转向关注个人满足的个人主义（诺克斯、沙赫特，2009：19）。对现代工作与家庭的关系有三种观点。一是坚持公私领域分割（separate sphere）的观点，认为家庭和工作是两个完全不同的系统。工作是公共领域，理性和竞争是它的基本原则，它应当是男性施展才华的领域，男性有责任赚钱来满足家庭的物质需求；家庭是休养生息的场域，而女性的天地是家庭，她们要为家庭提供情感性和表达性支持。二是公私领域效应外溢（spillover effect）的观点，认为工作系统和家庭系统之间存在相互渗透的关系，个体既是工作者又是家庭成员，只是社会更强调工作对家庭生活的作用，较少讨论家庭对工作的影响。三是公私领域相互依存（system interdependence）的观点，认为工作和家庭系统是既独立又直接或间接联系的。前两种观点是一种功能主义固化模式，将性别分置于两个不同的领域，扮演不同的角色；而相互依存观点强调多样性，性别间也是相互依存的（周颜玲等，2004：6～7）。性别劳动分工的功能主义发展模式被视为资本主义社会的普遍现象，并被固化下来，成为正常的、自然的历史形态，似乎是自然的性别气质而非文化决定着这种社会建构。

20 世纪 80 年代，女权主义学者批判了这种性别分工的自然观，坚持认为公私领域是相互依存的。而资本主义的发展就是利用公私领域二元分割的方式剥削了女性劳动。公私二元分割的社会建构将女性的家务劳动私人化和隐蔽化，通过贬低女性家务劳动的价值将人类劳动远离其应有的关怀，形成了劳动的异化，但缓解了资本主义生产与再生产间的矛盾。

（二）反思劳动性别分工与资本主义经济

女权主义学者指出，按性别进行劳动分工以维护男性相对于女性的优势是资本主义社会的基本动力机制，它主要从四个方面使女性处于从属地位。一是劳动力市场。经济学强调资本主义能提供一个人人（包括男女）平等自由的劳动力市场制度。但事实是，性别结构的已有分化使女性在劳动力市场中处于劣势。二是劳动报酬制度。女性的低工资既是其在劳动力市场上劣势地位的直接表现，也使得她们不得不依赖男人，通过婚姻获取自己无力承担的物品和生活方式。三是商品交换。妻子在家庭中用料理家务、照料丈夫和孩子求得生存，这既使她们在劳动力市场中处于劣势，又强化了她们在婚姻中的从属地位，丈夫则从工资劳动和家庭性别分工中获益。四是资本主义和父权制的结合不断强化女性的从属地位。女性的家务劳动在资本主义制度中合法化，使女性只能从事半日工作或不工作，这强化了其在劳动力市场中的劣势。

女权主义者认为，劳动性别分工是女性劣势地位的根源，性别平等的实现要求消除性别分工的等级化特征，或消除性别分工本身（哈特曼，1997：47）。更为批判的观点认为，资本主义制度是依赖性别原则确立起来的，把女性推向边缘并使其劳动处于次要位置是资本主义的本质特征。在整个资本主义的历史发展过程中，女性起到了马克思所描述的劳动力后备军的作用，资本主义从一开始就建立在规定男性主要、女性次要的性别等级关系之上（扬，1997：96）。20 世纪 60 年代的美国女权主义运动，从中产阶级家庭主妇开始，要求其摆脱“金丝雀”般的生活状态，走出家庭，进入公共领域。然而，中产阶级女性外出工作导致了一个性别兼阶级的不平等。工作的母亲们需要其他女性来承担她们在家中的工作和育儿责任，越来越多的家务劳动成为低薪的有偿劳动。在新自由主义的大背景下，家庭服务业市场化程度提升，加剧了性别与阶级的不平等。一条以家务服务为需求的全球生产链得以产生，家庭服务业的后备军是那些没有职业技能、甘愿从事低收入工作的、外来的女性。不发达地区成为劳动力的输出地，而那里的留守儿童和老人成为最需要关怀的人。

女权主义者们对资本主义的批判重点有两个方面。一方面是批判父权制，资本主义借助父权制以低工资雇用大量女性劳动力，使其处于贫困状态；另一方面是批判其只关心利润，不关心人的需要和福利。当经济发展无视人类的关怀需求时，当人类的再生产发生危机时，谁来带孩子、谁来照顾老人都成为问题。我们认为现在已经到了应当反思现有新自由主义的资本主义发展模式的时候，要将人类的关怀需求纳入发展目标，并恰当评估各种关怀性和照顾性工作的价值。

（三）关怀、关怀工作和关怀经济学

女权主义者重新定义工作和劳动，倡导关怀伦理。“在日益增多的个人、社会和环境问题背后隐藏着一个共同的决定性要素：缺乏关怀……我们需要支持关怀我们自己、关怀他人、关怀大地母亲的经济模式、经济规章和经济措施。”（艾斯勒，2009：3）

关怀经济学建立在关怀伦理的基础上。心理学家吉列根（Carol Gilligan）通过对“不同的声音”的倾听，讨论“关怀伦理”与柯尔伯格等人提出的道德发展理论中的“公正伦理”。她分析了两种伦理的关系以及道德的性别化问题，在对两性道德发展的研究中提出了关怀伦理，由于女性社会化过程对人际交往的关注，因此产生了对善的关系的关注，因此她强调关怀伦理与公正伦理具有同样价值。这种在传统社会中被无视的关怀精神不仅是女性气质的，而且具有更重要的社会价值。她认为，两种伦理代表着两种道德视角，二者是互相补充、缺一不可的（Gilligan，1982）。“女性关怀伦理学”与“女权主义的关怀伦理学”是不同的。前者是将“关怀工作”视作女性气质的，是女性具有的牺牲自我关爱他人的精神，当这种关怀与女性的自我发展对立时，它要求女性以无私奉献的精神做出自我牺牲。“女权主义的关怀伦理学”强调人与人的相互关怀，这种关怀的相互性是人类生活的基本要素，因此女性在从事关怀工作时，也把自身的利益包括进来。关怀是人类的内在需求，而非单纯的女性气质。

诺丁斯（Nel Noddings）在《始于家：关怀和社会政策》中对康德的道德理论提出挑战，反思其有关只有通过理性才能控制人类自然的、自私的冲动的说法，指出真正的道德是基于人类对给予关怀和接受关怀的固有需求，基于人类同情的能力（Noddings，1984：5），并讨论了在社会政策中关

怀与需求的关系（Noddings，2002：56－68）。也有研究从当代自然法的理论（contemporary natural law theory）出发，强调关怀的政治理论，指出具有关怀精神的公民具有社会责任感（Engster，2004：133）。关怀经济学要求打破传统统治关系的思维，冲破公私领域二元分割的思维惯性，赋予关怀工作应有的价值，其目的是促进人类生存和人类能力的发展，包括人类的关怀能力、意义能力和自我实现的能力。艾斯勒在《国家的真正财富》一书中指出："我们的目标不是建立一个只有妇女做关怀工作的社会，而是一个妇女有平等的工作机会而男女共同在家中分担关怀责任的社会。换句话说，这个目标是要经济与社会体系不再把妇女排除于传统上只留给男子的领域之外，不再把关怀和给予关怀看成只适于妇女或被鄙视的'娘娘腔'男子。"（艾斯勒，2009：67）

关怀工作至少涉及三方面问题。第一，关怀是一种良性的社会关系的发展，涉及自我与他人，即提供关怀和接纳关怀。人类的关怀需求和关怀责任是不平等分配的，社会规范影响关怀分配和关怀责任。第二，对关怀责任的分配与实现涉及有酬劳动和无酬劳动的分界问题。第三，关怀责任的实现有不同方式，存在于不同的经济部门，其关怀责任对个人形成压力，会提升机会成本。关怀经济学强调的是关怀工作的价值，并将关怀工作视为经济活动的重要组成部分。关怀工作不同于传统的有关商品和服务的经济，它涉及人类再生产劳动，特别是有关人类代际间生存与发展的劳动。关怀工作是指基于同情、责任的人类对最佳人类发展的关切行为，是给予关怀和接纳关怀的社会关系。关怀伦理和关怀行为是一种良性的社会关系，存在于人类生活的方方面面，包括家庭、社区、学校、企业和政府政策。

艾斯勒系统地阐述了关怀经济学的建构过程，在创新重视关怀和关怀的文化观念下，建立伙伴主义（partnerism）的经济理论是实现关怀自我、他人和大自然的重要途径。

（四）全球经济的发展需要向关怀经济学转型

后工业社会正面临向关怀经济学的转型。一方面，是技术对传统工作的替代；另一方面，人们对情感和关怀的需求日益具有了优先性。

技术的变化正在改变工作的可获得性，"以工作为基础的社会"正在发生变化。虽然工作依然是社会的中心，人们通过工作获得身份和意义，但是同时，技术的替代性正在尽可能多地消除工作（Gorze，1999：1、53）。贝克指出"我们必须消除和放弃社会身份和地位只取决于一个人的职业和事业的思想，必须使社会的尊敬和安全与工资性就业相分离”（Beck，2000：57）。消费取代工作成为建构身份的场域。同时，人类的情感需求正日益变得迫切，满足人类的情感需求亦具有重要的合法性。

有学者以“外包的自我”的概念来分析当今人类的自我情感困惑，指出关怀工作正在被广泛外包。“当有足够的钱来雇人为你做饭时，你会选择雇人来做吗?”有70%的人选择愿意。2001年，大约有一半的美国人死于医院，有1/4的人死于护理中心（nursing home）。2001～2008年，美国营利型护理业（hospice industry）增长了128%，非营利型护理业增长了1%，政府投资型（government-sponsored）增长了25%。关怀劳动开始向外移，从家庭移向医院、托儿所、幼儿园等。另外，在发达国家，移民妇女进入了家庭的劳务工作，从事护理和家务活（Hochschild，2012：212－228）。

为了人人都有“体面的工作”，照顾、养育和提供关怀的各类工作必须成为有酬劳动和经济总量中重要的组成部分。这需要打破传统经济学的冷酷，提升人类生活的质量，即满足人类情感的需求，使人类生活在具有支持性的社会关系中。由此需要以新的方式分配有酬劳动和无酬劳动，重新定义关怀性和照顾性工作的价值。

二　各国实践关怀经济学的努力

联合国在不断倡导以性别平等为核心的经济发展模式，这成为今天实践关怀经济学的重要方面。一些政府和大公司亦在尝试提供关怀性政策，这些鼓励关怀性工作的公共政策在一些国家具有优先性。

（一）倡导量化关怀性工作

长期以来，关怀性工作被视作无报酬劳动。经济学家们越来越支持要在经济发展模型中加入对关怀工作的经济评估，并努力创造将关怀工作进行量化的方法，认为量化关怀工作的努力是走向关怀经济学的一个重要标志，而统计学则忽略了再生产和关怀工作的贡献（Waring，1988：15－16）。经济学家亦以更广阔的视角分析经济关系（Sen，1999）。1993年，一些国家开始实施国民经济核算体系（The System of National Accounts，SNA），开始把家务劳动统计其中，并指出“家务生产总值”（Gross Household Product，GHP）的计算能够得出完全不同的经济发展图景。

20世纪90年代初，经济合作与发展组织（Organization for Economic Cooperation and Development，简称经合组织）讨论了衡量非市场家庭工作的三种方法。第一种是机会成本法，根据一名女性照看孩子、父母，从事维持生计的农耕或其他无报酬工作，而不是从事有酬工作而损失的机会工资来衡量。第二种是总体替代方法，用家务工作的市场工资来计量。第三种是专家替代法，将厨师、护士、园艺师等专业人士的市场工资综合起来评价家务劳动的价值。这些家庭工作的经济附加值可称为“家务生产总值”（Gross Domestic Product，GDP），市场经济产生的附加价值可称为“市场生产总值”（Gross Market Product，GMP），由此得出“经济生产总值”（Gross Economy Product，GEP）（Ironmonger，1996）。目前，英国、澳大利亚、加拿大等国开始使用新的分类统计，估算无报酬劳动产生的经济增长。

2000 年，经合组织的调查显示，家务劳动价值在各国 GDP 中占有相当大的比重，澳大利亚为 58%；瑞士为 52.3%；最低的日本也有 20%。有学者倡导，我国应当在 GDP 的统计中加入对家务劳动的统计（戴秋亮、詹国华，2010）。

（二）制定家庭友好型公共政策

政府制定的有利于“工作和家庭平衡”的公共政策被称为“家庭友好型公共政策”（family friendly policy），其目的是帮助员工实现工作与家庭生活的平衡，主要内容是家庭关怀性工作计划——婴幼儿关怀、老人关怀和病人关怀等。美国 1990 年通过《儿童照料与发展资助法》，1993 年通过《家庭和医疗休假条例》。这一条例要求，所有雇用 50 个人及以上的公司要向员工（不分男女）提供 12 周的假期和津贴，以满足人们要照顾新生婴儿和患病亲属的需要。在德国，劳动者为此能享受 14 周的带薪休假。芬兰、挪威和瑞典等北欧国家在投资关怀性政策方面做出了积极贡献，相关追踪研究发现，从普遍医疗保健、育儿到宽裕的父母带薪休假等关怀政策，对普遍提高人民生活、人民的幸福感及更有效能和创新的工作具有重要的作用。2003 ~2004 年和 2005 ~2006 年世界经济论坛的全球竞争力排行表表明，芬兰的竞争力位列更富裕和更强大的美国之前（艾斯勒，2009：14）。

研究发现，关怀伦理会带来更多的发展机会。美国儿童早期开发计划已经证明这一公共投资产生了 12% 的回报。参加“高质量早期儿童开发计划的”孩子比没有参加这一项目的孩子，一生中可多收入大约 14.3 万美元。加拿大则建立了健康与长期关怀部（艾斯勒，2009：14）。

许多国家对关怀性工作给予直接的回报。2006 年，智利对低收入家庭中护理卧床亲属的人每月提供 40 美元的酬劳和培训课程。加拿大、新西兰和一些欧洲国家直接为育儿服务提供津贴，承认关怀性工作的价值。

（三）工作组织重视建立具有关怀伦理的工作环境

越来越多的企业，特别是跨国公司重视和回报关怀工作，认可关怀工作在提高效能、有效交流和成功协作等方面的作用。一些工作组织制定了“家庭友好型工作环境”（family-friendly workplace）的制度，包括弹性工时、建立可以带孩子的食堂等，这些政策提升了员工对公司的贡献（Blair-Loy & Warton，2004）。公司层面的关怀性工作环境包括：工作计划、地点和工作时间的弹性；为照顾孩子和家庭的带报酬或不带报酬的休假；照顾依赖者从事工作的政策，如可带孩子来工作、提供照顾基金和社区服务。

至少有六方面与家庭友好型工作环境相关的公共政策：一是为抚育者分担更多的责任，如为员工提供幼儿园或允许员工带孩子上班；二是弹性工资政策，可随时以灵活的方式支付工资以应对家庭的不时之需；三是弹性工作时间政策，以满足员工照顾家庭的需要；四是家庭休假政策；五是远程互联网工作政策；六是家属福利政策，包括在医疗或出差等方面为家属的需求提供必要的支持。国际劳工组织（International Labour Organization，ILO）发布的《在商业及管理中的女性：蓄势待发》报告，考察了公平机会政策的作用。该报告指出 73% 的受访公司认为他们有公平机会政策，另有约 10% 的公司不知道什么是公平机会政策或者未实行相关政策。大企业更倾向于实施公平机会政策，最常被采用的政策是产假休假制度（84%），其次是对妇女的技能培训（75%）及对女性的招聘、晋升的评估（70%），之后则是晋升执行层的培训（66%）、工作与家庭平衡政策（62%）、顾问指导制度（59%）、弹性工作时间（56%）、招聘中的性别平衡目标（51%）、父亲的育儿假（51%）、育儿照料（44%）、兼职工作时间（44%）、照顾生病的家庭成员假（44%）等（观熙，2015）。具有企业社会责任的公司更认可回报关怀性工作带来的积极效果，它能够提升组织的竞争力和可持续发展。调查表明，企业回报关怀性工作带来的益处有：树立了好的企业形象，不仅有利于企业股票价格的提升，也会吸引和凝聚人才。时间弹性政策的实施为公司中较高职位者带来了更高的工作满意度、工作承诺。其原因在于，它直接作用于人们有关回馈的规则，公司的福利会使从业者更好地回报企业和产生对组织的归属感（Lambert，2000）。每年《工作的母亲》

(*Working Mather*) 杂志都会评出100个最好的提供友好型工作环境的企业，包括微软、IBM等知名公司。

总之，关怀工作正日益得到各国公共政策和公司政策的重视，制度创新正在发展之中。

三　我国的努力方向：投资女性与回馈女性的关怀工作

卡尔·波兰尼（Karl Polanyi）从经济史的角度提出，市场经济的出现和发展依赖土地、劳动力和货币三种关键性投入，而这三种投入都无法单独依靠市场活动来解决，它们具有“虚拟商品”（fictitious commodity）的特性，这些商品必须像其他被生产出来的商品一样在市场上出售（波兰尼，2007：59），这个商品化的过程对社会具有自我毁灭的作用。但是双重运动特征也在19世纪的社会史中显著地呈现：市场在不断扩张至全球的同时，社会也在建立起自我保护的机制，用各种政策和制度抵制过度商品化的危害（波兰尼，2007：103）。在我国经济增长的过程中，单纯依靠货币资本投入、土地财政和以廉价劳动力为主的制造业的发展模式不仅难以长期持续，而且破坏了环境与社会和谐，限制了可持续发展。在这一过程中，社会保护自己的力量一直存在，包括家庭中的相互支持和社会组织的发育。因此应高度重视保护社会，特别是保护家庭，呵护人的再生产。投资女性与回馈女性的关怀工作有助于保护社会，促进家庭和谐与社会发展。

要充分认识我国的女性劳动力是国家重要的人力资源，她们在我国的社会建设和经济发展中起重要作用；同时，她们对家庭和社会可持续生计的贡献是社会稳定和发展的基础。投资女性意味着重视女性人力资本投入、创业机会和重估关怀工作的价值。

（一）充分认识我国女性劳动力的现状

新中国建立后，男女平等就成为我国的基本国策。虽然经历了市场化冲击，但我国女性劳动力依然在世界上保持了高水平的就业率。第三期中国妇女社会地位调查显示，18～64岁女性的在业率为71.1%，城镇为60.8%，农村为82.0%。女性是城乡发展的主要力量，但在报酬、就业结构以及工作和家庭的平衡方面存在明显的性别差异。

第一，两性收入差距明显，并有扩大态势。2010年第三期中国妇女社

会地位调查数据显示，18～64岁城镇在业女性（不含退休后再就业）的人均年劳动收入为21249.2元，是城镇男性收入的67.3%；乡村在业女性的人均年劳动收入是乡村男性收入的56.0%。市场化转型加剧了两性收入差距，1990年女性劳动收入是男性劳动收入的81.7%，2000年城乡女性劳动收入分别是男性的70.1%和59.6%。这种性别收入差距并没有因经济发展水平的提升而有所改变，从城乡在业女性的年均劳动收入来看，京津沪、东部和中西部地区的水平均低于同地区的男性（蒋永萍、杨慧，2013）。

第二，两性就业结构存在差异，女性更多地集中在发展机会少、收入低、稳定性差的工作中。研究发现，2010年，城镇女性在业者中从事非正规就业的比例为51.6%，比10年前高10.6个百分点，比同期男性高5.0个百分点。2010年，正规就业中的女性收入为男性的87.3%，而非正规就业中的女性收入则为男性的49.1%，女性处于更为弱势的地位（杨慧、蒋永萍，2014）。两性就业结构的差异是决定两性收入差距的主要原因。首先，就业结构中存在性别垂直隔离，且市场化不断加剧着性别的垂直隔离（童梅、王宏波，2013）。2010年，在各类组织的负责人中女性比例为29.8%，在县处级干部中，女性占28.2%，越往高层女性比例越低。2009年，地厅级女干部和省部级女干部的比例分别为13.7%和11.0%（吴伟，2012）。其次，职业的性别隔离。女性在第一、第二、第三产业的比例分别为45.3%、14.5%和40.2%，女性主要在农业和服务业工作（第三期中国妇女社会地位调查课题组，2011），这些属于收入偏低的行业。研究显示，目前国有部门性别收入差异的主要决定因素是职业的性别隔离，但在非国有部门个体人力资本方面的差异是决定性别收入差异的主要因素（吴愈晓、吴晓刚，2009）。第五次全国人口普查数据显示，商业、服务业人员中51.7%是女性（国家统计局社会科技和文化产业统计司，2012：40）。城乡低收入组中，女性分别占59.8%和65.7%，比男性高19.6个和31.4个百分点。城镇和乡村的高收入组中，女性分别占30.9%和24.4%，明显低于男性（第三期中国妇女社会地位调查课题组，2011）。

第三，在工作与家庭的平衡关系中，女性被要求承担更多的家庭责任，这弱化了女性的市场地位，女性被迫进入那些非正式的、有时间弹性的低收入职业。研究表明，市场因素对女性职业的选择是通过工作时间体现的，女性兼顾家庭的责任使其选择更灵活的工作，甚至女性会间断工作，这增加了职业性别隔离的程度（张成刚、杨伟国，2013）。城镇女性有30.8%的人会因为生育和照顾孩子的原因而中断工作（佟新、周旅军，2013）。

上述现状表明，女性在市场中会因为其性别角色和家庭责任而处于弱势地位。投资女性是用社会的力量改善女性的不利地位，重新认识女性在家庭中的作用，其关怀工作的价值也因而变得重要和迫切。

（二）投资女性教育能够提升地区经济发展

中国经济增长离不开人口红利的贡献，依靠教育深化来扩大劳动力资源、增加人力资本存量和提高劳动生产率将成为中国经济增长的第二次人口红利（蔡昉，2009）。在性别平等的意义上，投资人力资本要关注性别差距，消除人力资本性别差的过程就是加大投资女性人力资本的过程，具有经济意义和社会意义。

近年来，我国受教育程度的性别差距正在显著缩小。从小学升学率来看，2011 年学龄（男女）儿童的升学率达到 99.8%。普通高中学生中女生比例为 49.0%。高等教育阶段，女性参与的人数也不断增多，到 2010 年，普通本/专科在校女生、女硕士生、女博士生分别占相应总在校人数的 50.9%、50.4% 和 35.5%（中国非政府组织 CEDAW[①] 报告撰写小组，2014）。同时，女性平均受教育年限也在提高，2010 年，18~64 岁女性的平均受教育年限为 8.8 年，比 2000 年提高了 2.7 年，性别差距由 10 年前的 1.5 年缩短为 0.3 年。但深入分析会发现，女性中接受过高中阶段及以上教育的占 33.7%，城乡分别为 54.2% 和 18.2%；中西部农村女性中，这一比例为 10.0%，比该地区农村男性低 4.6 个百分点（第三期中国妇女社会地位调查课题组，2011）。

在培训方面，我国政府和非政府组织合作，针对不同的妇女群体提供技术培训及资金和项目支持，促进妇女创业，帮助农村妇女脱贫致富。农业部制定的《2003—2010 年全国新型农民科技培训规划》中强调动员和鼓励农村妇女享受相关教育资源。农村妇女现代远程教育于 2009 年首播，面向广大农村妇女开展常规性培训。教育部与全国妇联在 2010 年联合发布了《教育部　全国妇联关于做好农村妇女职业教育和技能培训工作的意见》，提出要不断改善农村妇女的科学文化素质，增强其发展现代农业的能力，提高其创业就业能力。各地妇联创办 15 万所农村妇女学校、创建 20 余万个各级各类农林科技示范基地，对农村妇女，特别是中西部贫困地区妇女进行实用技术和相关知识的培训（中国非政府组织 CEDAW 报告撰写小组，2014）。

---

① CEDAW：The Convention on the Elimination of All Forms of Discrimination against Women.

本文将投资女性教育、贷款和女性从事有酬劳动作为变量来分析其与经济增长的关系。由于《中国统计年鉴》在2010年的数据中缺乏分地区分性别的相关指标，所以我们从2010年第三期中国妇女社会地位调查数据中拟合出反映各省区市投资女性的自变量。反映投资女性的自变量有平均在校受教育年数、大学专科以上学历的比例、女性参加过培训的比例、女性中获得过贷款的比例和女性劳动力平均劳动收入。得出的各省区市的状况如表1所示。

表1　2010年各省区市投资女性的状况

地区	平均在校受教育年数（年）	大学专科及以上学历的比例（%）	参加过培训的比例（%）	获得过贷款的比例（%）	上年的平均劳动收入（元）
北京	10.44	27.3	27.4	2.0	14602.49
天津	10.02	22.1	15.0	1.1	11990.23
河北	9.07	16.1	15.6	4.3	8274.61
山西	8.94	15.7	14.6	6.4	7028.39
内蒙古	8.30	10.3	13.0	21.0	9589.12
辽宁	9.26	14.6	15.6	7.9	8630.99
吉林	8.95	9.8	14.4	15.1	8001.05
黑龙江	8.50	8.3	12.1	17.9	8210.25
上海	10.41	26.1	26.6	0.9	22718.95
江苏	8.89	12.8	15.2	5.5	14437.05
浙江	8.53	16.0	21.4	7.1	18352.97
安徽	8.19	9.2	15.3	6.8	9737.20
福建	8.45	13.0	20.0	8.9	11409.36
江西	7.71	7.7	13.0	10.9	8042.74
山东	8.73	14.4	13.7	6.2	9995.61
河南	8.82	12.1	15.5	7.5	7420.46
湖北	8.52	9.6	14.0	11.7	9636.69
湖南	8.52	9.5	15.5	11.9	8983.98
广东	8.53	12.0	14.2	4.5	10936.84
广西	7.93	9.4	15.2	13.9	7785.68
海南	8.89	10.4	17.5	7.7	648.14
重庆	8.26	10.5	15.6	13.6	9549.00
四川	8.20	10.1	17.8	17.6	8932.47

续表

地区	平均在校受教育年数（年）	大学专科及以上学历的比例（%）	参加过培训的比例（%）	获得过贷款的比例（%）	上年的平均劳动收入（元）
贵州	8.22	10.6	13.1	18.4	8677.54
云南	8.15	13.2	19.4	17.5	9416.31
陕西	9.22	13.4	19.8	13.1	9657.42
甘肃	9.08	11.9	17.6	16.9	8241.44
青海	9.14	17.2	21.8	11.1	10741.85
宁夏	8.87	13.7	21.7	15.4	10375.54
新疆	8.90	19.3	24.0	19.2	15036.58

注：(1) 由于西藏的样本数过小，分析中不包括西藏；(2) 由于新疆建设兵团缺乏人均地区生产总值数据及地区发展与民生指数，故也不纳入相关分析；(3) 本表格中数据仅涉及各省区市女性的情况；(4) “B2 不包括成人教育，您总共上了几年学？”（计算女性的平均在校受教育年数）；“B3a 您目前的受教育程度是？”（仅计算各省区市的女性中具有大学专科及以上学历的比例）；“B6a 近 3 年来您参加过培训或进修吗？”（计算女性中参加过培训的比例）；“C12a 您是否获得过用于生产经营的贷款？”（计算女性中获得过贷款的比例）；“C18a 去年您在以下方面的个人收入大约为多少元？”（计算女性上年的平均劳动收入）。

从表 1 可以看到，北京、上海、天津三地投资女性受教育的程度最高。平均收入状况以上海为最高。“老、少、边、穷”地区女性获得过贷款的比例较高。

再以全国各省区市的人均地区生产总值（人均 GDP，单位为元）和地区发展与民生指数[①]（DLI，单位为%）来看。地区发展与民生指数评价指标体系包括经济发展、民生改善、社会发展、生态建设、科技创新和公众评价（公众评价暂未开展）六大方面，共 42 项指标。指数的计算与合成借鉴了联合国人类发展指数（Human Development Index，HDI）等有关方法，根据各评价指标的上下限阈值来计算其指数，也就是无量纲化。指数的取值为 0～100，根据指标权重合成分类指数和总指数。如果将 2010 年全国 30 个省区市的综合发展指数排序结果与按人均 GDP 的排序结果进行对比，可发现两者之间的相关性。但是，个别地区综合发展指数排位与人均 GDP 排位之间也存在较大的差异（见表 2）。

① 地区发展与民生指数（Development and Life Index，DLI）的评价指标体系具体内容详见 http://www.stats，gov.cn/tjsj/zxfb/201312/t20131231_492765.html。在该体系中，人均 GDP 作为三级指标纳入计算。

用表 1 和表 2 做相关分析，得出表 3。

表 2　2010 年各省区市社会经济发展指数

地区	人均 GDP（元）	DLI（调整后）（%）	综合发展（%）	经济发展（%）	民生改善（%）	社会发展（%）	生态建设（%）	科技创新（%）
北京	73856	85.33	85.05	96.13	90.63	82.17	74.38	78.38
天津	72994	74.90	72.65	87.56	80.49	70.16	70.02	46.24
河北	28668	56.60	53.71	58.00	62.35	66.11	56.34	13.222
山西	26283	54.54	53.41	60.80	58.39	70.41	51.53	12.71
内蒙古	47347	54.69	53.42	67.80	58.54	66.71	51.39	7.89
辽宁	42355	61.21	59.71	72.69	65.92	68.47	58.13	20.70
吉林	31599	57.21	55.41	63.62	61.82	72.08	53.70	11.67
黑龙江	27076	54.82	53.26	64.34	60.61	65.35	51.00	11.34
上海	76074	82.49	80.57	99.02	87.41	71.29	71.96	67.99
江苏	52840	70.95	68.45	74.94	74.62	66.11	65.62	56.88
浙江	51711	70.96	69.26	73.48	84.17	66.97	69.05	44.83
安徽	20888	54.60	53.21	57.92	62.13	61.98	58.92	13.11
福建	40025	63.73	62.58	71.93	70.03	67.66	68.84	22.57
江西	21253	56.63	54.99	58.19	63.60	65.32	60.79	15.17
山东	41106	61.71	59.32	64.85	68.12	65.35	62.81	25.03
河南	24446	53.76	52.42	53.16	60.00	67.14	58.38	11.10
湖北	27906	58.08	56.68	61.63	61.97	68.69	56.05	24.82
湖南	24719	56.36	55.03	59.70	62.04	68.79	58.46	13.35
广东	44736	68.75	68.28	79.51	73.46	67.02	70.00	43.83
广西	20219	52.93	52.75	56.33	59.15	66.07	61.14	7.92
海南	23831	55.54	54.75	66.98	60.60	66.09	58.87	6.42
重庆	27596	59.49	57.51	66.93	60.83	65.76	64.67	17.68
四川	21182	55.92	55.18	59.65	59.05	65.80	59.34	22.08
贵州	13119	47.93	48.25	55.24	50.92	65.22	50.49	6.37
云南	15752	50.13	50.45	55.57	48.96	71.22	57.47	5.77
陕西	27133	56.14	55.94	61.03	54.72	69.23	57.16	29.26
甘肃	16113	45.58	46.04	52.17	48.92	62.84	44.95	9.55
青海	24115	45.82	45.95	57.26	49.02	64.38	39.66	5.80
宁夏	26860	49.92	48.71	59.67	54.76	62.36	44.64	8.89
新疆	25034	47.12	46.46	56.12	57.56	58.26	41.23	5.30

表 3　2010 年各省区市投资女性与社会经济发展指数之间的相关系数

	平均在校受教育年数	大学专科及以上学历的比例	参加过培训的比例	获得过贷款的比例	上年的平均劳动收入
人均 GDP	0.712	0.732	0.375	-0.653	0.713
DLI（调整后）	0.593	0.616	0.330	-0.744	0.668
综合发展	0.602	0.632	0.366	-0.728	0.675
经济发展	0.685	0.687	0.405	-0.650	0.697
民生改善	0.538	0.602	0.332	-0.746	0.705
社会发展	0.519	0.460	0.254	-0.425	0.177
生态建设	0.237	0.303	0.109	-0.681	0.429
科技创新	0.635	0.660	0.434	-0.683	0.723

提升女性人力资本，使女性投身到有酬劳动和各省区市社会经济发展之间有中度的相关关系①。我们无法说明这种相关的因果性，但中度相关表明，投资女性教育，促进女性就业与地区社会经济发展之间存在内在联系②。有研究表明，城市居民的收入水平随着其受教育程度的提高而增加，并最终促进他们对幸福的感知程度；但分割的劳动力市场又使居民对幸福的感知产生差异（黄嘉文，2013）。

（三）让女性成为有产者与女性创业

以资产为基础的福利理论认为资产积累是重要的福祉。以收入为基础的福利政策是不充分的，还应当建立以资产为基础的福利政策，它带来的福利效应包含了除潜在消费之外的其他经济、社会和心理效应（谢若登，2005）。

让女性成为有产者是一项具有挑战性的投入。2010 年，第三期中国妇女社会地位调查显示，我国仅有 13.2% 的已婚女性在房产上只登记了自己

① 统计学表明，线性相关系数 r：当 $|r|<0.3$ 时，表示关系极弱，可以认为二者不相关；当 $0.3\leq|r|<0.5$ 时，说明二者低度相关；当 $0.5\leq|r|<0.8$ 时，则属于中度相关；当 $|r|\geq0.8$ 时，表示高度相关；而当 $|r|>0.95$ 时，说明二者存在显著相关。

② 相关系数的平方即为决定系数，它表示因变量的变异中可由自变量解释的百分比。决定系数代表的拟合优度越大，自变量对因变量的解释程度越高，自变量引起的变动占总变动的百分比越高。从方法论的意义来看，相关系数衡量的是两个变量的线性依存程度，测度不含因果关系的对称相关关系；决定系数则是说明自变量或解释变量对因变量的解释程度，表征不对称的因果关系。

的名字，而51.7%的已婚男性会这样做，当代城市房产分配的状况形成了新的性别不平等，且性别差距在扩大。在家族企业中延续的长子继承制传统也直接在心理层面影响着女性的职业规划和社会化（傅颖、王重鸣，2014）。表1显示，女性获得贷款的比例明显集中于“老、少、边、穷”地区，其主要是与扶贫相关的小额贷款。在城市中，女性获得贷款的比例极低，且越发达的地区女性获得贷款的可能性越小。女性获得贷款比例最低的是上海，只有0.9%；其次是天津，为1.1%；再次是北京，为2.0%。从表3来看，各地各类型的发展都与女性获得贷款的比例呈负相关。

2010年曾经获得生产经营性贷款的性别比例分别为女性9.0%和男性14.0%。从贷款来源看，其中女性获得的是商业贷款、政府贴息等形式小额贷款的比例分别为49.9%和37.3%，男性则分别为52.0%和36.9%；农村女性获得政府贴息等形式小额贷款的比例则为39.9%。截至2013年第二季度末，全国累计发放的妇女小额担保财政贴息贷款为300多万人次，为妇女提供了创业启动资金，辐射带动近千万妇女创业就业（中国非政府组织CEDAW报告撰写小组，2014）。妇女小额担保贷款财政贴息政策的实施，还使得农村留守妇女获得信贷的机会得以提高（蒋月娥，2011）。

女性创业和获得资产增长有利于个人、家庭和社区的发展。2008年3月，高盛基金会在中国启动了“巾帼圆梦”计划，他们总投资金额1亿美元，为期5年，为世界各地的1万名有发展潜质但资源匮乏的创业女性提供商业和管理培训。中国已有2100余名女性小微企业主接受了项目培训。高盛的跟踪数据显示，在参与项目后，大部分参与培训的女性创业者的公司得到了发展。完成项目培训的75.4%的学员表示公司收入得到提高。她们企业收入增长率的中位数值从培训结束6个月后的25%增长至18个月后的85.3%，30个月后又提高到了261.8%。平均业绩增长率分别是133.3%、383.6%和1336.8%。创造就业机会的成果也极为显著，57%的学员在培训后6个月开始通过企业发展创造就业机会，就业的增长率在完成课程后18个月和30个月后增至67%和78%。学员企业的平均雇员从4.9人增至18个月后的7人和30个月后的13人。

2015年1月27日，世界银行集团成员机构国际金融公司（International Finance Corporation，IFC）、蚂蚁金融服务集团与高盛“巾帼圆梦”万名女性创业助学计划推出中国首个专门的女性互联网金融贷款服务项目。阿里巴巴集团旗下的淘宝网、天猫等电商网站的资料显示，女性经营的店铺符合信用贷款准入条件的比例略高于男性经营的比例，女性店铺的准入比例为50.10%。在蚂蚁小贷的贷款客户中，女性的比例达54.43%。"女性在使用贷款时更加慎重，出现不良贷款的概率也更小一些。"（姜樊，2015）

女性的创业活动会为社会经济发展带来更多的可能性，亦能够为中国经济的创新带来活力。以北京的"巧娘工作室"为例，作为促进妇女创业就业的公益服务项目，它吸纳了一批具有一定手工技艺的妇女参与到创业活动中。该项目自2006年正式启动，迄今已有270多个"巧娘工作室"在北京市的市、区两级建立起来，产品涉及刺绣、剪纸、手工编织、雕刻等近20个种类，直接安置妇女就业近5万人，带动妇女就业和灵活就业26万多人。海淀巧娘工作室蒋丽娟的手工绣花鞋屡获国际大奖，在巴黎万国博览会上，她的绣花鞋以每双2100欧元的价格被收购。

（四）重新定义家务劳动和重估关怀工作的价值

在我国，家务劳动从未被计入GDP的统计，但家务劳动却是人们生产和生活不可缺少的组成部分。在我国城镇双职工家庭中，有67.2%的家庭的家务劳动主要由妻子承担（佟新、周旅军，2013）。同时，我国农村留守妇女已形成一个达5000万人的群体。根据中国农业大学发布的《中国农村留守妇女调查报告》，留守妇女承担的农业生产和家务劳动比例都超过了85%，此外，她们还大量承担了子女养育、老人赡养等家庭责任和社区事务（李永杰，2014）。对18～59岁城乡女性的家务劳动价值的测算发现，城乡女性的家务劳动时间远大于男性，城乡女性家务劳动的总价值非常可观，达到2.31万亿～2.95万亿元，占GDP的比例为5.75%～7.35%（杨慧，2015）。家务劳动的经济贡献应纳入国家GDP的统计中。女性作为家务劳动的主要贡献者，她们的劳动价值需要得到公正评价。如果将家务劳动价值纳入GDP统计，应有4万亿元左右的价值回馈给女性，不仅能够使经济充满活力，而且更能促进性别平等。

我国社会存在着对关怀工作的巨大需求。据联合国的保守预测，到2050年，我国65岁及以上老年人口将达到3.34亿人，占总人口的23%，最需要照料的80岁及以上高龄老人人口将高达1亿人，而2005年，这三个数字分别为1.06亿人、7.7%和1300万人（曾毅等，2010：1～2）。居家养老模式需要家人付出关怀劳动。

女性承担着生育和抚育的责任，完成着人类自身的生产活动，但其社会价值和贡献并没有得到承认和补偿。对生育价值的公正评价和合理补偿需要我们用关怀伦理理解社会的存在与发展。妇女和家庭为社会承担生育

和抚育责任，其应当成为社会总劳动的组成部分。1994 年我国颁布了《企业职工生育保险补偿办法》，但缺乏法律强制力。目前，我国可以享受生育补偿的范围很小，只有国家机关、人民团体和企事业单位正式工作的女职工可以享受，而乡镇企业、街区企业、个体经营者、非正式就业者和广大农村妇女都无法享受到生育补偿，而这是每一个生育妇女都应该得到的补偿和承认（范红霞，2010）。我们倡导，对女性的生育贡献进行经济补偿，这种补偿应以公平和广覆盖为原则，参考医疗保险的做法使全体公民的生育贡献得到国家的认可。这一补偿资金看似是财政公共的巨大开支，但其能带来巨大的社会收益，不仅使生育妇女得到补偿，而且还使其家庭及老人和孩子们受益。第六次全国人口普遍数据显示，2010 年，我国有流动儿童 3581 万人，有留守儿童 6972. 8 万人（国家统计局社会科技和文化产业统计司，2014：13）。当父母为了生育和抚育的责任不得不外出打工时，国家要为儿童的未来付出更大成本。承认和补偿家庭在生育和抚育上的贡献，对我国的可持续发展有重大意义。

关怀伦理在我国有着重要的文化传承，“老吾老以及人之老，幼吾幼以及人之幼”是国人重视代际和人际联系的重要原则。从关怀经济的角度思考我国新常态下的增长路径有重要意义，这要求我们将与人的再生产有关的医疗照顾、老人照顾、生育补偿、婴幼儿照顾等需求视为重要的经济增长点，承认和鼓励关怀劳动，这其中，投资女性既有利于性别平等，也有利于转变经济增长模式，实现人的幸福和社会的可持续发展。

参考文献

艾里斯·扬，1997，《超越不幸的婚姻——对二元制理论的批判》，载李银河主编《妇女：最漫长的革命》，三联书店。

蔡昉，2009，《未来的人口红利——中国经济增长源泉的开拓》，《中国人口科学》第1 期。

大卫·诺克斯、卡洛琳·沙赫特，2009，《情爱关系中的选择——婚姻家庭社会学入门》，金梓译，北京大学出版社。

戴秋亮、詹国华，2010，《关于家务劳动产出核算的探析》，《统计与决策》第 20 期。

第三斯中国妇女社会地位调查课题组，2011，《第三斯中国妇女社会地位调查主要数据报告》，《妇女研究论丛》第 6 期。

樊纲、王小鲁、马光荣，2011，《中国市场化进程对经济增长的贡献》，《经济研究》第

9 期。

范红霞，2010，《20 世纪 80 年代中国对妇女生育价值社会补偿的探索》，《妇女研究论丛》第 5 期。

傅颖、王重鸣，2014，《女性继任家族企业研究回顾与展望》，《妇女研究论丛》第 2 期。

观熙，2015，《追问女性职场进阶之旅》，《中国妇女报》1 月 30 日。

国家统计局社会科技和文化产业统计司，2012，《中国社会中的女人和男人——事实和数据（2012）》，国家统计局刊发。

国家统计局社会科技和文化产业统计司编，2014，《2014 中国妇女儿童状况统计资料》，中国统计出版社。

海迪·哈特曼，1997，《资本主义、家长制与性别分工》，载李银河主编《妇女：最漫长的革命》，三联书店。

黄嘉文，2013，《教育程度、收入水平与中国城市居民幸福感项基于 CGSS2005 的实证分析》，《社会》第 5 期。

姜樊，2015，《阿里进军女性小微贷款》，《北京晨报》1 月 30 日。

蒋永萍、杨慧，2013，《妇女的经济地位》，载宋秀岩、甄砚主编《新时期中国妇女社会地位调查研究》，中国妇女出版社。

蒋月娥，2011，《农村留守妇女问题的思考与建议》，《中国妇运》第 8 期。

卡尔·波兰尼，2007，《大转型：我们时代的政治与经济起源》，冯钢、刘阳译，浙江人民出版社。

李永杰，2014，《统筹城乡发展关爱留守人员》，《中国社会科学报》1 月 29 日。

理安·艾斯勒，2009，《国家的真正财富——创建关怀经济学》，高铦、汐汐译，社会科学文献出版社。

迈克尔·谢若登，2005，《资产与穷人——一项新的美国福利政策》，高鉴国译，商务印书馆。

佟新、周旅军，2013，《就业与家庭照顾间的平衡：基于性别与职业位置的比较》，《学海》第 3 期。

童梅、王宏波，2013，《市场转型与职业垂直性别隔离》，《社会》第 6 期。

吴伟，2012，《中国女官员“橄榄形”格局待解　最高层和基层比例很低》，新华网，http://news，xinhuannet. com/Politics/2012 - 03/08/c_111618850. htm。

吴愈晓、吴晓刚，2009，《城镇的职业性别隔离与收入分层》，《社会学研究》第 4 期。

杨慧，2015，《中国女性的家务劳动价值研究——对第三期中国妇女社会地位调查的数据分析》，载谭琳、姜秀花主编《家庭和谐、社会进步与性别平等》，社会科学文献出版社。

杨慧、蒋永萍，2014，《新世纪以来中国妇女经济地位的变迁——基于第三期中国妇女社会地位调查数据》，《中国妇运》第 3 期。

曾毅等，2010，《老年人口家庭、健康与照料需求成本研究》，科学出版社。

张成刚、杨伟国，2013，《中国职业性别隔离趋势与成因分析》，《中国人口科学》第 2 期。

中国非政府组织 CEDAW 报告撰写小组，2014，《中国非政府组织 CEDAW 报告》，内部资料。

周颜玲、凯瑟琳·W. 伯海德主编，2004，《全球视角：妇女、家庭和公共政策》，王金玲等译，社会科学文献出版社。

Beck, Ulrich. 2000. *The Brave New World of Work*. Cambridge: Polity Press.

Blair-Loy, M. & A. S. Warton. 2004. "Organizational Commitment and Constraints on Work-Family Policy Use: Corporate Flexibility Policies in a Global Firm." *Sociological Perspectives* 47 (3).

Engster, Daniel. 2004. "Care Ethics and Natural Law Theory: Toward an Institutional Political Theory of Caring." *The Journal of Politics* 66 (1).

Gilligan, Carol. 1982. *In a Different Voice: Psychological Theory and Women's Development*. Cambridge: Harvard University Press.

Gorz, A. 1999. *Reclaiming Work; Beyond the Wage-based Society*. Cambridge UK, Maiden, MA: Polity Press.

Hochschild, Arlie. 2012. *The Outsourced Self: Intimate Life in Market Times*. New York: Henry Holt and Company.

Ironmonger, Duncan. 1996. "Counting Outputs, Inputs, and Caring Labor: Estimating Gross Household Product." *Feminist Economics* 2 (3).

Lambert, Susan J. 2000. "Added Benefits: The Link Between Work-life Benefits and Organizational Citizenship Behavior." *Academy of Management Journal* 43 (5).

Noddings, Nel. 1984. *Caring: A Feminine Approach to Ethic and Moral Education*. Berkeley: University of California Press.

Noddings, Nel. 2002. *Starting at Home: Caring and Social Policy*. Berkeley: University of California Press.

Schultz, Paul. 1995. *Investment in Women's Human Capital*. Chicago: University of Chicago Press.

Sen, Amartya. 1999. *Development as Freedom*. Oxford: Oxford University Press.

Tilly, Louise & Joan Scott. 1978. *Women, Work, and Family*. New York: Holt, Rinehart and Winston.

Waring, Marilyn. 1988. *If Women Counted: A New Feminist Economics*. San Francisco: Harper & Row.

性别操演理论的经验解释与女性主义方法论反思

——以高层两性人才访谈为例*

高笑楠**

摘　要： 本文运用对高层两性人才的访谈资料，尝试将巴特勒的性别操演理论做经验研究和现实解释，观察两性在性别操演时展现的灵动性和真诚性，并将该理论与女性主义方法论做对比，反思后者潜在的"受害人假定"和"对性别的过度归因"等问题，进而讨论女性主义方法论对研究对象的遴选标准、对研究内容的界定标准和建立于性别差异基础上的研究预设等所遭遇的合法性危机。最后，本文尝试将性别操演理论与女性主义方法论对接，以探讨性别操演理论对性别研究的意义。

关键词： 性别操演理论　女性主义方法论　高层两性人才

朱迪斯·巴特勒（Judith Butler）作为后结构主义性别研究的代表，其性别操演理论对部分女性主义理论和传统性别研究视角带来了严峻挑战。她的性别操演理论，是在消解了传统性别的先在自存性之后提出的一种对

* 本文系北京大学社会学系佟新教授主持的2010年度教育部哲学社会科学重大课题攻关项目"女性高层次人才成长规律及发展对策研究"（项目编号：10JZD0045－1）项目论文。本文写作过程中得到佟新教授，全国妇联妇女研究所马冬玲和中华女子学院性别与社会发展学院范譞的大力指导与帮助，特此感谢。

** 高笑楠，北京大学社会学系2012届硕士研究生，目前就职外企，从事公共关系管理，电子邮箱：saxiaomo@ qq. com。

性别及其展演者的全新认知视角。

巴特勒指出，传统上可理解的性别是维系生理性别、社会性别之间一致的连续关系的性别。而生理性别和社会性别都是建构的产物，二者无一具有自然合法性，且二者之间的松散关联已导致对性别主体进行界定变得愈发困难。在此基础上，巴特勒提出了自己对于性别的定义：性别不是一个名词，也不是一组自由流动的属性；性别的实在效果是有关性别一致的管控性实践；性别是一种行动，建构了它所意味的那个身份，而非只是先于它存在的主体所行使的一个再现（巴特勒，2009a：34）。

性别表达的背后没有主体，也没有身份。主体和身份都是由表达通过性别这一规范性行动在身体上的操演而被建构的——虽然后者常常被误认为是前者的结果。这样的性别操演，不仅存在于社会文化的语言层面，而且更存在于生理的身体层面。巴特勒希望能探究清楚“我们是如何用自己的身体习惯于性别和性态的”。

在巴特勒看来，性别是通过认同和操演的复杂实践而形成的，性别并不只是人之所“是”，也不只是人之所“有”，而是男性特质与女性特质的生产与规范化/正常化赖以进行的机器（巴特勒，2009b：42）。性别操演理论即在这样的认识基础上被提出，它“统合了巴特勒对主体、性别、权力的论述，代表一个有关性别认识论上的转向——从基于‘内在性’、具有‘深度意涵’（depth）的空间性框架转为基于‘身体表面意指’、指涉‘管控性重复实践’的时间性框架”（宋素凤，2010）。

所谓“时间性框架”，意味着性别并不是一个先在的、一致而完整的本体。它是在时间的轴线上，通过回应文化的性别指令，在身体上、性别表达上不断趋近规范的性别理想而产生的一种暂时性的实在（substance）假象，由于操演行为是永恒的现在进行式，因而不可能有达成理想规范的完成状态（宋素凤，2010）。

上述观点在理论层面对传统性别研究带来了巨大的撼动，但在经验层面有待落实。在多部著作中，巴特勒翔实论证了性别操演理论是怎样一种认识性别的全新视角，但她并未给出更为具体的研究方法上的指导。宋素凤认为，“巴特勒并没有对她所提出的颠覆政治形式作出一些具体描绘，她也拒绝对此提出一些规范性的陈述……如此一来，我们无法判定巴特勒所提的政治策略与她所批判的建立在‘先于’或‘外于’霸权话语的性别政治相比，是否在现实中更具有操作性和效力”（宋素凤，2010）。

将巴特勒的性别理论推进到方法论尚不可得，更不用提经验研究了。

缺乏经验研究层面的解释和尝试，似乎是性别操演理论发挥解释效力的瓶颈。然而，没有进展并不意味着没有可能。它或许更说明了本体论、本质主义、二元对立框架等积重难返的文化惯性（宋素凤，2010）。在对女性主义方法论进行反思之时，可否从其在经验研究中遇到的棘手问题入手，用性别操演做一些尝试？本文试图做这样的努力。

一　性别操演与打破性别成就差异之谜思

下文将对10位访谈对象的口述资料进行解读。这10位访谈者有7位创业企业家（3男4女），3位女性企业高管。研究发现，不同访谈对象，甚至同一访谈对象在叙述上常常不断变化甚至自相矛盾。本文将从五大方面来观察访谈对象的上述情况，由此思考传统性别成就和方法论存在的问题，以及该如何定义这些知识。

（一）成就动机与成就价值观

成就动机是性别研究领域的传统内容，学者们多将女性在事业成就上与男性相比较低的原因归于女性的成就取向较低，包括较低的成就动机、归因外部的成就归因和较低的成就自信；或者，归于女性的成就动机复杂，既有追求成功、避免失败的动机，又有成功恐惧的动机（景怀斌，1995；强海燕，1999；买跃霞、闻素霞，2009；史振英，2010）。

在访谈案例中引入“成就动机”作为变量，会发现女性不仅对成功的渴求没有那么强烈，而且还常将已取得的成就归于“未计划”、“运气好”，甚至“不得已”；不仅表现出较低的成就动机，在部分被访对象身上，甚至还有明显的成功恐惧倾向。

路女士（某国企党委书记）：就是当组织部长，也是意外吧……我当时都不知道组织部那么大含义，后来到政协，我也不知道政协那么大含义……女同志也不会争权争利，就是干活卖力气，没有男性那种，名利、地位、座次都无所谓。

郑女士（某科研机构高管）：反正做课题吧，做得差不多，别人挑不出什么毛病，我反正能做到这一点就知足了，我就没有向更高的科学高峰去攀登……没有规划，很惭愧。当时大家竞聘副主任，我也不太觉得这个很重要，所以好些年前他们都让我竞聘这个，我一直顶着，

到最后去年没办法了，就……

程女士（某民营企业总经理）：当时公司没办法，我只能做到总经理来了，我痛哭流涕地不做，哭着不做，我觉得一个女的不能在前面，一个女的在前面冲锋陷阵、张牙舞爪的，我觉得不行。

高先生（某民营企业总经理）：当时社会已经有一些民营企业悄悄地……所以在那种情况下，我就选择了就是自己想干一些事。我们当时做的是北京的酥心糖，当时民营企业还没那么多工厂，我们就越做越好，一天几十吨，没有剩下，利润也非常可观，一吨就挣几千块钱。

白先生（某民营企业总经理）：我这人干活挺有名，84（1984）年副科，85（1985）年正科。85（1985）年利改税，我就代表政府搞拍卖租赁，一步利改税，二步利改税。87（1987）年成立试验区，试验区之前让中关村电子一条街能起来的萌芽，都是我们在调查。

然而，从性别操演的视角看，我们应重新解读“两性成就动机差异巨大”这个议题。巴特勒的性别操演理论十分警惕将两性差别做本质性的归因分析，而是关注两性在身体/精神层面如何规训自身，使身体习惯性别，来操演性别规范/话语在自身的呈现，并由此创造自我认同。

与其将三位女性展现的对成功的“不在意”“逃避”归于女性本质上成就动机不足和有成功恐惧，不如将之解读为：性别话语规训了三位女性对“成功体验”的愉悦度，使她们“真的”无法在这些通常非女性获得愉悦的社会领域感受到精神愉悦，转而在性别规范允许的女性领域内体验愉悦——就像在生理层面。

这一点在民营企业家程女士的叙述中尤为明显。程女士与丈夫创业成立公司期间，企业突遇生死存亡的大困难，丈夫孤注一掷，选择在新领域重新创业，要求她在老公司当一把手，她的反应是“痛哭流涕地不做，哭着不做”。程女士认为女人在公司抛头露面很不得体，她还说“后来没办法走到这个位置上来，头几年任何书面上看不到我的名字和我的照片，后来我的团队不愿意了，您不能为了您一个人啊，要为了公司啊，要有一些宣传啊”。即使日后公司业绩在她的领导下蒸蒸日上，她依然拒绝承认自己在事业上的成功和才华，而将之归功于丈夫。她说：“我一直在说，任何公司只有一个核心，我们公司的核心就是我先生。在任何场合我都强调，咱们公司只有一个核心，就是我先生。”

在对其他女性访谈对象的言语展演中，也可以得到类似的印证。

问：有人说你是女强人吗？

苑女士（某民营企业总经理）：我特不爱听，他们就不说了。我也没想过为什么，我就是特不喜欢。我喜欢听优雅，有内涵，有品位。我觉得我就是普通的，大家在做事的……我被评为“中国十大经济女性人物”，我感动极了！在央视的直播室里发奖，底下有好多小城市市长，好多政府官员，都没评上，我评上了，我感动极了！

问：你觉得自己是成功女性吗？

程女士：我可不这样认为，但我觉得我特幸福，因为我的家庭很好，我的事业很好。

这里有一个有趣的发现，女性在性别规范/话语下，不仅倾向于在自己被允许体验愉悦的“专属领域”如家庭、人际关系中获得愉悦，同时，在“男性领域”中如若遭遇“不得不愉悦”的情形，女性也会衍生出诸多有智慧的性别操演策略。诸如选用一些带有女性色彩、感情色彩的词语来弱化男性特征；避免讨论成功，来突出自己的“女性”身份，时刻标示自己也提醒他者：我真的是个女人。例如，上述口述中，女性用“优雅”“有品位、有修养”“感动”“幸福”置换“成功”，与性别规范/话语下男性使用的“成功”是基本相对应的。类似情形，在后续资料分析里也频频出现。

当抹去性别本质的预设后，我们观察到，两个性别群体在最低限度的经验事实几乎相同的情况下，也能根据各自性别规范/话语对自身规训操演出极具性别特色的不同。打破对性别本质的想象，可以避免单方面得出要求女性提高成就动机的主观结论。

女性主义学者也对成就动机类研究提出过犀利的批判。曹爱华认为，成就动机在评判女性成功与否时，不自觉地采纳了更具有男性本位色彩的经济收入、社会地位、权力大小等标准，继而提出“成就价值观”一词，试图说明男女两性界定成功的标准是不同的（曹爱华，2008）。

成就价值观是个体认为某种成就的重要性程度，是个体对“什么值得追求”的一种选择性偏向（曹爱华，2008）。女性成就价值观具有奉献性、社会性、多元化、注重内心感受和平衡发展等特征。女性的创业动机多在于追求自主和灵活的时间安排以获得家庭与工作的平衡，实现对生活的最大控制，实现自我价值、人性化及社会责任，而男性创业则更偏重功利考虑（高秀娟，2009）。

女性主义成就价值观理论与巴特勒性别操演理论颇有相似之处，二者

都强调两性在不同领域的精神愉悦体验不同，男性体验是不能简单复制到女性体验的。然而，二者又有着本质区别。女性主义成就价值观理论建立在认可女性主体和女性独有经验的基础之上，将两性对各自成就领域的偏好做与性别相关的实质性归因，认为两性在本质欲望上对自我实现的领域和成功体验有着不同的偏好；而巴特勒的性别操演理论则否认此种所谓“实质性先在欲望”的存在，认为性别规范/话语对两性的身体/精神愉悦所做的详细规训，使得其性别二元图式下的男性和女性内化、接纳、习惯了此种圈定，甚至将此种话语建构性的“圈定”建构成“非建构”“本质”的样态，来掩盖并维持性别规范/话语的合法性。

在对上述成就动机、成就价值观的分析中，我们看到默许着自然本质之存在的社会建构论与性别操演论的交锋：前者将两性差异归因为有“本质”可回溯的社会文化建构的差异，而后者则将之解读为无“本质”可回溯的性别话语操演。

（二）性别角色与性别歧视

社会建构论下的性别角色理论认为，男女社会角色分工不同，部分是由于身体的差别，但更多取决于社会文化对男女两性角色的规定，使得女性更多地承担家庭角色，而男性主要参与社会性互动。

社会对女性的刻板印象通常包括：肉体的、非理性的、温柔的、母性的、依赖的、感性的、主观的、缺乏抽象思维能力的、适合于私人领域（家庭）的、较低工作地位的、劣等且弱势的（李银河，2003）。当性别角色和性别刻板印象的现象发展蔓延到社会公共领域，压抑女性正当权利表达和利益诉求时，便衍生出“性别歧视”等概念。在职业领域，女性通常会遇到“玻璃天花板”或同工不同酬等问题。

以上述传统女性主义视角来解读企业家访谈资料时，我们会发现对号入座的类似叙述。

> 胡女士（科技机构高管）：女同志很多，但是走到正研上的不多，可能十二三个里面有三个。我总结来说，男女这个差距的原因还是很客观的，比如女同志家里要操心的更多啊，大部分还是有差别的。
>
> 李女士（某民营企业总经理）：……考完了跟我说，不错，挺好的，百里挑一，但我们想要男的。我当时想那没办法了，别的能改，性别不能改啊！

路女士：女同志成长到一定岗位很不容易。实事求是讲，中央工业局到一把手的，开会时就我们5个女的，总人数四五十。我认识一个朋友，女的，副处干了12年，也没人考虑是不是该提。一个小男孩才干了一任，四年，提正处时他说没提他，就开始装病。领导就找他谈，说下次有机会一定提拔你。她说我都12年了我怎么不提？我说你怎么不装病啊？

白先生：实际上85（1985）年我就定了副处，已经报市组织部同意了……我当初91（1991）、92（1992）年时又能入党还能提副处，我都不要。（领导）找我好几次，都找区委书记找我做工作，做了五次。

女性主义视角会将上述口述中呈现的性别角色、刻板印象和性别歧视等现象，归因于社会文化对两性的不平等建构。但有趣的是，女性自己尝试对上述现象做出归因，如要较多地承担家庭角色，家庭和职场的角色冲突会影响女性事业上进，甚至默认其合法性等，这是女性主义视角难以解释的。

性别操演理论不会执着于寻找性别刻板印象和性别歧视背后的性别本质（因为消解性别理论本身即否认性别是一种实在），而是认为，性别作为一种行动，自其肇始，便以性别规范所建构的、以非建构的样态出现的"男性模板"和"女性模板"为参照物，在个体身体上呈现一种延展性、时间性的操演（-ing），且永无完成（-ed）之时。性别操演理论不会关注社会文化对两性性别角色的重构，而是关注两性如何将既有性别规范下的性别规训内化为身体的行动，以调动认同，以身体来习惯性别。

性别操演视域下，当女性很好地接纳、顺应、操演了女性主义认为的"性别角色"和"性别刻板印象"时，"角色冲突"和"性别歧视"究竟是实在，还是建构？还能称之为"冲突"和"歧视"吗？

苑女士：为人妻为人母就得是这样，甭管在外面多大事业，是你的就得你干。冬天早晨起来做好了（早餐），温度合适，起来就吃，也不热也不凉的，所有的家务都是我操持。我所有做妻子的义务，你们想象不到的我都会做到。所有细节，他穿的用的，早上吃的喝的。特别忙我早上要讲话，也是早上我做早餐。我们的习惯是早上空腹喝一杯白开水，但是我不喜欢喝时间长的，我就是起来现做，做好了凉着，他起来喝不冷不热，我起来早。因为我干事特快，我也没雇人，不

习惯。

> 程女士：我觉得一定要早上起来做做饭啊，做做家务。一个女人在家不做家务就不是女人了，一个女人如果一个礼拜不给先生做一顿饭，她就不是女人了。只有你知道他喜欢吃什么，这一定是这样的。如果我想到自己是一个企业的老总，我还在家做饭，我女儿打电话来，他又坐在沙发上动都不动，我会很痛苦很难受。我会跟先生说，你楼下吃吧，楼下有饭馆。我跟女儿说，你一会儿再打过来。你完全可以这么做。但是我就跟员工说，你想想，你的先生别管他多有钱，外边环境有多好，他不上外边吃饭去，就等着吃你熬的粥，你感觉有多好。你的女儿，千万里之外，打电话过来跟你分享好消息，你多重要啊。所以说幸福是自己创造出来的。

在这两个案例中，我们难寻所谓的“角色冲突”。两位女性创业者并未将家庭角色视为妨碍自己工作的干扰因素，反而格外强调她们的妻子角色和母亲角色——不妨称之为“再一次的性别操演策略”——来使得自身主动贴合性别规范/话语对女性领域、女性愉悦领域的圈定，甚至试图平衡事业上过于成功以至于不够有女人味儿的“男子气概”。

在消解性别的视域下，话语建构本身才是对每个个体大规模“歧视”的体现，个体无法在这样的话语秩序中具有任何个体化欲望组合的可能，因为所有欲望都被非此即彼地划归“男性—女性”“正确—错误”的序列中了。为了得到性别承认，个体必须规训自己的欲望；落实在身体层面的性别操演来看，不少人都是“成功”的，他/她们很好地操演内化了性别话语的规训，并怡然自得，如胡女士所说：“女性就是女性。我觉得，要管孩子要管家里。社会分工是这样的。”

（三）职场性别潜规则

“职场性别潜规则”可笼统理解为职业发展生涯中，两性为获取特定资源、职位、利益等，以身体和性作为交换手段的“暗箱操作”，常带有“不得已而为之”的色彩，且“被潜规则”者多为女性。

传统社会学和女性主义的思路会对此现象提出以下假设：“潜规则”作为女性晋升的非常规路径能得以存续，是性别歧视的必然产物，如能为女性提供与男性公平竞争的机会，“潜规则”的可能性就会大大降低。但通过对访谈资料的分析，我们发现了别种可能。首先，部分女性对“潜规则”

有不同态度：有反对，有默许，也有积极迎合和利用。

胡女士：那现在有些小姑娘告诉我，不想待长，待三年，学点待人接物的常识，认识点人，然后挪地儿了……她说她不想像我这样吃苦。

路女士：潜规则就是存在的，男的要钱女的要姿色，而且人家现在都吃这个，能行得通……现在的女同志的需求啊，更多的是想走捷径，而且捷径是存在的。

胡女士（某文化创意产业公司总经理）：很多女的在领导面前搔首弄姿的，咱不说每个环节都刻意去设计吧，但她起码不愿意失去每个机会。人家不是说一个成功女人后面站着一群男人吗，那一定是有，里面一定是有几个男人是起主要作用的，还有一群虎视眈眈的吧。其次，传统晋升路径对男性而言，并非如原先预期般的公平透明。

高先生：得了一万五千块奖金……这个离不开领导支持，离不开开票领导人支持，离不开库房支持。结果这么一弄，应该说这一万多块钱还完了，自己还赔了点。

白先生：不好注册，求人呗。财政、税务、工商、文化局的，这些头头都混在一起，办个照呗。

创业时，具有中国特色的“交易成本”对两性而言是同样存在的。在权、钱、人情、关系都无法搞定的情况下，女性较男性甚至多了一种可选的办法——性。“潜规则”从性别歧视变为“性别优势”。

女性主义在此会遇到一种尴尬的处境，一方面，我们极不愿意将部分女性在职场和社会公共领域中表现出的希望被“潜规则”归因为某种本质欲望的体现，然而，将之解读为社会文化建构下的“性别角色”和“性别歧视”，又很难还原这些女性的真实表达和利益诉求，因为“潜规则”本身开始变成她们快速获得权力和利益的捷径。另一方面，女性主义方法论致力于解构的“女性刻板印象”和“性别歧视”，反而被等待“解放”的对象给重新诠释、消化吸收了。压迫者与被压迫者彼此相安，互相利用，原本被定义为弱势群体的职场女性、创业女性，反倒因“倒戈投敌”而获得某种优先权，甚至比男性更易于成功，这使得占据道德高地的女性主义陷入自我悲情。

如将视域放宽，从巴特勒性别操演的视角出发，或许就不会有所谓的“救世主”情结，反而容易聚焦观察两性对“性别歧视”和“潜规则”问

题的策略性解读，进而尝试理解个体不在二元性别图式下时所具有的多元、多重欲望和利益表达的可能。比如，部分女性以身心去习惯性别话语下对“女性模板”的塑造，将刻板印象中“肉体的”“感性的”“情欲的”特点操演为带有性别意味的认同，并有可能将之发展为行动上的资源途径。由此，带有道德预判的女性主义话语中的“歧视”，可以是不带有道德预判的性别操演话语中的“途径”，这或许是个体在以身体激活性别认同时所发生的操演差异。

身体对性别的展演往往是话语在性别、种族、民族、阶级等多个维度上协同运作的结果。性别操演的视角能避免女性主义将女性简单定义为受害者形象，以霸权的话语姿态去圈定被研究对象的特定经验。

（四）两性管理风格

“柔性化管理”多被用来描述女企业家或领导者的管理风格：着眼于人，以人为本，注重人缘、亲和、沟通、诱导以及领导威信等“软”因素，采取柔性方式实施对人的内在化领导，通常与男性企业家和领导者惯常采用的“刚性领导”——注重制度建设、奖惩设置和规章制度建设——相对应。

在高层次人才访谈资料中，我们发现两性的管理风格是一个难以用性别界定的概念。一方面，现代企业架构作为一种现存的有效体系，诸多运营经验是既定的，虽在性别规范/话语中被限定为“男性愉悦领域”，但实为两性企业家均采用的经验，而女性在其中的行为展演常常是具有策略性的，“以女性气质为名，行男性管理之实”。另一方面，“柔性管理”“关怀经济”等具有女性气质的管理风格，对现代企业管理效率的作用又不容小觑，在男性管理者的性别操演中，也不难见到这种操演策略。

> 苑女士：末位淘汰制，肯定是有10%的淘汰率。工人是个人计件的，每天都知道自己拿多少钱。管理是需要培训的。工资月调，绩效工资，ABC类，有奖金的。有考核办，写日期的表。这种制度是我实践积累的，大家全按规则走。底下人知道我们是夫妻、母子，但他当着我不会叫我妈，就是苑总。他也被考核，他也是绩效工资。我特别讨厌腻腻歪歪的东西。

上述论述中，我们看到的是现代企业管理的常规做法，没有任何性别色彩。但这位女企业家在管理风格的叙述中，有自己的叙述策略，在被问及企业架构时，才给出上述回答，而大量主动、生动、描述性的内容往往聚焦于极具“女性气质”的人性化管理。

> 你只要有业绩，你就是我的孩子，就是一家人……咱们家（企业）10年以上的人可多了……你家里有事我都会管。像我们那个腿轧了，一个河南的大卡车，肛门都爆裂了，骨盆全碎了，都觉得他非死不可了。我当时都快疯了，我赶快冲到现场，我说不惜一切代价把他救了，多少钱我都花。人家就不救。当天夜里，我看他轧成那样，我就求人家饭店，他爱人直哭，一口东西不吃，我就让人家饭店做的什么翡翠汤。当时他们家感动的就哭了！现在上班了。

这里需要注意的是，此种“叙述—操演”策略并非精心酝酿、有意为之。从性别操演视角看，难得之处恰在于这种“自然而然”——女企业家由衷认同、自愿主动、生动而有感情地详细描述的管理风格是与自身性别契合的风格。类似的案例在其他被访者身上也有体现。

访谈程女士的时候，我们没有刻意主动询问公司管理架构如何，而是顺着程女士自己的叙述思路，观察其叙述。

> “与经销商共同成长”——我们有个经销商的女儿，就取名叫我们公司的名字。当时她妈妈就是一个下岗职工，当时加盟商要有一定经费，她没有啊。我说没有没关系，我们可以帮你啊。就这么做起来的。
>
> “员工创新基地”——我希望因为这个基地节约的钱不拿回来，都给员工。后来这个基地越来越大。
>
> “安全基金”——我的代理商、经销商的工人呢，摔死了，我就第一时间能送点钱送点钱，我帮他以后，他会感觉扛了一种包袱。根据这种情况，我就成立了个“安全基金”，公司拿出来一百万，有个管理办法，什么情况下动用这个安全基金。代理商自动自愿地就来加钱加到这个安全基金里，谁要有困难的话，就拿这笔基金，就是大家在帮你，不是我在帮你，他就没有压力了，会感觉舒服一些。

另外还有为员工办集体婚礼、出资供优秀员工的父母出国旅游等。在程女士的意识中，这些人性化管理的方式是具有优先叙述权的。但作为市场份额曾高达70%的民营企业龙头老大，其公司架构、管理制度、薪资设

置等“刚性”管理经验和闪光点并未被提及。

在男性企业家的叙述中，词语选择、叙述次序和方式都略有不同。

> 高先生：92（1992）年世界糖尿病日。这一天就是专家、厂家为糖尿病人服务，对他们进行饮食方面的培训，整个公园全满了，水泄不通。这个我看了以后，（感觉）这个市场以后肯定非常有（前景），因为那时候没有无糖食品……抢市场，人脉就是钱脉，我觉得人力资源对于我来说非常重要，就多种思维地去挖企业人才进入我们公司。
>
> 李先生（某民营企业总经理）：我觉得社会化的服务太缺了，我呢就要建立个社会化的公司……我们整个物业管理这个行业都是为了客户在从事不同的分工。（您母亲是不是对您特有影响?）我现在也考虑一个问题，母亲的好与坏对孩子的成长和教育是最重要的。中国是母系社会，尤其是母亲的陪伴对孩子影响非常大。（所以刚才您说对底层社会和老百姓挺亲，是不是也有这方面的影响?）跟母亲待得久了，情感色彩特别强。（会关注别人的情感是吧? 企业发展中的两种伦理，一种是效率的，所谓挣钱；另一种称为关怀的，人要在心理上有归属的……）我觉得企业初期是为了挣钱，后来就更关注道德。

两位男性企业家在讲述企业发展和管理时，偏好使用更为宏大的专业术语，例如“市场”“人脉”“人力资源”“社会化服务”等。在访谈从事服务行业管理的李先生时，有一个很有趣的发现，他有意回避将“服务”解读为“关怀”，追问到最后，会诉诸“道德”——这未尝不是一个在女性话语中与“关怀”对应的词语。

在此，我们确实难以判断两性在叙述各自管理经验和经历时的次序、方式、详略安排的差异，究竟是否如女性主义方法论所认为的那样，来自不同性别主体的经验差异。

但性别操演为我们提供了一种警示，无论男性还是女性企业家，优先叙述、着重叙述的背后，总有未被叙述和简略叙述的部分。两性在性别规范/话语下，不自知地叙述着符合性别模板的内容，而隐去其他。把被明确言说的和未被言说的当作两性的实质差异，做性别化的特点归类，有草率之嫌。那些被淡化、隐去的部分虽然因性别而不同，但并不意味着在企业管理和发展过程中的作用就可以被低估。

作为一种管控性实践和行动，其刻意暴露出的差异——措辞上，男性偏好宏大词语，女性偏好感性描述；叙述顺序上，男性优先讲述公司架构、绩效考核，女性优先讲述人性管理等——并不必然对应事实差异。在这里，性别总有一种操演的可能。

（五）抹去“性别”后的其他发现

当性别操演论淡化、弱化甚至抹去“性别意识”，不再着重寻找“性别变量”带来的差别作用时，我们从两性企业家的叙述中反而会发现一些与性别变量相比更能影响企业家成长的其他因素。

1. 社会资源与社会网络

这是无论男性、女性企业家在创业、晋升时都非常看重的方面。个人社会网络与资源的广阔、丰富与否，直接影响创业者的创业动机、企业发展和效益。两性在社会资源与社会网络的获得途径、发挥作用的方式等很多方面是没有性别差异的。

> 李女士：我就是想把手里的资源整合整合。我的客户好多是朋友介绍或者客户介绍的。
>
> 高先生：我们现在就跟汇源集团、港中集团、新地集团，一下合作20多家……借了很多很多的力。

2. 政策支持和规范市场

在民营企业发展壮大阶段，两性对政策的需要更在于对企业本身的政策优惠、市场竞争环境的规范方面上，与性别无关。

> 问：你觉得男女企业家是不是有差别？
>
> 范女士：没有。其实就是做事，做成了和没做成。政策建议，我觉得就应该正常发展、正常发育就够了，给所有企业一个公平的待遇就行了。就是大家凭着本事去竞争嘛。灰色的东西挺多，不是凭品牌的真东西去做。
>
> 李先生：我们是纯社会福利型的，这块应该是政府给一些支持，但是没有。

3. 企业发展竞争力

大部分访谈对象比较认可的观点是：企业靠产品的质量和口碑说话，

这是硬性指标和核心竞争力；企业家的主观能动性、个人品质和能力是成就事业的关键，是性别无法左右的市场规则。

> 白先生：男女都一样。有个康纯药业的老总叫王××，女的，这两味药还没投产呢，现在已经病倒了。大家都是有点过劳啊。
>
> 程女士：首先要看行业，你这个行业好的话，人才就会聚集过来。再看你的企业，在这个行业里是不是有话语权。那再看老板和企业文化，核心价值观是什么，和你的价值观是不是相符合。最后你这个企业就发展了。所以跟男女没什么关系，如果因为男老板、女老板有区分，那你这个企业就不是做事的了。在市场中不分男女的。
>
> 胡女士：我觉得做女人不容易啊，男人也一样，你要是说经营好一个企业，你真得靠你的个人魅力和无私奉献去经营。

二　结论与讨论

（一）高层两性人才的性别操演

本文在运用性别操演理论分析高层两性人才的过程中，尝试将该理论从认识论层面朝方法论层面推进。抹去性别差异假设，不对对象做任何以性别，尤其是以生理性别为依据的主体和经验筛选；在最低层次提取经验事实的共性/差异，且注意不轻易将这些经验与二元性别做归因性、实质性的一一对应；不预先将经验当作性别实质的衍生，而是转向观察被规训了的男性/女性，如何在事实相同的情况下，操演出带有性别意味的不同。这种方法论的目的在于，避免先入为主地将研究对象的性别操演当作性别实质来加以解读，避免“有性人”的预判，避免对“自然”“原初”的回溯。

于是，我们捕捉到不同性别是如何以性别规范/话语建构的各自性别模板为原型来规训各自不同愉悦领域的；如何在对方的愉悦领域或双方共同的愉悦领域中，操演出具有性别意味的不同。在这种操演中，可归纳出以下几个特征。

1. 灵动性

具体可表现为措辞操演，在带有对方性别色彩的社会领域中，叙述时会采用极具自身性别特色的措辞；叙述操演，在叙述顺序、内容详略和取舍等多方面的安排上，都带有性别色彩。即使在事实层面差异不大的情况下，也可被两性操演出带有各自性别意味的不同。不同访谈对象之间，甚至同一访谈对象本身所具有的叙述矛盾，恰恰体现出个体在性别操演过程中的自主张力。

2. 真诚性

两性在性别操演中的真诚，主要体现在各自对自身性别在多领域、多维度上的认同。例如，高层女性人才尤其偏好通过强调自己在家庭领域中的作用，来突出自身的女性认同；甚至在传统性别研究视角中，被定义为“性别角色”和“性别歧视”的内容，也在女性性别操演过程中成为自身性别认同的一部分。

3. 中国特定性别文化下的性别身份建构

巴特勒尤为强调性别身份作为一个并不稳定的概念，应当是话语在多维社会领域共同建构的结果。两性在操演自己的性别身份时，在不同领域中采用的操演策略略有不同。“男主外，女主内”的中国特定性别文化以及中国传统对优秀女性的“贤妻良母”定位，混合着现代职业建构对相应高层人才的角色要求，令两性在访谈中展现出丰富多样的性别话语操演，进一步验证了性别身份的构成是话语在多领域中协同作用的结果。

同时，高层两性人才的性别操演也凸显了这一群体在“被动操演”和“主动操演”之间的张力，即易被性别文化贴标签、下定义，成为易受“身份暴力”袭击的人群；但同时他们也常具有重新定义自我的途径和机会，保有自主操演性别的余地。这样的“被动操演”与“主动操演”恰恰展演着该群体人为的、动态的、情境化的性别操演的多样生态。去性别化后的性别操演视角，会捕捉到这样一群掌握着一定话语权的精英群体在性别操演领域中的特殊遭遇与“特权”。

（二）性别操演理论经验解释的不足

可以看到，性别操演理论在上述经验解释的尝试过程中，虽展现出一定的解释力，但弱点也非常明显。与后现代思潮一脉相承的消解性别理论和性别操演理论，从理论落实到经验层面，有着自身较难克服的问题。巴特勒之视域对性别主体和身份从生理层面到社会层面的解构，展开了有关生理性别、欲望、认同和身份的无穷无尽的多元组合。“有多少人，就有多少种性别”的碎片化假设，使得后结构主义性别研究拒绝对个体做过多归类化处理。如此一来，在此视角下所做的经验研究变得无比庞杂和难寻规

律，无法得出具有群体共性、大范围推广性和借鉴性的结论。研究似乎是对每个个体性别的临摹，认为每个人都处于性别规范的暴力之下，却无法做任何个体联合。因此，后现代所倡导的性别解放更显得遥遥无期。

（三）性别操演理论对女性主义方法论的反思与评价

1. 对研究倾向的反思

在分析高层次两性人才访谈案例的过程中，本文采取了对性别操演理论和传统女性主义方法论进行实时对比的方式。在这种对比中，以巴特勒“性别即行动，性别的实在效果是有关性别一致的管控性实践”为定义而发展出的这套性别操演的方法论尝试，或许能够帮助女性主义方法论在经验研究层面避免如下倾向。

（1）受害者假定。女性主义方法论的“受害者假定”根源于对“真实女性本质”的憧憬。对男权中心主义研究立场的批判，使得女性主义方法论在实际研究中以价值涉入为鲜明旗帜，因此有“把女性塑造为性别制度下的受害者”之嫌。没有价值预判的性别操演视角可以很好地平衡和反思上述立场。性别操演理论更关注女性自身是如何对所谓“性别歧视”、“晋升障碍”，甚至“潜规则现象”进行解读的。女性对部分“性别刻板印象”的顺应和内化，是其性别操演的结果和性别认同的来源。

（2）对性别的过度归因。“女性的一切不幸，好像都来自于她们的性别”，这是女性主义最常面对的批判和质疑。性别操演的视角有助于避免忽视两性共同的经验事实，能将两性问题放在包括性别、阶层、种族、民族等多个话语维度下进行考量。

2. 对理论预设的反思

性别操演理论在消解性别之后，对女性主义方法论的几个理论预设提出了挑战。

（1）被解构的研究对象——“女性主体”。女性主义方法论不仅在其逻辑内部无法回答其研究对象的遴选标准究竟为何，而且在经验层面默认以“生理女性”为研究对象时，面临着自相矛盾、自毁根基的危机；与此同时，女性主义方法论还遭遇着来自其逻辑外部——后现代主体解构思潮的冲击。建立在生理性别—社会性别一致基础上的“女性主体”本身，与其说是等待被女性主义方法论真实再现的先在，不如说是被其以“再现”之名“生产”的话语建构。

（2）暧昧不明的研究内容——“女性经验”。女性主义方法论致力于为主流研究补充的女性经验，是一种标准不明的排除性研究实践，无明确标准说明该如何与其致力于区别的“男性经验”做实质性区分。

（3）需考证的研究预设——“性别差异”。异性恋基础之上的性别规范/话语限定了对性别样态的想象遵循“男—女”二元性别图式。女性主义方法论以此种“性别差异”为实质，不仅排斥了以未被纳入二元性别图式的同性恋者、跨性别者为研究对象，同时也可能高估了“性别变量”在造成差异中所起的作用。

至此，女性主义方法论本身可能变身为具有建构权力的话语：将“女性主体”建构为前话语领域，将普遍经验事实做性别区分，排除性地生产出“女性经验”的一致，凸显性别在个体差异中的作用，以对抗父权话语的性别压迫。

3. 对方法论的评价

在跳出“自然—文化”“生理性别—社会性别”“男性—女性”等多种二元性别话语逻辑，以巴特勒的解构视角对女性主义做出话语层面的重新定位之后，再来对女性主义方法论做出评价。本文认为，女性主义方法论在经验层面稍显简单化的处理方式，部分源于其方法论与认识论的脱节。女性主义理论较为多元，但操作时易归于简单。例如，女性主义研究努力代表人类的多样性，马克思主义女性主义、社会主义女性主义多结合阶级因素和对资本主义生产模式的讨论，激进主义女性主义兼顾跨文化、跨历史、跨种族、跨阶级的多重角度（王金玲，2005：3）。但落实到女性主义方法论和经验层面，性别变量开始与上述视角脱离，或难以找到有效的结合点。

应该意识到，既然女权与男权一样是在同一个以异性恋为基型的性别规范/话语体系下共生的产物，那么，如何使得自身对对方的批判不至于矫枉过正而产生新的压迫，如何反思自身对二元性别模式的不断复制，都是值得时刻警醒的问题，毕竟女性主义研究是建立在“有性人”的假设基础之上的。逐渐不再将“性别”当作稳定的实质性本质，而是看成某种带有霸权意味的强制性归类，是性别研究应当意识到的一个转变。

（四）性别操演理论与女性主义方法论的尝试性对接

本文通过将两种方法论在高层次两性人才访谈中进行实时分析对比，先后发现了二者各自的优劣。巴特勒的性别操演理论，更适合作为女性主义性别研究的补充视角，以平衡因后者价值涉入带来的偏颇。

（1）提醒性别研究者所遴选的研究主体、经验及其立足的性别差异的研究假设总有被建构的风险。

（2）在实际研究中，警惕价值涉入或可引向“受害者假定”；经验分析时，从内容和形式等多个维度去考察被研究对象，不仅关注其提供的研究素材，还要关注这些素材是如何被提供的，甚至未被提供的素材也要引入考量范围之内。

（3）得出研究结论时，警惕将两性差异做草率的实质性性别归因，提防对性别过度归因而忽略其余重要变量，因为性别总有被操演的可能。

（五）性别操演理论对性别文化心态的开启

巴特勒带有浓厚哲学意味的性别思考，其意义不应仅限于补充女性主义性别研究，同时还在于开启更开放的性别文化心态。

消解性别一说耸人听闻，让我们无法预知打开的那些欲望、身体、性别、身份的无穷组合是不是“潘多拉的盒子”。但摒弃这些恐惧，便可以大胆预期，有一种更博大、对生命自由多元的关怀和尊重也在孕育之中。某种性别对某种性别的压迫只是表象，每个生命个体对身份政治的妥协才更值得关注，男性是否同样难逃父权话语的桎梏？在我们成为“男”或“女”之前，我们是否首先都是“人”？如果要得到身为“人”的认可，我们能否抛开对获得既定性别范畴承认的渴求？

性别，从最初作为对人类最宽泛的归类和描述，逐渐变为现在的刻板印象和“身份暴力”，随之而来的还有某种简单化、硬性的划分：“总有一些人被划在正常范畴之外而受到排挤、压迫，而在范畴内的则大多重复着削足适履的服从文化指令的行为。在这些重复强迫症的行为中，人们忘却了生命和文化的一些可能性”（宋素凤，2010）。

巴特勒所说的一种更为开放的文化和未来，可以是每个个体在弱化身份归类之后所能期冀的自由的生命样态；一并而来的，还有性别身份固化被解构后的两性壁垒的消弭。这种自由和消弭，以及包括巴特勒在内的后现代思潮对一切“本质”的拒绝，或许对个体和集体政治都会带来不确定感的冲击，那是身份规范的日趋松动所导致的归属感丧失。

然而，诚如巴特勒所认为的那样，有时候这样的麻烦是必要的，它直指文化的病因以及个人不自由的根源。认识到此，至少开启了改变的契机：不以自我为中心自塑壁垒，不自以为是而彼此指责，而是以一种尊重多元文化及更多生命可能的心态去面对更为开放的未来（宋素凤，2010）。

参考文献

曹爱华，2008，《当代女研究生成就价值观的扎根理论研究》，《高教探索》第1期。

都岚岚，2010，《论朱迪斯·巴特勒性别理论的动态发展》，《妇女研究论丛》第6期。

高秀娟，2009，《女性创业家个体、组织及环境特征的研究综述》，《妇女研究论丛》第4期。

郭劼，2010，《承认与消解：朱迪斯·巴特勒的〈消解性别〉》，《妇女研究论丛》第6期。

景怀斌，1995，《中国人成就动机性别差异研究》，《心理科学》第18期。

柯倩婷，2010，《身体与性别研究：从波伏娃与巴特勒对身体的论述谈起》，《妇女研究论丛》第1期。

李银河，2003，《女性权利的崛起》，文化艺术出版社。

买跃霞、闻素霞，2009，《女性成就动机的特点及其成因分析》，《吉林省教育学院学报》第11期。

佩吉·麦克拉肯主编，2007，《女权主义理论读本》，艾晓明、柯倩婷等译，广西师范大学出版社。

强海燕，1999，《关于女性"成功恐惧"心理倾向的研究》，《妇女研究论丛》第3期。

史振英，2010，《青年知识女性成就动机与归因方式研究综述》，《赤峰学院学报》第5期。

宋素凤，2010，《〈性别麻烦：女性主义与身份的颠覆〉——后结构主义思潮下的激进性别政治思考》，《妇女研究论丛》第1期。

孙中欣、张莉莉，2007，《女性主义研究方法》，复旦大学出版社。

佟新，2010，《女性私营企业家状况与企业家精神》，《云南民族大学学报》（哲学社会科学版）第5期。

王金玲，2005，《女性社会学》，高等教育出版社。

伊安·伯基特，2012，《社会性自我：自我与社会面面观》，李康译，北京大学出版社。

赵慧军，2011，《企业人力资源多样化——女性发展问题研究》，首都经济贸易大学出版社。

朱迪斯·巴特勒，2009a，《性别麻烦——女性主义与身份的颠覆》，宋素凤译，上海三联书店。

朱迪斯·巴特勒，2009b，《消解性别》，郭劼译，上海三联书店。

Butler, Judith. 1993. "Critically Queer." GLQ: *A Journal of Lesbian and Gay Studies* (1): 17 – 32.

现当代知识女性共同体的发展

佟　新*

摘　要：1995 年第四次世界妇女大会在北京的召开推动了我国现当代知识女性共同体的发展。各种形式的女性社团的建立，形成了知识女性共同体的身份认同、公共交往和社会网络。知识女性共同体通过大众传媒创造新的社会空间，推动了公共政策的性别敏感和私人领域性别问题的公共化。知识女性共同体发展的动力包括：知识女性群体具有的精英与边缘共存的双重社会地位，全球女权主义的思想资源和经济支持，以妇联为代表的国家女权主义和多元的民间女权主义者在倡导性别平等的实践中形成的团结。总之，借助世界妇女大会过程中女性社团的发展，知识女性共同体的形成和行动是社会转型期的中国女权主义理论和实践的重要内容。

关键词：知识女性共同体　女性社团　女权主义　社会空间

1995 年第四次世界妇女大会（以下简称“95 世妇会”）的召开直接推动了现当代我国知识女性共同体的形成和发展。著名妇女权益律师郭建梅说：参加世妇会，像是“在这个万花筒的世界，突然找到了自己的家园归宿和伙伴……是一种精神的东西”（李思磐，2014）。这种家园归宿感的本质是“共同体意识”。知识女性通过世妇会建立社团，交流思想，确立共同利益。本文要研究的问题是：现当代知识女性借助世妇会以怎样形式形成了知识共同体？知识女性的共同体有怎样的集体行动？这一共同体发展的动力是什么？以及它为中国女权主义理论和行动带来了怎样的意义？本文

* 佟新（1961～），女（满族），北京大学社会学系教授，博士生导师，主要研究方向为劳动社会学和性别/妇女研究。

从知识社会学的角度理解和分析现当代我国知识分子中女性群体作为知识共同体开创出的新的社会空间。

一　女性社团发展与知识女性共同体的扩展

社会学意义上的共同体是指一群人，他们在表达其认同感时使用了一组相同的符号资源。对共同体意识的研究可以理解人们是以何种方式建立起相互联系的；同时，人们对共同体的想象又成为塑造社会群体认同的手段（Cohen，1985）。世妇会通过女性社团的建立，建立起了群体认同和知识女性之间的社会网络。1992 年 3 月，联合国决定第四次世界妇女大会在北京召开，大会期间将举办“非政府组织论坛”。为此，我国政府在 1993 年 8 月 28 日成立了“第四届世界妇女大会中国组织委员会”和包括“非政府组织论坛委员会”在内的五个职能委员会。中国组委会对非政府组织的定义是：“非政府组织（以下简称 NGO）是与政府组织对应的、由关心其领域问题的群众自愿结合起来的非营利性群众团体。它必须在所在国政府的主管部门登记注册，有自己的章程和组织网络，按照本组织的纲领和任务独立自主的开展工作”。妇女非政府组织论坛作为第四次世界妇女大会的辅助性会议，是联合国举行类似会议的习惯性做法，主要为关心妇女问题的民间组织和个人提供必要的场所（刘伯红，2000）。1993 年前后，在行政力量的作用下，一批女性社团得以成立，如女市长联合会、女企业家联合会、女法官协会、女记者协会、女教授联谊会等。这些组织隶属于相关政府部门。多数女性社团或 NGO 兼具研究、服务和联谊功能（谭琳、姜秀花，2007）。这些女性社团以知识女性为主，目标明确定位于“妇女问题”和“妇女利益”。

第一，全国妇联及下属组织是中国妇女最重要和最主要的组织形式。有研究认为，妇联组织具备 NGO 的非营利性和志愿性等特征，但它具有政府组织的特点，它在组织领导人的选任、组织编制和经费上，依然隶属于各级党政机关和依赖于政府财政拨款，与其他妇女团体相比，它更具有半官半民的特性（肖扬，2004）。近年来，妇联不断强化代表和维护妇女权益的职能（马焱，2009）。到 2013 年，妇联系统为受暴妇女儿童提供救助的机构达 3450 个（国家统计局社会科技和文化统计司，2014）。在这些维护妇女权益的行动中，妇联组织广泛吸纳了知识女性的参与，一些高校的女性教授们承担了妇联系统的顾问工作。

第二，高校和研究机构建立起女性社团，这些社团多冠以“妇女/女性/性别研究中心”等名字。1993年之前，高校妇女研究中心只有5个，1993年9月至1995年5月增加到了18个（周颜玲、仉乃华、王金玲，2008）。1999年，中国妇女研究会（全国妇联主管）成立，2006年和2013年，全国妇联和中国妇女研究会分批与32家单位合作共建“妇女/性别研究与培训基地”，成为集高校、社会科学院、党校、妇联“四位一体”的女性学术共同体。到2014年，北京大学、中央民族大学、中华女子学院、中国传媒大学、中国农业大学皆设“女性/性别研究培训基地”和“女性/性别研究中心”；中国人民大学、首都师范大学、北京外国语大学等设有“女性/性别研究中心”。这些中心推动了大学中跨学科的性别研究和女性/性别课程的开设（马忆南，2014）。2006年，“妇女/社会性别学学科发展网络”成立，到2010年，这一网络性组织已经有1200多名来自高校和科研院所的会员加入，建立了20个遍布全国的子网络，在高校中资助和开发了21门妇女/性别课程，出版了教材6部（王金玲，2010）。

有研究指出，研究性女性社团的发展模式从20世纪80年代集中于妇联系统的发展，转变为20世纪90年代学术界性别研究组织的成长（杜芳琴，2000）。其发展带有政治推动性和多样性，多数研究中心能够保持活力持续发展，但也有些研究中心因没有实际的教学或科研项目而名存实亡（周颜玲、仉乃华、王金玲，2008）。研究性女性社团多依赖于高校和研究机构，并多以虚体形式存在；但其学术共同体的功能明显，每年的学术年会都会集中各方女性学者参与，并建立起积极的国际交流活动。

第三，服务性的女性社团成为知识女性参与社会服务的重要方式。以“红枫妇女心理咨询服务中心”为例，该中心成立于1988年，前身是中国管理科学研究院妇女研究所，其宗旨是：对改革开放中的妇女问题进行专题研究；调查中国妇女的基本状况；开展活动，唤起妇女自主意识，实现妇女自我价值；在国内外进行学术交流。它成为中国第一家以研究妇女问题为主要方向的民间妇女组织；1998年其易名为“红枫妇女心理咨询服务中心”，重点服务于家庭暴力的受害者、单亲母亲和所有求助于红枫中心的女性。这一社团汇集了一批知识女性，她们以志愿者的方式参与其中，中心对志愿者的要求是“具有大学以上学历的女性”。1992～2008年，中心共招募过15期志愿者，人数达450人，一直参与其志愿活动的女性达200人。在社会市场化转型和政府职能的转变的过程中，一批服务于妇女利益的非营利组织迅速发展起来，其数量以万计。

各类社团组织还开展了众多的“社会性别培训”。有学者认为，这种使用“社会性别”概念的创新性“性别培训”，是重要的地方实践，代表了具有女权主义性质的社团组织和嵌入在共产党主导的妇联组织中的国家女权主义的转型（Wang Zheng & Ying Zhang，2010）。但更主要的是，这些培训在地方上传播了“性别利益”及“社会性别意识纳入决策主流”的理念。以社团方式汇集在一起的知识女性呈现追求性别平等的精神气质，构成了性别群体认同，形成了涂尔干所说的“集体构成的道德实体”，这一共同体依靠着社团组织具有“不断延续的特性”；其集体的社会角色在于“它主动积极地涉入了每一规范的形成过程”（涂尔干，2008）。参与其中的知识女性通过至少每年一次的各种年会活动、各类学术研讨会、社会工作交流工作坊和通信交流等，找到志同道合的朋友，分享思想，形成相互支持的社会网络。

二　开创新的社会空间

知识女性共同体通过对性别议题的公共讨论开创新的社会空间，通过各类大众传媒的发声，增加了性别议题的公共敏感性和私人领域性别议题的公共化。1994～1995 年，我国中央和省级电视台共有 32 家，其中有 7 家开办了妇女节目。联合国第四次世界妇女大会通过的《行动纲领》强调，媒体要将对社会性别问题的反省意识纳入媒介主流，在大众媒介中讨论女性参政、妇女与经济文化发展、妇女健康等问题。1995 年元旦，中央电视台著名栏目《半边天》开播（寿沅君，2002）。这一栏目虽然在 2010 年停播，但其社会影响广泛。近年来，以互联网为主要载体的新媒体中涌现了大批女性社团开设的网站、网页、微博、微信等，她们以新型手段传播性别平等的知识。

首先，性别议题成为公共议题，将被公共利益遮蔽的女性利益揭示出来。引发关注的性别问题包括：女性进入决策层、女性回家、男女同龄退休、女大学生就业、大众传播的性别监测、性别统计、政府决策中性别监督、财政开支的性别预算等问题，揭示出公共产品配置中的性别不平等现象。1999 年 2 月 20 日，中央电视台《半边天》栏目中的《公厕重地，请多关照》，对北京西单商业区的 27 个公共厕所进行调查，对其面积、坑位和男女上厕所花费的时间做比较，指出在城市公共设施上存在严重的性别歧视（寿沅君，2002）。奥运会开办之前，北京市政协妇女界别提出议案，要加强对运动场馆的厕所建设中的性别配置。① 国务院妇女儿童工作委员会倡导各个省区市建立“政策法规性别平等评估委员会”，对各省区市出台的政策法规进行性别平等评估。《北京市“十二五”时期妇女发展规划》明确提出“建立并完善立法中的性别平等审查工作机制”的目标任务，以及“贯彻男女平等基本国策，建立立法审核中针对性别平等的审查程序，不断完善维护妇女合法权益的地方性法规规章”的策略措施。2013 年 5 月，北京市建立了政策法规性别平等评估委员会，并在 2014 年对《北京市统计条例》进行了性别评估，委员会提出要在统计工作中加入性别统计。②

其次，私人领域的性别问题公共化。以反家庭暴力为例，95 世妇会期间，知识女性了解到了国际社会相关的反家庭暴力法规，这些法规要求司法部门必须介入和制止家庭暴力，要求国家建立受害人保护中心、心理服务机构和政策倡导机构。2000 年 6 月，中国法学会下成立了“反家暴网络”，到 2010 年，这个网络“从一个多组织合作的系列项目，成长为一个有影响力的公益机构；从一个立基于北京的项目，发展为拥有 75 个团体成员和 118 名个人成员、覆盖全国 28 个省级行政区的网络性组织”。③ 知识女性的共同行动使家庭内的暴力行为展示在公众面前，倡导公共权力制止家庭暴力。2014 年，“家庭暴力防治法”④ 已列入了十二届人大立法计划。相关议题还包括了对公共场域和工作领域的性骚扰问题、女童保护问题等。

虽然知识女性共同体内部或知识女性之间存在着各种分化和差异，但对“女性利益”的集体认同构成了这一共同体的政治性，“女性利益”的公共化成为共同体的集体行动。

三 知识女性共同体发展的动力机制

是什么力量推动了知识女性共同体的发展呢？有学者认为，有四种力量推动了中国的妇女组织和女权行动。一是 1995 年在北京召开的第四次世界妇女大会为其活动提供了合法性。二是全球女权主义给中国女权主义发

① 笔者作为北京市政协委员，以妇女界别的身份参与了这一议案的提出，该议案获得了优秀提案奖。

② 笔者作为北京市政策法规性别平等评估委员会成员参与了全过程。

③ 《反家暴网络隆重举行十周年纪念会暨反家暴理论研讨会》，中国法学网，http://www.iolaw.org.cn/showNews.asp?id=22663。

④ 该法已于 2016 年 3 月 1 日起以《中华人民共和国反家庭暴力法》为名称正式施行。

展提供了理论框架，更新了以往单以马克思主义妇女观为中心范畴的理论架构。三是中国女权主义发展与包含“社会性别”的现代性话语有重要关系。现代性话语中包含了“社会性别”这个维度，妇女地位是衡量社会发展水平的标志，这样一种以妇女地位作为社会文明程度标识的话语，对中国女权主义的发展有着重要影响，成为中国女权主义发展可资利用的说辞。四是国际基金会为中国妇女 NGO 的发展提供了财政支持（Wang Zheng & Ying Zhang，2010）。这一认识是符合现实的，但过多地强调了外生力量。事实上，内生的因素更为重要，我国知识女性的矛盾性的社会角色、全球女权主义的思想资源和经济支持及国家女权主义和民间女权主义之间的多元合作，共同推动了知识女性共同体的持续发展。

第一，知识女性自身是反抗的主体力量，她们在反抗中寻求团结。知识女性从其产生之日起就具有矛盾的双重身份，一方面她们因为有机会获得知识，成为社会精英；另一方面她们在男性统治的知识界依然处于边缘地位，这种身份的矛盾性带来了巨大的张力。当知识女性无法被男性知识权威构成的学术圈子接纳时，她们的历史命运只能是要么接纳和服从于男性的家长式权威，要么开创自己的知识体系和社会空间。知识女性对共同体的内在需求是其发展的根本动力。

1890 年出生的、中国第一位官派留美女生、北京大学第一位女教授陈衡哲提出了“造命”概念，她认为，女人有三种命运：第一种是安命，第二种是怨命，第三种是造命。她将自己比喻为“扬子江”，扬子江对大运河说：“我为什么要搏斗？因为我要塑造自己的命……我从来不要人来为我造命，你不理解生活的意义。你的生命是他人造的，所以他人也可以毁灭它。但没有人能毁灭我的生命。”（陈衡哲，2006）陈衡哲始终认为女子应当为自己造命，要开创生命的新意义、新角色和新的社会地位。在北洋军阀混战的年代，一批妇女社团以群体面貌出现，有女子参政同盟会、中华女界联合会、天津女星社等。

经历了社会主义革命的知识女性，既具有“能顶半边天”的集体荣誉感，又在改革开放的过程中面临挑战。因此，当世妇会再一次将知识女性组织起来时，知识女性以欢欣鼓舞的姿态迎接这一历史角色，她们再一次接受了第一代知识女性身上的“造命”使命，以群体的形式担当起现当代知识女性的历史角色。

第二，全球女权主义思想和经济资源与中国知识女性共同体的发展相互促进。1995 年前后，联合国开发署在各类发展项目中加入了社会性别的

理念，强调女性要参与到社会发展中。借助世妇会，大量性别和发展项目进入中国，普及了性别参与发展的理念。以云南的美国福特基金会资助的“妇女生育健康及发展”（WRHD）项目为例，这一项目开始于1991年，其目的是“要更好地了解云南省贫困农业地区的妇女健康需求并制定一些新的方针来解决其需求”。项目把性别意识纳入宣传、教育和决策，使妇女在社会经济发展中获得同样的发展（Wang Zheng & Ying Zhang，2010）。国际社会的资金支持有力地帮助了女性社团的发展。1995年前后，联合国妇女基金会、福特基金会、亚洲妇女基金等基金会积极支持了女性社团，缓解了其经费不足的压力。1992年，正是在美国全球基金会的帮助下，北京红枫妇女心理咨询服务中心的前身得以发展，并开通了中国第一条妇女热线。

海外中华妇女学会（CSWS）成立于1989年，是一个建立在美国的关注中国女性、性别和发展问题研究的学术与行动组织。20世纪90年代以来，该组织参与了与国内妇女研究界的各种研究、翻译、出版、会议及培训等合作项目，将西方女权主义的最新理念和社会性别概念引入中国。一些海外华人学者在北京和上海开办了性别培训活动，为反思中国妇女和性别问题的知识女性搭建起交流平台，这直接推进了中国妇女/性别研究的代际传递和与国际接轨。

第三，我国的国家女权主义者与民间女权主义者之间以知识女性共同体的方式讨论热点问题与相互支持。妇联作为知识女性共同体的重要组成部分被视为国家女权主义（state feminism），所谓国家女权主义强调女性缺少资源，并致力于提升女性自身意识，使用国家社会主义的话语，倡导女性通过平等地参与公共领域的生产劳动来获得平等地位（Wang Zheng，2005）。以全国妇联妇女研究所为例，自95世妇会以来，其成员一直活跃在“将性别意识主流化”的行动中，成为凝结知识女性的合法性力量。中国妇女/性别理论研究会每遇与性别相关的敏感事件，如“性骚扰问题”“春晚的性别歧视性节目”就会组织座谈，听取来自不同领域的知识女性的想法，并在媒体上发表。

妇联之外的各类社团中的知识女性可称为民间女权主义者（civil feminism），她们参与各种形式的有组织活动，以项目形式、志愿者形式、书写的形式等来表达性别立场。有学者指出，在中国政治一元化、利益和观念多元化的社会里，女性们通过各类项目导向的女权主义行动是一种议题性的女权主义行动，即基于某个具体议题，多个行动主体暂时性结合在一起，建构团结。这些没有分明的边界、明确的组织机构和规则的常规形态的组织却在共同倡导和推动性别平等（宋少鹏，2010）。无疑，各种类型的民间女权主义者的立场是多样而复杂的，有些表现得激进，有些表现得温和。但无论有怎样的立场和观点，不同的女权主义群体之间是相互关注和支持的。总之，无论知识女性的共同体内部怎样的分化，不同类型的知识女性对共同体的需求是同样的，她们以共同利益为出发点，尽管其达成目标的方式各异，但实现性别平等的目标是共同的。

四　反思：知识女性与中国女权主义的理论与实践

社会学家科塞认为，现代社会是一个以知识为中心的社会，知识取代宗教和道德成为社会正当性的来源。“知识人社会”的产生是因为近代社会提供的制度化条件，它使一个具有自我意识的知识分子群体得以产生（科塞，2001）。有学者认为，清末民初，在中国传统的“士绅社会”向“知识人社会”转变的过程中，现代知识分子以学校、传媒和结社这三项重要的制度性要素，建立起知识分子共同体的交往。知识取代宗教和道德成为社会正当性的来源，也同时成为政治、文化和社会权力的渊源。知识的再生产是权力的再生产，知识分子在生产知识的同时，不断强化着他们的文化权力（许纪霖，2007）。但是在对现代知识分子的研究中缺少了对女性知识分子的认知，在权力网络中女性是以“他者”的身份被排斥在外的。

事实上，在我国，获得了知识的女性难以进入男性知识再生产的行列中，她们必将开创自己的知识来反抗男权知识的再生产。虽然民国时代就有了女性社团的发育，但在95世妇会期间产生的女性社团规模更大，知识女性共同体利用这一机会开创出新的社会空间，借助现代教育体制、社团和媒体建构出知识女性的公共交往和关系网络。知识女性共同体创造新的社会空间，促成了对公共政策的性别敏感和对私人领域中性别不平等问题的公共化，“女性利益”成为知识女性共同体认同的符号资源。知识女性共同体发展的动力机制是，知识女性社会角色的矛盾性，知识女性寻求其独立社会地位的主体能力促成了这一共同体在缝隙中生存与发展。

我国知识女性共同体创造出来的社会空间是重要的女权主义实践，这对填补国际女权主义运动的中国经验有重要意义。虽然知识女性本身充满分化，但是作为知识生产者，我国的女权主义者们“为了公平和自我呈现的权力进行了不连贯的探索”（白露，2012），其思想与行动有重要的连续性，“造命”成为我国女权主义者们创新的实践行动，借助公共资源分配中的性别利益和私人领域中性别问题的公共化，中国的女权主义者们具有了共性和联合。

总结95世妇会推动的中国女权主义实践，大致有以下几个特征。第一，知识女性共同体表明，知识女性的身份是政治的。知识女性所感受到的地位边缘性赋予了这一群体以团结的基础，并具有了开创新的社会空间的能力。由知识女性广泛参与的再造社会空间的社会实践，推动了将私人领域的女性权益的公共化的变革，促进反家暴的立法活动是最好的例子。第二，在创新社会空间的过程中生产新的知识，这种新的知识既有妇女解放理论、妇女组织理论的发展，同时也有理解中国社会政治生活的新的性别参与的知识。第三，与西方妇女运动的理论相比较，它不是简单地建立在公民社会—国家二元对立的基础之上的，它是“自上而下”与“自下而上”的复杂结合，其原因正是知识女性身份的复杂性或双重性，她们既是社会精英又被不断边缘化的身份，使其行动打破了中国社会制度性的“上”与“下”之间的社会结构。第四，中国女性群体有明显的分化，以知识女性为主体发动和参与的女权主义运动缺少激进性，她们多在现有体制内寻找解放之路，底层妇女的利益是其关注的议题而非利益所在，缺少制度变革的动力。

中国女权主义理论的创新性发展面临严峻挑战。一方面，西方发达国家的女权主义思想对我国女权主义理论有重要启示，无论是其概念，还是其行动策略和理论框架，都成为启发我们探索自身社会条件下性别公平问题的思想资源。但是面对中国现实和特有的历史和政治条件，这些理论无法有效解释中国的实践，这迫使中国的女权主义者们必须开创自己的道路。知识创新蕴藏在本土的社会现实中。另一方面，中国传统的封建文化无法为解放的女性提供知识来源，“造命”的历史使我国的女权主义理论始终处于摸索与徘徊的状态，创新理论成为关键。最后，如何将男性知识分子纳入寻找性别平等的理论探索中，是一直没有完成的课题或革命，这需要更为广泛的知识动员和文化自觉。

参考文献

埃米尔·涂尔干，2008，《社会分工论》第二版序言，载谢立中编《西方社会学经典读本》（上册），北京大学出版。

Alan Finlayson，2007，《想象的共同体》，载凯特·纳什、阿兰·斯科特主编《布莱克维尔政治社会学指南》，浙江人民出版社。

陈衡哲，2006，《陈衡哲早年自传》，安徽教育出版社。

杜芳琴，2008，《“命运”与“使命”：高校妇女研究中心的历程与前景》，《浙江学刊》第3期。

国家统计局社会科技和文化统计司编，2014，《2014中国妇女儿童统计资料》，中国统计出版社。

李思磐，2014，《中国女权：世妇会后二十年》，中国财富网，http://zgcf.oeeee.com/html/201405/13/1026816.html。

刘伯红，2000，《中国妇女非政府组织的发展》，《浙江学刊》第4期。

刘易斯·科塞，2001，《理念人》，郭方等译，中央编译出版社。

马焱，2009，《妇联组织职能定位及其功能的演变轨迹——基于对全国妇联一届至十届章程的分析》，《妇女研究论丛》第5期。

马忆南，2014，《“首都高校性别平等教育与女性学学科建设情况调研问卷”数据报告》，在2014年10月24~26日全国高校首批妇女/性别研究与培训基地第六届建设会议暨高校知识女性发展研讨会上的发言稿。

寿沅君，2002，《〈半边天〉长大了——中央电视台〈半边天〉栏目成长三部曲》，《妇女研究论丛》第2期。

宋少鹏，2010，《议题性女权主义行动——项目导向的女权主义行动的特点和定位》，《山西师范大学学报》第6期。

谭琳、姜秀花主编，2007，《中国妇女组织发展的理论与实践》，社会科学文献出版社。

汤尼·白露，2012，《中国女性主义思想史中的妇女问题》，沈齐齐译，上海世纪出版集团、上海人民出版社。

王金玲，2010，《平等、民主、公正：非政府组织如何做到？——以妇女/社会性别学学科发展网络为例》，《妇女研究论丛》第5期。

肖扬，2004，《对妇联组织变革动因及其途径的探讨》，《妇女研究论丛》第4期。

许纪霖，2007，《导言：重建社会重心：现代中国知识分子与公共空间》，载许纪霖主编《公共空间中的知识分子》，凤凰出版传媒集团、江苏人民出版社。

周颜玲、仉乃华、王金玲，2008，《前景与挑战：当代中国的妇女学与妇女/性别社会学》，《浙江学刊》第4期。

Wang Zheng & Ying Zhang. 2010. “Global Concepts, Local Practices: Chinese Feminism since the Fourth UN Conference on Women.” *Feminist Studies* 36 (1): 40 - 70.

Wang Zheng. 2005. “‘State Feminism’? Gender and Socialist State Formation in Maoist China.” *Feminist Studies* 31 (3): 519 - 551.

基于社会支持理论的女性高层专业人才职业发展研究*

张丽琍**

摘　要： 本研究根据2010年12月1日的第三期中国妇女社会地位调查数据，通过对女性高层专业人才样本进行分析，发现在社会支持的三个系统——制度支持子系统、组织支持子系统和工作相关支持子系统——上，女性高层专业人才得到的支持不足，即文化舆论上存在对女性的偏见与歧视；组织中女性比例越高，尤其是领导团队中女性比例越高，性别歧视问题越少；女性承担较多的家务，家庭地位满意度和家庭实权水平落后于男性。而女性高层专业人才得到的社会支持是影响其职业发展的重要因素。这对女性高层专业人才的管理改善提供了有益的信息。

关键词： 社会支持　女性高层专业人才　职业发展

随着中国女性的社会、经济、政治和家庭地位的巨大变化，中国女性高层专业人才队伍越来越壮大，其带来的贡献变得日益突出，成为经济增长的重要驱动力量之一。社会越是进步，越强调女性在社会发展中的作用。而每一位女性都扮演着家庭和职业的双重角色，身为妻子、母亲的同时，还要成为职场中的一员；在为家庭奉献的同时，也追求着自身存在的社会意义和价值，为人类

* 本文是2010年教育部哲学社会科学研究重大课题攻关项目"女性高层次人才成长规律及发展对策研究"（10JZD0045－1）、2010年国家社会科学基金重大项目"第三期中国妇女社会地位调查研究"（10@ZH020）的成果之一。

** 张丽琍，女，中华女子学院管理学院院长、教授，主要研究领域为人力资源管理。

的进步与发展做出贡献。于是“家庭角色”与“职业角色”的协调转换问题以及由于两者之间的冲突与矛盾带来的种种困难对她们的事业、家庭生活、身心、社会活动等都带来很大的影响。相比男性，女性的角色冲突更为突出，而传统文化“男主外，女主内”观点的影响，也使其更难获得职业成功，于是为女性高层专业人才职业发展提供社会支持就成了重要的议题。

本研究根据 2010 年 12 月 1 日的第三期中国妇女社会地位调查，按照国家专业人员职业分类标准选择符合专业人才的职业，并且选取技术职称为副高级以上的样本，由此得到全国除港澳台地区以外的所有省、区、市高层专业人才样本数据。同时综合社会学和心理学等学科对社会支持的界定，利用社会支持理论的视角，了解女性高层专业人员职业发展的状况。探讨社会支持与女性高层专业人才职业发展的关系，在此基础上，提出促进其职业发展的对策和建议。

一 理论与假设

20 世纪 70 年代，“社会支持”作为一个专业术语被精神病学正式提出来。此后人类学、社会病理学、社会学等领域对其进行了多视角的研究，并且取得非常丰富的成果，主要集中在对社会支持概念的界定、社会支持研究的层面和方法、影响社会支持的因素以及社会支持与身心健康的关系等方面。尽管有关社会支持的文献大量涌现，但是研究者对该概念的界定、测量和理论解释均存在较大不同。不同学科领域的专家有时应用同一术语代表不同的内容，有时又用不同术语代表相同的研究对象，对于社会支持的界定还没有统一的见解。比如 Cobb（1976）认为社会支持定义包含三个维度：感到被爱、感到受重视或受尊重、归属于一个社会网络。Thoits（1995）则认为社会支持包括社会情感帮助、实际帮助和信息帮助。House 和 Kahn（1985）认为社会支持不仅包括情感支持、工具性支持、信息支持，还应该包括评价支持。还有很多学者对社会支持的维度和概念提出了自己的看法，但是这些概念内涵都着眼于人类关系的意义。本研究综合社会学和心理学等学科对社会支持的界定，认为社会支持涵盖三个子系统：制度支持子系统、组织支持子系统和工作相关支持子系统。本研究主要从社会支持的三个支持系统角度提出假设，研究女性高层专业人才职业发展的影响因素。

（一）制度支持子系统

制度支持子系统主要指舆论等人文环境的支持。我国文化深受儒家思想

的影响，儒家文化中对女性的歧视和偏见使得女性在我国的地位和发展受到了严重的挑战。首先，儒家思想认为男尊女卑，女性的角色和责任在于照顾家庭。这种传统文化会导致我国女性职业发展的心理和路径障碍。其次，儒家文化强调家庭的重要性，社会期望女性重家庭轻事业，这导致女性成功意识弱。即使有些女性在结婚前全身心投入工作，对学业和事业孜孜不倦地追求，然而，婚后大多数女性在事业上都远远落后于丈夫，直到子女能够独立以后，才重新表现出其成就的动机。另外，传统社会角色观念希望女性谦让、知礼、与世无争，甚至"无才便是德"，这一观念经过几千年的文化积淀已内化成女性的心理定式，对其职业发展很不利。于是本研究提出假设1：我国女性高层专业人才制度支持子系统的支持水平不足。

（二）组织支持子系统

组织支持子系统涉及人际关系、决策参与以及组织是否重视员工贡献、关注其幸福的组织支持感。当某人的内群体相对规模增加时，内群体动力的利益会随着内群体成员的数量累积。数量占多数的群体成员会得到更多的信息、物质奖励、设备和社会支持，因为他们所在的内群体控制了更多的资源。相反，数量较少的群体成员因多数群体妨碍其得到资源从而导致利益受到损害。相应的，一个内群体的相对规模减小会导致外群体歧视。少数群体成员因为难以获得工作相关的资源，他们可能业绩较差，收入较少（Jackson & Joshi，2004）。在女性占少数的团队中，女性群体成员会经历更为负面的结果；相反，团队中女性少数群体的规模越大，组织中女性成员群体的消极结果会越弱（Riordan，2000）。鲍威尔和巴特菲尔德发现招聘部门的女性员工超过男性员工有助于女性晋升到高层，这意味着决策部门的人口统计特征会影响女性晋升到高层（Powell & Butterfield，1994）。

学者基于社会一致性理论（社会认同理论）解释了组织中的权力结构与女性职业发展之间的关系，并认为组织中的个体很自然地根据个体的属性和组织的结构属性进行自我分类和群体分类。其中，性别是一个重要的分类特征。由于不同性别在组织中的数量和地位的差异，男性群体和女性群体的比例和组织地位也不尽相同。因为群体出于保护自我价值和形象的目的，会有意去贬损外群体的价值和行为，做出歧视性态度和行为。比如消极评价少数群体（女性群体）的业绩、制定男性化的工作标准以及存在不公平的看待等。从1970年起，经济合作与发展组织国家中职业女性的平均比例已从48.1%升至64%。尽管女性在各种职业中阔步前进，但与男人们相比她们更难获得高层职位。《财富》500强企业CEO榜单中只有3%是女性。女性在组织中的数量劣势，使得女性成为少数群体，社会认同理论认为组织中的少数群体往往会遭到来自多数群体的偏见和歧视，因而男性群体普遍不愿意与组织中少数女性群体建立紧密的人际网络关系，而是将她们排除在核心网络之外。于是本研究提出假设2：我国女性高层专业人才组织子系统的支持水平不足，组织中女性比例越高，性别歧视问题越少。

（三）工作相关支持子系统

工作相关支持子系统是与工作相关的支持，主要指家人的支持，比如子女对女性的职业生涯会产生消极影响，因为女性往往选择工作与生活的平衡。大量研究也谈到了母亲的责任限制了女性对工作的投入（Covin & Brush，1991）。女性婚后要承担照顾家庭和小孩的责任，研究发现女性比男性从事更多的家务劳动。因此，女性可能会面临严重的家庭角色和工作角色之间的冲突。女性承担家庭责任是社会的期待和要求，而男性在家庭的责任方面更多在于经济性负担。女性不得不花费更多的时间从事家庭活动，维系家庭关系，这必然影响工作投入。时间分配的冲突也会加剧工作和家庭之间的冲突。于是本研究提出假设3：我国女性高层专业人才工作相关支持子系统的支持水平不足。

（四）社会支持与女性高层专业人才的职业发展

有关社会支持与个体身心健康和主观幸福感关系的大量研究表明，社会支持与个体社会技能、工作绩效、自我概念和身心健康呈显著正相关，而与社会惰性、焦虑、担忧、压抑呈显著负相关。宏观层面的制度子系统的支持、中观层面的组织子系统的支持以及工作相关子系统的支持一起相互作用，共同影响个体的职业发展。于是本研究提出假设4：社会支持是影响女性高层专业人才职业发展的重要因素。

二 研究方法

（一）样本及抽样过程

本文采用第三期中国妇女社会地位调查的数据，该样本涵盖了全国除港澳台地区以外的所有省、区、市，调查标准时点为2010年12月1日。高

层专业人才样本筛选标准依次为：（1）职业，按照国家专业人员职业分类标准选择符合专业人才的职业；（2）专业技术职称为副高级以上的样本；（3）剔除明显不符合要求的样本，例如专业人员，如果职业为教师，但其填报年收入为600万元，不符合常理，应该属于录入错误或者乱报，则该样本剔除；又如职业为锅炉工，职称为高级，职位为普通工人，职业、职称、职位不统一，不符合常理，则该样本剔除。按照以上方法对全国6839份问卷进行一一核对、筛选，最终得到高层专业人才样本1723个。

（二）变量的度量

（1）因变量：女性高层专业人员的职业发展采用国家专业技术职称等级（副高级、正高级）和行政职务（无、科级、县级、副地市局级、正地市局级及以上）来衡量。

（2）社会支持：在对女性高层专业人才职业发展相关社会支持网的描述中，使用以下概念和指标。

首先，制度支持子系统：主要指舆论等人文环境的支持，比如对性别歧视问题的认知："男人比女人更胜任领导的角色""事业成功的女人往往没有女人味"等。

其次，组织支持子系统：涉及人际关系、决策参与以及组织是否重视员工贡献、关注其幸福的组织支持感。可以用"主要领导的女性比、领导层的女性比、单位人员的女性比"等指标测量。

最后，工作相关支持子系统：主要指家人的支持，可以用"子女负担情况、家庭地位满意度、负担的家务劳动、家庭实权"等指标测量。

（三）数据分析

资料分析方法主要运用统计学分析方法对定量数据进行分析。采用SPSS 12.0进行数据分析和处理。数据分析方法包括描述性分析、t检验、方差分析、相关分析、多元回归分析、多分类有序变量Logistic回归分析等。

三　结果分析

（一）制度支持子系统

对"事业成功，家庭才能幸福"观点的认知存在明显的性别差异，男性更认同此观点，且年龄越高，认同比例越高。说明“男主外，女主内”的社会分工以及男性作为家庭经济主要贡献者的观念是根深蒂固的（见表1）。

表1　“事业成功，家庭才能幸福”观点的分布状况

参数估计								
		估值	Std. Error	Wald	Df	近似值	95%的置信区间	
							下限	上限
临界值	[l23a = 1]	-1.478	0.200	54.791	1	0.000	-1.870	-1.087
	[l23a = 2]	0.246	0.196	1.565	1	0.211	-0.139	0.630
	[l23a = 3]	2.292	0.212	117.437	1	0.000	1.878	2.707
	[l23a = 4]	3.068	0.233	173.856	1	0.000	2.612	3.524
位置	性别	0.252	0.089	8.033	1	0.005	0.078	0.426
	年龄	-0.155	0.059	6.931	1	0.008	-0.270	-0.039

对“男人比女人更胜任领导的角色”观点的认知存在性别差异，男性更认同；单位中的女性比例越高，单位人员越不认同。很多研究也从不同角度试图证明性别对职业成功的影响。比如女性生理方面的周期性、女性在逻辑推理上的相对弱势、对男性女性不同发展的感知，使得女性的决策力、自我概念、生活或者周围世界等方面与男性不同，这些成为她们职业发展的晋升障碍，她们需要被认同、理解和认真对待（见表2）。

表2　“男人比女人更胜任领导的角色”观点的分布状况

参数估计								
		估值	Std. Error	Wald	df	近似值	95%的置信区间	
							下限	上限
临界值	[l23b = 1]	-1.552	0.219	50.087	1	0.000	-1.982	-1.122
	[l23b = 2]	0.578	0.215	7.257	1	0.007	0.157	0.999
	[l23b = 3]	2.686	0.227	140.513	1	0.000	2.242	3.130
	[l23b = 4]	3.758	0.249	228.288	1	0.000	3.270	4.245
位置	性别	0.490	0.091	29.258	1	0.000	0.312	0.667
	单位女性比	0.059	0.029	3.990	1	0.046	0.001	0.116

对“事业成功的女人往往没有女人味”观点的认知存在性别差异，男性更认同；且女性年龄越长，不认同比例越高（见表3）。

表 3　“事业成功的女人往往没有女人味”观点的分布状况

参数估计								
		估值	Std. Error	Wald	df	近似值	95%的置信区间	
							下限	上限
临界值	[l23c = 1]	-1.359	0.222	37.566	1	0.000	-1.794	-0.924
	[l23c = 2]	0.994	0.219	20.644	1	0.000	0.565	1.423
	[l23c = 3]	3.490	0.241	210.566	1	0.000	3.019	3.962
	[l23c = 4]	4.464	0.272	269.354	1	0.000	3.930	4.997
位置	性别	0.353	0.092	14.856	1	0.000	0.174	0.533
	年龄	0.148	0.060	5.984	1	0.014	0.029	0.266

男性更认同“对妻子而言，更重要的是帮助丈夫成就事业”的观点（见表4）。

表 4　“对妻子而言，更重要的是帮助丈夫成就事业”观点的分布状况

参数估计								
		估值	Std. Error	Wald	df	近似值	95%的置信区间	
							下限	上限
临界值	[l23d = 1]	-2.500	0.235	113.682	1	0.000	-2.960	-2.041
	[l23d = 2]	-0.494	0.221	5.015	1	0.025	-0.926	-0.062
	[l23d = 3]	2.174	0.229	90.414	1	0.000	1.726	2.622
	[l23d = 4]	3.558	0.255	194.765	1	0.000	3.058	4.058
位置	性别	0.636	0.094	45.651	1	0.000	0.451	0.820

“男女应同龄退休”的观点同样存在认知性别差异，女性认同比更高；女性年龄越长，认同比越高；单位女性比例越高、女性员工的行政职务越高，认同比越高（见表5）。

表 5　“男女应同龄退休”观点的分布状况

参数估计								
		估值	Std. Error	Wald	Df	近似值	95%的置信区间	
							下限	上限
临界值	[l23f = 1]	-1.957	0.218	80.880	1	0.000	-2.383	-1.530
	[l23f = 2]	-0.404	0.212	3.620	1	0.057	-0.819	0.012

续表

参数估计								
		估值	Std. Error	Wald	Df	近似值	95%的置信区间	
							下限	上限
临界值	[l23f = 3]	1.278	0.217	34.834	1	0.000	0.854	1.703
	[l23f = 4]	2.243	0.231	94.202	1	0.000	1.790	2.696
位置	性别	-0.339	0.089	14.390	1	0.000	-0.514	-0.164
	年龄	-0.124	0.059	4.407	1	0.036	-0.240	-0.008
	行政职务	-0.135	0.051	6.863	1	0.009	-0.236	-0.034

综上观点的分布可以看出，男性对女性的职业角色持相对消极的态度，认为女性应该关注家庭、相夫教子、帮助丈夫达成职业理想。在以男性为主力的职场世界，此观念导向会对女性职业发展起到阻碍作用，由此可以验证本研究的假设1：我国女性高层专业人才制度支持子系统的支持水平不足。

（二）组织支持子系统

本研究用样本所在单位的女性比例衡量性别隔离情况，共有三个比例：主要领导的女性比、领导层的女性比和单位人员的女性比。以0、30%以下、30%~50%、50%以上为分类标准，变量值分别设为0、1、2、3。数值越低，性别隔离情况越严重。按照常规判断，女性比例高的单位，组织氛围会有利于女性成长。样本中单位女性比例超过50%的占38.8%，与整体的组织内性别结构差异较大。原因可能是本研究的样本选取的是“高层女性专业人才”，而能够培养这种专业人才的组织，需要有友好的女性成长氛围，而这种友好氛围一般是在女性达到一定数量后，才逐渐出现并被重视的（见表6）。

表6　单位女性比

单位：次，%

		频次	百分比	有效百分比	累积百分比
有效	没有女性	6	0.3	0.4	0.4
	不足30%	223	12.9	13.8	14.2
	30%~50%	718	41.7	44.4	58.6

续表

		频次	百分比	有效百分比	累积百分比
有效	超过 50%	669	38.8	41.4	100.0
	合计	1616	93.8	100.0	
缺失	系统	107	6.2		
总计		1723	100.0		

主要领导的女性比、领导层的女性比和单位人员的女性比相比过去都有了一定程度的提升。此样本反映的数值应该比客观数值高。设置新变量 xbpd，存在性别歧视设置为 1，反之为 0。结论：各层女性比例越高，性别歧视问题越少。于是证明了本研究的假设 2，同时显示出进一步提高女性人员比重，尤其是领导层或主要领导的女性比是非常有必要的（见表 7）。

表 7　各层女性比例与性别歧视状况

		B	S. E.	Wald	df	Sig.	Exp（B）
Step 1	单位领导性别	-0.571	0.177	10.450	1	0.001	0.565
	领导班子女性比	-0.169	0.076	4.950	1	0.026	0.845
	单位女性比	-0.289	0.080	13.200	1	0.000	0.749
	Constant	1.367	0.243	31.615	1	0.000	3.924
Step 2	单位领导性别	-0.571	0.177	10.450	1	0.001	0.565
	领导班子女性比	-0.169	0.076	4.950	1	0.026	0.845
	单位女性比	-0.289	0.080	13.200	1	0.000	0.749
	Constant	1.367	0.243	31.615	1	0.000	3.924

（三）工作相关支持子系统

从表 8 和表 9 中可以得出，女性高层专业人才相比男性在照顾孩子上付出较多，同时本研究“家务劳动”“家庭地位满意度”和“家庭实权”方面的结果显示，女性承担了较多的家务，家庭地位满意度水平和家庭实权水平均落后于男性。儒家文化的角色期待要求女性必须先承担家庭的责任，然后才能满足工作的角色期待。而受过高等教育的女性，对自身角色的定位格外困难，她们不愿成为经济上依附于男性的传统女性，但也从男性的目光中看到了他们认同的女性形象，以及对“女强人”的抵触。于是有些女性产生了角色冲突的焦虑感，存在着怕做“女强人”的心理倾向，这必然影响其职业发展。此研究结果验证了假设3（见表8、表9）。

表8　照顾孩子的性别比较

单位：%

		男	女
有效	不照顾	85.3	73.4
	照顾孩子	6.3	15.8
	合计	91.6	89.2
缺失	系统	8.4	10.8
总计		100.0	100.0

表9　家庭地位满意度的性别比较

单位：%

		男	女
有效	不太满意	0.1	1.0
	一般	0.2	7.2
	比较满意	9.4	48.7
	很满意	48.8	42.2
	合计	40.9	99.2
缺失	系统	99.4	0.8
总计		100.0	100.0

（四）社会支持与女性高层专业人才的职业发展

本文试图构建一个专业技术职业发展（晋升）与社会支持各类因素之间的回归模型，用以衡量各类因素对职业发展的影响方式和程度。由于因变量职称与职务是一个等级变量，而影响因素等都可列为虚拟变量，因此这种情况比较适合使用Logistic统计模型。考虑到自变量与因变量的特性以及之前研究的效果，本研究选择二分类Logistic回归模型分析职称晋升问题，选择有序多分类Logistic回归模型分析行政职务晋升问题。主要研究性别因素对晋升的影响以及构建女性高层专业人才职业发展的影响因素模型。变量入选条件为$p<0.05$，剔除条件为$p>0.1$。入选模型的变量为四个，均满足$p<0.05$，具有统计学意义。

$$\text{Logit}(P|\text{职称}=\text{正高}) = -9.429 + 0.758 \times \text{家庭经济贡献} + 1.617 \times \text{年龄} + 0.7 \times \text{师从} + 0.923 \times \text{单位女性比}$$

从模型中看，对女性职业发展产生影响的主要因素有：家庭经济贡献、年龄、师从和单位的女性比例。从表中 Exp（B）值可以发现如下几点。

1. 家庭经济贡献

在其他变量相同的情况下，家庭经济贡献较大的女性正高职称的发生比高于经济贡献低的女性，是她们的2倍。该问卷的家庭经济贡献度是相对值，由夫妻双方的经济收入对比决定，在一定程度上代表家庭的经济地位，也就是说家中收入较高的女性具有正高职称的可能性较大。而分析认为，当女性高层专业人才职业发展水平越高时，则其对家庭经济贡献就越大，而不是反之的关系。

2. 年龄

高一年龄组的女性高层专业人才正高职称的发生比是低年龄组的5倍，而男性这一比例为3倍，也就是说女性要晋升，年龄的重要性要高于男性。男性可以通过其他成绩、经历等获得晋升的资格，但女性年龄（也就是资历、非破格）是一个很难跨越的障碍，在年龄或任职年限到达之前，获得提前晋升的可能性低于男性。现实中可以表现为，较女性而言，年轻男性的成果、才干更容易被认可。

3. 师从

师从名家是很多文献都提到的一个要素，本样本也得到这个结论。硕士以上学历的专业人员导师为非教授/研究员、教授/研究员、博导、院士四类，高一类别的女性专业人才其正高职称的发生比是低类别的2倍。层次较高的导师可以带来更多的社会资源。

4. 单位女性比

女性比例高的单位中女性专业人才正高职称的发生比是女性比较低的单位的2.5倍，单位女性比例越高，一方面女性人员的基数越大，职业晋升的可能性会增大；另一方面，女性比例增大，会带动组织氛围改变，使其倾向于适应女性发展需求。

四　研究结论与建议

（一）研究结论

女性高层专业人才日益成为组织的重要人才战略性资产，对组织的业绩和未来的发展发挥着越来越重要的作用。如果女性在组织中与男性的职业发展并驾齐驱，则表明了企业具有“不拘一格降人才”的管理理念和文化，这更有利于企业的人才吸引和人才稳定。本研究结论表明女性高层专业人才在社会支持的三个维度上的现状仍不容乐观：“男主外，女主内”的性别分工虽然有一定的改善，但是其影响还比较根深蒂固，文化价值观对女性的期望和评价仍低于男性，使得女性在社会参与的过程中不能享受与男性平等的资源和机会。儒家文化中对女性的歧视和偏见使得女性在我国的地位和发展受到了严重的挑战，高层女性专业人才的职业地位更为男性所不容。在组织支持子系统层面，各层女性比例越高，对女性的歧视越少。家庭方面，女性常常被定位为主要扮演家庭角色，丈夫、孩子希望她们当好贤妻良母，加之工作的压力，这使得她们面临多种角色的冲突，很难满足各方面的角色要求。

（二）建议

首先，在文化价值观方面，要积极倡导男女平等、重视职业女性的文化价值观取向，加强宣传教育，改变不合理的刻板印象和期望。

其次，在组织和管理层面上，完善管理制度和运行机制。加大女性比例，尤其是领导团队中的女性比例。体现对于职业女性贡献的重视，对其幸福感的关心。开展职业生涯规划，为女性职业发展提供机会和平台。

最后，管理者可通过制定和实施家庭政策，包括灵活弹性的工作制、工作分享计划、员工援助和辅导计划、沟通计划、父母研讨会、托幼养老服务和信息提供等，来增强家人对职业女性的支持。

参考文献

陈兴华、凌文辁、方俐洛，2004，《工作—家庭冲突及其平衡策略》，《外国经济与管理》第 4 期。

管向梅，2006，《青少年犯罪原因剖析——以社会支持理论为分析视角》，《社会工作》（学术版）第 10 期。

梁巧转，2001，《国外管理中的性别研究理论评述》，《妇女研究论丛》第 3 期。

吴贵明，2004，《中国女性职业生涯发展研究》，中国社会科学出版社。

肖水源、杨德森，1987，《社会支持对身心健康的影响》，《中国心理卫生杂志》第 4 期。

徐大真、张日、木村裕，2008，《性别刻板印象之内隐与外显性别效应的中日跨文化研

究》，《心理科学》第 5 期。

张莹、吴翠花，2005，《以社会性别视角审视组织理论》，《生产力研究》第 1 期。

赵慧军，2006，《阻碍女性职业发展的因素分析》，《经济与管理研究》第 3 期。

周林刚、冯建华，2005，《社会支持理论——一个文献的回顾》，《广西师范学院学报》（哲学社会科学版）第 3 期。

Cobb, S. 1976. "Social Support as a Moderator of Life Stress." *Psychosomatic Medicine* 38 (5): 300 - 314.

Covin, T. J. & Brush, C. C. 1991. "An Examination of Male and Female Attitudes toward Career and Family Issues." *Sex Roles* 25 (7): 393 - 415.

House, James S. & Robert L. Kahn. 1985. "Measures and Concepts of Social Support." in *Social Support and Health*, edited by S. Cohen and S. L. Syme. pp. 83 - 108. Orlando, FL: Academic Press.

Jackson, S. E. & Joshi, A. 2004. "Diversity in Social Context: a Multi-attribute, Multilevel Analysis of Team Diversity and Sales Performance." *Journal of organizational Behavior* 25 (6): 675 - 702.

Powell, G. N. & Butterfield, D. A. 1994. "Investigating the 'Glass Ceiling' Phenomenon: An Empirical Study of Actual Promotions to Top Management." *Academy of Management Journal* 37 (1): 68 - 86.

Riordan, C. M. 2000. "Relational Demography within Groups: Past Developments, Contradictions, and New Directions." in *Research in Personnel and Human Resources Management*, pp. 131 - 173. Emerald Group Publishing Limited.

Still L. Timms W. 1998. "Career Barriers and the Older Woman Manager." *Women in Management Review* 13 (4): 143 - 169.

Thoits, P. A. 1995. "Stress, Coping, and Social Support Processes: Where Are We? What Next?" *Journal of Health and Social Behavior*: 53 - 79.

Virginia E. Schein. 2001. "A Global Look at Psychological Barriers to Women's Progress in Management." *The Journal of Social Issues* 57 (4): 675 - 688.

Wendy Wood, Alice H. Eagly. 2002. "A Cross Cultural Analysis of the Behavior of Women and Men: Implications for the Origins of Sex Differences." *Psychological Bulletin* 128 (5): 699 - 772.

进一步促进科学中的性别平等

——国家自然科学基金特别政策措施分析

蒋永萍*

摘　要：本文将国家自然科学基金的性别平等特别政策措施作为我国法律政策社会性别主流化的优秀案例，对这些政策措施所体现的男女平等价值观基础以及所面对的争议进行分析与辨析，以更深刻地理解男女平等价值观的内涵及其在相关法律政策中的应用，从而更好地促进在科学研究政策体系和实际工作中贯彻落实男女平等基本国策。

关键词：性别平等理念　国家自然科学基金　特别政策措施

女性高层次人才的数量和比例是衡量中国妇女地位的重要标志之一。在第十一届全国人大常委会副委员长、原全国妇联主席陈至立同志的直接领导下，全国妇联自2009年起联合有关部门实施“女性高层次人才成长状况研究与政策推动”项目。国家自然科学基金委员会作为项目成员单位之一，在项目启动的第二年即推出了一系列激励女性科研人员投身科学研究、成长成才的政策措施，不仅有力地促进了自然科学研究中的性别平等，而且对于推动其他项目参与单位完善政策措施，优化我国女性高层次人才成长政策环境发挥了积极作用。

本文将国家自然科学基金的性别平等特别政策措施作为我国法律政策社会性别主流化的优秀案例，对这些政策措施所体现的男女平等价值观基础以及所面对的争议进行分析与辨析，以更深刻地理解男女平等价值观的

* 蒋永萍（1953～），女，全国妇联妇女研究所研究员，中华女子学院客座教授。

内涵及其在相关法律政策中的应用，从而更好地在科学研究政策体系和实际工作中贯彻落实男女平等基本国策。

一　性别平等特别政策措施的必要性与可行性

国家自然科学基金是国家支持基础研究、鼓励自由探索和创新、促进科学发展的主渠道之一，通过建设适应未来需求的高水平基础研究队伍，推动人才强国战略的实施，为建设创新型国家积累智力资本。随着国家对科学研究投入的逐渐加大，国家自然科学基金对科学研究资助的力度也不断加大。1986 年基金成立之初，财政投入只有 0.8 亿元，项目申请量为 1.2 万项；到 2015 年，财政投入 222 亿元，项目申请量达到 16.8 万项，资助项目 3.7 万多项。经过近 30 年的发展，国家自然科学基金已成为我国推动人才强国、科教兴国战略的重要途径，成为科技领域高层次人才成长与培养的重要平台，其权威性、公正性和引领作用得到科技界的广泛认可。获得自然基金资助已经成为评价科技人员科研水平和能力的重要标志，国家自然科学基金已成为推动科技人员向高层次人才发展的重要平台。

（一）国家自然科学基金推行性别平等特别政策措施的必要性

国家自然科学基金通过《国家自然科学基金条例》（2007 年 2 月国务院第 169 次常务会议通过，2007 年 4 月 1 日起施行）和年度《国家自然科学基金项目指南》《科学基金项目评审工作意见》等政策性文件对项目申请和评审进行调节与控制管理。作为发现和培养女性科研人员，特别是高层次女性科研人员的摇篮，国家自然科学基金在促进我国女性科研人员成长发展方面发挥了积极且重要的作用。但是，与日益成长壮大的女性科研人员队伍的规模和比例相比，女性获得基金项目资助和女性参与基金项目评审的状况仍处于相对薄弱的态势。相关部门统计表明，2009 年我国公有制单位科学研究人员中的女性比例已经达到 33.0%。另据 2008 年中国科协组织的“第二次全国科技工作者状况调查”，在科技领域从事基础研究的人员中女性占 36.0%。与之相比较，2010 年前国家自然科学基金各类项目获得者中的女性比例虽呈现上升趋势，但上升幅度较小且有波动，总体比例还相对较低。1986～2009 年国家自然科学基金各类项目获得者的女性平均比例如下：青年项目为 26.5%，面上项目为 17.4%，重点项目为 8.3%，杰出青年项目为 6.2%。女性获得重点项目和杰出青年项目的比例多年来一直徘徊在较低水平（见图1）。

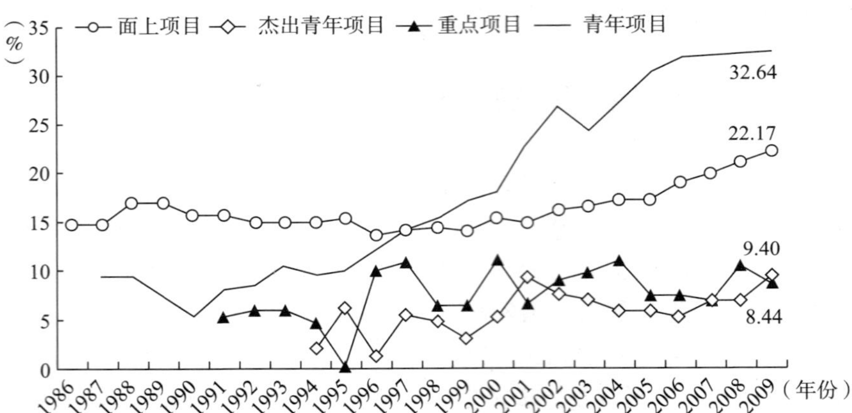

图1　1986～2009年国家自然科学基金各类项目获得者的女性平均比例

资料来源：根据国家自然科学基金相关统计资料计算。

分学部看，历年来各学科领域资助项目获得者的女性比例不仅总体偏低，而且分布不平衡，生命、化学、管理等领域女性获得者的比例相对较高，数理、工程与材料等领域女性获得支持的比例非常有限，特别是重点项目和杰青项目（见图2）。

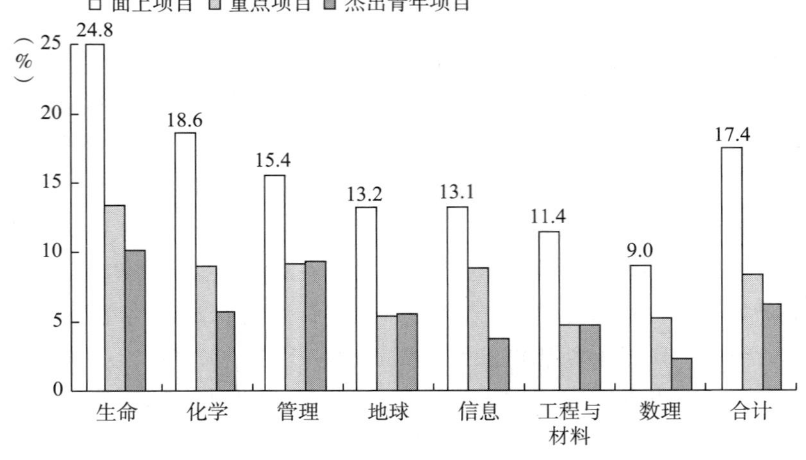

图2　历年各学科领域资助项目获得者中的女性比例

资料来源：根据国家自然科学基金相关统计资料计算。

女性较少获得国家自然科学基金资助的现状，不仅不利于女性科技人员能力与潜力的发挥，不利于科技领域思维多样性的增加，也不利于女性科技后备人员的科研兴趣和科研信心的培养，更不利于未来科技人才性别结构的优化。造成这种现象的原因是复杂的。多项科学研究表明，男女两性在智力水平和科研能力上不存在显著差异。科技领域存在的性别差异主要来自社会文化和政策制度的制约。推进性别平等并非一蹴而就，而国内外的相关实践经验表明，积极的政策、鼓励性的特别措施，有利于帮助女性克服障碍、加速成长，使科技领域女性人才青年中断、中年停滞、高层缺乏的现象与问题得到更快的解决。充分发挥国家自然科学基金的作用，优化自然科学基金资源的性别配置，加大对女性科技人员的支持力度，更好地促进女性人才的成长与发展，促进高层次女性人才的涌现，是贯彻落实男女平等基本国策，实施人才强国战略，提高女性人才贡献率的重要途径。

（二）国家自然科学基金推行性别平等特别政策措施的可行性

一是科技领域女性的参与现状为积极政策的推出奠定了现实基础。我国科技人员和高层科技人员中的女性比例逐渐上升，女科学家的后备队伍规模庞大，她们具有较强的科研能力和发展潜力，在科技领域的参与、贡献日益增加，这为她们成长为国家自然科学基金项目参与者、负责人和评委奠定了现实基础。如果有积极的政策措施，必将推动她们更快、更多地成长为高层次科技人才。

二是国际社会的成功经验为积极政策的推出提供了借鉴。为缩小科学研究中的性别差距，许多国家和区域性组织都将促进性别平等作为国家科研资助政策的一项重要内容，出台了有利于女性参与和成才的积极政策措施，包括设立女性科研回归基金，为怀孕或生育后女性放宽申请基金和完成项目的年龄限制，规定基金项目的女性参与者和获得者的比例，规定项目资助在一定条件下女性优先，保障决策层的女性比例，加强执行中的监测评估等。经过多年的努力，已经取得了良好效果：欧盟科学家和工程师中的女性数量从 2002 年到 2006 年间年均增长 6.2%，而男性年均只增长 3.7%；德国研究基金会评审委员会的女性比例由 2006 年的 12% 上升到 2008 年的 17%；挪威研究理事会项目申请人的女性比例从 2004 年的 22% 上升到 2007 年的 28%。

在国际竞争日益激烈的背景下，我国如不采取积极的措施迎头赶上，不仅会导致一代人才性别结构失衡，导致人才资源的巨大浪费，而且有可能重蹈全国人大代表女性比例在各国议会女性议员比例的国际排名中持续下降的覆辙，有损中国作为负责任大国的国际形象和声誉。

二　特别政策措施对男女平等价值观的体现

经过前期调研及与全国妇联“女性高层次人才成长状况研究与政策推进”项目组的多次沟通，国家自然科学基金委员会领导层逐渐明确了促进女性科研人员成长发展对于推动国家科技进步和加快创新型国家建设的重要战略意义。2010 年 9 月 9 日，国家自然科学基金委员会召开 2010 年第九次委务会议，会议听取了政策局关于自然科学基金支持女性科研人员调研情况的报告。讨论决定，将女性科研人员申请青年科学基金的年龄放宽到 40 岁；在资助工作中，继续向女性科研人员倾斜；进一步明确女性科研人员可因孕育申请在研项目推迟结题的政策；鼓励各学科评审组逐步增加女性成员的数量。会议要求，加强科学基金资助工作中有关性别平等的数据统计和监测，加大科学基金资助女性科研人员政策和成果的宣传力度。这次会议决议不仅昭示了国家自然科学基金委员会推进科学中性别平等的政治意愿，也是贯彻落实男女平等基本国策、不断完善基于男女平等价值观的性别平等政策的基础。

2010 年以来，国家自然科学基金不断提高对男女平等价值观和落实男女平等基本国策的认识，不断加深对自然科学基金促进女性科研人员成长发展、促进社会性别主流化作用的理解，不断完善相关政策，形成了一系列促进我国女性科研人员成长发展的政策措施，较好地体现了男女平等的价值观基础。

（一）明确性别平等特别政策措施与自然科学基金公开、公平、公正原则的关系

公开、公平、公正是国家自然科学基金确定申请项目和申请者、支持科研人员开展科学研究的基本原则。实行扶持、促进女性科研人员的特别政策措施是否有悖公开、公平、公正的基本原则，是否会对女性科研人员科研能力、水平的评价产生负面影响，如何正确理解男女平等的原则并将其运用到扶持、促进女性科研人员的特别政策措施中，是研究、确定自然科学基金性别平等政策方向与内容的基本前提。尽管在 21 世纪初，就有研究者和决策者开始关注科技界精英女性只占 5% 的现象，提出通过政策促进女性科研人员发展的建议，但在要不要制定有利于科学中性别平等的政策

以及制定哪些方面的政策上，无论是在国家自然科学基金委员会内部，还是在科学决策机构以及科学共同体中，对何为科学中的“男女平等”都存在一些认识误区。相当多的人认为，科学研究是一个高度竞争的领域，应遵循“科学的社会规范”。因此，人们对科学中的社会分层状况是基本认同的，认为这是科学系统运行的“自然”结果。倘若确实如此，那么对于科学领域实际形成的性别不平等，大家似乎也应当坦然接受（龚旭，2010）。所以，一些人不赞成像促进妇女参政那样，在获得项目资助和遴选评审专家时对女性给予特别优待。与男科学家忧虑这些政策可能构成“对男性的歧视”、有违国家自然科学基金公开、公平、公正原则有所不同，持不赞成意见的女科学家则怀有怕被“标签化”的担忧。她们虽然感知到决策中的男性主导现象常常使女性的科研能力与成就难以得到认可，在获得相关资源和支持时处于劣势，但也担心在政策倾斜的环境下自己的能力和成就会被贬低，会被外界指认为是靠政策照顾获得职位晋升和学术地位的。

针对上述不同认识，国家自然科学基金委员会在调研和征集意见的基础上，对男女平等基本国策的内涵和要求，对国内外促进女性科技人才成长政策措施秉承的性别平等的价值观与认识逻辑进行反复的讨论和梳理，逐步明确了自然科学领域促进性别平等政策所应坚持的基本理念和具有的社会意义。

第一，促进性别平等的特别措施是对历史与现实中性别不平等的补偿而非降低对女性的标准。所以，应正视由于历史和文化等因素对女性平等分享资源带来的不利影响，采取特别措施促进所有领域女性的平等参与和男女两性的平等发展。帮助在科技领域处于不利地位的女性尽快拥有与男性平等的竞争力，缩小性别差距，使不平等不再继续下去，符合社会正义和罗尔斯“为处境不利者提供补偿性的机会和利益”的“补偿原则”。而基金项目评审中的“同等优先”并没有降低对女性的评审标准，只是增加了处于劣势地位的女性得到同行专家认识和了解的机会，有利于消除阻碍女性成长成才的各种有形或无形障碍，使更多的优秀女性脱颖而出，确保女性在科学研究、科学决策、成果转化、政策制定等领域发挥更大作用，不会也不可能构成对男性群体的歧视。

第二，校正既往不平等与推进女性加速发展是科技领域性别平等政策的历史责任。尽管中国女性在科技领域的相对劣势很大一部分是历史、教育和社会文化规范等非科技领域性别不平等的结果，但自然科学基金公开、公平、公正的评审原则、评审机制和评审程序能够确保女性申请率和获得资助率基本持平的评审结果。科学技术代表了先进的生产力，科学研究在社会职业层级中处于较高层次，鼓励女性在科技领域取得更大的成就，对于提高女性整体的社会地位，推动社会发展具有重要作用。国家科研管理部门有责任采取积极的激励措施，鼓励、支持更多女性投身科研，进一步促进科研领域中的性别平等。

第三，促进科学领域中的性别平等既是妇女发展的需要，更是社会进步的要求。赋予妇女权利确保她们在平等的基础上充分参加社会发展的所有领域，不仅是实现男女平等发展、提高妇女社会地位的基础，也是建设创新型国家、实现科教兴国的重要条件。男女虽然没有智力上的差距，但在思维方式、生活经历和科研兴趣与关注方向上有所不同。有关研究者通过分析 1993 年诺贝尔奖获得者遗传学家芭芭拉·麦克林托克的研究方法和职业经历认为，她成功的重要原因在于其使用了与传统的、以男性视角为基础的研究方法不同的方法，强调对研究对象的直觉，追求人与自然和谐（凯勒，1987）。因此，采取必要政策措施促进性别平等可以增加研究视角的多元性，扩大智力储备，为科学发展增添新的动力，消除由于缺乏性别视角而带来的研究内容和研究方法上的缺失，有助于科研事业的创新和科研领域的拓展，提高科学研究的水平和质量。

（二）正视女科技人员履行母性职能的需求与障碍，帮助她们顺利度过职业发展的关键期

由于科学研究需要高强度、不间断的长期投入时间和精力，而女性攀登科学高峰的关键期常常与其生育的高峰期高度重合，因此，国内外科学界普遍存在女性无法兼顾婚育生活与科学研究的陈规定见。事实上，阻碍女性成长成才的并非能力与努力的不足，结婚、生育、家庭照料才是众多曾经学业优异、志向满满的女性停止攀登科学高峰的主要原因。2001 年，密歇根大学社会学教授谢宇和加州大学戴维斯分校做了一项系统研究以解释为什么女性在科学领域中被低代表。该研究使用了来自 17 个全美具有代表性的大型数据库资料，对研究对象的学术生涯追溯 10 年以上，研究结论再一次证明，并非女性能力不及男性，而是女性受到婚姻和生养小孩的影响（杨笛，2016：1）。在当代中国，经过 60 多年的发展变迁，大学理工科、科技工作者队伍中的女性比例已经达到或接近 40%，但受传统社会性别分工的影响，绝大多数科技女性在现实生活中承担了更多照料孩子、家人和家务劳动的责任。特别是事业处于起步阶段的年轻女科技工作者，她

们大都面临着较为繁重的子女照料及教育方面的责任。因此，如何平衡家庭和事业、保障足够的时间和精力投身科研工作，成为许多年轻的女性科技工作者成长和发展中的最大难题。

在研究制定促进性别平等特别政策措施的过程中，为生育高峰期女性科技人员放宽申请基金的年龄限制和完成项目时间的举措得到基金委决策层较为一致的认可。与此同时，相关政策方案也得到了较大比例科学工作者的支持。2010 年对国家自然科学基金项目 14000 名申请人或潜在申请人的抽样调查显示，70% 左右的人认为需要针对女性特殊生理机能和社会需求“在国家自然科学基金中设置生育回归项目基金”，“放宽已生育的女性科研人员申请青年科学基金项目的年龄”，“允许女性因生育、哺乳等原因，延长其承担项目的结题时间”，这三个政策意见的支持度最高，且男女的支持比例非常接近。①

顺应广大科研人员特别是女性科研人员的政策需求，借鉴国际社会的相关做法，国家自然科学基金委员会制定的一揽子政策措施中明确规定，放宽女性申请青年科学基金项目年龄至 40 岁（之前男女两性申请青年科学基金项目的年龄上限均为 35 岁），女性可因生育哺乳期延期结题在研项目。这一政策体现了男女平等价值观的基本理念，是对妇女因生理特点而产生的特殊需求的正视和满足以及对生育的社会价值的承认，即通过对青年女性申请者和项目负责人的“倾斜”政策，正视并消解生育给女性科技人员职业发展带来的不利影响，促进女性科技人员职业生涯的健康持续发展。

男女平等的价值观认为，男女平等并不意味着女性和男性必须变得完全一模一样，而是说他们的权利、责任、机会、待遇和对他们的评价，并不由他们生来是男还是女来决定。在这样的认识下，男女平等理应包含性别公正的含义，即对男性和女性的不同需求给予公平待遇，既可以包括同等待遇，也可以包括在权利、福利、义务和机遇等意义上被视为平等但表面上有所不同的待遇。国家自然科学基金委员会基于青年女性科研人员履行母性职能的特殊需求和她们职业发展关键期与生育高峰期重合的发展特点，正视并承认生育和母性职能的承担会对处于事业发展期的女性科学研究的持续与积累产生的不利影响，通过竞争、前瞻的方式以及特别的支持确保性别平等，减轻处于婚育期或即将进入婚育期的科技女性的焦虑与顾

① 中国科学技术发展战略研究院：《科学基金促进女性科学家成长发展政策研究报告》《国家自然科学基金会政策局软科学课题研究报告》（L1022101）。

虑，在一定程度上阻断其劣势积累，消减性别刻板模式的影响，减少青年科研女性职业中断的可能性，帮助她们更好地将家庭、生育和科研职业相结合，把个人生活规划纳入职业发展之中，这是科学领域积极践行男女平等价值观的良策。

（三）科学认识男女两性差异，助推科技女性突破职业性别隔离和“玻璃天花板”

一直以来，人们对于男女两性的智力和能力水平是否存在差异存在着较大的争论。随着科学特别是脑科学的发展，国内外有关智力的研究和实验已经有了基本相同的结论，即男女智力的总体水平大致相当，不能断言男比女聪明或女比男聪明，也没有证据证明男性比女性更适合学习和研究科学技术。与此同时，两性智力在阶段性和局部性上存在的差异，主要来自后天有差异的社会教化与智力训练的社会学解释也得到学界以至公众的普遍认可。2015 年，中国药学家屠呦呦女士获得了诺贝尔生理学或医学奖，成为中国内地学者中第一个诺贝尔科学奖得主。之后，中国女性科学家在国际上夺魁的惊喜接连不断，庄晓莹获得了德国奖金最高的科研奖项索菲娅奖，阎锡蕴成功当选了亚洲生物物理联盟首位女主席，陈化兰获得了联合国教科文组织 2016 年“世界杰出女科学家奖”，等等。她们的成功既不断刷新着国人对女性科学家的认识，也为挑战学科的性别隔离、制定积极政策促进更多科技女性成长成才提供了正当性。

传统的性别分工观念和性别角色定型，是束缚女性全面参与社会生活，发掘发展自我的枷锁，很多女性人才因此被扼杀、被埋没。在我国，申请和获得国家自然科学基金各类项目的女性比例与科技队伍中女性的规模、能力及其需求不相适应，这既与女性承担生育责任和较多家务导致科研积累不足、精力投入不够有关，也与各级领导、基金评委对女性申请者的科研能力存在偏见、不信任以及以男性为主的交流方式不利于女性的成就得到更广泛的认知和认可有较大的关系。这妨碍了许多有能力的女性申请者公平、公正地获得项目，也导致很多有潜力和实力的女性不敢申报国家自然科学基金项目。长此以往，形成了女性远离科学特别是所谓男性优势研究领域的恶性循环，不利于女性科技人员成长成才，也不利于科学的发展。

社会性别理论强调，男女平等的内涵之一，就是指所有人，不论男女，都可以在不受各种成见、严格的社会性别角色分工观念，以及各种歧视的影响下，自由发展个人能力和自由做出选择。规定并确保各类项目获得者/

负责人的女性最低比例，并在项目评审中实行同等条件下“女性优先”的政策。一方面，可以消减现实社会由男女生活境遇差异而导致的性别鸿沟。通过将政策资源向女性倾斜，强化主张并保障男女两性权利机会和社会评价的平等，确保并逐步提高国家自然科学基金项目获得者的女性比例。另一方面，规定女性最低比例并在评审中实行女性优先，并不是要求降低国家资助项目的水平和质量，而是充分考虑目前科技领域中女性的规模、能力及需求，消除优秀女性科技人员的顾虑，使她们敢于申请国家自然科学基金，增加其获得资助的机会，并在基金的支持下更多更快地成长为高层次人才。这将有利于发挥女性科技人员的科研潜力，有利于确保国家科研资源性别分配的公平、公正。同时，从国际经验上看，特别措施的采纳，也是对科技领域长期存在的男性优先潜规则的矫正。既有的以男性为主导的科研决策与评审结构会在某种程度上影响科学决策与项目评审的公平、公正性，规定女性最低比例和同等条件“女性优先”的方式可以减少惯性思维对科研决策和项目评审的不利影响，可以确保科学决策中的性别平等，也是女性的科研能力与成就得到认可，公平评价个人、科学成就、科研项目的保证。

提高参与项目评审女性专家比例的政策，一是要让更多的女性科学家在引领科研方向等科学决策中发挥作用；二是要强化性别视角，增加女性申请者的项目得到关注和公正评价的机会。由于科研领域存在男性主导的交往及决策模式，这在一定程度上降低了女性公平获取科研资源的可能性。国内外很多实践经验和典型案例显示，主要决策者为女性的研究机构，即便是在所谓的“男性优势领域”，其决策层和科研骨干中的女性比例通常也会较高。而确保评委中女性比例逐步增加，能够提高评委对女性课题申请者的关注，增加女性申请者获得基金支持的机会，给女性申请者创造一个更加公平、公正的竞争环境。

三　政策执行效果与经验

从 2010 年形成政策框架到现在，国家自然科学基金扶持促进女性科研人员的系列政策措施已经影响了五个年度的基金项目申报与评审，在科学界产生了积极而热烈的反响，为女性科学家的职业生涯发展营造了更加宽松的环境，政策的实施在促进高层次女性科学家发展方面取得了积极效果并初见成效，也积累了丰富的经验。

（一）效果

五年来，性别平等特别政策措施对女性科研人员的成长发挥了两方面作用，其直接作用在于可以资助更多的女性科研人员开展研究工作；间接作用在于通过吸纳女性科研人员参与评审（资助决策）工作，培养了女性科研人员、特别是高层次人才，其也是促进资助政策社会性别主流化的重要途径。

1. 项目资助加速了女性科研人员的成长

据不完全统计，在基金委成立之初的1986年，获得自然科学基金资助的女性科研项目负责人仅为512人，2010年达到6000人，到2015年已超过1.2万人，增长近23倍。其中青年基金项目与政策实施前的2010年相比，2011年女性申请人数增长近1倍，为5627人，2015年增至6593人。获资助者的女性比例2010年为32.6%，2011年猛增至42.8%，之后每年均超过40%。优秀青年基金项目自2012年以来有近1/3的女性获得优秀青年基金的项目资助。杰出青年项目，2010～2013年女性获资助数和资助率均有明显提高，连续4年都在30人左右，而此前女性年获资助数最高为17人；女性获资助率达到13.6%，改变了长期徘徊于0.5%～3.9%的局面。覆盖面最广的面上项目，在实施“女性优先”政策之前，女性获项目数最高的2009年为2280项，资助率为15.4%，而2010年以后的5年中，女性受资助项目数每年都在3000项以上，2015年女性的资助率为23.8%，比2009年提高了8个多百分点。

2. 项目评审极大地推动了女性参与科研决策

逐步提高项目评审组中女性成员比例要求的提出和落实，加大了女性参与自然科学基金资助决策和管理工作的力度。2010年参与同行评议的女性科研人员超过5000人，2015年超过1万人，占评议专家总数的21%。进入评审组的女性科研人员由占评审组成员人数不足5%提升至21%。该政策也促进了女性参与学术交流及其科研水平的提高，在一定程度上推动了女性战略科学家的培养。

（二）经验

性别平等特别政策措施之所以能在国家自然科学基金的运作中发挥积极、持久、有效的作用，有很多值得借鉴的经验。

1. 先进的价值理念和基于国情的政策选择

国家自然科学基金特别政策措施的形成有较为坚实的性别平等理论基础，同时考虑了中国的基本国情和现实情况。国家自然科学基金委员会在政策制定的过程中，坚持以理论辨析和科学调研为先导，明确性别平等特别政策措施与科学基金公开、公平、公正原则的关系，正视女性科技人员履行母性职能的需求与障碍，科学认识男女两性差异，体现了中国特色的男女平等的价值观，符合男女平等基本国策和社会性别主流化的要求，提高了性别平等政策推行的认可度和可行性。不仅有力地促进了国家自然科学基金相关政策制定、实施和评估中的性别平等，而且带动了中国科学决策领域的社会性别主流化进程。自然科学基金委员会的性别平等一揽子政策推出后，科技部、中国科学技术协会等科学决策和管理、协调部门相继制定、实施了促进女性科技人才成长的一系列政策措施，极大地调动了广大女性科研工作者的积极性，为进一步促进中国科学领域的性别平等奠定了坚实的基础。

2. 政策的执行有较为成熟的操作方式和渠道

为了确保政策能够落到实处发挥作用，国家自然科学基金委员会通过年度《国家自然科学基金项目指南》中申请人资格的规定，实施对女性申请者申请青年项目年龄放宽的政策；通过年度《科学基金项目评审工作意见》，强调并落实“同等优先”政策；通过增加评审专家中的女性比例提高通讯评审和会议评审对女性申请者的认同度；通过统计监测工作强化对性别平等政策落实情况的评估并推进国家自然科学基金委员会的社会性别主流化进程。与此同时，国家自然科学基金委员会工作管理的科学高效，使性别平等特别政策措施具有较强的执行力，形成了政策的良性互动与循环，政策效果明显。

四　讨论与对策建议

国家自然科学基金委员会的性别平等一揽子政策措施仍存在一些不足。一是在法律政策制定修订中，理念与价值坚守的重要性尚未得到更充分的强调，缺乏广泛而深入的讨论。在政策形成中，主要决策者认识的转变和推行的意志、重点起草人与参与者的性别平等意识起了关键作用。二是在政策制定中，更重视国外做法的借鉴和实际操作的可行性，而缺乏理论的关怀，容易模糊政策的观念价值。三是基于国情和相关人员特别是男性接受程度的审慎态度与温和做法（比如，对“同等优先”的原则强调不够，措施不甚具体），推动女性获得重大项目和杰出青年项目的作用较为有限。从操作和政策形式上看，国家自然科学基金的性别平等一揽子政策措施主要体现在“委务会议纪要”中，政策的规范化、制度化层次不高，并且缺乏体制机制保障，其落实的力度有可能随着时间的推移、人员的更替而消减，难以确保政策的不断完善和持续运行。

具有不平等结果的性别中立的法律政策如何完善，如何更好地促进性别平等的特别政策措施的制度化、规范化和持续性仍然有较大的讨论空间。国家自然科学基金应进一步强化价值观和政策理念在法律政策制定中的地位，并需要从以下几个方面做出努力。

（一）进一步推进将性别平等纳入国家自然科学基金委员会的决策主流

政策的性别敏感程度与执行的力度，既取决于政策制定者和执行者的社会性别平等意识，更依靠性别平等主流化的机制建设。建议加强国家自然科学基金委员会的性别平等机制建设。包括在委机关设立常设或非常设的性别平等促进委员会及工作组，负责与性别平等相关的政策、计划和项目方案的提出与审核；梳理并完善已有的性别平等政策和特别措施，提高性别平等政策的规范化、制度化层次；制定实施进一步促进科学中性别平等的行动计划，确保政策的贯彻落实和效果的不断优化；在人员培训等能力建设中加入社会性别平等的内容，使政策制定、执行更具有性别平等意识等。

（二）加强对自然科学基金评审专家性别平等意识的培训

评审专家对于女性申请者获得项目支持具有决定性作用。尽管评审专家女性比例的提升会在一定程度上增加评审工作中的社会性别视角，但即便是女性专家也不天然具有性别平等意识，甚至有的女性专家对青年女科技工作者更为苛责。建议通过培训、研讨等方式提高评审专家的社会性别意识，定期或在评审工作前开展对评审专家的性别平等意识培训，这可以强化并不断提高评审专家的性别平等意识，确保评审结果的性别公正。

（三）采取更为有效的措施提高女性参与项目评审特别是终评环节的女性比例

女性参与科研相关决策和管理的机会较少，导致进入项目评审、特别

是终评环节的女性明显偏少；项目资助强度越大，参与项目评议的女性越少，就越不利于女性活跃在科学前沿并承担大型科研项目。女性参与项目评议是开展学术交流的重要方式，也是培养高层次战略科学家的重要途径。女性参与项目评审表明女性是科学共同体的一部分。增强国家自然科学基金委员会内部的性别平等意识，给女性科研人员提供更多从内部了解资助与评议系统如何运行的机会，帮助其把握更广阔的科学前沿概貌，有利于女性科研人员建立自己的社会网络，有助于她们的事业发展。

（四）强化项目评审中针对女性的倾斜政策的落实

自2010年评审工作中实施同等条件“女性优先”的政策以来，女性科研人员受资助项目数以及资助率均得到增长。但在面向高层次人才的国家杰出青年科学基金项目中，女性受关注的情况却有反复。虽然2010年获资助的女性达到创纪录的31人，远高于2009年的17人，且2011～2013年持续保持较高水平，但2014年反而下降为21人，2015年与2014年基本持平，发展趋势不容乐观。获得重大项目的女性比例也未有明显的突破。这表明，促进女性高层次人才成长发展是一项需要长期坚持和努力的工作。

（五）加大对自然科学基金性别平等特别政策措施和优秀女性科研人员的宣传力度

在女性科研人员的成长过程中，实际的经费支持固然重要，但鼓励性政策导向和对成功女性的榜样宣传同样可发挥积极作用。自然科学基金性别平等特别政策发布初期，在高校和科研机构中曾有较强的轰动效应，但由于时间的推移和政策的制度化层次不高，政策的认知度和影响面在逐渐下降。在不断完善和规范性别平等政策的同时，要特别重视对政策本身以及政策价值与意义的宣传，重视对杰出科技女性成绩和案例的总结和宣传，发挥其在激励和吸引更多年轻女性投身科学事业中的榜样作用。

（六）完善自然科学基金资助女性科研人员的分性别动态监测统计和分析工作

自然科学基金年报发布的分性别资助统计数据，不仅能够帮助我们进一步完善科学基金促进女性科研人员成长发展的政策，而且也对提高整个科学界以及相关管理部门关于科学中的性别平等意识具有重要作用。目前国家自然科学基金的性别统计结果与分析在年度报告中呈现的还比较少，缺乏更细化和更全面的分析。因此，要提高性别统计数据的收集范围和分析与发布力度，有效监测科学和教育领域的性别状况，为制定有针对性的政策提供依据。

参考文献

龚旭，2010，《欧洲科学中的性别平等——基于欧盟报告〈科学资助中的性别问题挑战〉的视角》，《中国科学基金》第5期

杨笛，2016，《冲破科学中的性别樊篱——金陵女子大学的教育实践及其启示》，《妇女研究论丛》第2期。

伊夫林·凯勒，1987，《情有独钟》，赵台安、赵振尧译，三联书店。

图书在版编目(CIP)数据

社会支持与女性人才成长 / 张李玺主编. -- 北京 : 社会科学文献出版社, 2018.3

ISBN 978 - 7 - 5201 - 1975 - 7

Ⅰ. ①社… Ⅱ. ①张… Ⅲ. ①女性 - 人才 - 发展 - 研究 - 中国 Ⅳ. ①C964.2

中国版本图书馆 CIP 数据核字(2017)第 314551 号

社会支持与女性人才成长

主　　编 / 张李玺

出 版 人 / 谢寿光
项目统筹 / 谢蕊芬
责任编辑 / 谢蕊芬　孙智敏

出　　版 / 社会科学文献出版社 · 社会学出版中心 (010) 59367159
地址: 北京市北三环中路甲 29 号院华龙大厦　邮编: 100029
网址: www. ssap. com. cn
发　　行 / 市场营销中心 (010) 59367081　59367018
印　　装 / 北京季蜂印刷有限公司

规　　格 / 开　本: 787mm × 1092mm　1/16
印　张: 20.5　字　数: 355 千字
版　　次 / 2018 年 3 月第 1 版　2018 年 3 月第 1 次印刷
书　　号 / ISBN 978 - 7 - 5201 - 1975 - 7
定　　价 / 89.00 元